한반도 전쟁

美·中 패권의 한복판에 선 한반도의 미래

홍관희 지음

北韓의 核·미사일 도발에 맞서 美國은 선제공격을 감행할 것인가?
中國은 한반도 북부에 군사 개입하여 한반도를 분할 점령할 것인가?
美北 평화협정 체결로 월남패망의 전철을 밟을 것인가?

자유민주

역사는 대립하는 두 힘 곧 地上의 나라와 天上의 나라 간의 끊임없는 싸움이다. 이 싸움의 실례는 얼마든지 들 수 있다. 즉 카인과 아벨, 홍수와 노아, 헤롯왕과 예수 등. 전자의 특색은 잔인·오만·강탈·방탕이며, 후자의 특색은 믿음·희망·자비이다. 싸움은 시간의 시초와 더불어 시작됐으며, 최후의 심판까지 계속될 것이다. 이 두 나라는 現 세대에는 서로 뒤섞여 얽혀있으나, 최후의 심판에서는 분리될 것이다.

성(聖) 어거스틴(St. Augustine)의 「신국론(The City of God)」에서
A.D. 413~426.

평화주의자들이 지나치게 순수한 양심을 추구한 나머지 인류 문명을 파괴하려는 불의(injustice)에 복종해선 안 된다. '하나님의 심판'에만 의지하여, 세계의 사회·정치적 무정부상태로부터 잔혹한 독재자들이 출현하도록 방치한 평화주의자들은 양심의 가책을 느껴야 한다. 히틀러에 대한 유화정책(appeasement policy)이 핵심인 1938년 뮌헨 평화협정은 오늘의 평화에 취해 내일의 전쟁을 외면한 '절대적 평화주의(absolute pacifism)'에 불과하다.

라인홀드 니이버(Reinhold Niebuhr)의
「기독교 믿음과 세계적 위기(The Christian Faith and the World Crisis)」에서
1941년 2월

■ 머리말

 2018 무술(戊戌)년 새해가 밝은 가운데, 한반도에 전쟁의 어두운 그림자가 짙게 드리우고 있다. 1953년 7월 27일, 6·25 한국전쟁의 총성이 멎은 지 65년 만이다. 지난 두 세대 동안의 무장(武裝) 평화 끝에 또다시 전쟁의 악령이 한반도를 배회하고 있다. 그것도 이번에는 核전쟁이다.
 우리는 정녕 전쟁의 참화를 피할 수 없는 것일까, 우리가 전쟁의 질곡을 벗어날 수 없을 만큼 치러야 할 역사적 과오(過誤)가 그만큼 큰 것인가 하는 의문이 끊이지 않는다. 퇴영(退嬰)으로 점철됐던 조선 말기, 암울했던 일제(日帝) 식민지, 타의(他意)에 의한 해방과 분단, 한국전쟁과 정전(停戰), 그리고 수십 년간의 남북 군사대치와 무장평화를 거쳐 또다시 전쟁으로 이어지는 우리의 현대사를 돌아보면서, 언제 우리는 평화와 통일의 기쁨을 만끽할 수 있을 날이 올 것인지 탄식 섞인 소망을 하게 된다.
 그러나 이런 근본적인 문제에 대해 생각할 겨를도 없이, 한반도 정세는 제2의 한반도 전쟁을 향해 치닫고 있다. 하루빨리 동북아 국제정세의 흐름을 냉철히 파악하고 전쟁 억제책을 강구해 나가야만 한다. 또 전쟁을 정녕 피할 수 없다면, 반드시 승리해야 하며, 또 전쟁 피해를 극소화할 수 있도록 지혜와 전략을 짜내야 한다. 우리의 *存立*과 한반도의 *平和*, 그리고 대망의 *統一*을 실현하기 위해서다.

한반도 전쟁 위기를 촉발하는 태풍의 눈 한복판에 김정은이 서 있다. 그리고 이에 대응하여 대한민국을 수호하는 안보·방위 체제의 핵심에 韓·美 동맹이 있다. 우려스럽게도 김정은의 야망은 날이 갈수록 커지고 그 전략·전술이 대담하며 유연해지는 반면에 우리의 방어 기제(機制)인 동맹은 기약 없는 분열의 미로(迷路) 속으로 빠져들고 있다. 한반도 전쟁 위기는 김정은의 위협과 도발 그 자체보다도 이를 억제하고 방어하는 핵심으로서의 韓·美 연합방위체제가 동요하고 있다는데 그 심각성이 존재한다.

군사력 측면에서만 보면, 북한은 韓·美 연합방위 전력(戰力)의 상대가 되지 못한다. 세계 최강의 美 첨단 무력이 지원하고 있기 때문이다. 문제는 한국 내부다. 미국을 탐탁하게 생각하지 않고 韓·美 동맹을 달가워하지 않으면서, 북한을 '민족공조' 차원에서 우호적으로 바라보고, 중국을 과거 사대주의의 연장선상에서 大國으로 간주하는 세력이 집권하여 대한민국의 안보·국방구조를 바꾸려하기 때문이다. '자주'나 '민족주의' 같은 개념이 그들의 心中에 자리 잡고 있는 듯한데, 냉철히 판단해 볼 때 이런 사고방식은 이미 시대에 뒤떨어진 것이다. 따라서 대한민국의 운명과 미래를 불행으로 이끌 수 있으며, 그만큼 위험천만한 것이다.

우선 21세기 현대 국제관계에서 '自主'는 현실에 들어맞지 않는다. 아마도 우리가 일제 식민통치하에 있다면, 자주와 독립은 누구도 의심할 수 없는 최대의 시대 명제가 되었을 것이다. 그러나 지금은 세상이 달라졌다. 세계가 美·中 패권 또는 「中·러」 VS. 「美 중심 자유민주 연합세력」 간의 新냉전 시기에 들어서고 있다. 이 와중에서 우리는 북한의 핵·미사일 위협으로부터 대한민국을 보전하고 한반도 평화와 통일을 달성해야 하는 엄중한 시대적 과제에 직면해 있다. '안보'와 '통일'이 21세기 초 한반도의 최우선 국정목표가 되어야 하는 이유이다.

세계 모든 나라가 안보의 상호의존(interdependence) 곧 집단방위(collective defense)를 통해 국가안보를 실현한다. 여기서 집단방위란 곧 동맹이다. 유엔헌장 51조는 힘이 약한 나라가 안보를 지키기 위해 타국과 집단방위 곧 동맹을 구축할 권리를 보장하고 있다. 한국처럼 4대 열강에 둘러싸여 있고 극도로 호전적이고 핵·미사일 능력까지 갖춘 폭력 집단의 위협을 받고 있는 입장에서 동맹의 필요성은 두말할 나위가 없다.

그럼 우리는 어떤 나라와 동맹해야 할 것인가? 친구를 사귈 때에도 먼저 뜻이 맞아야 한다. 인생관·세계관 등의 가치관이 부합해야 한다는 의미다. 국제관계에서 통합 문제를 오랫동안 연구해 온 칼 도이치(Karl Deutsch)는 인간의 통합이 가능하기 위해선 먼저 가치관 곧 신념체계(belief system)가 합치해야 한다는 것과 강제력 곧 힘을 사용하지 말아야 함을 강조했다. 가치관이 다르면 상호 이해(理解)가 어려워 통합에 근본적인 한계가 있고, 또 힘으로 강제 통합하려 시도하면 증오의 상처가 남게 되어 인간의 통합을 저해하게 된다는 것이다. 한반도 상황에 많은 시사점을 주지 않나 생각된다.

미국은 청교도가 건설한 나라로서 자유민주주의·인권을 국시로 삼고 있으니 친구가 되기에 매우 적합하다. 세계 최강의 힘을 가진 패권국가이면서도 지배하려 하지 않고 동맹국의 주권을 국제법에 맞게 존중해 준다. 더욱이 한반도와 멀리 떨어져 있어 영토적 야심이 없는 것도 다른 한반도 주변 열강과 다른 점이다. 북한은 잘 아다시피 '주체' 이데올로기 중심의 잔혹한 독재체제로서 자유·인권을 강조하고 확산하려는 미국을 적대시한다. '반미(反美)·반제(反帝)'가 그들의 변치 않는 독트린이 되고 있는 배경이다.

미국을 싫어하는 세력은 북한과 민족주의로 뭉치고 싶어 하는 때문인 듯하다. 그러나 21세기의 세계가 상호의존 및 교류·협력의 증대로 하나의 지구촌(global village)으로 변화하고 있는 시점에서 혈연에 기초한 단일 민족만을 고집할 수는 없다. 혈연보다 중요한 것이 가치관이다. 혈연관계이더라도 가치관이 대립하면 통합하기 힘들다. 그러나 종족이 다르더라도 가치관이 부합하면 통합이 가능하다.

북한은 '우리민족끼리' 슬로건 하에 '민족자주·민족단합·민족공조'를 앞세운다. 그러나 내막을 살펴보면 북한이 주장하는 '민족' 개념은 '김일성을 추종하는 사람들'로 한정하는 것으로 규정돼 있다. 그래서 북한의 민족주의를 '김일성 민족주의'라 부른다. 얼마나 얼토당토않은 주장인가? 金家 3대가 2천 5백만 북한 주민을 유린한 것도 참을 수 없는 일인데, 허구에 찬 '민족' 개념으로 대한민국마저 삼키려하니 말이다.

지리적으로 한반도가 중국과 인접하다보니, 막연히 중국이 우리의 우방이 되어야 하는 것 아닌가 생각하는 사람들도 적지 않은 듯하다. 또 결국 중국과 떨어져 살 수 없는 것 아닌가 하는 숙명론적 인식을 갖고 있는 듯하다. 그러나 중국이 우리와 지리적으로 인접해 있다는 이유로 운명적 동반자라고 생각한다면 이는 중대한 오(誤)인식이다. 지리적 동반자는 옛날 개념이다. 21세기 세계에서는 통신·교통의 획기적 발달로 인해 지리적 위치가 국가 관계에 미치는 영향이 지극히 미미하다.

중요한 것은 지리적 위치와 같은 외형적인 것이 아니라, 보편적 이념과 규범에 입각한 가치관·세계관 등의 본질적 요소이다. 자유민주·인권의 핵심 가치를 공유하는 韓·美 동맹이 소중하고 앞으로 더욱 강화돼야 하는 중요한 근거이다.

지금 대한민국이 극도의 혼란 속으로 빠져들고 있다. 특히 북한·통일·안보 문제를 놓고 남남 분열이 심각하다. 이런 상황에서 북한이 남북대화에 나오면서 위장(僞裝) 평화 전략을 효과적으로 구사하고 있다. 더욱이 북한은 평창 올림픽 참가를 미끼로 韓·美 훈련 연기라는 전리품을 손에 넣었다. 이제 한발 더 나아가 韓·美 훈련 영구 중단을 요구하고 나섰다. 다행히 미국이 확고하게 훈련의 "연기 不可" 입장을 고수했다.

문재인 정부는 현재 미국이 제안하는 인도·태평양 연합에의 참가를 거부하고 대북 해상 차단·봉쇄에의 불참을 표명하면서도, 중국 팽창정책의 상징으로 간주되는 '일대일로(一帶一路)'에는 참가 의사를 밝혔으며, 중국몽(夢)을 적극 지지하는 입장을 보이기도 했다.

美·中 간에는 지금 패권경쟁이 심화되고 있고, 우리는 외교 노선을 선택해야 할 타이밍을 이미 지나쳤다. 韓·美 동맹이 균열로 가고 있는 배경에는 북한에 대한 대적관(對敵觀)의 차이뿐만 아니라 세계질서에 도전하는 현상타파

세력(revisionist power)의 대표 주자인 중국에 대한 인식 및 대응 차이도 중요한 요인이다. 韓·美 동맹이 글로벌 동맹으로 발전해야 할 필요성이 제기되는 배경이다.

韓·美 동맹에 적신호가 켜지고, 북한 핵·미사일을 억제할 우리 자체의 '공포의 균형' 역량도 부재하며, 효과적인 미사일 방어망도 갖춰지지 못한 상황—우리는 창(槍)과 방패(防牌) 아무 것도 확보하지 못했다—에서 안보 재앙이 현실로 나타나고 있다. 심지어 한반도 유사시(有事時)에 韓·美 연합사가 가동되지 못할 수도 있다는 우려도 나오고 있다. 문재인 정부 일각에서 미국의 대북 군사옵션에 대하여 "한·미 동맹이 깨지는 한이 있어도 전쟁은 반대한다"는 입장이 나오고 있기 때문이다. 연합사는 韓·美 양국 대통령 중 한 사람만 반대해도 가동되지 않는다.

이런 요인들이 누적되어 2018년 한반도 전쟁 위기가 우리 앞에 다가오고 있다. 이 책은 한반도 전쟁 위기를 분석·진단하고, 전쟁과 관련된 다양한 시나리오별로 합당한 대응책을 모색하기 위해 씌어졌다.

1장에서는 전쟁을 일으키는 일반적 원인과 한반도에서의 전쟁 발발 요인을 분석하고, 2장에서는 전쟁 발발 시나리오를 구체적으로 상정하며 월남패망의 교훈을 되새기는 한편, 3장에서는 김정은의 극도로 불안한 정신 병리(病理)를 진단하게 될 것이다. 이어 4장과 5장에서는 북한 핵·미사일 완성 상황과 비핵화를 거부하는 속셈, 그리고 북한 핵무력에 대처하는 방책으로서 '공포의 균형'과 '동맹 강화'의 중요성을 강조하였다. 이어 6장과 7장에서는 패권

경쟁을 벌이고 있는 미국과 중국의 세계전략, 한반도 전략, 그리고 북핵 전략을 각각 심도 있게 비교·고찰하고, 8장에서는 위기에 처한 韓·美 동맹의 복원 및 발전 방향을 모색하게 될 것이다. 끝으로 9장에서는 가히 풍전등화(風前燈火)의 위기에 처한 오늘의 현실 속에서 적실성 있는 우리의 국가안보전략을 탐색하게 될 것이다.

   의사 전달을 정확하고 빠르게 할 수 있도록, 쉬운 단어는 그냥 漢字로 표기하였고, 좀 어렵다고 생각되는 漢字는 괄호 안에 넣어 표기하였다. 이 책이 나오기까지 많은 격려를 해주신 자유연합 조형태 정세분석위원장께 특별히 감사의 뜻을 전하고 싶다. 아울러 김성만 前 해군작전사령관님의 변함없는 우정과 격려에도 항상 감사하는 마음이다. 이 책을 만드는데 도움을 주신 이효재 끄레도 사장님과 김진술 북앤피플 대표께도 사의를 표하고 싶다.

2018년 3월
용인 우거(寓居)에서

■차 례

1 전쟁의 어두운 그림자
― 한반도 전쟁 발발할 것인가

- 다가오는 전쟁 위기 16
- 전쟁은 왜 일어나는가 29
- 한반도 전쟁 발발할 것인가 42

2 한반도 전쟁 시나리오와 월남 패망의 교훈
― 김정은의 자비에 우리의 운명을 맡길 순 없다

- 한반도 전쟁 발발 시나리오 56
- 비운의 월남패망사가 한반도에 주는 교훈 73
- 김정은의 자비(慈悲)에 우리 운명을 맡길 순 없다 89

3 김정은의 통일야망과 정신세계
― 통일대전(大戰) 과대망상과 사이코 패스를 경계한다

- 김정은의 한반도 통일 야망 96
- 김정은의 성격 및 심리상태 100
- 김정은 심리상태와 북한의 대남전략 119

4 북한 핵·미사일 완성과 비핵화 거부
― "풀을 뜯어 먹더라도 핵포기 안 한다"

- 북한을 어떻게 볼 것인가 126
- 북한의 체제목표와 핵보유 선언 132
- 북한 핵·미사일의 새로운 위협 : 핵EMP탄과 수소폭탄 개발 149
- 북한의 올림픽 참가 : 비핵화 거부하며 민족공조 선동 159

5 북한 핵무력에 어떻게 대처할 것인가?
― '공포의 균형'과 동맹 강화가 답(答)이다

- 국제정치와 핵무기 166
- 공포의 균형이 필수다 172
- 韓·美 함께 가야 한다 184

6 미국의 대외정책과 북핵 전략
― 선제공격이냐 빅딜이냐의 갈림길에서

- 미국의 세계전략과 대외정책 190
- 트럼프 행정부의 국가안보전략과 핵전략 202
- 미국의 한반도 전략 208
- 트럼프 행정부의 북핵 전략 212

7 중국의 한반도 전략과 美·中 세계패권 쟁투
― 투키디데스의 함정, 현실화될 것인가?

- 시진핑의 중국몽(夢)과 대국 군사굴기 **250**
- 북·중 적대적 동맹의 재조명 **255**
- 중국의 한반도 전략 **262**
- 가속화하는 동북아 군비경쟁 **268**
- 미국의 중국 견제 전략 **275**

8 韓·美 동맹 위기 극복 방향
― 대북 공조 넘어, 글로벌 동맹으로

- 집단안보·집단방위·동맹 **310**
- 韓·美 동맹의 성격과 한국의 국가안보 **316**
- 韓·美 동맹 위기 극복 방향 **325**

9 한국의 국가안보전략
― "죽느냐 사느냐 그것이 문제다"

- 국가안보의 개념과 관점 **346**
- 국가안보와 '평화' 논쟁 **360**

• 한국의 국가안보전략 367
• 국가안보에 입각한 대북·통일정책의 모색 371
• 분열에서 통합·통일을 향해 382

맺음말 393

부록 404

1

전쟁의 어두운 그림자

– 한반도 전쟁 발발할 것인가?

다가오는 전쟁 위기

한반도 전쟁 재촉하는 북한 핵·미사일

2017년 내내 숨 가쁘게 이어진 북한의 핵·미사일 도발로 한반도 전쟁 위기가 최고조에 이르고 있다. 전쟁 위기는 2017년 미·중 정상회담 직전인 4월초 시작되어 6차 핵실험 이후인 9월과 북한 ICBM 3개월 데드라인 설정 소식이 나온 12월로 끊임없이 이어졌다. 도널드 트럼프 대통령은 선제공격을 포함하는 모든 옵션을 완벽하게 준비시키며 시기를 저울질하는 모습이었다.

본래 한반도 전쟁 위기는 북한의 핵·미사일 개발에 의해 촉발된 것이다. 그러나 일부 좌경 인사들은 그 반대를 말한다. 미국의 대북 '적대시 정책' 때문에 북한이 '자위용'으로 핵개발을 시작했다는 논리다. 하지만 적대시 정책 자체가 북한이 만들어 낸 선전 용어다.

북한 핵문제가 표면화된 1993년-김정일 주도로 NPT 탈퇴와 핵개발 공언-이후 한반도는 북한 핵문제로부터 자유롭지 못했다. 1994년 1차 핵위기에 이은 제네바핵합의, 1997~98년 북한의 비밀 우라늄농축 핵개발과 2002년 2차 핵위기, 그리고 6자회담의 실패를 거쳐 오늘에 이르렀다. 오바마 행정부 때 북한의 내부 변화를 기대하며 '전략적 인내'를 채택했으나, 북한의 핵·미사일 능력은 일취월장했고 이제 美 본토를 위협하기에 이르렀다.

트럼프 대통령은 전임자인 오바마 대통령으로부터 "북핵 문제가 미국이 직면한 최대 안보 현안"임을 인계받았다. 이제 트럼프 대통령은 말한다: "우리가 이 문제를 해결하겠다(We'll handle it)." 트럼프 행정부는 출범 이후 모든 옵션을 테이블에 올려놓고 분석해왔다. 그리고 이제 마지막으로 군사 옵션의 실행을 심각하게 검토하고 있다.

그럼에도 미국이 선뜻 군사 옵션의 사용을 망설이는 것은 대북 군사행동 시 북한의 보복 대응으로 인해 한국이 입게 될 참담한 인적·물적 피해 때문이다. 다양한 전문가와 언론들은 한반도 전쟁 개전(開戰) 시 입게 될 한국 측의 피해를 시간 당 또는 일별로 추산하여 수천에서 수십만의 인명 피해 예상치를 쏟아내고 있다. 물론 미국이 보유한 첨단 전략무기로 인해 '15분이면 전쟁이 끝난다'는 루머 섞인 뉴스도 SNS에 떠돌고 있긴 하다. 그러나 누가 미래를 장담할 수 있을 것인가?

한반도 전쟁의 실패를 다시는 되풀이하지 않기 위해, 6·25 한국전쟁사(史)를 지금도 탐독(探讀)하고 있다는 제임스 매티스(James Mattis) 美 국방장관의 고심(苦心)이 커 보인다. 더욱이 시진핑 주석의 대북 제재 '밀고 당기기'가 미국의 결단을 어렵게 하고 있다. 중국은 미국의 군사행동 결단이 임박한 듯하면 대북 제재를 강하게 밀어붙이다가도 미국의 결의가 시드는 듯하면 제재 강도를 낮추고 제재를 풀어주는 이중성(二重性)을 보여주고 있다.

그러나 북한의 ICBM(대륙간탄도미사일) 능력이 완료되면 한국의 평창 올림픽이 마무리된 후 결정적 시기가 도래할 가능성이 크다. 미국의 인내가 한계에 다다르고 결단의 순간이 임박하고 있기 때문이다. 과연 2018년 이후 가까운 장래에 제2차 한국전쟁이 발발할 것인가, 세계가 주목하고 있다.

美 ABC 방송은 2017년 10대 국제뉴스 중 '북한의 핵·미사일 도발'을 1위로 꼽았다. 자유아시아방송(RFA)은 "북한(North Korea)" "3차 세계대전(World War 3)" "핵전쟁(Nuclear War)" 등의 검색어가 구글 트렌드 랭킹에서 2014년 검색 서비스 시작 이후 최고를 기록했다고 전했다. CNN 방송은 「2018년에 당신의 밤잠을 설치게 할 10가지 이슈」 중 두 번째로 '미국, 북한과 전면전을 치를 것인가'를 선정했다.[1]

美 린즈 그레이엄(Lindsey Graham) 상원 의원은 미국이 북한에 선제공격을 감행할 확률을 30%로 추정했다. 그러나 북한이 추가 핵·미사일 도발을 강행할 경우 그 확률은 70%로 상승할 것으로 예상했다. 그레이엄 의원은 북한이 미국 본토를 공격할 수 있는 핵·미사일 역량을 확보했다고 트럼프 대통령이 판단하면, 그가 전쟁을 결심할 확률은 100%일 것으로 단언했다.

현재 북한이 ICBM 공격력을 최종 확보하기 위해선, '대기권 재진입' 역량을 갖추는 것이 마지막 관문이다. 앞서 언급한 바와 같이, 美 CIA는 그 데드라인을 2018년 3월말로 설정하고 트럼프 대통령에게 보고했다.

해외 언론들은 지난 2017년을 김정은이 트럼프 대통령에 승리를 거둔 해로 평가한다. 6차 핵실험에서 역대 최고의 수소탄급(級) 폭발력을 확보했으며, 핵탄두 소형화에 성공하였고, 25회에 달하는 탄도미사일 시험 발사 중 3회에 걸쳐 장거리 미사일 발사에 성공함으로써 ICBM 완성 단계에 도달하였기 때문이다. 김정은은 핵·미사일 성공을 내부권력 공고화와 주민 단결을 위한 프로파간다로 활용하는 정치적 수완도 발휘하였다.

중국도 전쟁 위험성 경고

주목되는 것은 중국에서도 한반도 전쟁의 위험성을 경고하는 목소리가 커지고 있다는 점이다. 중국 인민일보의 자매지인 관영 환구시보(環球時報)는 "한반도 정세가 6·25 이래 가장 불안정하다"면서 "전쟁 가능성

---

1 *CNN*, 2017.12.27.

이 커졌다"고 정세를 평가했다.[2] 중국의 관영 영자(英字)紙 글로벌 타임즈(Global Times)도 중국군 前 고위 장교 왕홍관의 말을 인용해 전쟁 가능성을 경고했다. "한국전쟁은 2018년 3월 이내 발발할 것이므로, 중국은 준비해야 한다. 특히 동북 지방은 동원 준비에 들어가야 한다"고 그가 말한 것으로 보도되었다. 북·중 접경 지역 내 중국군의 군사훈련도 증가하고 있다. 길림(吉林)성 내 지역신문은 "한반도 핵전쟁 시 방사능 오염을 방지하기 위한 방안"을 정부에 제시했다고 보도했다.

중국은 트럼프 행정부의 북한 선제공격에 대해 어떤 입장인가? 미국이 2017년 내내 중국에게 대북 원유 공급 중단을 요구할 때마다 중국은 완전한 원유 중단을 거부하고, 심지어 "북·중과의 전쟁을 각오하라"는 사실상의 최후통첩을 발하기도 했다. 예컨대 관영 매체 환구시보(環球時報)가 미국에 대해 한반도 전쟁을 각오하라며 "군사 개입"을 협박한 것은 美의 북핵 선제공격을 차단하려는 의도로 볼 수 있다.[3]

이 신문은 "한·미 군대가 38선을 넘어 북한을 침략해 정권을 전복시키려 한다면 즉각 군사적 개입에 나서겠다"고 주장했다. 여기서 주목되는 것은 "미국이 북한 핵시설만을 타격하면 중국의 군사개입은 필요하지 않다. 하지만 한국과 미국의 군대가 38선을 넘는다면 중국도 군사 개입에 나서겠다"는 부분이다. 곧 "미국이 목표로 하는 북한의 주요 핵시설 등에 대한 '외과수술식 공격'에 대해서는 일단 외교적 수단으로 최대한 저지하겠지만, 군사적 개입은 불필요하다"고 주장한 것이다.

트럼프 대통령은 그동안 "중국이 북한의 경제적 생명줄(economic lifeline)"

---

2 2017년 12월 17일 중국 관영 매체 「환구시보(環球時報)」는 중국의 국제관계 전문가들이 한반도 전쟁 발생 가능성을 크게 전망하면서 중국의 동아시아 통제력 약화를 우려했다고 전했다. 「월간조선」(뉴스룸), 2017.12.17.
3 「환구시보」, "北核. 미국은 중국에 어느 정도의 희망을 바라야 하나"라는 사평(社評) (2017.4.22.) 참조.

이라며 중국에 대북 압박을 독려해왔다. 미국의 압박이 계속되자 중국은 관영매체 사설을 통해 자신들의 입장을 밝힌 것이다. 환구시보는 "북한은 중국의 압박도 듣지 않고, 한국과 미국도 중국의 해법에 협조하지 않는 곤란한 상황"이라면서, 북한에 대해 "6차 핵실험을 강행한다면 '원유공급 대폭축소' 카드로 압박을 했다"고 언급했다. 그리고 북핵 시설을 타격하겠다는 미국의 경고엔 외교적인 수단으로 억제에 나서겠지만, 군사적 개입은 하지 않겠다고 밝혔다. 동시에 이 경우 북한이 보복성 타격을 가할 위험은 충분하다고 주장했다.

결국 북한의 생명줄인 원유공급을 완전히 차단할 의사가 없음을 밝히면서 – 왜냐하면, 중국은 거듭 '북한의 인도적 상황을 마비시키는 정도까지의 원유 중단은 안 된다'는 주장을 밝혀왔기 때문이다 – 북한이 6차 핵실험을 강행할 때 미국이 선제타격을 단행한다면, 북한의 보복 대응으로 인한 전면전 가능성을 협박하면서 38도선 이북으로 넘어오지 말라고 경고한 것이다. 그러나 실제로 2017년 9월 3일 북한이 6차 핵실험을 강행했을 때, 중국의 태도에서 근본적 변화는 발견할 수 없었다.

이는 미국에 대해 북·중과의 전쟁을 각오하라는 통첩으로 해석되기에 충분한 대목이다. 미국이 선제타격을 할 경우, 북한의 보복대응은 충분히 예상된다. 물론 한·미의 압도적 화력으로 북한의 보복은 거의 미미한 수준으로 끝날 가능성이 높다고 전문가들은 지적한다. 그러나 한·미 양군이 선제타격 후 38선 이북으로 넘어가지 않고 상황을 끝내기는 불가능에 가깝다.

원유공급 중단도 북한이 무너지지 않는 범위 내에서 하겠다는 것이 분명하므로, 사실상 축소하겠다는 것이지 중단은 아니다. 그 축소의 범위는 중국의 재량에 달려 있다. 중국의 전략은 일단 트럼프의 예봉(銳鋒)을 피하면서 한반도를 현상 유지토록 하고, 중국의 기본 주장인 "쌍중단"으로 끌고 가려는 전략으로 분석된다.

또 다른 중국의 계산은 미국이 북한을 선제타격하여 김정은 정권이 붕괴하면, 미·중이 합의하여 북한 지역에 제3의 정권을 세우는 시나리오일 수도 있다. 이에 트럼프 행정부가 어떻게 대응할지 주목된다. 만약 미국이 선제공격 옵션을 포기하고 외교적 방법으로 전환하여 북·중과 '대타협(grand bargain)'에 나선다면, 한반도에 일대 격랑이 불가피하고 대한민국의 장래는 극도의 불안정한 국면으로 휩쓸려 들어가게 된다.

美 시리아 공격이 한반도에 주는 '나비 효과'

2017년 봄 시리아 아사드 정권이 자국민(自國民)에 대해 무자비한 화학무기 공격을 가한 이후, 트럼프 대통령은 시리아에 대한 공격을 명령했으며, 이어 토마호크 미사일 59발로 시리아 공군기지-화학무기 공격을 자행했던 곳-를 폭격했다.

이 소식은 4월 8일 플로리다에서 미·중 정상 간 만찬장에서 트럼프 대통령에게 보고되었고, 트럼프는 옆에 앉아 있던 시진핑 주석에게 웃으며 이 사실을 전해주었다. 이 소식을 처음 접한 시진핑의 놀라고도 당황해하는 모습이 카메라에 잡혀 세상의 이목(耳目)을 집중시키기도 했다.

2013년 아사드 정권의 화학무기 공격 때만 해도 미국의 직접 개입을 반대하며 아사드·러시아팀과 IS그룹(이란·헤즈볼라)이 서로 싸우도록 하는 이이제이(以夷制夷) 전략이 낫다고 강조하던 트럼프였다. 그러나 이번 아사드 정권의 화학무기 공격으로 무고한 사람들("even beautiful children")이 죽어가는 모습을 영상으로 확인한 트럼프 대통령은 아사드 정권이 "의지할 데 없는 불쌍한 사람들을 질식시켰다"면서, 분노를 참을 길 없어 전격적으로 59발의 토마호크 공격에 나섰다고 강조했다.

이에 앞서 UN안보리 결의는 중·러의 거부권으로 무산됐다. 이에 따라 당시 화학무기 공격에 러시아가 아사드 정권과 공모(complicity)한 것 아닌가 하는 강한 의문도 제기되었다. 러시아는 미국의 무력 조치가 "주권을 침해한 침략 행위"라며 반발했지만, 영국·프랑스·독일·사우디아라비아·터어키 등은 한 목소리로 트럼프 대통령의 조치를 지지했다.

중국은 "화학무기 사용에 반대한다"면서도 "힘의 사용(use of force)도 반대한다"는 어정쩡한 입장을 표명했다. 우리 정부도 외교부 대변인 논평을 통해 "화학무기를 사용한 시리아에 대한 美의 단호한 대응을 적극 지지한다"는 입장을 밝혔다.

美 언론들은 미·중 정상회담이 트럼프 행정부의 시리아 공격으로 "그늘져 빛을 잃었다(overshadow)"고 평가했다. 북한 핵문제가 우선순위 No.1에 올랐던 미·중 정상회담은 "북핵 문제의 심각성에 대한 인식을 미·중 양국이 공유한다"면서, 향후 함께 노력한다는 원칙론적 입장을 표명했을 뿐 어떤 공동성명이나 합의문도 발표하지 못한 채 막을 내렸다.

주목할 것은 정상회담 직후 나온 렉스 틸러슨(Rex Wayne Tillerson) 국무장관의 첨가 발언이다. 곧 "북핵 문제에 중국이 협조하지 않는다면, 미국이 독자적으로 해결하겠다"는 종전 입장을 재차 확인 강조한 것이다. 오랜 논란과 숙고 끝에 이뤄진, 시리아에 대한 무력 개입으로 자신감을 얻은 트럼프 행정부가 북핵 문제에 군사적 옵션을 선택할 가능성이 한층 높아졌다고 봐야 한다.

트럼프 대통령의 시리아 공격 성공이 가져다 준 '나비효과'도 간과해선 안 된다. 국내적으로 분열과 반발에 휩싸였던 트럼프 대통령이 시리아 공격으로 정치적 반전(反轉)에 성공한 측면이 있다. 모든 사람은 일단 성공하면 자신감을 갖는 법이다. 더욱이 북한의 핵탑재 ICBM 완성은 미국 국민 누구나 용인할 수 없는 임계점으로 간주된다. 그만큼 미국의 자위권과 안보 차원에서 트럼프 행정부의 군사적 결단에 정당성을 부여할 수 있다는 뜻이다.

시리아 공격을 계기로 백악관 국가안보회의(NSC)가 트럼프 대통령에게 ①한국에 전술핵 재배치 ②김정은의 (빈 라덴식)제거 방안을 보고한 것으로 보도됐다.[4] 물론 미국의 북핵 정책이 그후 숱한 변화와 우여곡절을 겪어왔지만, 시리아 공격은 대통령 취임 이후 트럼프 대통령의 첫번째 대외정책 성공으로 자신감을 높인 계기로 평가되었다.

美의 CVID와 中의 쌍중단(雙中斷)

국제사회의 다각적 제재 조치에도 불구하고, 북한이 핵을 포기할 가능성은 제로에 가깝다. 美 CNN 방송은 '38 노스(North)' 등의 분석 결과를 인용해 2018년 신년 초 이후 조만간 북한이 탄도 미사일을 발사할 징후를 보이고 있다고 우려했다. 북한 핵문제 해결이 그야말로 '산 너머 산'임을 보여준다.

북한은 핵 보유를 전제로 하는 미·북 핵협상을 원한다. 미국과 대등한 핵보유국으로서 상호 군축회담을 하겠다는 것이다. 곧 핵군축 회담을 열어 한국 주변 한반도 해역(海域)의 美 첨단 전력자산을 후퇴시키는 대신 북한 핵을 축소하는 척하며 다시 개발에 나설 음모를 갖고 있다. 이는 대한민국이 결코 받아들일 수 없는 어불성설(語不成說)의 주장이다.

다행히 트럼프 행정부가 북한의 '先 핵포기'를 요구하고 있어 한국의 안보에 도움이 된다. 미국이 CVID 형식의 완전한 핵 포기를 북한에 요구함은 지극히 정당하고 필수적인 대응이다.[5] 이러한 미국의 입장은 한국의

---
4   *NBC*, 2017.4.8.
5   CVID는 「Complete(완전하고), Verifiable(검증가능하며), Irreversible(돌이킬 수 없는), 核해체(Denuclearization)」의 약자이다.

문재인 정부가 전격 남북회담을 추진해 2018년 1월 새해 남북 고위급회담이 2년여 만에 열리는 시점에서도 재확인되었다.[6] 중국과 일부 한국 전문가들이 주장하는 '쌍중단·쌍궤병행' 전략은 북핵 문제 해결에 도움을 주기는커녕 상황을 더욱 악화시킬 뿐이다.[7] 곧 북한 핵을 기정사실화하고 정당화하는 반면, 우리의 방위역량을 약화시켜 대한민국의 존립을 위태롭게 하는 위험한 발상이다.

김정은이 전쟁을 일으켜 자신과 북한 체제를 종말로 끌고 갈 만큼 非이성적이진 않을 것이란 분석도 나온다. 그러나 이는 부분적 진실일 뿐이다. 김정은의 정신 상태는 광기(狂氣)에 가까울 만큼 불안정하고, 기복(起伏)이 심하며, 복합적임을 알아야 한다.

분명한 것은 김정은이 어떤 형태로든 추가 핵·미사일 도발을 강행할 경우, 미국이 군사행동을 취하지 않을 수 없는 막다른 선택에 도달하게 될 것이라는 점이다. 개전(開戰)을 위한 명분과 현실적 불가피성을 모두 얻게 된다는 뜻이다. 한반도 전쟁 여부가 김정은의 선택에 달려 있다 해도 과언이 아니다. 이번에 전쟁이 발발한다면, 외과적 수술 형태가 아닌 전면전(all-out war)이 될 것으로 전문가들은 입을 모은다.

북핵 위기 속에서 우리는 한·미 연합방위태세를 기반으로 북한 도발에 대한 강력한 억제력과 응징력을 보유하고, 전쟁 불사(不辭) 의지를 끊임없이 김정은에게 전달함으로써, 그의 도발이 결국 자신의 멸망을 초래할 뿐이란 점을 주지시켜야 한다. 섣부른 유화책은 독(毒)이 될 수 있다. 개성공단과 금강산관광 사업은 북한으로의 주요 현금 유입 루트로서 북한 핵개발에 분명히 도움이 되었고 UN 제재 결의에 위배되는 것으로 평가되었다. 이 엄중한 시기에 개성·금강산 사업의 재가동을 주장하는 것은

---

6 렉스 틸러슨 국무장관의 *CNN* 인터뷰(2018.1.6.) 참조.
7 쌍중단은 '북한 핵개발 중단과 한·미 군사훈련의 동시 중단'의 의미다. 쌍궤병행은 '한반도 비핵화와 평화협정의 동시 추진'을 의미한다.

역사의 수레바퀴를 뒤로 돌리고 국가안보·국가이익을 정면 훼손하는 일이다.

北 평창 참가, '트로이의 木馬' 될 수도

북한 김정은이 2018년 신년사에서 2월 평창 동계올림픽에 "대표단 파견 용의"를 밝히며 전격 남북대화를 제의했다. 문재인 정부는 즉각 화답하며 1월 9일의 최고위급 회담을 역(逆)제안했고 북한이 이를 받아들임으로써 회담이 성사되었다. 동시에 판문점 핫라인이 개통되고 실무회담이 잇달아 열리는 등 그야말로 남북관계가 일사천리로 진척되었다.

한반도가 전쟁 일보직전의 초긴장 상황에서 대화 분위기로 급반전되자 全 세계가 어리둥절해 했다. 그러나 돌연한 남북화해 분위기의 이면(裏面)에 무서운 위험이 도사리고 있음을 간과해선 안 된다.

김정은은 대남 화해 제스처와 달리 미국에는 "핵무력 완성"을 선언하고 "미 전역이 핵 타격 사정권 안에 있다"고 협박하는 호전성을 보였다. 동맹관계인 한국과 미국에 다르게 대응함으로써, 한·미를 분리시키려는 전략이다. 곧 한국을 품에 끌어들이고 미국을 겨냥하는 전형적 통남봉미(通南封美) 책략의 일환이다. 그는 또 평창 올림픽을 "민족적 경사"로 치하하며 평창 참가에 '민족화해와 단합'의 의미를 부여했다. 한반도 위기의 핵심인 북핵 문제를 희석시키려는 의도를 드러낸 것이다.

북한은 '민족'을 강조하면서도 핵문제는 남북문제가 아닌 미·북 현안이라고 주장한다. 핵을 남북회담의 의제(議題)로 올리는 것조차 거부한다. 이 점을 아는지 문재인 정부는 이번 회담에서 북핵 문제를 거론할 의향이 없어 보였다. 통일부장관은 기자회견에서 핵문제 논의 여부를 묻는 질문에 명확한 답변을 내놓지 못했다.

결국 남북고위급 회담은 북한의 올림픽 참가와 한·미 군사훈련 연기를 맞교환해 성사된 셈인데, 과연 이러한 거래를 추진할 가치가 있는지 의문이다. 올림픽의 안전과 성공을 위한 것이라 주장하나, 비중 면에서 올림픽과 국가안보를 비교할 수 없다. 특히 올림픽을 구실로 우리 안보의 근간(根幹)인 한·미 군사훈련에 훼손을 가하는 것은 중대한 본말(本末)의 전도이자 제살 깎아먹기에 다름 아니기 때문이다.

미국도 동맹을 해치지 않으려고 절제된 표현을 사용하곤 했으나, 대북압박 지속과 비핵화 원칙을 특히 강조하며 극도로 경계하는 모습이었다. "비핵화 없는 대화는 의미가 없으며 인정할 수도 없다"는 니키 헤일리(Nikki Haley) 유엔 대사의 언급은 美 입장을 압축적으로 표현한 것이다. 트럼프 대통령이 '훈련 연기'에 동의한 것도 한·미 동맹을 해치지 않으려는 배려에서 나온 것으로 이해된다.

문재인 정부의 남북대화 속도전에 대한 미국 내 불만이 동맹에 적신호를 줄 정도로 강경하게 나타났다. 트럼프 대통령의 핵심 자문 역할을 하고 있는 존 볼턴(John Bolton) 前 유엔 대사는 북한 신년사를 "선동(propaganda)"이라고 일축하고 북한이 "(핵·미사일)결승선을 통과하고 있다"면서 트럼프 대통령의 군사옵션 결단 시간이 "거의 남아있지 않다"고 경고했다. 볼턴 대사는 "북핵 해법은 오직 한 가지뿐"이며, 그것은 "김정은 정권을 와해시키는 것"이라고 주장하기도 했다.[8]

허버트 맥마스터(Herbert MacMaster) 백악관 국가안보보좌관은 김정은의 신년사에 안심하면 샴페인에 취한 것이란 견제구를 던졌다. 그레이엄 상원의원은 "평창 올림픽이 지구상에서 가장 불법적인 정권에 정당성을 부여한다"며 미국의 불참을 권고했다. 미국의 북한 접근방식이 문

---

8 볼턴 前 대사는 2017년 12월 30일(현지시각) 폭스뉴스와의 인터뷰에서 트럼프 행정부가 중국을 설득해 김정은 정권을 붕괴시키는 데 집중해야 한다고 주장했다.

재인 정부에선 발견할 수 없는 도덕적 가치에서 출발하고 있음을 알 수 있다.

김정은에겐 이번 남북대화가 국제 제재로 인해 초래된 막다른 골목에서 탈피해 반전(反轉)을 도모할 수 있는 절호의 기회다. 우선 대화에 목마른 문재인 정부에 "외세 의존과 결별"하라면서 '민족자주'에 입각한 항미(抗美) 공동전선을 촉구하는 한편, 미국의 제재와 군사옵션을 무력화하려 할 것이다. 한·미 훈련의 중단·취소와 개성공단 및 금강산관광 사업의 재개도 주문할 태세다.

그러나 또 탄도미사일 발사 징후를 보이는 것은 민족과 평화를 외치면서도 핵·미사일을 포기할 의사가 없다는 확증이다. 핵 논의 없는 남북대화는 북한의 도발 이미지를 희석시킴으로써 결국 우리의 안보와 동맹을 위협한다. 훈련 중단을 놓고 한·미 간 충돌을 야기할 수도 있다. 한국의 동맹 이탈이 미국의 대북 선제공격을 재촉할 수 있다는 분석도 나왔다.

문재인 정부가 한·미 동맹을 이탈하면서까지 남북대화에 집착할지가 올림픽 이후의 최대 관심이자 우려사항이었다. 이미 문정인 대통령 특보는 "남북관계만 잘 되면 한·미 동맹에 의존할 필요가 없고, 중국의 눈치도 볼 필요가 없다"는 입장을 밝혔기 때문이다. 한발 더 나아가 문 대통령의 원로 멘토들이 잇달아 한·미 동맹 축소를 주장하고 나선 것도 범상한 일이 아니다. 지금까지 핵무장으로 우리를 위협해 온 핵심 주체가 김정은인데, 그와의 입증되지 않은 신뢰를 바탕으로 안보의 근간을 포기할 수 있다는 친여(親與) 인사들의 인식에 경악할 따름이다.

북한의 평창 올림픽 참가를 위해 우리가 지불해야 하는 대가(代價)가 너무 혹독하다. 문재인 정부의 남북대화 추진 동기에 '민족'이 어른거린다. 그러나 민족주의는 21세기 지구촌 시대에 걸맞지 않는다. 민족보다 가치가 우선하는 시대가 오고 있기 때문이다. 특히 북한과의 남북 간 '민족공조'는 북한과 친북세력이 펼치는 거짓 선동이다. 북한은 민족 개념을 김일성 추종자로 국한하기 때문이다. '민족'을 앞세운 북한의 평창 참가는 앞으로 우리 내부 분열을 촉발하고 한·미 동맹을 뒤흔들어 국가적 재앙을 부르는 트로이의 목마가 될 수 있다.[9]

북한·시리아 化學무기 커넥션

북한이 2016~2017년 중국무역회사 선박을 통해 시리아에 50t의 화학무기 물자를 시리아에 보낸 것으로 워싱턴포스트(WP)가 보도했다. 또한 2012~2017년 북한의 화학무기 및 탄도미사일 부품 등이 최소 40차례 선박을 통해 시리아로 보내졌다고 한다. 유엔은 북한이 화학무기 부품을 시리아에 지속적으로 제공해 온 사실을 비공개 보고서를 통해 밝혔다.

북한은 과거 2007년 시리아 핵시설을 건설할 때, 기술자를 시리아에 보내 도와 준 전력이 있어서 이번 사건이 세계적 주목을 받고 있다. 美 국무성 대변인은 북한·시리아 화학무기 커넥션을 언급하면서, 이러한 점들이 바로 "북한 비핵화가 굳건히 유지돼야 하는 이유"라고 밝혔다.

---

9   홍관희, 「국민일보」 (한반도 포커스), 2018.1.8.

전쟁은 왜 일어나는가?

전쟁 억지를 위한 '전략적 마인드'가 필요하다

 전쟁을 회피하고 평화롭게 살고자 함은 인류 불변의 희망이다. 그러므로 전쟁을 막고 평화를 확보하는 일은 인류 역사의 영원한 과제이며, 또한 국제정치의 주요 주제이기도 하다.
 고대 중국에서 공자와 맹자는 '침략적 전쟁을 삼가라'고 가르쳤다. 묵자(墨子)는 겸애설(兼愛說)을 주장하였는데 이는 예수의 '사랑' 또는 석가모니의 '자비'와 비슷하다. 왼뺨을 때리면 오른뺨도 내놓을 정도의 무한한 인내와 사랑으로 상대방을 감화시키는 것이 궁극적으로 전쟁을 방지할 수 있다는 생각인데, 전쟁에 직면하여 생존과 안보를 지켜야 하는 절박한 상황에서 액면 그대로 수용하기 어렵다. 종교적 접근과 정치적 방법의 차이이기도 하다. 이런 점에서 춘추전국 시절 전략적 요소를 강조했던 제나라 재상 관중(管仲)은 동방의 마키아벨리라 불린다.[10]
 남북 간 긴장이 고조되고 전쟁 직전의 위기상황이 펼쳐지고 있음에도 예수의 '사랑의 정신'으로 김정은 정권을 용서하고 지원하여 감화시키자는 주장을 펴는 기독교인들도 있다. 이들은 사랑과 전도를 구실삼아 평양

10　J.E. Dougherty & R.L. Pfaltzgraff, Jr., Contending Theories of International Relations, 최창윤 역, 「국제정치론」(박영사, 1977), p. 208.

의 봉수교회나 칠곡교회 등에 자금을 지원하기도 했는데, 납득하기 어려운 행동이다. 종교를 가장한 친북(親北) 행태일 수도 있다. 사실 북한의 공식교회라는 것이 교회의 가면을 쓴 정권의 앞잡이라는 사실을 아는 사람은 다 안다. 종교적 영역과 정치적 영역은 분리돼야 한다.

예수는 "가이사의 것은 가이사에게, 하나님의 것은 하나님께 바치라…"라고 설파했다.[11] 국가 영역을 넘어 십자가와 희생을 중심으로 하는 종교적 선교 방식과 국가와 국민을 보호하기 위해 전략적 인식을 기본으로 하는 정치적 방략(方略)을 구분한 것이다.

김정은 정권을 다루는 것은 '가이사'(권력)의 영역이다. '하나님'(종교)의 영역은 북한 주민들에게 하나님의 말씀을 전도하는 것이다. 양자를 혼동해선 안 된다. 포악하고 핵무장한 김정은 정권을 군사·안보 전략 없이 종교적 방법으로만 대하려는 것은 대한민국을 멸망의 구렁텅이로 인도하는 것이나 다름없을 것이다.

인간은 왜 전쟁을 하는가 – '내일의 전쟁을 오늘의 평화'로 바꾸는 '절대적 평화주의'가 위험하다

인간은 왜 전쟁을 하는가? 플라톤은 "인간이 필요의 한계 내에서 살기를 거부하고, 호사(好奢)한 생활을 요구하기 때문"이라고 풀이했다. 그리고 "외부의 침략으로부터 방어하기 위해 군대(軍隊)가 필요하다"고 지적했다.[12]

성(聖) 어거스틴은 "전쟁과 정복은 비극이지만, 악(惡)한 인간이 올바른 인간을 지배하게 된다면 이는 더욱 큰 불행"이라고 갈파했다. 독재자나 정복자의 노예가 되는 것은 그와 맞서 싸우기 위해 전쟁을 택하는 것보다

---

11 「마가복음」, 12장 13-17절 참조.
12 J.E. Dougherty & R.L. Pfaltzgraff, Jr.,(최창윤) 상게서.

더 불행하다는 메시지다. 그는 또 "전쟁을 한다고 해서 평화를 덜 사랑하는 것은 아니다"라고 강조하고, "오히려 나름대로 평화를 더 사랑하기 때문일 수도 있다"고 말했다. '평화를 원하거든 전쟁을 준비하라'는 로마 격언을 상기시키는 촌철(寸鐵)의 메시지라고 생각된다.[13]

그는 또 인류 역사는 선(善)과 악(惡)의 투쟁이며, "악(惡)을 초기에서부터 저지하지 않는 것은 악(惡)을 조장하는 것과 같다"고 역설하였는데, 북한의 핵·미사일 도발을 계기로 전쟁과 평화에 대한 담론(談論)이 표면화되고 있는 우리 사회에 중요한 교훈의 메시지를 던지는 듯하다.[14]

> "성(聖) 어거스틴에 의하면, 역사는 대립하는 두 힘 – 地上의 나라와 天上의 나라 – 의 끊임없는 싸움이다. 이 싸움의 실례는 얼마든지 들 수 있다. 즉 카인과 아벨, 홍수와 노아, 헤롯왕과 예수 등. 전자의 특색은 잔인·오만·강탈·방탕이며, 후자의 특색은 믿음·희망·자비이다. 싸움은 시간의 시초와 더불어 시작됐으며, 최후의 심판까지 계속될 것이다. 이 두 나라는 현 세대에는 서로 뒤섞여 얽혀있으나, 최후의 심판에서는 분리될 것이다."[15]

국제관계에서 이상주의자들은 전쟁이 인간의 이성(理性)에 의해 제거될 수 있다고 생각한다. 그 이유는 전쟁에 의한 피해를 전쟁 당사자가 이성적으로 상호 인식할 것이므로, 군비축소와 평화가 가능하리라고 추정하는 것이다.

한편 현실주의자들은 국제사회에서 전쟁이 쉽게 제거되리라고 보는 것은 비현실적인 순진함(naivety)의 결과라고 본다. 인간의 인식과 행동이 이성뿐만이 아닌 다양한 요인과 요소에 의해 영향을 받기 때문이라는 것이다. 현실주의자들은 과거의 경험과 역사적인 기록을 중시하며, 인간 내

13　상게서.
14　상게서.
15　스털링 P. 램프레히트 저(著), 김태길·윤명로·최명관 역(譯), 「서양철학사」(*Our Philosophical Traditions*) (을유문화사, 1990), p. 213.

부에 선(善)과 악(惡)이 동시에 존재하는 것으로 파악한다. 특히 국가와 국민의 수호를 위해 침략에 대비할 수 있어야 하며, 때로는 전쟁에 대한 준비가 불가피하다고 역설한다. 그리고 국가안보를 위해 군사력의 확보가 필요하다고 강조한다.[16]

기독교적 현실주의 국제정치학자인 라인홀드 니이버(Reinhold Niebuhr)는 2차 대전 전인 1938년 체임벌린 영국 수상 중심의 히틀러에 대한 유화정책(appeasement policy)을 강도 높게 비판했다. 그는 유화정책이 오늘의 평화에 취해 내일의 전쟁을 외면하는 "절대적 평화주의(absolute pacificism)"라고 지적하였다.

니이버는 평화주의자들이 지나치게 완벽하고 순수한 양심을 추구한 나머지 인류 문명을 파괴하려는 '불의(injustice)'에 복종하게 되는 상황에 둔감해졌다고 비판했다. 그리고 1938년 뮌헨 평화협정이 발표되자 '이상주의적 평화주의(idealist pacifism)'와의 완전한 결별을 선언하였다.

"인류 문명이 하나님의 심판 아래 있다는 평화주의자들의 확신이 옳을 수도 있을 것이다. 오늘날 잔혹한 독재자들이 출현하는 것을 가능케 한 세계의 사회·정치적 무정부 상태에 대해 아무도 양심의 가책을 안 느낄 수 없다. 그러나 그렇다고 평화주의자들이 인류 문명을 악으로부터 수호할 권리나 의무가 없다고 판단하여 결과적으로 불의에의 복종을 야기한다면, 이는 잘못된 일이다."[17]

니이버는 정치가 도덕으로부터 유리될 수 없고 정치가가 도덕에 무관심해서는 안 되지만, 현실의 권력적 측면이 무시되어서는 안 되며 권력은 정

---

16 만물이 '존재하기 위해 투쟁한다'는 다아윈의 '적자생존(適者生存)' 이론 역시 현실주의적 사고와 맥을 같이 한다.

17 Reinhold Niebuhr, "The Christian Faith and the World Crisis," *Christianity and Crisis*, I (February 10, 1941), p. 4.

의(正義) 실현의 도구로 사용되어야 한다고 강조하였다.[18]

호전(好戰)주의자들의 전쟁 정당화 논리

역사적으로 전쟁을 미화하고 정당화하며 숭배한 호전주의자들도 적지 않다. 변증법의 원조인 고대 그리이스 철학자 헤라클레이토스(Heracleitos)는 '투쟁이 역사의 원리'라고 주장하고, 인류의 역사를 끝없는 투쟁의 연속이라고 규정하였다. 헤라클레이토스가 처음 제창한 '변증법' 철학은 만물의 실재(實在)의 근본 원인을 '변화'와 '운동'에 두는 무신론적 철학이다.

예컨대 하나님을 만물의 실재의 근원으로 보는 유일신 종교(宗教)인 기독교 등과 대척적(對蹠的) 관점에 있다. 변증법은 이 세상에 실재하는 것은 아무 것도 없으며, 모든 것은 변화하여 생성소멸(生成消滅)한다고 인식한다. 다만 불변하는 단 한 가지가 있다면, '만물이 변화한다는 사실' 자체 곧 '변화의 원칙'이라고 주장한다.[19]

변증법 철학은 만물의 근본 존재 양식은 변화와 운동이며, 변화를 일으키는 원동력은 대립하는 요소 간의 갈등과 투쟁이라고 설명한다. 이러한 '투쟁' 패러다임은 헤겔에 와서 관념 간의 투쟁으로서의 변증법적 관념론으로 이어졌고, 이를 칼 마르크스가 경제적 동기에 기초한 계급 간의 투쟁을 근간으로 하는 변증법적 유물론을 창안하기에 이르렀다. 그것이 곧 공산주의다.

이에 따라 공산주의자들은 인류 역사란 경제력을 놓고 다투는 계급 간

18　'절대적 평화주의'에 관해서는 최석진 기자의 "절대적 평화주의," 「아시아투데이」, 2017.11.16. 이 칼럼은 "자유를 지키기 위한 싸움은 불가피한 선택이고 핵무기 앞에 굴종하는 평화는 나쁜 평화다. 좋은 평화는 값비싼 대가를 요구한다. 자유를 지키려는 결연한 각오 없이는 좋은 평화를 얻을 수 없다"고 강조한다.

19　스털링 P. 램프레히트 저, 김태길·윤명노·최명관 역, 「서양철학사」(*A Brief History of Philosophy in Western Civilization*), 을유문화사(1990), pp. 30–32.

의 갈등과 투쟁의 역사로 파악하였으며, 사유재산과 자유시장경제를 신봉하는 자유민주주의·자본주의를 죄악(罪惡)으로 규정했다. 사유재산과 자유시장 메카니즘이 경쟁과 갈등을 유발한다는 것이다. 그리고 공산주의 사회를 이상(理想)사회로 상정하고 이를 실현하기 위해 전쟁을 포함하는 모든 폭력 투쟁도 불사해야 한다면서 전쟁을 정당화했다.

어떤 철학자는 사회주의·공산주의를 '강물을 거슬러 올라가는 철학'이라고까지 표현하며 강하게 비판했다. 인간의 본성과 자연스럽게 물 흐르듯 조화하지 못하는 철학이라는 것이다. 프리드리히 하이예크(Friedrich Hayek)도 자유시장경제가 인류 문명과 함께 오랜 기간에 걸쳐 진화된 "자생적 질서(spontaneous order)"임을 강조하며, 시장경제를 반대하는 것은 문명의 진화를 거스르는 것이라고 비판했다.[20]

하이예크는 또 인간 사회에서 오래된 '잘못된 믿음'은 '정부가 개인과 사회에 적극 개입해야 이상사회를 건설할 수 있다고 믿는 것'이라고 지적하고, 이를 "치명적 자만"이라고 불렀다. 개인과 민간에게 자유를 주고 국가가 최소한 개입해야 사회 전체가 발전한다는 것이다.[21]

한국에서 문재인 정부가 출범한 후, '작은 정부' 기조를 강력 비판하고, 국가의 적극적 개입과 역할이 지나치게 강조되고 있다. "일자리를 민간이 만든다는 것, 일자리를 시장에 맡겨야 한다는 고정관념을 버리라"고 문재인 대통령은 말했다.[22] 시장경제의 자연발생적이고 자생적 기능에 대한 신념이 부족함을 단적으로 드러낸 사례다. 문재인 정부가 자유시장경제의 원리와 그 중요성을 다시 한 번 인식할 수 있기를 바란다. 문재인 정부가 출범 직후 강공 모드로 추진하는 일련의 경제정책이 '생산성을 하락시

---

20 프리드리히 하이에크, 「치명적 자만(The Fatal Conceit)」(1988). 김태철, "사회주의는 '전능한 정부'가 낳은 환상," 「한국경제신문」, 2017.10.26.
21 상게서.
22 문재인 대통령이 2018년 1월 25일 청와대 청년일자리 점검회의에서 언급함.

키는 反시장적 실험이자 모험'이라며 많은 경제학자들에 의해 강력히 비판받고 있기 때문이다.[23]

아담 스미스(A. Smith)가 말한 대로 인간 사회는 모든 사람들에게 '자유'와 '보이지 않는 손'을 허용함으로써 자발적이고 자생적인 이익의 조화(natural harmony of interests)와 고도의 생산성을 창출해낸다. 자유민주주의 사회가 도덕성과 효율성을 모두 갖추고 있는 근거를 여기에서 찾을 수 있다.

"우리는 저녁 식사를 푸줏간·술집·빵집 주인의 자비심에 기대하는 것이 아니라, 그들 자신의 이익에 대한 그들의 관심에 기대한다. 우리가 호소하는 것은 그들의 인류애에 대해서가 아니라 자기애(self-love)에 대해서이며, 우리가 그들에게 말하는 것은 결코 우리 자신의 필요에 대해서가 아니라, 그들의 이익에 대해서이다."[24]

"(각 개인은) 일반적으로 공공의 이익을 촉진하고자 의도하고 있는 것도 아니고, 그가 얼마만큼 그것을 촉진하고 있는가를 알지 못한다…그 자신의 이익을 추구함으로써, 그는 흔히 정말로 공공의 이익을 촉진하려고 의도했을 때보다 효과적으로 사회의 이익을 촉진한다."[25]

자유민주주의는 인간에게 자유를 기본 덕목으로 보장하고 부여함으로써 인간에게 참 행복을 제공한다. 인간은 자유로울 때 행복하다. 아무리 좋은 일이라 하더라도 강제(强制)는 인간에게 참 행복을 가져다주지 못한다. 또 인간은 자유를 통해 자기 존재에 대한 '자율(自律, mastership)'을 보유할 때, 스스로 주인의 위치를 향유함으로써 진정한 고결성과 도덕성을 회복한다. 남이 시키는 대로 하는 타율적(他律的) 존재일 때는 아무리

---

23 「2018 경제학 공동학술대회」, 2018.2.2.
24 A. Smith, *The Wealth of Nations*, 1776, E. Cannan ed., p. 423. 홍기현, "자본주의와 사회주의," 「계간 사상」 (1990 겨울호), p. 15.
25 상게서.

의식주가 해결된다 해도 노예(slavery)에 다름 아니다. 이를테면 북한 인권을 논할 때 민생권보다 자유권이 우선돼야 하는 이유를 여기에서 찾을 수 있다.

흥미로운 것은 인간이 자유로울 때 놀라운 효율성을 시현(示現)할 수 있다는 점이다. 인간은 자유로울 때 개성이 발휘되고 이를 통해 창의성이 발전한다고 한다. 그것이 곧 생산성과 효율성을 높이는 지름길이다. 자본주의 사회가 발전하면서 자유로운 개인들이 벤쳐 등을 통해 각종 R&D와 기술혁신을 이룩하였고, 이를 바탕으로 고도의 생산성 증대가 가능해졌다.

헤겔은 바람이 바다를 더러움으로부터 깨끗이 유지시켜주는 것처럼, "전쟁을 통해 민족의 윤리적 건강이 유지된다"고 말하기도 했는데, 이는 전쟁을 미화한 호전(好戰) 사상의 원조 격이라 할 만하다. 니이체도 전쟁은 "창조적 충동이며, 역사발전에 필요하다"고 주장하고, "문명 재생을 위해 전쟁은 필수불가결"이라는 왜곡된 주장을 서슴지 않았다.[26] 이런 호전 사상들이 아돌프 히틀러에게 전수돼 세계 2차 대전을 일으키는 비극에 이르지 않았나 사료된다.

대체로 공산주의자들은 투쟁을 역사발전의 필수불가결한 과정으로 인식했다. 특히 마르크스와 레닌에 이르러서는 공산사회 건설을 위해 폭력혁명을 정당화하고 전쟁도 그 수단의 하나라고 간주했다. 레닌이 제창한 제국주의 전쟁론도 그 일환일 것이다. 인간 사회에서 이견(異見)과 다툼은 빈발하게 마련이다. 그러나 이를 해결하는 방법이 중요하다. 사회주의는 문제 해결의 방도로서 혁명과 투쟁을 일반화한다. 자유민주주의가 토론과 설득을 통해 차이를 해소하는 것과 대비된다.

---

26 최창윤, 전게서.

「제국주의 전쟁론」의 오류(誤謬)[27]

북한 정권이 워낙 반미(反美)·반제(反帝) 선동을 하다 보니, 그 영향을 받아서인지 자유민주주의 사회인 한국에서도 근거 없는 반미 운동이 확산되고 심지어 미국을 '제국주의'로 보는 시각이 꽤 존재한다.

원래 '제국주의(imperialism)'란 고대로부터 존재해 왔으며 인류 역사상에 시시때때로 출현해왔다. 불세출의 영웅이 나타나 강대한 제국을 건설하고 주변 지역으로 정복을 일삼은 일은 비일비재하다. 알렉산더 제국, 로마 제국, 페르샤 제국, 몽고 제국, 가까이는 히틀러의 제3제국에 이르기까지 이들 제국의 특징은 강력한 무력(武力)에 기초하여 이기적(selfish)이고 배타적인 통치를 행했다는 점이다.

그러나 기존의 제국주의 개념에 새로운 의미를 불어넣은 것은 러시아 혁명을 성공시킨 레닌이었다. 레닌은 그의 저서 '제국주의론'에서 자본주의가 직면한 기본 문제를 '과잉생산·과소소비'로 인식하고, 유효수요 부족을 자본주의의 가장 큰 딜레마로 파악했다. 이는 당시 자본주의 체제가 직면한 정치경제적 문제를 예리하게 분석한 측면이 있다. 1929년 일어난 미국 대공황도 같은 원인에서 일어난 것으로 볼 수 있다. 그러나 이러한 분석은 경제가 오직 불완전고용 상태에 놓여 있을 때에 적용될 수 있음을 간과한 것이다.

레닌은 자본주의 국가들이 유효수요 부족의 난관을 뚫기 위해 해외 재투자를 추구하다 보니 상호 간 갈등이 일어나고 이에 따라 제국주의 전쟁이 불가피하다고 보았다. 역사가들은 레닌이 공산주의 발전에 기여한 2대 공헌으로 프롤레타리아 전위대로서의 당(黨)조직을 이론화한 정당론과 함께 이 제국주의론을 꼽기도 한다.

---

27 홍관희, 「THAAD와 한반도」 (자유민주, 2016) pp. 66-69.

결국 레닌은 제한된 해외시장을 놓고 벌이는 제국주의 간의 쟁탈전으로 전쟁이 불가피하다며 국제 분쟁의 종식을 위해선 자본주의 국가를 제거해야 한다고 주장했다. 그리고 제국주의 국가와 식민지 간의 관계를 "착취(exploitation)"로 규정했다. 이는 훗날 종속이론(dependency theory)으로 발전하게 된다.

한편 케인즈(John Maynard Keynes)는 이러한 초기 자본주의의 문제점을 재정 확대에 의한 유효수요 창출로 해결하는 방안을 제시했으니, 이것이 수정자본주의다. 2차 대전 후 후진 개발도상국들의 눈부신 경제성장은 세계 자본주의체제에서 시장(市場)이 속성상 결코 선진국에 우호적이지 않고 중립적임을 입증함으로써, 레닌과 종속이론의 부당성을 보여준 사례다. 곧 '가진 나라(have nations)'와 '못가진 나라(have-not nations)' 간 "착취 관계"를 부정한 것이다. 한국·대만·싱가포르·홍콩 등 개발도상국가의 경제발전 성공 사례는 세계 자본주의 체제가 값싸고 좋은 물건을 만들어내는 나라들의 손을 들어주는 기회의 무대(stage of opportunity)임을 보여줬다. 세계 무역 구조가 구조적·본질적으로 불평등한 것이 아니라는 뜻이다.

제국주의 이론의 핵심적 오류는 경제가 순환하고 발전함에 따라 유효수요 부족 현상이 항상 일어나는 것은 아니라는 점을 간과한 것이다. 경제는 때로는 생산부족·과잉수요로 인플레 현상이 일어난다. 경제가 완전 고용에 가까워졌음에도 생산 능력이 향상되지 못하기 때문이다. 1970년대 세계적으로 일어난 '스태그플레이션'의 원인은 경제가 완전고용 상태에 가까워졌음에도 재정 확대 등 유효수요 창출에만 집중한 나머지 인플레만 증가했기 때문이다. 초기 케인즈 효과 곧 인플레와 동시에 경제성장과 고용이 함께 동반 상승하는 현상(필립 곡선)이 나타나지 않은 것이다.

결국 자본주의 발전이 전쟁을 불러온다는 레닌의 가설은 사실에 부합하지 않는다. 전쟁 연구가들은 자본주의 확대가 반드시 전쟁의 원인이 될 수 없는 많은 자료를 보여준다. 오히려 전쟁으로 인해 자본주의 경제는 피해를 볼 수밖에 없다. 자본주의 자체는 속성상 평화지향적임을 강조하는 민주평화론이 나오는 것은 이와 같은 배경 하에서다.[28] 21세기에 들어서서 4차 산업혁명이 일어나는 시대에 아직도 시대에 뒤떨어진 '제국주의' 논쟁에 함몰돼 있는 우리 현실이 너무 안타깝기만 하다.

지도자의 야망이 전쟁의 원인인 경우가 많다
- 자본주의는 속성상 평화 지향적이다

역사적으로 강대국의 흥망을 분석한 폴 케네디(Paul Kennedy)는 강대했던 패권국가의 붕괴 원인이 군비 증강에 있다고 지적했다.[29] 그는 강대국의 흥망을 좌우한 최대 변수가 경제력과 군사력 간의 불균형이었음을 발견해냈다. 그는 "경제력이 없는 군사력은 허장성세에 불과하며, 군사력이 없는 경제력은 사상누각"이라고 설명한다.[30] 자본주의 국가들이 경제를 살리기 위해 전쟁을 일으킨다는 공산주의자들 – 국내 일부 좌경 논객들도 마찬가지 – 의 주장이 근거 없음을 말해주는 중요한 일례다.

또 죠셉 슘페터(Joseph A. Schumpeter)는 마르크스 등의 공산주의자들과 달리 자본주의 시대 대부분의 전쟁이 '경제적 동기를 위해 싸운 것이

---

28   '민주적 평화(democratic peace)'는 '민주주의 국가들 간에는 전쟁이 일어나지 않는다'는 가설이다. 곧 민주주의 국가(자본주의 국가)와 평화의 연계성을 강조한 것으로 자유주의적 시각을 반영한다.
29   폴 케네디 「강대국의 흥망(The Rise and Fall of the Great Powers)」(Random House, 1987).
30   고기완 한국경제신문 연구위원, 「한국경제신문」 (Cover Story) "역사는 강대국 흥망사…미국이 끝났다고?" 2015.3.13.

아니다'라고 역설했다. 그는 전쟁의 동기는 매우 다양하며, 자본가들은 경제이익을 위해 평화를 지지하며 상호의존을 선호한다고 주장했다. 이런 맥락에서 보면 아직도 우리 사회 일각에서 한·미 동맹을 반대하는 논리로 활용되고 있는 군산(軍産)복합체론이 근거가 박약하며 일종의 음모론에 해당됨을 알 수 있다.

전쟁의 근본적 원인에 관하여 레이몽 아롱(Raymond Aron)은 "경제적 동기"가 아닌, "국가의 권력에의 의지"를 언급했다.[31] 역사적으로 살펴보면, 국가를 빌미로 한 개인 독재자의 정치적 야망이 전쟁을 일으키는 원동력이 된 사례가 많았다. 멀리는 알렉산더나 징기스칸의 정복 전쟁으로부터 중국의 수많은 왕조 흥망 과정에 수반된 전쟁들, 그리고 근세에 이르러서는 나폴레옹 전쟁과 1930년대 히틀러의 제3제국 및 일본의 군국주의에 이르기까지 일일이 열거하기조차 어렵다. 또 현대에 들어와서 시진핑의 중국몽에 입각한 군사굴기 전략이나 푸틴의 러시아 영광 재현 시도도 이에 해당되는 측면이 있다. 더욱이 '선군정치'로 표방되는 북한의 핵·미사일 도발과 대남 군사노선은 金家 3대 세습정권의 호전성과 한반도 통일 야망에서 비롯되고 있음을 부인하기 어렵다.

이런 맥락에서 슘페터는 힘에 기반하고 이기적이고 배타적인 성격의 '제국주의 기질'은 역사적으로 격세유전(隔世遺傳)하며, 그만큼 제국주의는 "경제적 이익"이 동기가 아닌, "한 국가의 무제한적 강력한 팽창을 향한 맹목적인 기질(objectless disposition)"이라고 정의했다.[32]

그는 "제국주의의 확대가 전쟁의 원인"이라고 진단한 레닌의 주장을 반박하는 논거를 통해, 자본주의 사회는 제국주의에 적합한 환경을 조성하기보다는 전쟁과 군비확장을 근본적으로 반대하기 위한 사회학적 기초

---

31   최창윤, 전게서.
32   최창윤, 전게서.

를 창조해내고 있다고 주장하였다.[33] 자본주의 시대 이전에는 국제사회에서 전쟁을 억지하고 평화를 증진하려는 노력들이 대체로 종교가들에 의하여 주도되어 왔으나, 자본주의 시대에는 사회의 다원화에 따른 다양한 정치·경제적 계층들의 견해와 운동에 의하여 주도된다고 그는 강조한다. 슘페터에 의하면, 중산층의 성장, 무역의 확대, 그리고 세계시장의 통합 및 단일화는 민족 및 국가 간의 차이와 적대감을 감소시킨다고 한다. 따라서 자본주의는 그 속성상 평화에 기여하며, 평화지향적이라는 것이다.

---

33 Joseph A. Schumpeter, *Imperialism and Social Classes*, 최창윤 전게서, pp. 256–257.

한반도 전쟁 발발할 것인가?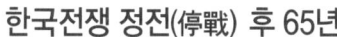

한국전쟁 정전(停戰) 후 65년
– 전쟁 참화를 벌써 잊었나

　북한의 계속되는 핵·미사일 공격력 증강과 이에 맞서는 트럼프 행정부의 강력 대응으로 한반도 긴장이 전례 없이 고조되고 있다. 이에 따라 전쟁 가능성이 회자(膾炙)되면서, 국민들의 불안감도 확산되고 있다. 뉴욕타임즈지(紙)는 한반도에 전쟁이 발발할 경우 48시간 내에 10만여 명의 희생자가 날 것으로 예상하는 기사를 실었다.[34] 그러나 북한의 장사포 보복 대응이 과대평가됐으며, 미국의 선제타격 시에도 미국의 압도적인 화력으로 인해 북한의 확전 가능성은 낮다는 견해도 나왔다.[35] 과연 한반도에 제2의 한국전쟁이 일어날 것인가?

　우리가 즐겨 읽는 삼국지는 "천하 대세(大勢)란 나뉜 지 오래면 반드시 합하며, 합한 지 오래면 반드시 또 나뉜다(合久必分 分久必合)"는 명제로 출발한다. 중국사에서 천하의 분열과 통일 과정에는 언제나 전쟁이 수반되었다.

　한국전쟁의 총소리가 멎은 지 올해 65년이다. 완전한 종전(終戰)은 아니었지만, 정전(停戰) 상태로 한반도에 평화가 이뤄진지 벌써 두 세대가 지

34　*NYT*, 2017.7.7
35　김민석, 「중앙일보」 2017.7.14.

났다. "천하수안(天下雖安) 망전필위(忘戰必危)-천하가 비록 평안하다 해도 전쟁을 잊으면 반드시 위기가 온다." 사마병법에 나오는 경구(警句)이다.

지난 2017년 7월 4일 북한이 ICBM급 장거리 탄도미사일을 성공시켰을 때, 美 CNN 방송은 서울의 반응을 "워낙 북한 도발이 다반사로 일어나다 보니, 서울 시민들의 반응은 무덤덤하며 일상생활에 아무런 영향을 주지 못한다(business as usual)"고 보도했다. 우리의 안보 불감증 실상을 이보다 더 인상 깊게 묘사하기도 힘들 것이다. 북한의 가공(可恐)할 핵·미사일 위협이 바로 서울 북방 40km에 상존하고 있음에도 위기의식이 없다면, 바람직한 현상은 아니다.

국제정치 이론에 의하면, 상대방의 군사 능력(capability)과 전쟁 의지(intention)에 대해 억제력을 갖지 못할 경우 전쟁 가능성이 높다고 한다. 이 때 억제력(deterrence)은 침략에 대한 대응 군사력의 보유, 확고한 보복 대응 의지, 그리고 상대방에 대한 보복 의지의 전달 등이 함께 갖춰질 때 형성된다고 한다.[36]

우리는 북한의 무력 도발 가능성에 대비하여, 이에 보복할 수 있는 충분한 군사력을 갖추고 있는가, 아울러 북한의 침공이 있을 경우 사즉생(死卽生)의 자세로 확고히 보복할 의지가 있는가, 그리고 그 보복 의지가 북한 지도부에 정확히 전달되고 있는가, 그리고 김정은 정권은 韓·美 연합군의 보복 의지와 능력을 객관적이고 이성적으로 판단할 합리성(rationality)을 갖추고 있는가 등을 다시 한 번 점검해봐야 한다.

또 전쟁을 연구한 학자들은 전쟁 발발의 원인으로 '힘의 균형 붕괴'와 같은 구조적이고 거시적인 요인뿐 아니라 전쟁을 일으킬 위치에 있는 지도

---

36 국제정치 핵이론에 의하면, 억제를 가능하게 하는 요소로서 (i)보복할 수 있는 능력(capability) (ii)보복 의사의 전달(communication) (iii)아측과 상대방(彼我) 모두 합리적 판단을 기대하게 하는 합리성(rationality)의 존재 (iv)상대로 하여금 아측의 실천의지를 믿도록 하는 신뢰성(credibility) 등을 꼽는다.

자의 오인식(誤認識 misperception)과 오판(誤判 miscalculation) 및 심리 상태 등의 미시적 요인을 중요한 요인의 하나로 꼽는다.

그렇다면 지금 남북한 군사균형은 어떠한 상태인가, 북한을 통치하는 김정은의 정신 상태는 어떤가, 김정은이 전쟁에서의 승리를 오판할 근거가 있는가, 그리고 우리 측이 정세 위험성을 안이(安易)하게 오판할 가능성은 없는가 등도 면밀히 분석해 봐야 한다.

이러한 객관적인 전쟁 발발 요소를 근거로 정세를 분석할 때, 우리는 한반도 전쟁 가능성을 좀 더 정확히 진단할 수 있고 또한 전쟁을 사전에 억제할 대비 태세를 갖추는데 한발 더 다가갈 수 있을 것이다.

한반도에서의 전쟁 촉발 요인

□ 북한의 핵·미사일 개발 – 전쟁 의지와 능력

한반도 제1의 전쟁 촉발 요인이 북한의 중단하지 않는 대량살상무기 곧 핵·미사일 개발과 재래식 전력 증강에 있음은 두말할 필요가 없다. 특히 그 목적이 한반도 무력통일에 있다는 점이 우리의 경계심을 더욱 높인다. 일부 분석가들은 북한의 핵개발이 '협상카드,' '경제지원 획득,' '무력시위' 목적이며 '자위적 핵 억제력' 슬로건 하에 '체제 안전보장'을 목표로 하고 있다고 분석한다.

그러나 북한의 핵 보유 목적은 한반도 공산화를 뜻하는 대남혁명을 완수하기 위한 강력한 무력수단으로서의 의미를 갖는다. 김정일이 김정은에게로의 정권 계승을 앞두고 "아버이 수령님의 유훈을 받들어 '계속혁명' 사상을 이어나갈 것"을 강조하고, 김정은에게로의 "혁명 계승"을 선언한 것도 같은 맥락이다.[37]

37　이영종, 「후계자 김정은」 (늘품 2010).

특히 김정은이 핵·미사일을 통해 확고한 대남 군사우위를 달성한 후 반미 감정과 남남갈등을 확산시켜 주한미군 철수를 실현하는 것을 1차적 목표로 삼고 있다는 것이 최근 미국 정부기관 수장들의 의회 청문회 보고 내용이다. 미군이 철수한 후엔 핵무기를 앞세워 한반도를 통일하려는 야망을 갖고 있다는 것이다.[38]

美 디플로매트(The Diplomat)지(誌)는 북한의 군사전략 초점이 개전(開戰) 후 '30일 이내'에 대담한 전격전으로 한반도를 점령하려는 것이라고 분석했다.[39] 물론 이러한 전면적인 공격 외에, 국지전으로 NLL(Northern Limit Line, 북방한계선) 해역의 5개 도서(島嶼)와 같은 취약지구나 수도권 북부를 기습 점령한 후 종전 또는 정전으로 유도하고, 이를 정치적으로 기정사실화하는 방안도 유력한 시나리오다.

북한의 군사비는 열악한 재정의 4분의 1인 연 35억 달러에 해당하는 것으로 美 국무부는 추산했다. 최근의 북한 핵·미사일 공격력 증강 상황도 경악할 만하다. 현재 플루토늄 및 우라늄탄을 모두 포함해 20~30개의 핵무기를 보유한 것으로 추정되며, 2020년경에는 100개까지 핵무기 보유 수가 늘어날 것으로 전망된다.[40] 핵EMP탄 위협과 수소폭탄 개발 우려도 커지고 있다. 이미 남한을 겨냥한 개량형 스커드 미사일에 핵탄두를 장착할 능력을 확보한 것으로 분석된다.

미사일 능력도 날이 갈수록 진전을 보이고 있다. 최근 고각발사·고체연료·이동발사대 능력을 확보했고, 7·4 '화성-14형' ICBM, 7·28 '화성-14형 2호' ICBM 고각발사, 9·15 중거리탄도미사일(IRBM), 그리고 11·29 ICBM 발사 성공으로 대기권 재진입(re-rntry) 능력 완성에 한 걸음 다가

---

38 김태현, 「국방정책연구」, 2017 봄.
39 2017.4.19.
40 2017년 8월 기준 통계이다.

섰다. 미국의 핵 전문가 지그프리드 헥커(Siegfried Hecker) 박사는 "핵무장한 북한이 한국과 일본에 더욱 공격적인 태도로 나올 것"을 우려했다.[41]

매티스(Jim Mattis) 美 국방장관은 비록 북한 군대가 낡은 장비와 기술 부족의 결함을 갖고 있으나, 비무장지대 가까이 전진 배치된 재래식 무기와 핵·미사일이 서울을 겨냥하고 있어 매우 위험하다고 평가했다. 이에 따라 한반도에서 전쟁이 일어난다면, 그야말로 '파멸적인(catastrophic)' 결과를 낳을 것이며, 북한이야말로 평화와 안전에 대한 가장 시급하고 위험한 위협이라고 경고했다.

▫ 김정은의 광기(狂氣)와 불가측성(不可測性) – 오인식(誤認識)·오판(誤判) 가능성

김정은의 광기(狂氣)와 불가측성(不可測性) 역시 한반도 안정을 위협하는 최대 요인 중의 하나다. 특히 나이가 젊어 경륜이 부족하고 그의 성격이 잔혹하고 무모하여 무슨 일을 저지를지 모른다는 것이 문제다. 현재 김정은은 핵·미사일 성과에 한껏 고무되어 있으며, 남한 정세를 주시하고 있다.

앞서 전쟁을 일으킬 위치에 있는 지도자의 오판과 오인식이 전쟁 발발의 최대 요인 중의 하나임을 지적하였다. 전쟁 연구가인 스토싱어(John G. Stoessinger)는 전쟁을 촉발하는 가장 보편적인 요인으로 지도자의 오인식과 오판을 꼽았다.[42] 오인식에는 자신과 상대방에 대한 과소평가 및 과대평가가 모두 포함된다.

유럽에서 세계 1차 대전이 일어나기 직전에 전쟁 참가국들의 집권자들은 대규모 전쟁이 일어나리라는 것을 상상조차하지 않았다고 한다. 또 전쟁이 일어나더라도 곧 끝날 것이라는 정도로 가볍게 생각했으며, 전쟁의

---

41 CFR(Council on Foreign Relations, 미국외교협회), 2017.7.5.
42 John G. Stoessinger, *Why Nations Go to War?* (St. martin's press, 1985).

비극적 종말과 그 잔혹성을 전혀 인지하지 못했다는 것이 훗날 자료에 의해 밝혀졌다.

또 상대방의 군사적 의지와 능력에 대해 정확한 정보를 갖고 있지 못했고, 특히 상대방에 대해 강한 '적 이미지(enemy image)'를 보유하고 있었던 것이 확인된다. 김정은의 심리 상태와 유사한 점이 있음을 발견할 수 있다. 무엇보다도 북한 내부의 유일 수령체제의 특성상 김정은의 독주를 막을 제도적 장치가 없다는 것이 최대의 문제다. 트럼프 행정부가 북한 핵·미사일의 위험성을 절감(切感)하고, 선제공격으로부터 직접협상에 이르는 모든 옵션을 테이블에 올려놓고 방안 마련에 골몰하고 있으나 뾰족한 방책이 없는 상황이다.

김정은을 비롯한 북한 정치체제를 지탱하는 정치문화의 특성에도 눈을 돌릴 필요가 있다. 金家 왕조 3대를 통한 반미 선동과 항미(抗美) 전략이 단순한 정치적 레토릭(rhetorlc)이 아니라 "오랜 동안 국가·체제·정권 안보의 틀 속에서 구조적으로 내면화한 것으로, 전술적 수사가 아닌 신념의 토로"라는 분석이 현 상황에서 설득력이 있다.[43] 곧 김정은의 호전성은 김일성의 반제·항일 투쟁에 그 시원(始源)을 두고 있다는 뜻이다.

마치 독일에서 1차 세계대전 직후 히틀러의 급격한 등장이 당시 좌절과 분노로 휩싸였던 독일 사회의 정치문화와 정서를 반영했듯, 김정은의 호전적이고 무자비한 성격은 金家 세습체제 3대에 걸쳐 내려온 '주체, 반미·반일, 혁명' 등의 투쟁적 이데올로기와 정치문화의 총체적 산물(産物)일 수도 있다.

김정은의 대남 전략 및 '통일 대전' 관련 언급을 보면 전쟁 광기(狂氣)가 서려 있음을 발견할 수 있다. 특히 김정은의 호전성 저변에는 자신이 2010년 천안함 폭침과 연평도 포격 도발에 깊이 관여해 승리하여 얻은 자신감

---

43 김성학, 「문화일보」 2017.7.13.

이 배어 있다. 김정은이 극도로 혼란한 남한 내부정세를 이용하여 반미 감정을 확산시켜 한·미 동맹을 이간하고, 특히 전작권 전환으로 한미연합방위체제가 동요할 경우 남한을 무력으로 정벌할 수 있다고 오판할 근거는 충분히 있으며, 이 경우 전쟁 가능성은 높아진다.

□ **북한의 기만전술과 위장평화를 경계해야**

한국에서 2017년 5월 출범한 문재인 정부가 여러 차례 북한에 남북대화를 제의했으나, 김정은 정권은 분명한 거부 입장을 밝히면서 "대화냐 제재냐 중 택일하라"고 요구했었다. (물론 2018년 1월 한국이 한·미 군사훈련 연기를 구실로 남북대화를 제의했을 때, 북한은 이를 받아들이고 평창 올림픽에 참가했다.) 북한이 남북대화 재개 조건으로 한국 정부에게 요구한 9개 사항을 보면 다음과 같다.

1. 민족 이념을 토대로 한 자주적 남북관계 개선
2. 한·미 군사훈련 중지
3. 상호 비방과 중상(中傷) 중단
4. 남북 군사적 충돌 위험 해소를 위한 실질적 조치
5. 남북 대화에서 핵 협상 배제
6. 제재 압박과 대화 병행 정책 철회
7. 보수정권의 대북정책 청산
8. 집단 탈출 여종업원 송환
9. 민족대회합 개최

평창 올림픽에 북한이 참가하면서 북한의 대남 태도 의중(意中)이 궁금증을 불러일으키기도 했으나, 사실 위 9가지 요구사항을 북한 대남전략의 핵심으로 보면 될 것이다. 그 중에서도 "한·미 훈련 중단"이 북한이 요구하는 남북대화의 가장 핵심 전제조건이 되어왔다. 올림픽 개막식에 참가했던 김영남·김여정 일행이 2018년 2월 11일 북한으로 귀환한 후, 북한 조선중앙통신은 "내외의 기대와 관심을 불러일으킨 고위급 대표단의 이번 남조선 방문은 북남 관계를 개선하고 조선반도의 평화적 환경을 마련하는 데서 의의 있는 계기가 됐다"고 환영하면서도, "핵 문제를 꺼내면 남북관계가 파탄 날 것"이라는 주장을 지속했다. 대남 선전매체 '우리민족끼리'도 2018년 2월 12일 북한 핵이 "민족의 보검이며 평화의 상징"이라는 평소 주장을 내놓았다.

한편 2017년 7월 G20 정상회의 참석차 독일을 방문했던 문재인 대통령은 '베를린 구상'을 발표하면서 북한 비핵화를 전제로 하는 '평화협정 체결' 로드맵을 제시했다. 북한은 이에 대해서도 조총련 기관지 「조선신보」를 통해 대화를 원하면 먼저 8월로 예정된 한·미 합동훈련인 '을지프리덤가디언' 훈련을 중단하라고 요구했다.

북한의 한·미 군사훈련 중단 요구는 사실상 우리의 무장해제를 요구하는 것이나 다름없으며, 우리가 받아들일 수 없는 것이다. 또 한·미 훈련은 성격상 북한의 핵 도발에 대응하기 위한 '합법적이고 방어적인' 조치다. 그러므로 중국이 주장하는 "쌍중단·쌍궤병행" 주장 역시 부당하며 수용할 수 없는 내용이다. 북한도 이를 잘 알고 있을 것이다. 그럼에도 이러한 주장을 끊임없이 내놓는 것은 남한 내부의 국론 분열 상황을 활용하려는 저의(底意)로밖에 볼 수 없다.

무엇보다도 경계해야 할 것은 북한이 '6·15 공동선언'에 표명된 '자주'와 '우리민족끼리'에 입각한 남북관계를 요구하는 점이다. '자주'와 '우리민족끼리'는 자유민주주와 한·미 동맹을 토대로 하는 대한민국 입장과 정면 배치된다. 특히 북한은 핵 문제를 남북대화 의제(議題)에서 한사코 배제시키려 한다. 남한은 핵 논의를 할 수 있는 대상이 아니며, 핵문제는 오직 미·북 간 현안이라는 것이 북한의 오랜 입장이다.

북한 조선중앙통신은 한국의 통일부가 2017년 10월 국회 국정감사 업무 현황 보고를 통해 한반도 문제의 핵심 당사자로서 북핵문제 해결을 추진하겠다고 한 데 대해, "조선반도 핵 문제는 철두철미 조미(북미)사이의 문제"라면서, 거기에 한국이 서 있을 자리는 그 어디에도 없다고 주장했다.[44]

美·中 패권경쟁과 한반도 전쟁

美 국내정치에서 아직도 논란이 되고 있는 2016년 대선에의 러시아 개입 문제의 배경에 트럼프 행정부의 '역(逆)닉슨(reverse-Nixon) 전략'이 개재돼 있을지 모른다는 분석이 있었다. 트럼프 팀은 선거과정에서부터 러시아에 호의적이었고 중국을 경계하는 입장이었다.

트럼프 행정부의 대외전략 기조는 푸틴이 이끄는 러시아가 침략적이긴 하나, 서유럽 국가들이 어느 정도 막아낼 수 있다고 판단하고 있다. 반면 동아시아에서의 중국팽창은 미국이 주도적으로 견제하지 않으면 세계안정이 위협받는다고 인식하고 있다. 최근 미·일 연합훈련을 수시로 실시하고 인도양에서 미·일·인도 연합훈련을 실시하는 것도 이러한 대외전략 방향을 보여주는 사례다.

미·중 대치 접점이 남중국해에서 인도, 대만, 그리고 한반도로 확대되고 있음에 주목해야 한다. 시진핑 정권이 출범 초기 김정은을 홀대했던 것과 달리 최근 적극적으로 북·중 관계 복원으로 돌아서는 것도 주목할 만한 변화다. (2018년 들어서서 다시 냉각기로 바뀌고 있다.) 2017년 7월 G20 정상회의 와중에서의 한·중 정상회담에서 문재인 대통령은 THAAD로 인한 각종 압박을 자제해 줄 것과 북한에 지렛대를 행사해 북핵 문제 해결에 일조(一助)해 줄 것을 시진핑 주석에게 요청했다.

---

44 북한 「조선중앙통신」, "주제 넘는 '당사자' 타령"이라는 제목의 논평 참조. 2017.10.24.

이에 대해 시 주석은 북한이 "중국의 오랜 혈맹"임을 강조하며 거부의 뜻을 나타낸 것으로 알려졌다. 북한을 '완충지대' 개념 하에 어떻게든지 존속시키고 지원함으로써, 한·미 연합세력을 견제하겠다는 의도로 읽히는 대목이다. 2017년도 전반기 북·중 무역규모는 전년 대비 10.5% 증가했으며, 특히 북한은 원유 수입선(先)을 러시아 등지로 다변화하기 시작했다.

미·중 패권 경쟁이 21세기 뉴 노멀(New Normal)로 가시화되는 상황에서 한반도에 전쟁이 발발한다면, 한·미·일 대 북·중·러 간 국제전쟁 형태가 될 수 있다는 경고가 잇따르고 있다. 패권국가 간의 지속적이고 잠재적인 충돌의 씨앗이 뿌려져 성숙한 끝에 결국 '투키디데스의 함정(Thucydides' Trap)'이 현실화된다는 의미다.[45] G20 정상회의에서 중·러 양국은 '북한 핵·미사일 규탄'에 반대하고 오히려 '한·미 군사훈련' 중단을 요구함으로써, 북한 입장에 동조하는 태도를 보였다. 앞으로 중·러와 북한 간의 관계가 전략적 유대로 발전할 가능성이 있음을 보여주는 징표다.

북한의 핵·미사일 도발은 지정학적 구도와 동맹 관계 측면에서 한·미·일의 공동 대응을 불가피하게 한다. 북·중 관계가 유동적인 가운데, 러시아가 중국의 反美 전선에 가담하고 北·러가 접근하는 모습이 주목된다. 동북아에서 韓·美·日 대 北·中·러의 新 냉전구도가 현실화되는 양상이다.

중국은 전략적 관점에서 미국의 동맹국 간 단결을 와해시키려 한다. THAAD에 대한 극렬한 반대는 미·중 대결에 대비하는 원려(遠慮) 차원에서 한·미를 괴리시키려는 전략적 목표가 그 동기일 가능성이 높다. 중국은 미·중 전쟁 시 북한 군사력이 동북아 지역에서 강력한 우군의 역할을 할 수 있음도 고려할 것이다. 북한이 단순히 '완충지대' 개념을 넘어서서 중국의 반미 전선에서 첨병 역할을 할 수도 있다는 의미다.

중국은 북한의 붕괴를 불원(不願)하기에 미국이 요구하는 대북 '지렛대'

---

45 *National Interests*, Robert Farley, 2017.2.2.

역할에 주저하고 있으나, 트럼프 행정부의 '무역보복' 조치를 감내하기도 힘든 상황이다. 미국과 북한 사이에서 중국이 직면한 딜레마라 할 수 있다. 결국 중국이 북한을 얼마나 억제시킬 의지가 있느냐가 한반도 전쟁 방지의 중요한 요소가 된다.

북한 핵·미사일이 '美中전쟁→세계대전' 촉발할 수도
- 그레이엄 앨리슨의 「예정된 전쟁(Destined for War)」분석

그레이엄 앨리슨(Graham Allison)은 최근 펴낸 「예정된 전쟁(Destined for War)」에서 미·중 충돌을 경고했다. 관심을 끄는 것은 미·중 전쟁이 제3의 국가 곧 북한에 의해 촉발될 수 있음을 경고했다는 점이다. 우선 미·중은 핵 강국으로서 막대한 양의 핵무기를 비축하고 있다. 두 나라 간에는 '상호확증파괴(mutually assured destruction, MAD)' 가설이 성립한다.

과거 미·소 간에 존재했던 '상대편을 공격하는 것은 (상대방으로부터의 2차 보복공격으로 인해) 자살을 의미한다'는 냉전 시기의 '핵 억제' 논리가 미·중 간에도 통용된다고 앨리슨은 주장한다. 특히 미·소 관계와 달리, 미·중 관계에서는 경제적 상호의존 때문에 '경제적 상호확증파괴(mutually assured economic destruction)'를 초래할 수도 있다. 이런 이유로 양국 간 전쟁을 제한하는 억제력이 작용할 수도 있다.

문제는 양국 간 전쟁이 제3국의 행동에 의해 촉발될 가능성이 높다는 점이다. 곧 김정은이 ICBM을 계속 개발하여 美 본토를 위협할 정도에 이르면, 트럼프 대통령이 이를 저지하기 위해 공격을 결정할 수 있고 그 결과는 제2차 한국전쟁이 될 것이다.

앨리슨은 중국 고위층과의 대화를 통해 한반도에 대한 중국의 속내를 간파(看破)했다. 곧 한반도에서 미국이 떠나면, 중국은 중국의 속국으로 통일되는 한반도에 핵을 결코 허용하지 않겠다는 것이다. 결국 주한미군만 철수하면 북한 핵을 폐기시키고 중국 영향력 아래 한반도를 통일하겠다는 의도이다. 따라서 주한미군이 문제의 원인이라는 것이 중국의 관점이다. 미국만 떠나면 모든 문제가 해결된다는 주장이다.

이에 대해 앨리슨은 한반도에서 자유민주주의 체제를 수호하려는 미국의 입장을 신봉하며, 이는 곧 대한민국의 한·미 동맹 지지 입장과 일치한다. 곧 1950년 한국을 공격한 것은 중국의 동맹국인 북한이며, 미국은 6·25 전쟁 이후 한국을 방어하기 위해 한반도에 주둔하고 있다. 한국은 지난 60여 년 동안 역동적인 민주사회와 세계 10위권 경제를 건설했다. 한국의 동맹국인 미국은 한국을 자랑스럽게 생각하며 그것이 한국 방어의 중요한 동기(動機)이다.

투키디데스의 함정은 미·중 사이에서 예상치 못한 순간에 발생할 수 있다. 양국이 미연에 전쟁을 방지하려는 노력을 해야 한다. 심리상태가 극도로 불안한 김정은이 세계대전으로 발전할 수 있는 미·중 전쟁을 촉발할 수 있는 핵심 위치에 있다는 것이 두렵고 놀라운 일이다. 앨리슨은 북핵이 촉매가 되어 미·중 전쟁이 일어나면 한반도가 전장(戰場)이 될 수 있고, 따라서 한국 국민이 최대의 피해자가 될 수 있음을 지적했다. 한반도 위기가 2017년부터 2018년 봄으로 계속 이어지면서, 한반도 긴장은 최고조에 이르고 있다. 이제 전쟁이 발발한다면 과연 어떤 시나리오를 거칠 것인가?

2

한반도 전쟁 시나리오와 월남 패망의 교훈

- 김정은의 자비에 우리의 운명을 맡길순 없다

한반도 전쟁 발발 시나리오

'상대방 의지 오판(誤判)→과도 대응' 악순환으로 전쟁 발발

 과연 한반도 전쟁은-만약 일어난다면-어떤 일련의 사건의 연속선상에서 발발할 것이며, 어떻게 전개될 것인가? 일반적으로 양측이 전쟁까지는 원하지 않으면서도, 상대방의 국지 공세를 확전 의지로 오인식하여 과도하게 대응하는 악순환을 반복함으로써, 전쟁이 발발할 가능성이 크다는 것이 전쟁 연구가들의 견해이다.

 예컨대, 북한이 미국의 예상 대응을 과소평가하여 6차 핵실험에 이은 7차 핵실험을 강행하고, SLBM 발사에 성공하며, 그리고 추가적인 ICBM 성공 발사를 통해 핵무기로 美 본토를 타격할 수 있는 능력을 완벽하게 소유하게 되면, 미국 입장에서 김정은이 레드 라인을 넘어선 것으로 분명히 간주하게 된다.

 이에 따라 미국 국민 70% 이상이 북한에 대한 무력 사용을 지지하고, 공화·민주 양당이 정파(政派)를 초월하여 군사적 옵션을 대통령에게 요구하며, 주요 언론들도 트럼프 행정부의 선제공격 결단을 요구하는 사설을 게재하면, 미국 정부가 이를 외면할 수 없게 된다. 미국의 군사행동은 처음 김정은이 도발을 못하도록, 강력하긴 하지만 전면전을 초래하지는 않을 만큼의 조치를 취하는 것으로 시작될 가능성이 높다.

구체적으로, 북한이 발사하는 중장(中長)거리 미사일을 SM-3 미사일 등으로 공중 요격하거나, 이 방법이 여의치 않을 경우 東海에 머물고 있는 잠수함에서 토마호크 등 순항 미사일을 발사하여 북한의 지상 미사일 발사대를 파괴하는 방법을 강구할 수도 있다. 최근 '코피 터뜨리기(bloody nose)' 작전 가능성이 거론되는 것도 같은 맥락이다.[1] 미국은 발사 직후 김정은에게 미사일 도발을 중단할 것을 요구하고, 미국의 조치가 정당한 것이었음을 대내외에 선언하며, 더 이상의 확전(擴戰)은 없다고 확언함으로써 전면전으로의 확대를 방지하려 할 수 있다.

긴장이 한층 고조된 상황에서 우발적 사고로 인한 전쟁 발발 가능성에도 주목해야 한다. 예컨대 지금까지 많은 북한 미사일이 일본 EEZ(배타적 경제수역) 이내 또는 가까이 낙하되었다. 만약 북한 미사일이 기술적 오(誤)작동으로 일본 본토에 낙하하는 경우, 일본의 군사적 반격과 미국의 참전으로 전쟁이 발발할 가능성이 있다. 최근 일본 내에서 북한의 미사일 기지를 선제공격하기 위한 '적(敵)기지 공격능력' 보유 논란이 일어난 배경이다.[2]

전면전 확전 시나리오

미국의 1회성 군사보복 일격을 당한 김정은은 전면전을 야기하지 않고 보복할 수 있는 방안을 찾던 끝에, NLL 해역 서해 5도 중 하나에의 상륙작전을 도모하거나 DMZ 국지도발로 일부 전선 지역의 선점(先占)을 시도할지 모른다. 이미 서해 5도에 상륙하기 위한 준비로서 북한은 공기부양정 기

---

1 도널드 트럼프 美 행정부가 마련 중인 '제한적인 대북 선제공격 옵션'을 의미한다. 월스트리트저널(*WSJ*)과 파이낸셜타임스(FT) 등 외신이 보도한 내용 참조, 2018.1.8. '코피 터뜨리기(bloody nose)' 또는 '정강이 차기(kick in the shin)' 등의 명칭으로 불리며, 구체적으로 김정은의 자택 파괴, 미사일 프로그램의 핵심 부품 타격, 또는 실험 발사된 미사일 격추 등의 방법이 있다.
2 「니혼게이자이신문」, 2017.8.5.

지를 종전 기지보다 훨씬 남쪽인 옹진군 연봉리에 새롭게 건설하고 있다.[3]

만약 이러한 시도가 성공하면 김정은 역시 더 이상의 확전이 없음을 선언하고, 한·미 군이 보복하면 핵무기로 대응하여 서울을 불바다로 만들고 미국을 지구상에서 없애버리겠다고 호언할지 모른다.

그러나 북한의 도발을 방어하는 핵심 요충인 서해 5도 중 하나를 북한에 빼앗긴데 대해 한국 내에서 보복을 요구하는 여론이 비등하고, 미국의 군사조치에 대해 미국 국민의 트럼프 지지도가 급상승하면, 한·미 양군은 해·공군을 동원한 보복 대응 차원의 추가 군사행동에 돌입할 수 있다. 김정은 역시 국지적 성공에 고무되어 18만 특수부대의 한국 후방 투입, 땅굴을 통한 전투부대 남진(南進), 소형 잠수함 또는 잠수정을 통한 해안 상륙, 기타 사이버 공격을 개시하게 된다.

이에 한국 거주 미국인 소개(疏開) 작업이 개시됨과 아울러 한·미 양군은 전시작전권을 발동시키며 비상 작계(OPLAN-15) 실행에 나서게 된다. 물론 現 한미연합사 체제 하에서 전시작전권 발동은 한·미 양국 대통령의 동의가 있어야 한다. 문재인 정부가 "한·미 동맹이 깨지는 한이 있더라도 전쟁은 반대한다"는 입장을 갖고 있어 전작권이 가동될 가능성은 낮아 보인다. 이 경우 미국은 미·일 연합군 또는 UN참전국 중심으로 UN사령부 체제를 활용해 한국이 참가하지 않는 독자적 군사작전을 시도할지 모른다.[4]

북한은 이에 대응해 생물·화학무기 탑재 단거리 미사일을 발사한 후 마침내 핵탑재 미사일을 발사하면서 한국 내 수많은 인명 피해가 발생하게

---

3   연봉리는 백령도에서 불과 40여km 떨어져 있다. 美국방정보국(DIA) 분석관 출신인 북한 정보 전문가 조지프 버뮤데즈의 美전략국제문제연구소(CSIS) 북한 전문 사이트 '비욘드 패럴렐' 기고문 참조(2018.2.5.). 공기부양정은 최대 시속 100km에 달하며, 30분 이내에 백령도 공격이 가능하다. 연봉리 기지에는 총 54척의 공기부양정 수용이 가능하다.

4   2018년 1월 16일 캐나다 밴쿠버에서 미국 주도로 6·25 참전 16개국과 한·일·인도 등 나라들의 외교 장관이 참가하는 다국적 회의가 열렸다. 앞으로 이 나라들의 국방장관 회의도 예상된다.

된다. 북한의 남한 공격이 본격화하면, 한미연합사 지휘 하에 전시작전권 가동이 불가피하다. 이후 북한의 공격에 대한 반격으로 한·미 연합군은 3대 전략 폭격기 및 각종 첨단 전략자산을 활용하여 핵공격을 포함하는 대대적인 북한 폭격을 감행하여 최후의 승리를 거두게 된다. 그러나 수많은 인명 및 재산 피해를 수반하는 참혹한 결과다. 영국의 경제주간지 이코노미스트(Economist)지(誌)가 위 내용을 포함하는 한반도 전쟁 발발 시나리오를 게재해 충격을 주었다.[5]

중국 개입 시나리오[6]

중국은 제2차 한반도 전쟁에의 개입을 원치 않으나, 북한의 붕괴를 막기 위해 어쩔 수 없이 전쟁 속으로 끌려 들어오는 모습이 될 것이다. 중국이 다가오는 한반도 전쟁 시나리오에 다각도로 대비를 하고는 있겠지만, 군사력 측면에서 미국에 정면 대항할 위치에 있지 못하다는 것이 전문가들의 분석이다.

한·미 양군에 의한 북한 궤멸이 임박하면 중국이 미국에 대해 선제공격을 가할 수도 있다. 6·25 전쟁 때 중국군이 UN군의 정찰망(網)을 피해 북한 북부 지역에 진입해 매복하고 있다가 기습적으로 반격을 가해 UN군을 패퇴시킨 전례(前例)를 잊어선 안 된다. 그러나 오늘날 그와 같은 잠복은 불가능하다. 미군이 고도의 경계 태세를 유지하고 있어 즉각 대응하여 격퇴할 수 있기 때문이다.

美 지휘관들이 1950년 11월 중공군(中共軍, 중국공산군)의 기습적인 한반도 북부 공격의 아픈 추억을 뼈아프게 되새기며 악몽의 재현을 용인하려

---

5 *Economist*, 2017.8.5.
6 Robert Farley, "China Could Wage a Bloody War to Save North Korea(and it Could Go Nuclear)," *The National Interest*, December 30, 2017.

하지 않는다. 제임스 매티스 국방장관이 한국전쟁 관련 전사(戰史)를 탐독하며 모든 가능성에 대비하는 것은 이런 연유에서이다.

대체로 중국의 한반도 군사 개입은 다음 두 가지 여건이 형성될 때 이뤄질 것으로 예상된다. 첫째, 1950년 10월 정세처럼 한·미 연합군이 북한을 궤멸시키는 상황에 이르렀을 때이다. 이 경우 중국 개입의 목적은 북한의 붕괴를 막고 북한으로부터의 핵물질 확산을 저지하는 것이다. 중국은 이미 북한 북부 지역으로 진군(進軍)할 준비를 갖춘 것으로 평가되며, 첨단 무기와 높은 사기를 자랑하는 북부 군단이 이를 담당할 것으로 보인다.[7]

문제는 과연 美軍 또는 韓·美 연합軍과 어디에서 경계를 형성하느냐일 것이다. 구체적으로 ①압록강·두만강 남쪽 50km 선이 될 수도 있고, ②평양 북방 청천강을 따라 함흥으로 이어지는 선이 될 수도 있으며, 그보다 남쪽인 ③평양-원산 선이 될 수도 있다. 양측은 가능하면 서로 평양을 선점하려 할 가능성이 크다.[8]

미·중 양측의 이해가 엇갈리는 만큼 치열한 군사·외교 각축전이 전개될 것으로 예상된다. 한국이 이 기회를 이용해 숙원인 한반도 통일을 달성하는 것이 정상 코스이나, 한국의 현 정부가 '흡수통일에 반대한다'면서 이러한 시나리오 상정 자체를 외면하는 것이 문제다. 이에 따라 한·미 군이 분리해서 대응할 가능성도 배제할 수 없다.

둘째, 위와 정반대로 북한이 전쟁에서 승리하게 될 경우, 이를 반전(反轉)시키기 위해 미국이 확전을 시도할 때이다. 이 때 중국은 미국의 행동을 저지하기 위해 군사적으로 대응할 가능성이 높다. 이 경우 중국의 개

---

[7] RFA(2018.2.2.) 보도 내용 참조. 중국 인민해방군이 北·中 접경에 요격미사일 부대를 증강 배치했으며, 30만 명의 병력도 배치했다고 한다. 한편 대만 중앙통신(2018.1.24.)은 한반도 유사시 가장 먼저 투입되는 중국 제78집단군이 최신형 지대공 미사일로 무장했다고 보도했다.

[8] 홍관희, 「THAAD와 한반도」, p. 291.

입 목적은 북한의 승리를 - 한반도 전체에서 또는 일부에서 - 기정사실화한 후, 이를 반전(反轉)시키려는 미국의 핵무기 사용을 저지하는 것이다. 중국이 이 경우 미국의 전의(戰意)를 꺾기 위해 한반도를 겨냥해 선제적으로 미사일을 발사할 가능성이 있으며, 미국도 북한의 핵무기 사용 가능성에 대비하여 이미 소형 전술핵무기를 사용할 준비를 갖춘 상태다. 앨리슨 교수가 우려하는 북한 촉발 '한반도 전쟁→미·중 전쟁' 시나리오는 바로 이런 경우일 것이다. 또 전문가들이 한반도에서 전쟁이 발발하면 핵전쟁이 될 가능성이 높다고 전망하는 이유이다.

셋째, 위에서 언급한 바와 같이 중국군이 6·25 전쟁 당시와 마찬가지로 압록강을 건너 남하하는 시나리오가 유력하나, 만의 하나 산동(山東) 반도 지역에 거점을 두고 있는 해군 육전대(해병대 성격)가 인천에 상륙하려 할지도 모른다. 일명 중국판 인천상륙작전인데, 압록강을 건너 남하하는 중국군과 수륙 양면작전을 전개하여 사실상 한반도 중북부(中北部) 지역을 점령할 수도 있다는 것이다. 물론 현실성이 그리 높은 것은 아니지만, 과거 중국군이 보인 과감성과 예상을 뛰어넘는 기습 전술 및 무자비함을 고려할 때 그 가능성을 배제하지 못한다. 모든 시나리오에 중국군의 움직임을 면밀히 주시하며 대비해 나가야 할 때이다.

한반도 美·中 충돌 시나리오

이러한 시나리오가 현실화된다면, 한국은 구(舊)한말 청일(淸日) 전쟁 당시와 유사하게 미·중 간의 전장(戰場)으로 화할지 모른다. 시리아에 아사드 정권이 무너진 후 그 아들이 권력을 이양 받았으나, 내분이 격화되어 러시아와 미국 및 IS 세력 등이 얽혀 사분오열된 상황을 남의 일로만 볼 수 없다. 국가안보의 핵심인 한·미 동맹이 붕괴되면, 국제 역학 관계에서 한반도 남부가 힘의 공백상태가 되어 상상을 초월하는 비극적 사태가 올 수도 있음을 인식해야 한다.

군사력 차원에서 북한은 한·미 연합군의 상대가 되지 못한다. 개전 초기에 한·미 양군은 북한의 통신·병참 등 기간(基幹) 시설을 완전히 마비시키면서, 특히 우월한 공군력으로 북한군을 사실상 궤멸시킬 수도 있을 것이다. 그러나 중국의 개입은 상황을 완전히 바꿔놓을 수도 있다. 중국이 한반도를 향하여 탄도 미사일이나 크루즈 미사일을 발사할 수도 있기 때문이다. 이 경우 한·미 양군의 지상 공군시설이나 공군기들을 파괴할 수 있고, 병참시설 및 군 기지 등이 중국군 공격의 위협 하에 놓일 수도 있다. 美 해군 역시 중국군의 공격을 받을지도 모른다.

중국의 이 정도 공격으로 미·중 전면전이 발발하지는 않을 것이다. 미·중 전쟁은 제3차 세계대전을 의미하기 때문에, 양국 수뇌부는 신중을 기할 것이다. 중국의 공격은 국지전 차원에서 이뤄질 수 있고, 한·미 군의 북한 점령을 막기 위한 경고 성격일 수도 있다. 물론 중국은 대대적인 외교 선전전을 통해 국지적 공격임을 명확히 하면서 한·미 군이 확전 대응하지 못하도록 보복 공격 가능성을 흘리며 위협할 것이다. 이런 상황에서 미국이 어떤 대응을 보일지는 예측하기 힘든 일이다.

6·25 전쟁 때 미국은 중국 본토를 공격하지 않았다. 그러나 새로운 한국전쟁이 발발하면, 이런 제한이 사라질 수도 있다. 곧 한국을 겨냥하는 중국의 군사기지 특히 동북아 지역 해군과 공군 기지들이 미국의 해공군 및 미사일 공격 범위 하에 들어갈 수도 있다.

이렇듯 대규모 전쟁으로의 확전 가능성이 살아 있기에 중국은 한·미 군의 대규모 보복을 불러오지 않도록, 북한의 핵무기 및 생물·화학무기 사용을 억제하려 할 것이다. 미국 역시 전쟁 초기 또는 개전에 임박해서 북·중의 어떠한 핵무기 사용도 강력한 보복 응징에 직면할 것임을 경고할 것이다. 만약 미·중이 한반도 전쟁에서 핵무기를 사용하지 않는다면 북한 체제를 완벽하게 붕괴시키기는 쉽지 않을 전망이고 따라서 북한이 전쟁에서 살아남을 가능성이 높다고 봐야 한다.

앞서 언급한 바와 같이 중국은 내심 한반도 전쟁 개입을 원하지 않고 있다. 설사 중국이 개입하여 한·미 양군의 38도선 이북 북진(北進)을 막아낼 수 있다 해도, 자국의 무역과 경제에 미치는 손실이 너무 크기 때문이다. 결론적으로 제2의 한국전쟁은 중국이 전쟁 개입을 피하고 싶지만 북한을 살리기 위해 마지못해 개입하는 그런 전쟁이 되지 않을까 싶다.

일부 안보 문제 전문가들은 미국이 북한을 선제공격할 경우, 중국이 南중국해에서 보다 공격적인 자세를 취할 것이고, 러시아가 발트海로 진출하며, 이란이 뭔가를 하려 할 것이므로 3차 세계대전이 발발할 것으로 예상하기도 한다.[9]

러시아·일본의 예상 행동

한편 러시아는 한반도 전쟁에 직접 개입하지 않고 중립적 위치를 견지하며 북·중이 필요로 하는 연료·부품·탄약 등을 제공하게 될 것으로 보인다. 러시아는 Su-24 공격기와 Tu-95 정찰기 등을 한반도 상공에 비행하게 하는 등 한반도 사태에 관여할 틈을 노리고 있다.

뭐니뭐니해도 일본의 참전 여부가 가장 큰 관심사이다. 일본은 북한과 중국의 군사력 증대를 자국의 국가안보에 대한 핵심 위협으로 간주한다. 한반도에 전쟁이 발발하면, 일본이 북한의 공격 하에 놓일 수도 있다. 최소한 일본이 미군에 군사 기지를 제공하고 다양한 방법으로 미국을 지원

---

[9] Darren Hunt, "North Korea WARNING: Kim Jong-un could spark World War 3 by selling arms to THIS country" *EXPRESS*, Jan 22, 2018. 이 칼럼에서 필자는 전문가 Gordon Chang의 발언을 인용해 이와 같은 전쟁 시나리오를 예상했다.

할 것이라는 점은 분명하다.

그러나 상기 분석한 시나리오에서 북·중 연합군이 북한체제 수호의 수준을 넘어 한반도 전역에서 승기(勝機)를 잡는다고 판단하면, 일본은 적극 미국과 연합하려 할 것이다. 이 경우 일본의 강력한 군사·경제력이 전쟁의 경과에 심대한 영향을 미칠 수 있을 것이다.

역사적으로 일본은 '한반도의 안전과 번영이 일본의 안보에 긴요하며 중대한 영향을 지닌다'는 입장을 밝혀왔다.[10] 이러한 일본의 한반도 관련 입장에는 한반도가 위기에 처하게 될 경우 일본이 방관만은 할 수 없다는 취지가 함축돼 있다. 지정학적으로 볼 때에도 한반도는 대륙세력이 일본열도로 뻗어가는 교두보 역할을 해왔고, 그 반대 경우도 마찬가지였다. 지난 2018년 2월 올림픽 행사 개막식 때 한·일 정상은 한 차례 연기된 한·미 훈련의 재개 문제를 놓고 설전을 벌였다. 아베 총리가 "한·미 군사훈련을 연기할 단계가 아니다. 한·미 합동군사훈련을 예정대로 진행하는 게 중요하다"고 밝힌데 대해, 문재인 대통령은 "이 문제는 우리 주권의 문제이고, 내정에 관한 문제다. (아베) 총리께서 이 문제를 직접 거론하는 것은 곤란하다"고 반박한 바 있다.

한·일 정상 간의 의견 충돌 직후, 일본 관방부장관이 나서서 "한·미 연합훈련은 결코 한국만의 문제가 아니며, 북한은 일본·아시아·미국 등 전 세계에 큰 위협을 가하고 있다"는 입장을 밝혔다. 일본의 이러한 입장은 향후 한반도를 둘러싼 국제역학 구도 측면에서 심대한 함의를 던진다. 한반도에 전쟁이 발발하여 북한이 핵무력으로 승기(勝機)를 잡아 한반도 전체가 북한 주도의 공산화 통일에 직면하게 될 때, 일본이 미국과 더불어 그냥 방치할 수만은 없다는 의미가 개재돼 있는 것이다.

---

10   조세영, 「한일관계 50년, 갈등과 협력의 발자취」(서울: 대한민국 역사박물관, 2014), p. 81. 박휘락의 "북핵 한·미·일 공조…한일군사정보보호협정 오해와 진실," 「미디어펜」 (2016.11.22.)에서 재인용됨.

'평화협정→미군철수' 후 남북전쟁 발발 시나리오

레프코위츠(Jay Lefkowitz) 前 인권특사는 미국이 '하나의 한국' 원칙을 포기하여, 김정은 정권이 교체되더라도 한국 주도의 통일 노력을 미국이 지원하지 않을 것을 중국에 확약하는 대신, 그 반대급부로 중국이 김정은 정권을 지원하지 말도록 설득에 나서야 한다고 주장해 파문이 일었다.[11]

같은 맥락에서 키신저 前 국무장관은 북한 붕괴 이후 중국의 우려를 덜기 위해 '(북한 붕괴 후) 주한미군 철수 공약'이 필요하다고 주장했다. 美 CIA 국장과 국방장관을 지낸 게이츠(Robert M. Gates)도 미국이 중국에 '레짐 체인지 정책 포기, 한반도 평화협정 체결, 한국 내 군사구조 변경' 등을 제안할 수 있다고 말했다. 주한미군 축소나 기능·위상 변화로 북한 핵·미사일 문제를 해결하기 위해, 미·중 빅딜을 시도해보자는 생각이다.

한국 정부가 종래의 견고한 한·미 동맹에서 이탈하여 남북 민족공조를 향해 나아갈 때, 트럼프 행정부가 대북 압박·제재, 선제공격, 레짐체인지 등의 한·미 동맹에 입각한 지금까지의 대북 전략 로드맵을 철회하고, 「미·중 또는 미·북 간 직접 협상→한반도 평화협정」 시나리오로 선회할 가능성을 배제할 수 없다. 미국은 선제공격을 시사하면서도 대북 협상 가능성은 열어두고 있다.

북핵 문제에 대한 방법론을 놓고 미국 사회가 고심을 거듭하는 가운데, NYT는 "북한을 단념시키기 위해 중국에 책임을 씌우는 접근법은 실패했다"면서, "트럼프 대통령이 엄포를 그만두고 국무장관급 고위 특사를 평양에 보내 협상의 실마리를 찾아야 한다"고 주장했다.[12]

페리(William Perry) 前 국방장관은 북핵 문제 해결을 위해 "좀 더 효과

---
11 제이 레프코위츠, "미국, '하나의 한국' 버려야 북핵 풀린다." 「중앙일보」, The New York Times 전재, 2017.08.01.
12 2017.8.3.

적이고 강압적인 외교(more effective and coercive diplomacy)"가 필요하다면서, 미·중 및 미·북 합의를 통한 2단계 접근법을 제시했다. 1단계에서 중국이 북한에 대해 채찍(stick)을 들게 하는 대신 미국은 당근(carrot)을 준비하며, 2단계에서 시간을 갖고 미·북 협상을 통해 북핵 폐기 방향으로 나아가야 한다는 것이다.[13]

미·북 직접협상이 성공해 주한미군 위상에 변동이 생기면, 핵무장한 북한의 대남 무력통일 기도로 연결될 수 있다. 한·미 동맹의 성격 변동 여하에 따라 남북이 단독으로 전쟁에 돌입하는 사태가 올지 모른다. 1970년대 월남 패망 데자뷰를 떠올리는 최악의 시나리오라 할 수 있다.

한반도 '영세중립 통일' 대타협(Grand Bargain)으로의 급전환 가능성

상기 분석한 대로 김정은의 핵·미사일 야망은 반드시 저지돼야 하나, 선제타격은 북한의 보복 공격으로 한국이 대규모 피해를 입을 수 있어 쉽게 결단하기 어렵다는데 미국 또는 한·미 연합군 측의 딜레마가 있다. 이에 따라 북핵·미사일 문제는 "해결책 없는 문제(a problem without a solution)"란 자조(自嘲) 섞인 분석도 나온다.[14]

이런 현실에서 국내정치 등의 영향으로 한·미 동맹이 흔들리는 상황이 온다면, 급격히 '평화적 대타협'의 목소리가 높아질 수도 있을 것이다. 중국은 일관되게 이 방안을 추구해오고 있다. 왕이(王毅) 외교부장이 "한반도 전쟁이 발발하면, 모두가 패자가 되고 승자는 없을 것"이라며, "대화가

---

13 *CNN*, 2017.8.3.
14 *Stratfor*, 2017.1.10.

유일한 해결책"이라고 주장한 것에 주목해야 한다.[15]

위기 국면에서 전쟁 공포가 확산되는 상황에서 왕이 발언의 핵심이 한국 내 "반전(反戰) 평화" 슬로건과 연결되면, 북한 핵·미사일을 어떻게든지 응징·해결하려는 한·미 동맹 주축의 대북전략 기조를 약화시킬 수 있기 때문이다.

이는 그동안 중국이 북한 핵 위기를 "美·北 간 충돌을 향해 마주 달리는 기관차"에 비유하며, 위기의 원인을 美·北 양자에게 모두 책임이 있는 등가적(等價的)인 것으로 호도함으로써, 북한 도발의 책임과 위협을 희석시켜 온 것과 일맥상통한다. 중국은 핵 위기 때마다 "관련국 자제"를 요구하고, 항상 "대화를 통한 평화적 해결"을 주장해왔다.

이는 북한의 핵·미사일 도발이 대한민국의 안보를 위협하고 동북아 평화와 안정을 해치고 있다는 근본 인식을 외면하는 것으로, '美·北 직접대화와 美·北 평화협정 체결 및 한반도 평화체제 구축' 그리고 종국에는 미국의 '북한체제 안전보장과 미군 철수' 주장으로 연결된다.

한편 미국 내에서는 선제타격 시 중국의 개입으로 미·중 충돌이 불가피하다면서, 북핵 문제 해결을 위해 중국의 협조가 필수적이므로 미·중 대타협(grand bargain)을 요구하는 목소리도 나오고 있다. 곧 중국의 협조를 얻기 위해 중국의 요구대로 미군을 한반도에서 철수하는 대신, 김정은을 중국의 협조로 제거한 후 한반도를 영세 중립국으로 통일하는 대타협을 이뤄야 한다는 주장이다.[16]

대학원 논문에서나 나올 법한 이런 상상적 시나리오가 공개 표출되는 것은 북핵 문제의 해결 난망(難望)과 무관하지 않다. 힘을 근본 요소로 하는 국제정치 속성을 고려할 때, 미·중 패권쟁투 과정의 한복판에 있는 한

---

15 2017.4.14.
16 Foreign Policy Briefing, "Getting Rid of North Korea's Dictator, With China's Help," RODERICK MacFARQUHAR, 2017.4.7.

반도 문제가 이러한 시나리오대로 실현될 가능성은 매우 희박할 것이다. 패권경쟁을 벌이고 있는 미·중 간 신뢰가 매우 불안정하기 때문에 실제 일을 추진하는 과정에서 어떤 변수가 개입되어 예상 외의 방향으로 사태가 전개될지 장담할 수 없기 때문이다. 우리 어깨 너머로 강대국 간 한반도 미래를 결정하려는 움직임을 강력히 경계해야 하는 이유이다.

한반도 문제 당사자인 우리 입장에서는 미국이 한·미 동맹에 대한 신뢰와 연대감에 의문을 갖지 않도록 국내 분열을 막아내면서, 강력한 동맹을 바탕으로 선제타격을 포함하는 모든 대북 옵션을 미국과 함께 논의하고 결정해 나가야 할 것이다. 어떠한 장밋빛 시나리오도 확고한 국가안보의 뒷받침이 없이는 물거품에 불과하다는 점을 위정자들이 깨달아야 한다.

쌍중단(雙中斷), 대한민국 안보와 존립 위협한다

렉스 틸러슨 美 국무장관이 "조건 없는 대화"를 북한에 제의해 물의를 일으킨 일이 있었다. 2017년 12월 초의 일이다. 지금까지 북핵 포기를 전제로 미·북 대화를 상정해 온 트럼프 행정부이기에 파격(破格)이라 아니할 수 없었다. 그러나 그의 발언 직후 백악관이 "대북정책에 있어 근본적 변화는 없다"면서 "지금은 대화의 시점이 아니다"라고 선을 그음으로써 해프닝은 일단락됐다. 비록 틸러슨 장관이 "조건 없는 대화"를 강조하긴 했지만, "북한의 방향 전환"을 발언의 기조로 삼은 점을 감안할 때 사실상 북한의 핵포기를 전제로 했음을 알 수 있다.

북한은 어떻게든지 "핵보유국 인정"을 전제로 하는 미·북 대화를 원하고 있고 미국은 이를 수용하지 않고 있으므로, 현재로선 미·북 대화 전망이 매우 흐린 편이다. 김정은이 "핵무력 완성"과 "핵무력의 질량적 강화"

를 강조한 것을 보아도 그렇다.[17] 틸러슨 장관이 "첫 폭탄이 북한에 떨어지기 전까지 대화 노력을 하겠다"라는 언급(2017.10.15)에서는 오히려 선제공격을 감행해서라도 북핵을 제거하려는 미국의 결의가 느껴진다.

그러나 경우에 따라서 미·북 양측이 '쌍중단(북한 핵개발 중단과 한미군사훈련 중단의 맞교환)'이란 중간 지점에서 전격 합의할 가능성을 배제할 수 없다. 예컨대 ①무력을 통한 북핵 해결이 한반도 전쟁으로 비화할 수 있는 위험성, ②한반도 주요 영향력 행사국인 중국이 이 방안을 강력히 주장하는 점, ③무엇보다도 한반도 문제의 핵심 당사자이며 미국의 동맹국인 한국이 쌍중단에 긍정적 태도를 보일 가능성이 있는 점 등이 이 시나리오의 개연성을 높여주고 있다. 한·미가 단결하여 이 방안을 거부하면 아무 일도 없을 것이지만, 문재인 정부가 만약 쌍중단 방안을 지지하는 입장으로 선회하면, 미국도 마지 못해-적어도 잠정적으로-이에 동의할 가능성이 있다.

당초 중국이 북핵 해법으로 제시한 '쌍중단'은 대한민국의 안보와 존립 차원에서 근본적 문제점을 안고 있다. 우선 한·미 훈련을 중단한다 해서 핵개발을 중단할 북한 정권이 아니기 때문에, 결국 쌍중단은 한·미 훈련만을 일방적으로 중단시키고 궁극적으로 한·미 동맹을 와해시킬 수 있는 위험한 발상이다. 또한 현 상황에서 핵개발 중단은 북한에게 큰 의미가 없다. 이미 20여개 이상의 핵폭탄을 보유하고 있고, 스커드와 노동 등 중단(中短)거리 미사일에 핵탑재가 가능해 한국과 일본열도에 대한 공격력을 확보하고 있기 때문이다.

또 지난 1994년 '핵동결'을 주 내용으로 하는 미·북 제네바핵합의가 성사되었으나, 수년 후 우라늄농축 방식의 비밀 핵개발을 시도한 전과(前科)가 있는 북한이다. 자칫 쌍중단은 한·미 훈련 중단이란 선례를 만듦으로

---

17 북한 김정은은 2017년 12월 12일 평양에서 열린 제8차 군수공업대회 연설에서 "국가 핵무력 완성"을 사생결단의 투쟁으로 쟁취한 위대한 역사적 승리라고 규정하며 '핵무력의 질량적 강화와 최첨단 무장장비 확충'을 주장했다. 「연합뉴스」, 2017.12.13.

써 한미연합방위 태세를 와해시키는 단초를 제공할 우려가 있다.

미국은 쌍중단 거부 입장을 분명히 밝혔으나, 문재인 정부의 입장은 애매하다. 지난 2017년 12월 9일 정권 실세라 할 이해찬 前 총리는 "문재인 대통령과 시진핑 주석 간 쌍중단에 대한 합의가 있었다"는 발언을 해 충격을 주었다. 이에 대해 청와대는 아무런 해명을 내놓지 않았다. 만약 문재인 정부가 쌍중단을 수용하는 날엔 한·미 동맹은 속빈 강정이 되고, 미국은 독자적인 한반도 문제 해결의 길로 나서게 될 것이다. 문재인 정부의 수용에 따라 마지 못해 미국이 북한과 쌍중단에 합의하게 되면, 이는 사실상 한반도가 월남 패러다임으로 급전환됨을 의미한다.

중국의 강력한 뒷받침으로 동력을 확보하게 될 쌍중단은 결국 미군 철수와 북·중 연합에 의한 한반도 적화통일로 귀결되는 로드맵을 현실화하게 될 것이다. 북한의 핵보유를 감안할 때, 통일대전을 부르짖어 온 김정은 정권은 그동안 축적해 온 핵·미사일 공격력을 앞세워 한반도 통일을 훨씬 강도 높게 추진할 수 있을 것이다.

틸러슨의 회견 내용 중 우리를 깜짝 놀라게 한 또 한 가지는 미·중 간 북핵과 북한 급변사태에 대한 합의가 이뤄졌다는 부분이다. 놀라운 것은 미국이 북핵 제거를 위해 북한 지역에 진입해 목적을 달성한 후, 다시 MDL(군사분계선) 이남으로 복귀한다는 내용이다. 이런 중요한 한반도 장래 문제 논의가 한국의 참여 없이 미·중 간 합의됐다는 점에서 놀라움을 금할 수 없다.

바로 이것이 코리아 패싱의 극치이며 문재인 정부가 한·미 간 신뢰를 확보하지 못한 데에 그 근본 원인이 있음을 지적하지 않을 수 없다. 그 동안 균형외교론, 인도·태평양 연합 참가 거부, 美 주도의 해상봉쇄 거부, 중국의 세계팽창 전략인 일대일로(一帶一路) 지지 등 한·미 동맹보다는 친중(親中) 성향을 강하게 띠어 온 문재인 정부가 자초한 결과라 해도 지나치지 않을 것이다.

지금 대한민국은 중대한 안보 위기에 처해 있다. 문재인 정부의 지금과 같은 친중 외교와 맹목적 남북대화 집착으로는 결코 북한 문제를 해결할 수 없고 대한민국의 존립과 안보를 근본적으로 위협하게 될 것임이 분명해졌다. 외교·안보 정책에 있어서의 일대 전환이 필요하다.

전쟁 억제하며, 북한 내부 체제붕괴까지 시간 벌어야

최근 북한 내 장마당 수가 4백 수십 개 정도로 증가하여 북한 주민들의 민생 문제 해결에 큰 도움이 되었고, 이런 요인에 힘입어 2016년 북한 GDP는 3.9%의 성장률을 보인 것으로 나타났다. 김정은 정권 역시 거시 경제 호전을 활용하여 단기적인 정치 안정을 이룩한 것으로 분석되었다. 그러나 2018년 초 미국이 주도하는 대북 제재의 영향으로 북한 내부가 다시 궁핍한 상황으로 급반전되고 있다는 진단이 나온다. 또한 고위급 탈북자들이 증언하는 바에 따르면, 反김정은 권력 엘리트의 쿠테타 가능성이 상존하고 있다고 한다. 反김정은 쿠데타가 현실화되면, 反金 세력과 김정은 옹호세력 간 군사적 충돌과 내전 가능성을 배제하지 못한다.

한반도 전쟁 위기가 고조되는 상황에서 영국의 Economist지는 전쟁을 피하기 위해선 '억제'가 최선의 방법이며, 어떻게든 북한의 '돈줄'을 막아야 한다고 조언했다.[18] 그 근거로서 "북한에 대한 미국의 예방적 타격은 북한과의 핵전쟁을 초래"할 가능성이 높기 때문이라는 것이다. 더욱이 북한에 쿠데타나 봉기 등 '내부 체제붕괴' 가능성이 여전히 높게 존재하는 상황에서 시간을 벌어야 한다는 것이다.

그렇다고 외교적 대화를 통해 북핵 문제가 해결될 것으로 기대하지는 않았다. 역사적으로 김정일과의 핵 동결 합의는 모두 실패했고, 김정은 역시 핵을 포기하지 않을 것이기 때문이다. 전쟁 위기에 처한 우리에게 중

---
18 *Economists*, 2017.8.5.

요한 시사점을 던지는 대목이다.

2017년 고조됐던 한반도 전쟁 위기가 1962년 미·소 간 일어났던 '쿠바 미사일 위기'에 비유되기도 한다. 당시 소련은 미국의 턱 밑인 쿠바에 美 본토를 타격할 수 있는 탄도미사일을 배치함으로써 핵전쟁 일보직전까지 갔었다. 이에 대해 하버드대 앨리슨(Graham Allison) 교수는 케네디 대통령이 핵전쟁을 각오함으로써 소련의 미사일을 자진 철거케 하여 위기를 넘을 수 있었다는 점을 강조한다. 물론 당시 케네디 대통령이 터키와 이탈리아에 배치된 핵·미사일을 철수하는 비밀협약을 소련에 해줌으로써 소련의 미사일 철수가 가능했다는 사실도 나중에 드러났다.[19]

---

19 김순덕, 「동아일보」 칼럼, 2017.8.14.

비운의 월남패망사가 한반도에 주는 교훈

월남 패망에서 교훈 찾아야 할 한반도 정세

베트남 전쟁은 북베트남(월맹)과 베트콩(남베트남 내 월맹 지지 세력)을 한편으로 하고 남베트남(월남)과 그 동맹국인 미국을 다른 한편으로 하여 오랜 기간에 걸쳐 치열하게 전개된 무장투쟁이었다. 베트남 전쟁은 그 기원이 1940년대로 거슬러 올라가지만 실제로 호지명(胡志明, 호치민)이 북베트남에서 권력을 장악하고 국제적으로 냉전이 무르익던 1954년경부터 시작되었다.

이 전쟁에서 미국인 5만 8천명을 포함해 3백만 명 이상이 살해되었고 이중 절반 이상이 민간 베트남인이었다고 한다. 미국의 개입이 절정에 이르렀던 1969년에 약 50만 명의 미군이 전쟁에 참가했던 것으로 기록되었다. 급속히 증가한 반전(反戰) 여론으로 미국이 분열된 가운데, 1968년 말 당선된 닉슨 대통령은 1973년 1월 월맹과의 비밀 평화협정 끝에 베트남에서의 미군 철수를 명령하였다. 그 후 2년 후인 1975년 월맹 공산군은 월남의 수도인 사이공을 무력 점령하였고 베트남 전쟁은 막을 내렸다. 남베트남은 지도상에서 사라지고 베트남은 적화 통일되었다.

베트남 전쟁이 한반도에 주는 시사(示唆)와 교훈은 의미심장하다. 1950년 대 냉전을 배경으로 공산주의와 자유민주주의 체제의 싸움이었던 동시에 월맹의 집요한 전쟁 의지와 월남의 내부 분열·부패로 인해, 미국의 강력한 지원에도 불구하고 공산 월맹의 승리로 종결된 전쟁이기 때문이다. 또한 미국이 월맹의 완강한 전쟁 의지에 '현실주의'로 선회하면서 마침내 동맹을 포기하고 패배를 감수한 사건이기 때문이다.

한반도에서 무력통일 기도를 한 순간도 포기하지 않은 북한에 맞서 우리는 자체 국방력과 주한미군의 결합체인 한미연합방위력으로 억지력을 구축해 가까스로 평화를 유지해오고 있다. 그러나 북한이 최근 핵·미사일 개발에 성공하여 남북한 군사 균형이 붕괴됨으로써, 한반도 안보정세는 심각한 위기 국면에 들어서고 있다.

설상가상(雪上加霜)으로 한국의 국내 정치정세는 한 치도 내다볼 수 없는 혼란 속으로 빠져들고 있고, 우방국 미국에서는 45대 대통령에 도널드 트럼프 후보가 당선되어 '미국 우선주의(America First)' 캐치프레이즈를 내걸고 국방과 경제 중심으로 국력 강화를 위해 질주하고 있다. 북한 핵·미사일에 대해선 전례 없이 강경하나, 마땅한 해법이 없음을 알게 되면 어떤 극단적인 정책을 선택할지 예단하기 어렵다.

미국 내에서 북핵 타결을 위해 '선제공격'과 '직접협상'이라는 극단적인 방책까지 거론되고 있는 가운데 새삼 월남 패망사를 되돌아보게 되는 것은 결코 남의 일로만 볼 수 없을 만큼 베트남과 한반도 간 안보상황의 유사성이 존재하기 때문이다. 타산지석(他山之石)을 교훈으로 삼아 불행을 미연에 방지하는 현명함이 절실해지는 시점이다.

베트남 전쟁의 기원

베트남은 19세기 이래 프랑스의 지배하에 있었으며 2차 세계 대전이 일어나자 일본군의 침략을 받게 되었다. 젊은 시절 '조국과의 결혼'을 위해 약

혼자를 버리고 프랑스로 건너가 공산주의자가 되었다고 주장하는 호지명(胡志明)은 귀국해 '베트남 독립동맹'을 결성하여 일본군 및 프랑스군과 싸웠고, 2차 대전이 끝나자 하노이 북부에서 '베트남 민주공화국'을 선포하였다.

2차 대전 후 식민지 복원을 꾀하던 프랑스는 프랑스에서 교육받은 바오다이를 앞세워 1949년 7월 사이공을 수도로 하는 남베트남을 수립하였다. 프랑스와 호지명 측 간 무장투쟁이 지속되던 중 1954년 5월 디엔비엔푸 전투에서 지압이 이끄는 월맹군이 대승(大勝)함으로써 프랑스는 패퇴하였고, 북위 17도선을 경계로 호지명이 통치하는 월맹과 바오다이가 지배하는 월남으로 분할되었다. 1955년 월남에서는 강력한 반공 성향의 고딘 디엠 정권이 바오다이를 축출하고 베트남공화국을 수립하였다.

냉전이 심화되던 1950년대 중반 아이젠하워 대통령은 월남의 고딘 디엠 정권에 대한 강력한 지원을 다짐하였다. 이즈음 월남 내에서는 북부의 월맹을 지지하는 '베트콩(Vietnam Communist)'과 디엠 정권 간 무장 투쟁이 빈번히 전개되었다. 베트콩은 월남 내 공산·비공산 세력을 규합해 '민족해방전선(NLF)'을 결성하여 디엠 정권에 대항하였다.

1961년 케네디 대통령은 베트콩의 위협에 대처하기 위해 월남 정부에 대한 미국의 적극적인 군사·경제·기술 원조를 검토하기 시작했다. 공산주의 확산을 우려한 '도미노 이론'이 미국의 월남 지원을 뒷받침한 이론적 근거가 되었다.

1963년에 월남 내 군사 쿠데타가 일어나 디엠이 축출되고, 미국 내에서는 케네디 대통령이 암살되는 비극적 사건이 발생했다. 그러나 케네디의 후임이 된 존슨 대통령은 월남에 대한 군사 및 경제 원조를 강력히 추진하기로 결심했다. 1964년 8월 통킹만(灣)에서 월맹군 어뢰정이 2척의 美 해군 구축함을 공격한 것을 계기로 존슨 대통령은 북베트남의 군사 타깃에 대한 보복 폭격을 명령하였다. 이윽고 의회는 '통킹만 결의안(the Gulf of Tonkin Resolution)'을 통과시켜 존슨에게 광범한 전쟁 권한을 부여하였고, 美 공군의 지속적인 대규모 북폭(北爆)이 개시되었다.

1965년 3월 존슨 대통령은 지상군을 월남에 파견하기로 결정하고 그해 6월에 8만 2천명의 전투병을 월남에 보냈다. 이후 1966년에는 10만 명이 추가 파견되었고, 한국을 비롯한 태국·호주·뉴질랜드 등이 소규모이긴 하나 군대를 파견하기 시작하였다.

한국은 1965년 국군 파병을 시작하여, 비둘기 부대 및 십자성 부대(공병·군수), 청룡(해병), 맹호(육군), 백마(육군) 등의 전투 부대를 파병하였다. 1973년 휴전까지 총 32만 명의 국군이 파병되었고, 전사자 약 5천명, 부상자 약 1만 명이 발생하였다.

전쟁의 격화와 '구정 공세(Tet Offensive)'

베트남 전쟁은 보통 전쟁이 그러하듯 전선(戰線)의 진퇴로 승패가 결정되는 정규 전쟁이 아니라, 월남 내 베트콩과의 게릴라전을 수행함과 동시에 월맹에 대한 미국의 대대적인 폭격이 병행되는 소모전 형태로 전개되었다. B-52 폭격기 등에 의한 대규모 북폭과 美 지상군 및 월남군에 의한 베트콩 섬멸 작전에도 불구하고 월맹과 베트콩의 전의(戰意)는 꺾이지 않았다. 남베트남에서 베트콩은 '민족해방전선(NLF)'을 결성하고 월남 정부 타도를 목표로 게릴라전을 벌였다.

1967년 11월 당시 파월(派越) 미군 수는 50만에 육박하였으며, 이미 1만 5천명이 전사하고 11만 명이 부상당하는 인명 피해를 기록하고 있었다. 전쟁이 장기화되면서 승리가 가까웠다는 워싱턴의 자신감과 홍보에도 불구하고, 파월 美 장병들의 정부 불신이 커지기 시작했다. 국내에서도 전쟁의 잔혹한 기록들이 전파되면서 반전(反戰) 의식이 퍼져 나갔다. 1967년 10월

펜타곤 앞에서 약 3만 5천명에 달하는 대규모 반전 시위가 펼쳐졌다. 반전론자들은 민간인들의 희생을 강조하며 미국이 부패한 사이공 독재 정부를 지원하고 있다고 공격하였다.

한편 북베트남 월맹 지도부는 미국의 전의를 꺾기 위한 획기적인 돌파구를 찾고 있던 중, 1968년 1월 31일 약 7만 명의 월맹군으로 월남 내 100여개의 도시와 마을에 대한 대대적인 동시 공격을 감행했다. 이른 바 '구정 공세'다. 미군과 월남군은 이에 신속히 대응하였고 월맹군과 베트콩은 약 절반에 가까운 35,000명이 사살되고 5,800명이 생포되는 엄청난 손실을 입었다. 그들은 목표 지역을 1~2일간 점령했으나 곧 퇴각하지 않을 수 없었다.

그러나 전투에서의 승리에도 불구하고 전황(戰況) 보도가 미국 국민을 경악시켰다. 무엇보다 베트콩의 기습 공격으로 사이공 주재 美 대사관이 습격당하는 모습을 텔레비전을 통해 목격한 미국 국민의 충격이 컸다. 끝없는 전쟁 속에 승리를 기대할 수 없다는 비관적 전망이 미국 국민들을 절망 속으로 몰아넣었다.

구정 공세 이후 미국은 베트남에서 손을 떼야 한다는 반전 여론에 밀려 결국 철군의 길을 모색하게 된다. 정치적으로 부패하고 국민의 지지 기반이 취약한 정권을 보호한다는 것이 어려울 뿐만 아니라, 게릴라전을 정규전 수행 방식으로 성공시킬 수 없다는 교훈을 절감하게 된 것이다. 이후 존슨 대통령은 대통령 선거를 앞두고 지지율이 추락하면서 1968년 3월 북폭 중지를 명령하고 재선 불출마를 선언하게 된다.

닉슨, '베트남전의 베트남화(Vietnamization)' 추진

1968년 3월 존슨 대통령의 연설에서 표명된 '평화 이니셔티브'는 월맹으로부터의 긍정적인 호응을 얻어냈다. 이에 따라 미국과 월맹은 그 해 5월 파리에서 평화회담을 열었으나, 월맹 측이 즉각적인 북폭 중지를 요구한 데 대해 미국 측이 베트콩의 활동 중단을 요구함에 따라 대화는 접점을 찾지 못하고 교착상태에 빠졌다. 1968년 11월 대선에서 닉슨 대통령이 당선됨으로써 월남전은 새로운 전환점을 맞게 된다.

1969년 1월 백악관에 입성한 닉슨 대통령은 '베트남전의 베트남화'라는 새로운 전략을 도입하였는 바, 그 목적은 베트남 전쟁의 모든 군사적 역할과 책임을 월남 정부와 월남군에 양도함으로써 미국의 전쟁 개입을 종식시키려는데 있었다. 상기한 바와 같이 월남 전쟁에 대한 미국 국민의 지지 철회는 미국 사회 내 깊은 분열을 야기시켰다. 이에 따라 닉슨은 미군의 점진적 철수를 효율적으로 추진할 수 있도록 월남군의 군사력을 증강시킴으로써 월남 국민들이 스스로 방위를 책임지도록 유도하고 미군을 명예롭게 철수하도록 할 방침이었다.

1969년 11월 대국민 연설에서 닉슨은 "자유를 지키는 일은 미국만의 임무가 아니라 모든 사람의 임무"임을 선언하고, 특히 자유를 위협받고 있는 "당사자 국민들의 책임"을 강조하였다. 그는 존슨 행정부하에서 미국이 월남 전쟁을 "미국화(Americanize)하였다"고 주장하고, "이제 전쟁의 베트남화를 통해 평화를 실현하려 한다"고 선언하였다.

그러나 닉슨 대통령은 미국 내 반전 세력 측의 즉각적인 미군 철수 요구를 거부하고, "명예로운 평화(peace with honor)"를 실현하려는 강한 희망을 표명하였다. 이러한 목적 하에 일시적이나마 닉슨은 오히려 인도차이나 반도에서의 군사행동을 강화하는 조치를 취했다. 예컨대 1970년 4월 베트콩 지원 루트로 간주되던 캄보디아에 대한 폭격과 지상군 진입을 지시한 것이다. 닉슨의 이와 같은 베트남 주변지역에 대한 군사작전 강화는 베트남을 안정시켜 베트남화 전략이 뿌리를 내리도록 하기 위한 조치로 판단된다.

닉슨 행정부는 1969년 54만 9천에 이르렀던 美 지상군 규모를 1972년 6만 9천으로 감축시켰다. 이 와중에서 북베트남 월맹군은 닉슨의 방어 의지를 시험하기 위한 목적으로 수차례의 군사적 공세를 취했고 닉슨 행정부의 베트남화 전략에 암운(暗雲)을 던지고 있었다. 1972년 3월 부활절 공세에서 월남군의 패퇴는 주한미군 의존 심화에 따른 월남군의 빈약한 군사능력을 드러내는 계기가 되었다. 1973년 1월 닉슨 행정부는 월맹과의 단독 비밀 평화협상에 착수했으며, 이는 결국 즉각 휴전과 60일 내 미군 철수를 거쳐 2년 후 월남의 멸망과 베트남 공산화 통일의 길을 열게 된다.

"베트남전의 베트남화"와 파리평화협정(Paris Peace Accords) 체결

1969년 1월 취임한 닉슨 대통령은 "베트남전의 베트남화(Vietnamization)" 독트린을 공식화하면서, 남베트남(월남)군의 역할을 증대시키고 美 지상군을 철수하는 대신 해·공군에 의한 폭격을 강화하는 전략을 추진하기 시작했다. 동시에 키신저 국가안보보좌관을 앞세워 파리에서 베트남평화협정을 본격 추진했다. 평화회담은 당시 키신저 보좌관(후에 국무장관)과 북베트남(월맹) 측의 레둑토 정치국원 간의 비밀 회담으로 시작되어 협정 초안이 마련되고, 이를 월남과 남베트남임시혁명정부(베트콩)가 추인하는 형식으로 마무리되었다.

그러나 1968년으로부터 1973년까지 약 5년 동안의 회담 기간 중 교착상태가 지속되었고 회담이 진전을 보이기 시작한 것은 1970년대 초였다. 베트콩의 전투행위 중지 및 지위 인정 문제, 북폭 중지 및 미군 철수 등을 둘러싼 견해 차이가 회담을 빈번히 결렬시켰고, 1973년 1월에야 평화협정이 체결된다.

주목되는 것은 키신저와 레둑토 간 1972년 10월 합의된 협정 초안이다.

남베트남에서의 '자유선거와 정치개혁'이란 미명하에 사실상 베트콩의 활동을 인정하는 내용이 담긴 미국·월맹 양자 협정 초안에 당시 월남 대통령이던 티우는 격노(激怒)하였고, 이 협정이 '베트남 공산화'에의 길을 열 것임을 확신한 그는 협정 승인을 거부하였다. 티우는 확고한 반공주의자로서 월맹의 군사적 음모가 숨겨진 파리평화협정의 위험성을 인식했던 듯하다.

닉슨 대통령은 티우 대통령을 설득하고 안심시키기 위해 많은 노력을 기울였다. 만약 월맹이 협정을 위반하면 북폭(北爆)을 재개할 것이며, 미국은 "월남 편에 설 것"임을 티우에게 보낸 서한에서 분명히 밝혔다. 아울러 10억 달러에 해당하는 군사원조를 티우 정부에 지원하기로 약속하였다. 마침내 1973년 1월 15일 티우 정부가 마지못해 파리협정을 받아들였고, 12일 간의 추가 협상 끝에 1월 27일 파리평화협정이 4자 곧 미국·월맹·월남·베트콩 간에 체결되었다.

파리평화협정의 주요 내용

파리에서 조인된 베트남 평화협정의 정식 명칭은 「베트남에 있어서의 전쟁 종료 및 평화회복에 관한 협정(Agreement on Ending the War and Restoring Peace in Vietnam)」이다. 베트남 평화협정은 미국과 월맹이 가(假)조인(1973.1.23.)한 후, 미국·월맹·월남·베트콩의 4 당사자가 조인(1973.1.27.)하는 이중(二重) 조인 형식을 취했다. 그 주요 내용은 다음과 같다.

1. 남북 베트남 군은 1973년 1월 27일 24:00(GMT)를 기해 현 위치에서의 휴전을 실시한다.
2. 휴전 이후 미군은 60일 이내에 전면 철수한다. 동시에 양측은 전쟁 포로를 모두 석방한다.
3. 월남 정부와 베트콩 양측은 '정치적 해결'을 통해 월남 국민의 자유로운 정

치적 의사결정을 허용해야 한다. (월맹은 일관되게 남베트남에 월남정부와 베트콩 간 연합정부의 수립을 주장하였다.)
4. 베트남 통일은 "평화적 방법에 의해 단계적으로" 실현되어야 한다.
5. 평화협정의 국제적 보장을 위해 군사공동위원회와 국제감시통제위원회를 설치하고, 12개국이 참가하는 국제회의를 개최한다.

그러나 상기 내용을 골자로 하는 평화협정은 체결 이후 준수되지 못했다. 협정 위반은 월맹 측에 의해 수시로 일어났다. 특히 월맹군과 베트콩은 점차적으로 베트남 남부에 대한 무력 공격을 재개하기 시작했고, 그 결과 1975년 봄 "호지명 작전"에 의한 사이공 함락으로 이어졌다.

파리평화협정의 두 주역은 키신저와 레둑토였다. 두 사람에게 그 공로로 노벨평화상이 수여되었으나, 월맹의 레둑토는 수상(受賞)을 거부하였다. 그는 수상 거부 이유로 "미국과 월남이 협정을 위반했기 때문"이라고 주장하였다.[20]

파리평화협정을 벤치마킹한 북한의 '美·北 평화협정' 제의

파리평화협정이 갖는 문제점을 요약하면 다음과 같다. 첫째, 평화협정 문안(文案)이 월남을 배제시킨 가운데 미국과 월맹 간 비밀협상에 의해 작성되어, 월남의 핵심 안보 이익이 반영되지 못했다. 둘째, 협정은 남베트남에 2개의 주권적 실체의 존재를 인정함으로써, 무력분쟁 가능성을 원천적으로 잉태하고 있었다. 협정의 4 당사자 중에서 미국과 월맹은 '정부'로 명기되고, 월남과 베트콩(남베트남임시혁명정부)은 남베트남 지역 내의 두 '당사자'로 명기되어 어느 실체가 남베트남을 정식으로 대표하는지 명시되지 않았다. 셋째, 협정은 남베트남 주둔 월맹군(15개 사단, 145,000명)의 지

---

20 도널드 커크, "제정신 아닌 것은 트럼프 보다 키신저와 카터," 「미래한국」, 2017.10.30.

위 문제를 월남과 베트콩 간 합의에 의해 결정하도록 규정했으나, 양자는 협정에 규정된 90일 이내 합의 도출에 실패했다. 이는 월맹군의 남베트남 주둔을 묵인하는 결과를 초래했으며, 월맹군의 1975년 무력침공의 길을 열어준 것이나 다름없었다.

결국 「베트남평화협정」은 베트남의 평화를 보장해 준 것이 아니라, 월남의 몰락을 초래하고 미군 철수를 정당화해주는 구실이 되었다. 미군이 철수함으로써 인도차이나 반도의 군사균형이 붕괴되었고, 공산화를 피할 수 없게 되었다.

베트남 공산화가 북한의 대남전략에 미친 영향 또한 심대하다. 북한은 원래 남북 간 평화협정 체결을 주장했었다. 김일성은 1962년 10월 최고인민회의에서 "주한미군 철수"를 조건으로 하는 '북남평화협정'을 제의하여, '先미군철수→後평화협정 체결' 도식을 공식화한 바 있었다.

그러나 베트남 전쟁 상황을 주시하던 중 1974년 3월 최고인민회의에서 "미 합중국 국회에 보내는 편지"를 통해 '미·북 평화협정' 체결을 돌연 제의하였다. 북한은 평화협정 체결 후 미군을 철수시킨 베트남의 경험에서 힌트를 얻어 한반도 평화의 "실질적 당사자는 미국과 북한"이라는 논리 하에 "先평화협정 체결→後미군철수"를 주장한 것이다. 그 후 지금까지 북한은 평화협정이 미국과 북한 간 단독으로 체결돼야 한다는 주장을 계속하고 있다. 남한 내 종북 단체들 역시 이에 부응하여 "주한미군 없는 한반도 평화체제" 선동을 지속하고 있다.

월남 패망의 원인

월남 패망의 가장 큰 원인은 내부 분열과 부패였다. 티우 정부는 호지명 세력에 비해 정통성이 취약한 데다 '반전평화' 무드에 젖어 안보 불감증이 심각했으며, 부패와 비리가 만연해 있었다. 이에 비해 호지명은 항불(抗佛)·항일(抗日) 독립투쟁의 명성으로 전국적 존경심을 획득했으며, 내부 신뢰와 단결로 집단지도체제를 이루어 정치적 안정을 이룩했다. 여기에 '민족'을 내세워 월남을 교란시키는데 성공했으며, 남베트남 내 친북 무장 세력인 베트콩의 존재 역시 월남 패망에 결정적 역할을 수행하였다.

미국이 평화협정을 신속히 이루려는 욕심에서 미군을 대체(代替)할 월남군이 충분히 육성되고 훈련을 받기 전에 성급하게 미군철수를 단행한 점도 주요 원인이다. 월남군은 1975~76년 기간에 미군의 지원 아래 충분한 군사훈련을 이수받기로 예정돼 있었다. 이 소식은 북베트남 측에 알려졌고, 이를 알게 된 월맹 정부가 1975년 전격 침략을 감행한 것으로 분석되고 있다.

파리협정 체결 이후 닉슨 행정부는 월남에 대한 군사원조와 지원 약속을 이행하지 않았다. 주된 요인은 워터게이트 사건으로 취약해진 닉슨 행정부가 정책 추동력을 상실한 데다 반전 여론을 등에 업은 민주당이 지배하는 의회의 반대 때문이었다. 그 후 월남군은 심각한 무기·실탄·원유 부족에 시달려야 했고 미국이 남겨준 우수한 무기들 곧 탱크·비행기 등도 쓸모없게 되었다고 한다.

美 의회는 닉슨 행정부가 재개한 북폭(北爆)의 중지를 결의했고, 월남군이 패퇴하는 최악의 상황에서 닉슨 행정부가 월남에게 약속한 모든 방위 공약을 폐기시켰다. 당시 국방장관이었던 멜빈 레어드(Melvin Laird)는 월남 패망을 가져 온 의회의 약속 불이행을 강도 높게 비난하기도 했다.

반면에 월맹군은 소련과 중공(中共)으로부터 전폭적인 군사협력 및 무기 공급 지원을 받고 있었다. 약 30만의 중국 인민해방군도 월맹 편에서 싸우고 있었다. 미국이 파리협정 체결을 위해 월맹 측에 경제 원조를 제공하기로 비밀 약속을 했다는 논란도 일었다. 당시 키신저 대표를 수행한 협상팀은 후일 "의회의 승인을 전제로" 미국이 그러한 지원 의사를 월맹 측에 전달했음을 인정했다. 그러나 의회의 반대로 지원은 실행되지 못했다.

베트남 전쟁이 한반도에 주는 함의(含意)

2016년 11월 미국 대통령에 선출된 트럼프 당선자는 그동안 북한에 대해 △김정은을 '미치광이'로 규정해 북한 정권의 존재를 부정함으로써 강력한 대북정책을 예고하는가 하면, △김정은과 햄버거를 함께 먹으며 담판할 수 있다고 발언해 미·북 직접협상 용의를 표명했으며, △박근혜 대통령과의 전화통화에서 '100% 한·미 동맹 지지' 발언으로 동맹 중심 한반도 정책을 재확인했다. 그러나 그가 선거과정에서 한국의 안보 '무임승차'를 비판하고 방위비 부담 증가를 요구한 점은 향후 한반도 정책의 돌변 가능성을 배제할 수 없게 한다. 또 한국에 남북공조를 주장하는 新 정부가 출범하여 한·미 동맹 및 대북 정책에 큰 파란을 예고하고 있는 중이다.

월남을 베트남 전쟁의 당사자로 규정하고 안보 책임을 역설한 닉슨 대통령의 '베트남화' 전략은 트럼프 행정부 대외정책을 뒷받침하는 '역외 균형 제한개입(Off-shore Balancing)' 논리와 일맥상통한다.[21] 동맹국의 안보 당사자 역할을 확대하며 美 지상군 주둔의 비용과 희생을 줄이겠다는 것이다.

베트남 전쟁과 한반도 무력 갈등 간에는 차이점도 있으나 유사점도 적지 않다. 이를테면 △베트콩과 같은 이적(利敵) 세력이 한국 내부에서 反국가 활동을 공공연히 전개하고 있고, △보수 정권의 부패와 비리로 민심이 이반(離反)하고 있으며, △미국이 현실주의 외교노선으로 선회할 가능성이 상존하기 때문이다. 여기에 북한의 핵·미사일 개발 성공은 우리 안보에 치명적 위협이 되고 있다.

특히 대한민국의 국가 정통성과 자유민주주의 이념적 정체성을 인정

---

21 홍관희, 「THAAD와 한반도」, (자유민주, 2016), pp. 197-204.

하지 않으면서 북한을 추종하는 많은 세력과 시민단체 및 정당이 존재하여 이미 제도권 내에 뿌리를 내리고 있다. 국가장래를 위해 심히 우려되는 일이 아닐 수 없다.

물론 △한국군이 월남군과는 비교할 수 없을 만큼 강력한 전투능력과 사기를 보유하고 있고, △대다수 한국 국민이 자유민주체제를 지지하고 있는 점, 그리고 △김정은 정권이 민심 이반으로 체제붕괴 위기에 직면하고 있는 현실은 베트남 경우와 차별화되는 점이다.

트럼프 행정부 출범 이후 북핵 문제는 더 이상 유예될 수 없는 미국의 최대 외교·안보 현안으로 부상했다. 한·미 동맹 하에서 아무리 막강한 미군의 지원이 있어도, 우리 내부 안보의식이 확고하지 못하고 분열돼 있으면 나라를 지킬 수 없다는 사실을 월남패망사는 강력히 시사해준다. 우리가 경제적으로는 세계 십 수위권 강소국일지 모르나, 안보적으로는 4대 강국에 둘러싸인 채 분단되어 북한의 핵위협에 노출된 약소국임을 부정하지 못한다. 동맹을 강화하는 동시에 자체 안보·방위 의지와 능력을 함양할 때 비로소 국가안보가 구축된다는 의미다.

월남패망으로부터 얻어야 할 교훈
- 내부 분열 극복이 시급하다

고대 희랍의 역사가 투키디데스(Thukydides)는 말했다.

"강대국은 그들이 원하는 것을 하고, 약소국은 그들이 받아들여야 하는 것을 받아들일 뿐이다(The strong do what they want to do, while the weak accept what they have to accept)."[22]

22　고대 그리이스의 역사가 투키디데스(460 B.C.–395 B.C.)가 남긴 명言.

힘의 각축 논리가 지배하는 국제정치의 냉혹함을 단적으로 말해주는 경구(警句)이다. 역사적으로 볼 때, 강대국에 둘러싸인 약소국이 살아남아 번영을 이루기란 결코 용이한 일이 아니다.

2차 대전 발발 직후 독(獨)·소(蘇)에 의해 분할돼 망국을 피하지 못한 폴란드, 2014년 러시아의 백주(白晝) 침략을 당한 우크라이나, 내분과 강대국 개입 속에 비극의 현장이 된 시리아, 러시아의 위협 속에 NATO 가입을 서두르는 지금의 북유럽 나라들 사례가 이를 웅변해준다.

최근 김정은 3대 세습정권이 초기의 정치 불안을 극복하고 어느 정도 안정을 찾아가고 있다는 분석이 늘고 있다. 장마당 수가 200에서 400여 개로 확산되면서 민생 문제가 80%선까지 해결되고, 권력 엘리트의 이반(離反)을 잔혹한 공포정치로 억누르는 상황이다. 체제붕괴 불가피론이 아직도 유효하나, 중국의 은밀한 지원으로 최악의 국면은 벗어나는 분위기다. 남한에 대해서는 사이버 해킹이나 청와대 습격 훈련 등 다각도의 도발 카드와 심리전을 구사하고 있다. (물론 최근 대북 제재의 강화로 다시 어려운 국면을 맞고 있다.)

한편 북한이 북베트남과 다른 점은 권력의 정통성이 부재(不在)하고 남북 주민들의 지지를 결여하고 있다는 점이다. 베트남과 달리, 해방 이후 우리의 항일 주체 세력은 거의 남한으로 집결했다. 북한이 김일성 권력을 정당화하기 위해 '항일'을 내세우나, 관제사학(官制史學)의 날조에 의한 것임이 사료를 통해 입증되고 있다. 남북 체제경쟁에서 결국 '시간은 한국편'이라는 판단이 나오는 배경이다.

다만 우리 사회의 내부 분열이 매우 심각한 수준이다. 대한민국 건국 기점을 둘러싼 역사 논쟁, THAAD 배치를 계기로 부각된 한·미 동맹의 위기, 한·일 군사정보보호협정과 위안부 문제로 야기된 한·일 불협화음 등 핵심 현안에 대해 합의가 이뤄지지 못한 채 이전투구(泥田鬪狗)식 논란이 계속되고 있다. 더욱이 북한의 핵·미사일 위협에 대해서도 "평화는 어떤 전쟁보다 낫다"는 등의 안보를 외면한 무책임한 평화 담론(談論)이 횡행하고 있다.

"월남은 힘으로 망한 것이 아니라, 내부의 적에 의해 무너진 것"이라는 이대용 前 월남 공사의 지적에 귀를 기울여야 한다. 내부 분열과 동맹 붕괴로 망국의 비운을 피하지 못한 월남패망사에서 뼈저린 교훈을 얻어야 할 것이다.

미국의 한반도 전략 동향에도 주목해야 한다. 미국은 패권안정론에 입각해 적극 개입과 '안보 우산' 정책을 펴다가도 역부족이라고 판단될 때는 언제나 현실주의 내지 고립주의로 선회하곤 한다. 여기서 '역부족'이란 미국으로서 최선을 다했음에도 당사국 사정 또는 주변 안보환경 등으로 동맹에 대한 약속을 지킬 수 없게 되는 상황을 의미한다. 국제정치 이론에서 말하는 동맹의 '방기(abandonment)'인 셈이다.[23]

이런 측면에서, 2018년 2월 평창 올림픽에 북한을 참가시키기 위한 거래로 문재인 정부가 한·미 군사훈련 연기를 결정한 것은 국가안보와 한·미 동맹 상에 심각한 문제를 야기할 수 있는 치명적인 정책적 오류의 선례라 아니할 수 없다. 아울러 북한의 요구에 따라 UN의 대북제재 결의를 위반해 개성공단이나 금강산관광 사업을 재개할 경우 국민들의 저항은 물론 미국의 한국에 대한 동맹 신뢰도는 급격히 추락하게 될 것이다. 그 결과 "원하지 않는 곳에 주둔하지 않는다"는 미국의 해외주둔 원칙이 되살아날 지도 모른다.

하늘은 스스로 돕는 자를 돕는다

---

23   상세한 내용은 이책 8장 참조.

월남패망사는 우리에게 내부 단합과 국방태세 확립 및 동맹 강화가 안보 과제의 핵심임을 강력히 시사해준다. 평화협정 체결 후 2년 만에 월남패망이 그토록 신속하게 다가올 것으로 예상한 사람은 없었다. 월남의 장래를 비관적으로 바라봤던 사람들도 적어도 5~10년은 월남 정부가 존속할 것으로 내다봤다. 그러나 대내외 모순이 축적되면서, 비극은 쓰나미처럼 밀려왔다. 사필귀정(事必歸正)의 원리를 새삼 깨우치게 된다.

한반도 평화와 통일은 안보의 기반 위에서만 가능하다. 미국을 비롯한 국제사회의 안보 공약이 100% 우리를 지켜주지 않는다는 사실도 베트남 경우를 통해 재확인되었다. '하늘은 스스로 돕는 자를 돕는다'는 우리 격언이 새삼스럽게 다가오는 이유이다.

김정은의 자비(慈悲)에
우리 운명을 맡길 순 없다

韓·美 훈련 연기는 '안보 무책임'의 극치다

 북한 대표단의 올림픽 참가를 구실로 2017년 12월 한·미 훈련이 연기된 과정을 되돌아본다. 문재인 대통령은 12월 말 美 NBC와의 인터뷰에서 연례적으로 실시하는 한·미 군사훈련의 연기를 미국에 제안했다고 털어놨다. 그동안 연기 여부가 설왕설래돼왔고 정부가 이를 부인해 온 터에, 느닷없는 대통령의 사실 공개는 과정상의 적절성 논란과 국민적 안보 불안감을 증폭시켰다.

 청와대는 훈련을 연기함으로써 북한의 도발 명분을 차단하고 대화 복귀를 유도하려는 것이라고 주장했다. 그러나 이는 북핵으로 야기된 한반도 위기의 본질을 외면한 '안보 무책임'의 소치일 뿐이다. 먼저 북한이 한·미 훈련 때문에 핵개발에 나선 것이 아님을 상기해야 한다. 사실은 그 정반대다. 한·미 훈련은 북한 도발에 대처하기 위한 방어 목적이다. 그러나 북한은 한·미의 "적대시 정책" 때문에 자위 차원에서 핵을 개발했다고 거짓 선동한다. 도발 책임을 한·미에 전가시키는 적반하장의 전형이다. 일부 친여(親與) 성향 인사가 아직도 북핵을 "협상용·자위용"이라고 주장하는 것은 사실에 부합하지 않을 뿐더러 북한 주장을 추종한다는 비판을 자초할 수 있다.

북한 핵개발의 목적은 한반도 무력통일에 있고, ICBM 개발은 남한 침공의 前 단계로서 미·북 빅딜을 통해 주한미군을 철수시키기 위한 것이다. 황장엽·태영호 등 고위급 탈북인사가 이를 증언했고, 중국 푸단대학 선딩리 교수는 "북한은 풀을 먹는 일이 있더라도 핵무기를 개발할 것"이라 지적해 놀라운 북핵 통찰력을 보여줬다. 북한 정권은 이미 핵보유국을 선언했고 핵능력을 "질량적으로 강화"할 태세다.

정부의 '훈련연기→남북대화' 추진은 국가안보를 무시하는 자기 파괴적 발상이다. 우리가 훈련을 연기한다고 핵개발을 멈출 북한이 아니다. 더 위험한 것은 북한이 올림픽 참가를 미끼로 한·미 훈련을 취소시켜 한국을 무장해제시키는 첫 단추를 꿰려 한다는 점이다.

북핵에 맞서기 위한 창(공포의 균형)과 방패(MD) 어느 하나도 갖지 못한 채 오직 한미연합방위태세에 의존하는 우리가 한·미 훈련마저 연기한다면, 국가안보를 적(敵)의 자비에 맡기는 꼴이 된다. 더욱이 국내 불안을 조성할까봐 북핵 대피훈련마저 기피한다면, 두려움 때문에 머리를 파묻는 타조의 겁쟁이 심리와 무엇이 다른가?

미국은 3개월 간의 북핵 데드라인을 설정하고 선제타격을 심각하게 고려 중이다. 2017년 12월 18일 발표된 국가안보전략보고서는 "압도적 힘에 의한 북한 비핵화"를 강조하면서, 中·러를 국제질서에 도전하는 "현상변경세력(revisionist)"으로 규정하고 이를 '무적의 힘'으로 대응할 의지를 천명했다. 현존↔신흥 패권국가 간 전쟁의 불가피성을 설파한 '투키디데스의 함정'이 현실화될 위험이 커지고 있다.

전쟁 등 한반도 유사시에 중국이 우리와 적대하는 북한 편에 설 것이란 점은 분명하다. '평화·대화'로 포장된 중국의 노련한 정치 수사와 외교술에 휘말려 국가이익·국가안보의 본질을 망각해선 안 된다. '중국몽(夢)'은 시진핑 주석의 대국·군사굴기에 기반을 둔 팽창전략의 상징이다. 미국의 자유민주 패권안정 전략과 대척점에 있다.

정부는 또 이번 훈련 연기 제의가 쌍중단과 아무 상관이 없다고 주장하나, 내용상으로 일맥상통함은 누구도 부정하지 못한다. 가능하지도 않은 북한의 핵중단을 미끼삼아 한·미 훈련을 중단하고 궁극적으로 한·미 동맹을 파탄 낼 위험성이 내포돼 있기 때문이다. 정부는 지금이라도 "훈련 연기"를 철회해야 옳다. 오히려 빈틈없는 훈련으로 한·미 신뢰를 회복하고 참가국에 절대 안전을 보장함으로써, 2018 평창을 성공한 올림픽으로 만들어야 한다.[24]

'민족공조' 정치 쇼로 우리 선수 역(逆)차별 말라

북한의 평창 올림픽 참가 선언 이후, 문재인 정부의 '평화 구걸'이 도를 넘고 있다. 우선 정체(正體)가 불분명한 한반도기(旗)하의 남북 공동입장은 누가 뭐라 해도 세계 축전인 올림픽의 주최국 국기로서 태극기의 드높은 고양(高揚)을 좌절시킨 것이다. 국가 정통성 훼손이란 비판을 면하기 어렵다. 무리한 여자 아이스하키 단일팀 구성도 북한의 '민족공조' 선동에 영합한 나머지 스포츠의 전문성과 효율성을 무너뜨린 자충수다.

문재인 대통령이 선수단을 찾아 "역사적 명장면"이 될 것이라며 위로했으나 이는 대통령의 주관적 인식일 뿐이다. 핵·미사일로 세계 지탄을 받는 김정은 정권과 결탁한 것도 부적절하고, 정치적 흥행을 위해 우리 선수들의 올림픽 참가 권리를 박탈하는 역차별 또한 부당하다. 통치권자도 법과 원칙을 따라야 한다. 정치가 스포츠에 개입하는 위험한 선례를 남겨선 안 된다. 선수단 결성과 같은 결정은 스포츠계 특유의 룰을 따라야

---

24 홍관희, 「문화일보」 (포럼), 2017.12.22.

한다. 단일팀 엔트리를 확대할 경우 다른 참가국의 불만이 터져 나올 것도 불문가지(不問可知)다.

UN제재가 발효 중인데 2008년 박왕자씨 피살 사건을 떠올리는 금강산에서 남북 전야제(前夜祭)를 연다는 것도 납득하기 어렵다. 5·24조치의 무력화와 대북 현금유입 루트인 금강산관광사업 재개를 위한 사전 조치가 아니냐는 의구심을 불러오기에 충분하다. 또 올림픽 출전도 하지 않을 우리 선수들이 김정은 업적의 상징인 마식령 스키장까지 가서 훈련을 하겠다니 이 무슨 기괴한 발상인가?

특히 북한은 올림픽 참가 선수가 10명에 불과함에도 무려 370명의 예술단과 응원단을 보내겠다고 한다. '염불보다 잿밥'을 노리고 올림픽을 국제제재 모면을 위한 선전·선동의 무대로 활용하려는 음모가 확연히 드러난다. 더욱 충격적인 것은 반(反)국가단체이자 북한의 하부 조직인 재일본조선인총연합회(조총련)의 응원단 활동도 보장한다는 남북 간의 합의 내용이다. 대남침투 간첩 및 테러 기지 역할을 해 온 이적(利敵) 단체를 '우리민족끼리' 슬로건 아래 버젓이 올림픽에 끌어들일 수는 없다.

일련의 남북 접촉에서 우리가 '북한 비핵화'를 위해 어떤 노력을 했는지 의문이다. 2018년 1월 10일 기자회견에서 문재인 대통령은 북한 비핵화가 남북대화의 목표가 돼야 한다고 강조했다. 말과 행동이 따로 가면, 국민과 국제사회가 분노할 것이다. 거칠 것 없는 막무가내식 '민족자주' 남북공조 올인 정책이 어떤 파국을 몰고 올지도 알 수 없다.

최근 북한이 서해안 남포 조선소에서 신형 SLBM '북극성-3형' 발사를 위한 바지선 리모델링 작업에 착수한 징후가 포착됐다. 북극성-3형은 사거리 6천km 이상으로 추정되고, 미국 첨단 자산이 이를 밀착 감시하고 있다고 한다. 미국은 밴쿠버에서 6·25 참전국 포함 20개국 외교장관 회의를 개최하고, CVID에 입각한 비핵화 원칙과 해상차단 등 강력한 제재

의지를 천명했다. 중국의 쌍중단 방안은 재차 거부됐다.

미국은 한국 주도의 남북대화에 원칙적인 지지를 표명했으나, 외교적 해법이 실패할 경우에 대비해 군사공격 준비를 완료해 놓았다. 괌에 3대 전략폭격기가 모두 집결했고, 맥 손베리 하원 군사위원장은 미국이 북한과의 충돌에 대비해 "중대한 훈련"을 하고 있음을 증언했다. 美 언론들은 트럼프 행정부가 북한과의 전쟁을 "조용히" 준비 중임을 일제히 보도하고 있다. 전술핵무기 사용도 심각하게 고려중이라고 한다. 제임스 매티스 국방장관은 밴쿠버 회의에서 "전쟁 계획(war plan)"이 있음을 밝혔다.

한반도 상황이 위중하다. 한국은 어떻게든지 미국과의 신뢰를 바탕으로 긴밀한 협의와 공조로 북한 핵문제를 타결해 나가야 한다. 올림픽 무대에서 '핵보유를 전제로 한 위장평화'를 기정사실화하려는 북한 음모에 넘어가선 안 된다. 저명한 국제정치학자인 라인홀드 니이버(Niebuhr)는 2차대전 전 체임벌린 수상의 대독(對獨) 유화(宥和)정책을 "내일의 전쟁을 오늘의 평화로 바꾸려는 절대적 평화주의(absolute pacificism)"라고 맹렬히 비판했다. 과도한 남북공조로 충격과 혼란에 빠진 국민들은 지금 묻고 있다. 왜 문재인 정부는 적(敵)과 동지를 구분하지 못하고 국가안보를 위태롭게 하는가.[25]

---

25 홍관희, 「세계일보」(광화문시평), 2018.1.20.

3

김정은의 통일야망과 정신세계

― 통일대전(大戰) 과대망상과
사이코 패스를 경계한다

김정은의 한반도 통일 야망

"생존 능력이 강하고 강인한 성격"이지만 "위험한 인물"

김정은은 2011년 말 김정일 사망 직후 집권한 이후 6년이 넘는 기간 동안 잔혹한 숙청을 통한 내부 공포정치로 정치적 안정을 달성해 온 것으로 평가되고 있다. 앨리슨 하버드대 교수는 김정은에 대해 "생존 능력이 강하고 강인한 성격"이라고 평했으나, 동시에 "위험한 인물"이라고 경계했다.[1] 2016년 탈북한 태영호 前 영국 公使는 김정은이 "위협을 느끼면 능히 핵단추를 누를 인물"이라고 분석했다.[2]

김정은의 핵·미사일 집착은 상상 외로 강하며, 막을 방법이 없다는 판단도 나온다. 북한은 지난 2017년 9월 3일 6차 핵실험으로 사실상 핵무장을 완성한 이후에도 UN 안보리 2375호 제재 결의 3일 만인 9월 15일 일본 영토 너머로 중거리탄도미사일(IRBM)을 또 발사했다. 이 중거리 미사일의 방향을 틀면 괌에 도달하게 된다. 괌까지의 사정거리를 확보함으로써 미국에 대한 위협을 노린 것으로 분석되었다.

6차 핵실험 이후 김정은의 대남 선동이 근본적으로 달라졌다. 과거에는 핵·미사일 개발 배경에 대해 "미국의 적대시 정책에 대항하기 위한 자

---

1 강인선, "美中, 전쟁 위기땐 상상밖 해결책…," 「조선일보」, 2017.9.2.
2 *CNN*, 2017.1.26.

위적 핵억제력 확보"라고 주장했으나, 이제 핵·미사일이 "조국통일을 앞당기는 만능 열쇠"임을 분명히 밝히면서, 핵무기를 한반도 무력통일의 중요한 수단으로 노골적으로 정당화하기 시작한 것이다.[3]

곧 북한은 6차 핵실험 직후 "우리 공화국은 대륙간탄도로켓과 수소탄까지 보유한 세계적인 군사 강국의 지위에 당당히 올라섰다"면서, 남한 국민에 대해 "남조선 인민들은 조선반도 평화의 파괴자인 미군을 몰아내기 위한 반미·반전 투쟁을 힘 있게 벌여 나가야 할 것"이라고 선동했다.[4] 북한의 인터넷 선전매체「우리민족끼리」도 "남조선에서 미제 침략군 철수는 온 민족의 요구"라며 "미군의 비법적인 남조선 강점은 하루빨리 끝장나야 한다"고 주장했다. 한편 미국에 대해서는 "한반도에서 발을 빼라"고 요구하고 있다. 앞으로 미·북 직접담판을 염두에 두고 있음을 알 수 있다.

중거리 탄도미사일(화성-12형)의 잦은 발사(8월 29일과 9월 15일)는 한반도 유사시 미군 증원군 저지를 위한 주일(駐日) 미군기지 및 괌을 겨냥하면서, 동시에 미국을 미·북 간 직접협상에 끌어들여 주한미군 철수를 위한 담판의 계기로 활용하려는 의도임이 드러나고 있다.

이에 따라 향후 북한의 대남선동 방향은 ①핵무기를 동원해 통일하겠다는 협박과 ②무력통일에 방해가 되는 주한미군을 철수시키는 내용으로 압축될 전망이다. 앞에서 언급한 바와 같이 2018년 1월 9일 남북고위급회담에서 리선권 북한 대표는 북한 핵이 "동족이 아닌, 미국을 겨냥한 것"이라고 주장했다. 우리 국민을 향해 고도의 기만적인 심리전을 펴고 있음을 알 수 있다.

북한 핵·미사일 문제가 점점 긴박해지고 있다. 김정은의 핵·미사일 질주에 가속도가 붙어 거칠 것이 없는 형세가 되어가고 있다. 6차 핵실험 이

---

3 *RFA*(자유아시아방송), 2017.9.7.
4 조국평화옹호전국민족위원회 대변인 담화, 2017.9.8.

후 북한은 '게임 체인저(game changer)'의 위치에서 핵무장 완성을 대남전략에 본격적으로 활용하려 한다. 곧 한손에 핵무기를 들고 협박하는 한편 다른 한손에 '우리민족끼리'와 '자주·반미' 슬로건으로 회유하는 방식이다.

북한의 이와 같은 호전적 대남전략의 기저(基底)에 김정은의 비정상적인 정신 병리(病理)가 자리 잡고 있다는 분석이 그동안 전문가들 사이에서 제기되어 왔다. 이를테면 김정은이 보여주는 '통일에 대한 과대망상증', 주변을 의심하여 숙청과 처형으로 정권 안보를 도모하는 '편집증 및 분노조절 장애', 그리고 '충동적 공격성과 극심한 변동성' 등이 그가 보이고 있는 주요 정신 장애 현상들이다.

대한민국의 국가안보를 위협하고 있는 북한 정권의 군사전략 및 적화통일 음모를 정확히 파악하기 위해선 북한 권력을 장악하고 있는 김정은의 정신병리(病理)를 이해하는 것이 근본적으로 중요하다.

맥마스터 백악관 보좌관의 김정은 인식
– "한반도 무력 통일을 노리는 야심가"[5]

트럼프 행정부의 허버트 맥마스터(MacMaster) 국가안보보좌관은 백악관 내에서 매파(hawkish)로 불린다. 다른 워싱턴 분석가들이 북한의 핵개발 동기를 "체제보장 목적"에 무게를 두는데 비해, 맥마스터 보좌관은 김정은의 핵개발 집착 의도를 한반도 무력 정벌에 있다고 보기 때문이다. 그는 김정은의 핵·미사일 개발 목적을 "미군철수→한반도 무력통일"에 있다고 확신하는 사람이다. 그의 북핵 인식은 그만큼 매우 현실적이며 김정은의 心中을 가장 정확하게 간파하고 있다고 볼 수 있다.

---

5 Uri Friedman, "The World According to H.R. McMaster: Why is he so worried about North Korea?" *The Atlantic*, Jan 9, 2018.

그의 분석에 의하면 김정은이 ICBM를 개발해 美 본토를 겨냥하는 이유는 미국으로 하여금 '서울을 지켜주기 위해 시애틀을 희생해야 하는가'라는 실존적 질문에 부딪치게 함으로써 한반도 정책 딜레마에 빠지도록 하려는 것이다. 북한 핵·미사일 공격력이 강해질수록 미국은 동맹국을 지키기 위해 더 큰 미군의 희생과 손실을 각오해야 하며 그만큼 국내 여론의 악화 가능성도 감안해야 한다. 김정은이 이 점을 노린다는 것이다.

그러나 맥마스터는 미국의 자유민주 패권에 입각한 세계질서 구축과 확립이 세계평화와 안정에 필수임을 확신하고 있다. 따라서 핵무장한 북한 정권이 미국과 동맹국의 안전에 가하는 위협을 어떤 수단으로든 막아내야 하며, 그 중요성은 아무리 강조해도 지나치지 않다고 확신한다.

또한 인면수심(人面獸心)의 잔혹한 김정은을 전통적인 핵 억제 방식으로는 막을 수 없다고 맥마스터는 판단한다. 모든 전쟁이 예상치 않은 위험을 수반할 수 있으므로 북한에 대한 선제공격이 북핵 제거를 위한 최선의 방책이 될 수는 없음을 그도 인정한다. 그러나 북핵을 그냥 방치함으로써 북한의 위협이 보다 증대될 경우엔 더 큰 희생과 손실을 치러야 하는데, 군사옵션은 이를 미리 막기 위해 선제적으로 불가피하게 선택해야 할 '차악(次惡)'의 방안이라고 생각한다.

김정은의 성격 및 심리상태

'미치광이 전략(madman strategy)'의 유래
– 불가측성(unpredictability) 이론의 원조는 이승만

'미치광이 전략'이란 협상의 대상에게 자신이 비(非)이성적으로 행동할 것이라는 두려움을 줌으로써 협상에서 유리한 고지를 점하려는 외교 전략이다. 리처드 닉슨 前 대통령이 베트남 전쟁을 끝내기 위해 全 세계적인 핵전쟁 공포를 조성하는 과정에서 사용했다고 전해진다.

이를테면 그는 핵전쟁을 시작할지 모른다는 신호를 보내면 당시 北베트남을 배후에서 지원하던 소련이 위협을 느껴 미국의 말을 듣도록 北베트남을 조종할 것이라고 생각하였다. 이런 가정에 따라 닉슨 前 대통령은 1969년 10월 동아시아와 유럽·중동 지역 주둔 미군에 핵전쟁 경계령을 내렸지만 기대했던 결과를 얻지는 못했다고 한다.

닉슨 대통령의 미치광이 전략은 이승만 대통령으로부터 배운 것이란 분석도 있다. 동아일보 하종대 논설위원은 "닉슨의 이런 '미치광이 외교'의 원조는 이승만 대통령이라고 한다"고 밝혔다.[6] 미치광이 이론에 기초한 이른 바 '불가측성' 이론의 원조는 닉슨이 아니라 이승만(李承晩) 대통령이라는 분석은 설득력이 있다.

---
6   하종대, "미치광이 협상 전략," 「동아일보」, 2017.8.11.

1953년 닉슨 당시 美 부통령이 방한(訪韓)해 李 대통령에게 아이젠하워 대통령의 친서(親書)를 전달한 사실이 그 증거자료다. 닉슨은 이승만 대통령과의 만남에서 아이젠하워 대통령과 상호합의하지 않고선 어떤 (도발적) 행동도 한국이 단독으로 해선 안 된다는 약속을 해달라고 (李 대통령에게) 요청했다고 한다. 합의를 이루지 못하고 다시 만난 자리에서 李 대통령은 닉슨 부통령에게 아래와 같이 말했다고 한다.

"공산주의자들이, 미국은 이승만을 통제할 수 있다고 생각하는 순간, 귀국(貴國)은 가장 중요한 협상력 하나를 잃는 것이 될 뿐 아니라 우리는 모든 희망을 잃는 것이 됩니다. 내가 모종의 행동을 취할 것이라는 두려움이 늘 공산주의자들을 견제하고 있습니다. 우리 서로 솔직합시다. 공산주의자들은 미국이 평화를 갈망하므로 그 평화를 얻기 위하여는 (미국이) 어떤 양보도 할 것이라고 생각합니다. 나는 그들의 생각이 맞는 것 같아 걱정입니다. 그러나 그 공산주의자들은 나는 미국과는 다르다는 것을 잘 알고 있습니다. 나는 공산주의자들이 가진 그런 불안감을 없애줄 필요가 없다고 생각합니다. 귀하가 도쿄에 도착했을 때인 내일 아이젠하워 대통령에게 답신을 보내겠습니다. 나는 아이젠하워 대통령이 그 편지를 읽어보고 파기해주셨으면 합니다."[7]

닉슨은 퇴임 후에 쓴 회고록에서 아래와 같이 말했다고 한다.

"나는 한국인의 용기와 인내심, 그리고 이승만의 힘과 지혜에 깊은 감동을 받고 떠났다. 나는 李 대통령이 공산주의자를 상대할 때는 '예측불가능성'을 유지하는 것이 중요하다는 통찰력 있는 충고를 한 데 대해서 많은 생각을 해보았다. 내가 그 후 더 많이 여행하고 더 많이 배움에 따라서 그 노인의 현명함을 더욱 잘 이해할 수 있게 되었다."[8]

---

7 조갑제, "트럼프, 미친 척하며 김정은을 코너로 몬다?" 「조갑제닷컴」, 2018.8.9.
8 상게서.

트럼프 대통령, 미치광이 전략 원용(?)

트럼프 대통령이 닉슨의 '미치광이 전략'을 사용한다는 분석이 美 정가에서 회자되어왔다. 트럼프 대통령은 자서전「불구가 된 미국」(2016년)에서 "패를 보여주는 것은 멍청한 실수"라며 "종잡을 수 없게 행동하는 것이 협상에 유리하다"고 강조한 바 있다. 미국 내에서는 트럼프 대통령의 대외전략 독트린의 특징을 '미치광이 이론(madman theory)'과 '불가측성(unpredictability)'으로 분석하기도 한다.

예컨대 대통령 취임 후 대외전략 방향이 선거운동 시기에 언급했던 것과는 다른 방향으로 전개된 점을 그 근거로 들고 있다. 밀착 의혹을 받을 정도로 우호적 관계가 예상됐던 러시아와의 정면 대립, 시리아 불개입을 천명했던 입장에서 적극적 군사력 사용으로의 선회, 대대적인 아프간 폭격, 제1의 적으로 규정했던 중국과 북핵 문제를 매개로 한 변화무쌍한 관계, "낡은(obsolete)" 것으로 비난했던 NATO에 대한 적극 지지 표명 등이 그 예다. 트럼프 대통령 자신도 이러한 변화를 '유연성(flexibility)'으로 정당화했다.[9] 2011년 CIA 국장을 지냈던 데이빗 패트레이어스는 "미치광이 전략(Madman Strategy)이 지나치면 재앙이 된다"는 경고를 하기도 하였다.

한편 조갑제닷컴 조갑제 대표는 "도널드 트럼프 미국 대통령이 당선 전에 닉슨의 '미친 사람 이론'(madman theory)에 기반을 둔 '불가측성'(unpredictability)을 외교전략의 기조로 삼겠다는 뜻을 비친 적이 있다"고 밝혔다.[10] 그는 "트럼프가 북한의 김정은 정권에 대하여 비슷한 전술을 쓰는 듯하다"며 다음과 같이 썼다.

"군사적 조치로 핵시설을 날려버릴 듯이 덤비다가도 협상하자고 한다든지,

---
9 *CNN*, 2017.4.15.
10 조갑제, 상게서.

북한 측이 위협을 하자 '전례 없는 화염과 분노를 각오하라'고 경고한다. 선거 중엔 방위비 분담액을 늘리지 않으면 주한미군을 철수할 것처럼 이야기했고, 한국과 일본의 핵무장도 허용할 수 있을 듯이 말하였다."[11]

김정은: '미치광이 전략(madman strategy)'인가 '진짜 미치광이(mad man)'인가

문제는 김정은의 무소불위의 핵 질주 전략 특히 美 본토를 위협하는 무모한 전략이 '미치광이 전략'인지 아니면 김정은이 진짜 '미치광이'인지를 분간하는 일이다. 왜냐하면 정상적인 판단력을 가진 사람이라면 북한이 비록 핵·미사일을 완성했다곤 하나 제반 국력 차원에서 미국에 대항할 입장이 못 된다는 사실을 충분히 인지할 터인데, 김정은은 아랑곳하지 않고 "미제를 쳐부수자"며 뉴욕과 워싱턴을 겨냥하는 무력사용을 호언하고 실제로 ICBM을 만들어 美 본토를 위협하고 있기 때문이다.

다른 말로 표현하면, 김정은의 무모함이 계산된 것이냐 아니면 정신적으로 병적인 것이냐의 문제다. 계산된 것이라면, 김정은의 노선은 지극히 전략적이고 이성적(rational)이며, 따라서 김정은 입장에서 현명한 전략으로도 볼 수 있다.

오래 전부터 북한의 끝까지 밀어붙이기 전략 곧 '벼랑끝 전술(brinkmanship)'은 상당 부분 북한의 입장에서 효과가 있었고, 따라서 고도로 계산된 전략이라는 분석이 설득력이 있었다. 노벨상 수상 경제학자 토마스 쉘링(Thomas Schelling)은 핵억제 이론의 창시자로서도 유명하다. 그는 '벼랑끝 전술'이란 "적과 공유된 전쟁 위기를 조작·관리하는 기술(the art of

---

11 상게서.

manipulating the shared risk of war)"이라고 정의했다.[12] 그는 핵무기로 상호 교착돼 있는 두 국가를 '함께 묶여서 산에 오르다 절벽 끝에서 싸우는 한 쌍의 등산가'에 비유했다.

"두 등산가는 각기 상대방을 절벽 밑으로 밀어버리려 시도하나 자신도 벼랑 끝으로 함께 가지 않을 수 없는 상황이다. 일종의 기(氣) 싸움인 셈이다. 둘은 이성을 잃지 않았지만, 상대방에 겁을 주어야 승리할 수 있다고 믿는다. 그리하여 그들은 자신이 더욱 비이성적이며 충동적이고 고집 센 것처럼 보이려고 경쟁한다. 그러나 만약 상대방이 진정으로 비이성적이며 충동적이고 고집 세다면 어떤 일이 벌어질 것인가?"[13]

이런 측면에서, 미치광이 이론이 트럼프 대통령뿐 아니라 김정은에게도 동시에 적용된다는 주장이 나오고 있다. 국제문제 전문가인 톰 월시는 "두 사람 모두 충동적이고 예측을 할 수 없는 인물이며 국제 규범에 도전하려 한다"며 이들이 실제로 비이성적 행동을 할 수 있다고 주장했다.[14] 그러나 트럼프 대통령과 김정은을 비교하는 것은 무리이며, 김정은의 잔혹한 만행과 비정상적 핵·미사일 질주는 그의 정신적 장애 측면에서 분석하는 것이 설득력이 있다고 판단된다.

토머스 버거슨 美 제7공군 사령관은 2017년 4월 16일 ABC 방송과의 인터뷰에서 "가장 우려스러운 부분은 미국 및 미국의 동맹국들과 싸워서 이길 수 있다는 김정은의 오판"이라고 강조한 바 있다. 김정은의 비이성적 충동성과 전쟁에서 승리할 수 있다는 오판이 결합될 때, 무력도발을 감행할 수 있다는 분석인 것이다.

---

12 Cynthia A. Roberts, "The Czar of Brinkmanship," *Foreign Affairs*, 2014.5.5.
13 상게서.
14 톰 월시, *US & World Report*, 2017.9.8. 또한 「세계일보」, 2017.9.11.

김정은은 이성적(理性的) 인물인가?

　김정은의 핵·미사일 질주가 북한의 정권 안보와 체제 보장을 위해 잘 계산되고 전략적인 것으로서, 김정은의 정신상태가 결코 비정상이 아니라고 보는 견해도 있으나, 세계 최강의 패권국가인 미국을 상대로 이토록 무모한 군사충돌을 마다하지 않는 측면에서, 그의 생각과 행동이 세상 물정 모르는 철부지이거나, 다음에서 분석될 다양한 형태의 정신 장애에 의한 정신 질환 성격이 아닌가 하는 분석도 상당한 설득력이 있다.

　특히 과도한 권력 소유로 인해 이해득실(cost-benefit)에 대한 이성적 판단 능력을 상실하게 되는 '도파민(dopamine)' 증세를 김정은도 앓고 있는 것 아닌가 하는 분석이 나온다. 히틀러의 소련 침공이 이 증세의 역사적 사례로 거론되고 있다.[15]

　유의해야 할 것은 김정은이 30대 중반의 비교적 젊은 나이로서 통치 기간이 길어질수록 학습효과를 획득한다는 점이다. 2018년 신년사에서 남북화해를 제창한 것을 기점으로 대남 태도에서 획기적인 변화를 보여 주목된다. 최근까지의 광적이고 경직된 심리상태를 상당 부분 극복하고, 북한의 전략적 목표를 수정하지 않은 채 기만적이고 유연한 심리전술을 구가하는 모습을 보였기 때문이다.

　2017년 후반기에만 해도 "서울을 쓸어버리겠다"는 등 증오 어린 표현을 쏟아내던 그가 "민족자주·민족화해"를 부르짖으며 여동생 김여정을 남북정상회담 초청 특사로 보낼 만큼 발상의 전환 모습을 보였다. 이런 점에서 잔혹한 사람이 반드시 비이성적인 것은 아니며, 김정은은 고위험·고수익 투자의 귀재라는 평가도 나왔다.[16] 결국 2018년 초 김정은이 올림픽 참가

15　[심층취재] 심리학자들, "김정은 심리 매우 위험한 상태." *VOA*, 2017.2.22.
16　천영우. "북한 김정은, 이성적 지도자인가," 「동아일보」, 2018.2.8.

와 남북대화 재개 카드를 사용한 것은 미국의 제재가 강화되고 군사적 옵션이 논의되는 절박한 상황에서 필사적인 국면 전환을 노린 합리적인 선택 사례로 평가될 수도 있다.

김정은 성장기의 '反사회적 성격장애
(anti-social personality disorder)'

김정은은 1984년 생이다.[17] 10대 중반 스위스 베른 국제학교에 유학했으므로, 비교적 감수성이 예민한 사춘기 시절에 자본주의 사회를 경험한 셈이다. 「김정일의 요리사」라는 책을 써 유명세를 탄 후지모토 겐지(藤本健二)는 김정은과의 대화를 회고하면서, 김정은이 중국식 개혁·개방에 관심을 갖고 있는 것 같았다고 증언한 일이 있다. 김정은이 집권 후 장마당을 허용하고 마식령 스키장 건설을 무리하게 추진한 것 등이 그 배경일 가능성이 있다. 그러나 최근 자본주의 바람의 북한 유입이 증가되면서, 김정은은 이러한 조치들이 자신의 정권 기반을 위협한다고 판단하여 엄격한 통제·단속으로 돌아서고 있다 한다.

김정은이 농구 경기를 좋아했지만 경쟁 심리가 강하여 패배를 싫어하고, 시합 과정에서 리더십 기질을 보이곤 했다는 것은 잘 알려져 있다. 김정일이 셋째인 김정은을 후계자로 낙점한 근본 이유는 김정은의 승부 기질이었다고 후지모토는 밝히고 있다. 김정일은 김정은이 그 형인 김정철에 비해 결단력과 배짱이 있고, 경쟁심이 강한 자신을 더 많이 닮았다고 생각했으며, 이를 간파한 생모 고용희도 큰 아들 정철보다는 둘째인 정은에게 관심을 집중했다는 것이다.

어린 시절 김정은은 성질이 급하고 인내심이 없었다는 것이 목격자들의

---
17 이모 고용숙의 증언. 홍관희, 「THAAD와 한반도」, (자유민주, 2016) p. 134.

공통된 증언이다. 곧 하고 싶은 일이 있으면 즉각 해야 직성이 풀리는 '주의력 결핍 과잉행동 장애(신경 발달 장애)'를 보였다는 것이다. 훗날 폭력적이며, 분노를 참지 못하고, 충동적이고 변화무쌍한 성격이 어린 시절에 이미 형성되기 시작했다는 증거이다.

보통 가정이면 어린 시절에 흔히 나타나는 이런 결점들이 부모의 교육에 의해 교정(矯正)되는 것이 보통이나, 김정일 치하의 특수한 환경에서 적절한 가정교육이 결핍됨에 따라 이러한 비정상적 성격이 오히려 심화되고 발전되었다고 판단된다.

재일교포 무용수 출신인 생모(生母)에 대한 열등감도 과격한 성격 형성에 일조했을 가능성이 있다. 金家 3대 왕조의 상징인 '백두혈통'에 부합하지 않는 정체성(正體性) 혼란을 만회하려는 심리에서 이런 비정상적 정신상태가 발전했는지도 모르는 일이다.

구체적 사례로 김정은은 1월 8일인 자신의 생일에 아직 공식 기념행사를 아직 갖지 못하고 있다. 그 이유도 이와 관련이 있을 것이다. 곧 외가(外家)가 북한에서 경멸의 대상인 재일교포 인맥인지라, '백두혈통이 아니라 후지산 줄기에 불과하다'는 비판이 일어날 경우 수령의 권위에 치명상을 입을 수 있기 때문이다.

김정은은 10대 중반부터 술과 담배를 시작해 청소년 시절부터 이미 '품행장애(conduct disorder)' 양상을 보였다. 이는 성인이 되어 '反사회적 성격장애(anti-social personality disorder)'로 발전하게 된다.[18] 김정은이 핵·미사일 도발의 反국제적·反인륜적 의미를 전혀 이해하지 못하는 것도 이러한 反사회적 성격장애와 깊은 관계가 있다고 봐야 할 것이다.

---

18   장경준, 「김정은의 정신세계」, (한솜미디어, 2017) p. 111.

강인한 생존능력과 과단성 : 장성택과의 권력투쟁에서 승리

2011년 말 집권한 김정은에게 고모부 장성택은 최대의 정적(政敵)으로 부상했던 것이 사실이다. 13세에 왕위에 오른 진시황이 당시 최대 권력자 여불위와 권력투쟁 끝에 승리한 것을 연상시킨다. 결국 장성택 숙청은 김정은 권력의 안정과 공고화를 가져온 획기적 사건이 되었다.

장성택 처형에 대한 북한 언론의 보도를 분석해 볼 때, 장성택이 겉으로는 김정은에게 충성을 보였으나 내부적으로 독자 세력을 구축·확대하고 이를 지원하기 위해 경제관련 사업을 장악하여 자금을 확보하려 시도하였으며, 군대에까지 영향력을 심으려 했을 가능성이 제기되었다.

장성택 추종 세력이 장성택을 "1번 동지"라고 불렀다는 주장도 이를 뒷받침해준다. 북한 언론이 장성택의 가장 큰 죄목을 "반당적·반국가적·반인민적 죄악"이라고 규정하며 '백두혈통'을 강조한 것도 주목되는 부분이다. 장성택을 처형하면서 북한 당국은 "우리 당과 국가, 군대와 인민은 오직 김일성·김정일·김정은 동지밖에는 그 누구도 모른다"고 주장했다. 金家 '왕조'에 대한 도전은 용인될 수 없다는 점을 분명히 한 것이다.

이후 김정은은 잔혹한 처형·숙청 등 공포정치를 통해 권력을 단기적으로나마 안정시키는데 성공했다는 평가를 받아 왔다. 2011년 말부터 2016년 말까지 5년간 김정은에 의해 숙청된 권력엘리트와 주민의 숫자는 340명에 달하는 것으로 밝혀졌다.[19]

그 내용을 보면, 김정은은 집권 후 본보기식 숙청을 통해 절대 충성을 강요하며 1인 지배체제를 강화해 왔다고 한다. 처형 사유는 반당 종파 행위를 비롯해 '건성건성 박수(장성택)', '회의 시 졸음(현영철)', '회의 시 자세 불량(김용진)' 등 다양한 죄목이 적용되었다. 다만 김정은식 공포정치는 태

---
19 국가안보전략연구원 「김정은 집권 5년 실정(失政) 백서」, 2016.12.

영호 주영(駐英) 공사의 망명에서 보듯, 엘리트의 탈북과 망명으로 이어져 김정은 정권의 기반을 흔드는 새로운 요인으로 부상해왔다.

상기 언급한 바와 같이, 하버드대 앨리슨 교수는 김정은이 강인한 생존능력을 보유하고 있어 권력투쟁에서 살아남았다고 평가하면서도, 김정은은 위험한 인물이며 앞으로 있을지도 모를 '투키디데스의 함정' 모델 곧 미·중 간 전쟁 발발 시 북한이 전쟁 발발의 중요한 촉매가 되도록 할 수 있는 인물이라고 평가했다.

美 월스트리트 저널(WSJ)은 김정은이 당초 미숙하고 무능할 것이란 예상을 뒤엎고, 계획적이고 노련한 독재자의 모습을 보이고 있다고 평가했다.[20] 동 신문은 김정은의 권력 안정을 가능케 한 요인으로서 조부(祖父) 김일성의 서민주의와 실용주의에 대한 모방, 장마당 등 시장경제의 제한적 허용, 핵무기로 군부 장악 및 대남 압박 강화 등으로 정권 안보에 성공한 점을 들었다.

이란계 미국인으로 독재 심리 전문가인 조지타운 대학의 파타리 모가담 교수는 김정은의 자기도취증(나르시시즘, narcissism)과 권모술수에 능한 마키아벨리즘이 극도로 더 악화되고 있다면서 우려를 나타낸 바 있다. 그는 김정은이 핵무기 보유로 인해 자신의 권력을 과대평가해 행동으로 옮길 가능성이 크다고 분석했다.[21]

한반도 무력통일 달성 영웅이 되려는 과대망상증

김일성은 한(韓)민족에 대한 메시아적 망상(妄想)으로 6·25 전쟁을 일으켰다고 북한에서 알려져 있다. 김일성·김정일에 이은 3대 세습 권력자

---

20 2016.9.19.
21 심리학자들, "김정은 심리 매우 위험한 상태," *VOA*, 2017.02.22.

김정은은 김정일로부터 강력한 무력 통일 유지(遺旨)를 계승받은 것이 확실시된다. 이를테면, 김정일은 2차 남북정상회담(2007.10)을 앞두고 다음과 같은 무력통일관을 피력한 바 있다.

> "나는 남한 점령군 사령관으로 가겠다. 1천만 명은 이민 갈 것이고, 2천만 명은 숙청될 것이며, 남는 2천만 명과 북한 2천만 명으로 공산주의 국가 건설하면 될 것이다."[22]

이를 계승하려는 듯, 김정은은 집권 후 "나의 통일관은 무력통일이며, 직접 탱크를 몰고 서울로 진격하겠다"고 호언한 적이 있다.[23] 김정은의 무력통일관은 김정일의 무력통일론을 계승한 것으로 보아 무리가 없을 것이다.

김정은은 집권 후 지속적으로 '통일 대전'을 독려하며 "7일 전쟁 작계(作計)" 등 구체적인 전쟁 준비를 지시해왔다. 2017년 9월 15일 화성 12형을 일본 영토 너머로 3,700km 까지 발사 성공한 후, 김정은은 "핵무력 완성"이 종착점에 이르렀다며 "미국과의 힘의 균형"을 강조하는 한편, "끝장을 보겠다"고 말하기도 했다. 김정은의 전부 아니면 無(all or nothing)자세는 그의 광적인 핵·미사일 도발 심리를 단적으로 드러내주고 있다.

김정은이 모든 것을 걸고 핵무장을 완성하려는 의도와 배경에 통일 과대망상증이 있다고 판단된다. 곧 김일성·김정일이 못다 이룬 통일의 꿈을 자신이 이룩해보겠다는 메시아적 과대망상이다. 무력통일에 대한 김정은의 과대망상증이 한반도를 전쟁 위기로 몰아넣는 핵심 요인의 하나라 할 수 있다.

정신분석학적으로는 이러한 과대망상증을 '적대적 반항 장애(Oppositional Defiant Disorder)'로 분류한다. 이는 어린 시절 '反사회적 성격 장애(Anti-

---

22 홍관희, 「THAAD와 한반도」 (자유민주, 2016), p. 135.
23 [이슈&논점] "김정은 '통일대전' 오판을 경계한다," 「통일신문」, 2014.9.29.

social Personality Disorder)' 또는 '품행 장애(Conduct Disorder)'가 성장하면서 더욱 심화된 경우로 분석된다. 이러한 정신 병리(病理)의 특징은 가정교육을 제대로 받지 못해 자기 원하는 대로 하려 하고, 성질이 급해 하고 싶은 것이 있으면 즉시 실행해야 직성이 풀리며, 윗 사람이 훈계하면 즉각 반항하는 기질을 의미한다.

김정은은 핵·미사일 개발을 통해 남한이나 미국뿐 아니라 중국에까지 공격적이고 자신감 있는 태도를 과시하려는 심리를 갖고 있다. 수소폭탄과 핵EMP탄 및 ICBM과 SLBM을 보유한 이상, 세상에 겁날 것이 없다는 '하룻강아지 범 무서운 줄 모르는' 유아독존적 정신 병리라 할 수 있다.

김정일이 김일성과의 대화 중 "조선이 없는 지구는 폭파해버리겠다"고 말한 것과도 일맥상통한다. 최소한의 인류애나 도덕의식이 결여된 극도의 자기중심적이고 金家 왕조인 '조선' 중심의 세계관이라고 할 수 있다. 과대망상증은 심리학적으로 피해망상증과 동면의 양면처럼 같이 나타나는 것이 특징이라고 한다. 김정은이 상대방을 의심하는 편집증으로 과도한 숙청을 자행한 것은 피해망상증의 한 징후로도 볼 수 있을 것이다.

무력통일에 대한 과대망상증은 3대에 걸쳐 계승되었다. 이는 북한이 후계 세습을 정당화해 온 각종 문헌이나 이론들에서 발견될 수 있다. 예를 들면, 북한 정권은 '계속혁명론'을 부각시켜 金家에 의한 세습 후계 계승을 정당화시켜왔다.[24] '백두 혈통'을 정당화하는 논리를 보면, "조선의 태양은 언제나 백두에서 왔고, 백두의 핏줄기는 김일성 민족의 영원한 생명선"이라고 주장한다.[25]

김정은은 자신이 백두 혈통 권력의 적자(嫡子)임을 부각시키기 위해 조부 김일성과의 동일시(同一視)를 시도하고 있다. 김정은은 2016년 7월, 36

---

24 이영종, 「후계자 김정은」 (늘품플러스, 2010).
25 「노동신문」, 2008.9.8.

년 만에 7차 당대회를 개최하여 조선노동당 위원장에 취임하였다. '노동당 위원장' 직함은 김일성이 1949년 6월 북조선노동당과 남조선노동당을 통합한 후 붙인 이름인데 김정은이 이를 재활용한 것이다. 2016년 6월에는 국방위원회를 폐지하고 국무위원회를 신설하여 국방위원회 제1위원장 대신 국무위원회 위원장에 취임하였다.

그동안 김정은 정권은 '경제·핵 병진노선'을 추구해오면서 2013년 3차 핵실험 이후에는 북한 군사조직을 핵중심「전쟁수행체계」로 재편했다. 이를 구체적으로 보면, △수차에 걸친 '통일 대전' 기한 연장 △남한 종북세력의 요청이 있을 경우 남침을 명문화한「전시 세칙」개정 △핵무기의 1차 사용을 시사한 공격적「핵교리」채택 △공군을「항공 및 반항공군」으로 개편 △제4군종인「전략군」창설로 핵·미사일 지휘체계 일원화 △핵 배합전을 기본 개념으로 설정한 새로운 핵전략 마련 등을 들 수 있다.

포악성을 통제 못하는 '분노조절 장애'와 예측불가의 충동성

핵·미사일을 손에 넣은 김정은이 어떤 동기에 의해 의사결정을 내리는가는 우리의 국가안보 차원에서 매우 중대한 문제이다. 2016년 4월 12일부터 23일까지 북한을 방문해 약 3시간 동안 김정은을 만난 바 있는 후지모토 겐지(藤本 健二)는 김정은이 "전쟁할 생각은 없다. 하지만 미국이 얼토당토않은 생트집을 잡는다. 울컥해 미사일을 발사하고 있다"고 말한 사실을 공개했다.

이 말은 얼결에 나온 김정은의 본심일 수도 있고, 핵개발 동기를 미국 탓에 돌리며 한·미·일을 안심시키려는 위장 전술일 수도 있다. 그러나 상당 부분 김정은의 핵·미사일 폭주 및 도발 동기에 어린 시절 형성된 정서적 불안 곧 '충동적 공격성' 요인이 자리 잡고 있음을 발견할 수 있다.

김정은이 집권 이후 고모부 장성택, 이복형 김정남, 인민무력부장 현영철, 총참모장 리영길을 무참히 처형한 것은 그의 성격에 "충동적이고 공격적인 가학적 잔혹성" 요소가 있음을 드러낸 것이다. 특히 장성택을 고사총으로 100여발을 난사하여 사살한 후 화염방사기로 소각토록 한 것은 그의 정신 장애를 가장 적나라하게 드러낸 엽기적 사건이다. 특히 남을 의심하는 편집증과 분노와 증오로 가득 찬 공격성 그리고 예측 불가능한 충동성 등이 그의 정신세계에 내재해 있음을 알 수 있다.[26]

김일성종합대학 시절 자신을 개인 지도했던 리영호 전 인민군 총참모장을 '허가 없이 군부대를 이동시켰다'는 이유로 숙청한 사실은 남을 의심하는 편집증(偏執症) 증상과 자신의 권위가 손상당한데 대한 극심한 분노조절 장애의 대표적 사례로 꼽힌다. 집권 후 권력엘리트 수백 명을 처형한 것도 주변 인물들을 신뢰하지 않고 의심하는 편집증 증세의 한 단면이다. "언제 나를 배신할지 모른다"는 불신이 늘 김정은의 마음 한 가운데에 자리하고 있다는 반증이기도 하다.

한국 정부가 아무리 선의로 대화와 협상을 제의해도 김정은은 이를 받아들이지 않고 있다. 자유의 바람이 들어와 북한 체제가 무너질지 모른다는 의구심과 함께 경제적으로 우월한 남한에 대해 시기심과 질투심이 있기 때문에, 이를 무너뜨림으로써 자신의 우월성을 입증하고 자존심을 만족시키려는 비정상적이고 비이성적인 심리가 있기 때문이다. 그러므로 김정은의 즉흥성과 공격적 충동이 전쟁 도발로 이어질 수 있음에 유의해야 한다.

26　한편 김정은이 그의 兄 김정남과 고모부 장성택을 잔혹하게 처형한 것은 김정남을 후계자로 삼으려는 장성택-시진핑 간 논의를 저우융캉(周永康) 정치국 상무위원이 도청하고 이를 김정은에게 밀고한 때문이라고 일본 NHK가 보도했다. 「동아일보」, 2018.2.13.

'남조선 콤플렉스'도 김정은 정신 병리의 하나

그동안 김정은의 잇단 대남 호전적 발언의 배경에 관심이 쏠려왔다. 예컨대, 2013년 3월 서해 최전방 섬 방어대를 시찰하며 "적진을 아예 벌초해 버리라"면서, "항복 문서에 도장 찍을 놈도 없도록 수장(水葬)시키라"는 섬뜩한 발언을 거침없이 했다. 2016년 말 한국 대통령 탄핵 국면에서 김정은은 군부대를 방문해 "남조선 것들 쓸어버려라"고 발언했다.

김정은의 폭언 배경에는 남한의 발전에 대한 열등감이 존재하는 측면도 있다. '반미'와 '자주·주체'의 기치는 몰락의 길을 걷는데, 자신들이 '미제 식민지'라 혐오하는 남한은 경제발전과 번영을 일궈 가고 있다는 불만스런 현실이 절망감으로 이어졌다고 할 수 있다. 현재 김정은은 집권 6년차에 해외 방문은 커녕 시진핑·푸틴과의 정상회담조차 하지 못하고 있어, 고립감이 상당히 클 것으로 예상된다.

미국에 대해서도 "미 본토도 손아귀에 넣게 됐다"든가, 특히 2017년 9·15 중거리탄도미사일 발사 직후 "미국 집권자 입에서 함부로 잡소리 못 나오게 할 것" "끝장을 보겠다" 등의 폭언을 일삼는 배경에 김정은의 '피포위 의식(siege mentality)'을 엿볼 수 있다.

김정은은 막강한 군사력을 가진 '미 제국주의의 대북 고립 압살 책동'으로 북한 체제가 지난 70년간 정치·경제적으로 고립과 궁핍을 면키 어렵게 됐다고 인식하고 있다. 북한의 체제위기 원인을 중앙집권적 계획경제나 김일성 유일 지배의 탓으로 돌리지 못하고, 미국의 위협을 과장함으로써 책임을 떠넘김으로써 위안감을 갖고자 하는 심리다. 이에 따라, 집권 6년 핵·미사일 도발에 올인하며 내부 성장 동력의 대부분을 갉아먹은 김정은 통치의 정당성만이 찬양된다.

"어리다고 깔보지 말라"는 김정은의 심리

김정은은 2011년 말 27세의 나이에 권좌에 올랐다. 후계자 시절 '청년대장'으로 불리던 김정은의 젊음은 '미숙한 지도자' 인식을 확산시키기에 충분하였다. 이에 따라 용모나 스타일에서도 조부 김일성의 젊은 시절을 닮으려 시도한 흔적이 눈에 띤다.

또한 노동당과 군부 고위직을 즉흥적으로 인사 조치하고 빈번하게 숙청 처형한 배경에 '어리다고 깔보지 말라'는 김정은의 심리가 작용한 것으로 분석된다. 2013년 말 고모부 장성택 처형 시, "앞에서는 복종하는 척하며 뱃속으로 배신을 꿈꾼다"는 '면종복배(面從腹背)'가 사형 판결문에 등장한 것은 이러한 김정은의 심리를 잘 나타내주고 있다.

김정일과 김정은의 정신분석 비교

정신분석 정치학(psycho-politics)을 연구해 온 백상창 박사는 그의 저서 「정신분석 정치학」에서 김정일이 그의 생모 김정숙의 조기 사망으로 최소한의 기본적인 정서적·도덕적 교육을 받지 못한 채, 계모 김성애와의 갈등을 겪었으며, 이에 따라 기존 권위에 대한 적개심과 기존 체제에 대한 반항심리가 그의 성격의 중심을 형성하게 되었다고 분석했다.[27]

김정일과 김정은이 '통일 과대망상증' 등에서 유사한 점이 있으나, 김정일이 좀 더 유연하다는 평가를 받고 있다. 김정일은 한반도 비핵화가 "김일성의 유훈(遺訓)"이라는 거짓말로 남한 정치인을 안심시키곤 했으며, 남한으로부터 현금과 식량을 지원받기 위해 남북대화 과정에서 거짓과 위장 발언을 한 사례가 있는 것으로 파악되고 있다. 이에 비해, 김정은은 핵·

---

27 백상창, 「정신분석 정치학: Psychopolitics」 (한국사회병리연구소, 2000).

미사일 개발을 향해 저돌적으로 폭주하는 무모함과 남북대화에 대한 강한 거부 등 매우 경직된 자세를 보이고 있는 것이 특징이다.

미국 콜로라도 대학의 행동심리·성격장애 전문가인 프레데릭 쿨리지 교수는 김정일과 히틀러 및 후세인(이라크 대통령)을 비교 연구한 후, 김정일보다 김정은이 가학적 증세 측면에서 훨씬 더 심하다는 평가를 내렸다. 그가 말하는 '가학적(sadistic) 증세'란 자신이 매우 특별하다고 생각하는 동시에 작은 위협에도 빠르게 반격하며, 냉혹하고, 타인의 고통에 관심이 적은 징후를 보이는 증세를 말한다.[28]

예컨대, 고사총으로 고모부를 참살하고, VX 화학무기로·이복형을 살해하며, 여러 간부들을 무참히 사살하면서도 이를 심지어 즐기는 듯한 모습을 볼 때, '가학적 성격 장애' 지수가 높다고 판단한 것이다.

히틀러와 김정은의 공격성·증오심 비교

히틀러의 전쟁 동기(動機)를 심리적으로 분석한 전쟁 학자 스토아싱어(John G. Stoessinger)는 그의 저서 「왜 국가들은 전쟁을 하는가」에서 히틀러의 내면에 다른 사람이 쉽게 알아챌 수 없는 슬라브 민족에 대한 깊은 증오(憎惡)가 있었음을 발견해냈다.[29]

곧 1941년 6월 히틀러의 전격적인 소련 침공은 전략적으로 도저히 이해될 수 없는 결정이었다. 참모들이 드러내놓고 반대할 수는 없었지만 거의 모두 이견(異見)을 보였다고 한다. 이러한 충동적 결정 배경에 히틀러의 불안한 정서와 심리상태가 개재돼 있었다는 것이다. 스토아싱어는 철학자 쇼펜하우어의 인간 심리 분석을 인용하여 히틀러의 내면을 진단해내고 있다.

---

28 VOA, 2017.2.22.
29 John G. Stoessinger, *Why Nations Go to War?* (St. Martin's press, 1985).

"쇼펜하우어는 그의 책 「의지와 표상으로서의 세계(The World as Will and Idea)」에서 다음과 같이 말한다: 맹목적(blind)이고 비이성적인 의지(will)가 가장 강력한 인간의 힘이다. 이성은 단순히 의지가 그 스스로를 위해 불을 붙인 불빛에 불과하다. 목적하는 바를 보다 잘 얻을 수 있기 위해…"[30]

히틀러의 러시아 정복 야망은 그가 쓴 「나의 투쟁」 중 다음과 같은 구절에서 잘 표현되어 있다.

"우리는 유럽 남부와 서부에 대한 끝없는 전진을 멈추려 한다. 그리고 눈을 들어 동쪽 땅으로 향하려 한다.… 오늘날 유럽의 새로운 땅과 영토에 관해 말한다면, 그건 우선적으로 러시아와 그 광활한 주변지역이 아닐 수 없다. 이 거대한 동쪽 제국은 드디어 그 종말이 다가왔다. 그리고 유태인의 러시아 지배도 마지막이 될 것이며, 이는 곧 국가로서의 러시아가 종말을 맞이함을 의미한다."[31]

김정은이 평소 한국에 대해 언급하고 있는 내용을 보면 "서울을 쓸어버리겠다…만일 미제의 부질없는 전쟁광기로 한반도에서 전쟁이 일어날 경우, 남조선 전역이 쑥대밭으로 될 수 있다…미국과의 마지막 판가리 결전…" 등 증오 어린 감정적인 표현이 적지 않다.[32] 트럼프 행정부가 2018년 들어서서 대북 군사 옵션의 하나로 '코피(bloody nose) 작전'을 언급한 데 대해 북한 노동신문은 극도로 감정적인 표현을 구사하며 신경질적으로 반응했다. 김정은의 심리가 극도로 불안하고 불안정하며, 특히 저변(底邊)에 대한민국과 미국에 대한 증오심이 크게 자리 잡고 있다는 반증이다.

---

30 스토아싱어, 전게서, p. 30.
31 상게서, p. 28.
32 「노동신문」 참조. 2017.10.1.

"이 땅의 풀 한포기라도 건드리는 순간 트럼프 자신의 사등뼈(척추뼈)가 부러지고 아메리카 제국은 지옥으로 화하면서 가뜩이나 짧은 미국의 역사가 영영 끝장나게 된다."[33]

이런 사례들을 통해 북한 정권이 남한과 미국에 대하여 적개심과 분노 및 증오심을 조장하는 내부 주민 선동에 열중해 왔음을 주목할 필요가 있다. 영국 작가 조지 오웰이 쓴 「1984년」을 보면, "2분간 미워하기" 시간을 만들어, 집단 히스테리로 감정을 조작하여, 적에 대한 증오를 촉발시키는 독재체제의 특징을 묘사하고 있다. 김정은의 심리상태와 북한체제의 여론조작을 파악함에 있어 이를 참고할 필요가 있다.

---

33 「노동신문」 참조. 2018.2.6.

김정은 심리상태와
북한의 대남전략

전쟁광(狂) 김정은의 武力통일 야망

  북한의 6차 핵실험 성공은 핵무장의 완성을 대내외에 선포함과 동시에 핵EMP탄 보유와 수소탄 개발을 공식화한 중대 사건이다. 이제 북한은 한·미가 레드 라인으로 규정한 ICBM에의 수소탄 탑재를 향해 가속 페달을 더욱 힘차게 밟을 것으로 예상되고, 그만큼 한반도 안보상황은 악화일로를 걸을 것이 분명해졌다.
  특히 주목할 것은 북한을 통치하는 김정은의 심리 구조다. 다소 유연했던 그의 아버지 김정일과 달리, 김정은은 '조국통일'의 영웅이 되려는 과대망상증에 사로잡힌 전쟁광(狂)이라 해도 과언이 아닐 듯싶다. 과도한 통일 대전 집착, 남한 종북세력이 요청할 경우 대남 침공을 명문화한 전시 세칙(細則) 개정, 새로운 핵 배합 군사전략의 창설 등에서 보듯 그의 전쟁 야망은 끝이 없다. 한반도 전역을 무력으로 정복하여, 자유민주 한국 국민을 몰아내고 처형하여 공산국가를 건설하겠다는 3대 세습권력의 전통적 통일 유지(遺旨)를 액면 그대로 계승했다고 보면 된다.
  고모부와 이복형의 잔인한 처형에서 보듯, 그는 극심한 '분노조절 장애'를 앓고 있어 포악함을 주체 못하는 환자에 비견된다. 한반도 전쟁 위기를 미·중 간 패권 관점에서 바라본 그레이엄 앨리슨 하버드대 교수는 북한 핵이 한반도로부터 시발되는 세계대전의 촉매가 될 것임을 경고하면서, 그 중심에 김정은이 있다고 갈파했다. 집권 후 6년간 보여준 그의 뛰어난 생존능력과 강인함이 오히려 한반도를 전쟁의 위험으로 몰고 갈 수 있다는 지적이다. 위협을 느끼면 김정은은 "능히 핵 단추를 누를 것"이라는 태영호 前 공사의 판단과도 부합한다.

운명적으로 그와 머리를 맞대고 살아야 하는 우리는 어떻게 김정은의 무력통일 야망을 분쇄하고 대한민국의 안전과 안보를 지킬 것인가? 분명한 것은 그가 대화로 설득될 상대가 아니라는 점이다. "전쟁 반대, 오로지 평화"라는 문재인 정부의 일관된 입장이 역설적으로 영악한 김정은의 오판을 부를 수 있다. 악(惡)의 세력은 강력한 힘으로 응징해야 승리할 수 있다는 것이 역사의 교훈이다. 6차 핵실험 직후인 엊그제, 여당 대표가 "끝까지 대화를 추구하겠다"면서, 미·북 양측에 동시 특사 파견을 주장한 것은 시의에 맞지 않을 뿐더러 정치 지도자로서의 도덕적 위상을 저버린 것이다.

최근 한·미 관계의 이상 징후도 '대화냐 제재냐'의 강조점 차이에서 나온 것이다. 트럼프 대통령은 "대화가 답이 아니라"며 대북 유화(appeasement) 정책을 비판했다. 지금까지 우리 정부는 대화에 대한 미련 속에서 북한의 핵·미사일 드라이브에 수동적으로 따라가며 대증(對症) 요법으로 대응해 온 것이 사실이다. 그러나 이제 자세를 일신하여 공세적 대응으로 전환해야 한다.

국군통수권자로서 대통령이 특별선언을 통해 핵무장 '준비'를 천명하든가, 미국에 NATO 방식의 전술핵무기 공유(共有)를 공식 요청하든가, 핵EMP탄과 같은 가공할 무기를 고도 40~150km에서 요격할 수 있는 THAAD를 수도권 방어용으로 추가 구매하는 등의 구체적이고 선제적인 대응책을 내놓아야 한다. 아울러, 한·미 정상이 며칠 전 논의한 대로 우리 군의 3축 체계 조기 구축을 위한 미국의 첨단 무기 및 기술 도입도 시급하다. 위기 국면에서 또 방심할 경우 총체적 국가 재앙으로 급반전될 수 있음을 인식하고 북핵 대비 특단의 대책을 세워야 할 때다. 이제 정말 시간이 없다.[34]

김정은의 광적(狂的)인 核·미사일 질주

 북한이 유엔 결의 3일 만에 중거리탄도미사일(IRBM)을 또 발사했다.(2017.9.15.) 김정은의 핵·미사일 질주에 가속도가 붙어 거칠 것이 없는 형세다. 6차 핵실험 성공 이후 북한의 대남 태도가 돌변하고 있다. 이제, 핵·미사일이 "조국통일을 앞당기는 만능 열쇠"라며 핵전쟁 무력통일용임을 숨기지 않는다. 남한에 미군 철수를 위한 "반미·반전 투쟁에 나서라"고 선동하는가 하면, 미국에는 "한반도에서 발을 빼라"고 요구하고 있다. 미·북 직접담판을 염두에 두고 있는 것이다.

 핵·미사일에 광적으로 집착하는 김정은의 심중에 무력통일 망상(妄想)이 자리 잡고 있음이 분명해졌다. 정신의학박사 장경준은 저서 「김정은의 정신세계」에서 김정은의 정신 병리(病理)를 '적대적 반항 장애(Oppositional Defiant Disorder)'로 분류한다. 이는 한반도 기존 질서에 정면 도전하면서 공격적으로 현상을 타파하려는 김정은의 강한 욕구를 가리킨다. "나의 통일관은 무력통일이며, 직접 탱크를 몰고 서울로 진격하겠다"는 호전적 발언에서 그의 공격성을 엿볼 수 있다. 김정일이 김일성과의 대화 도중 "조선이 없는 지구는 폭파해버리겠다"고 폭언한 것과도 같은 맥락이다.

 핵·미사일을 손에 넣은 김정은은 앞으로 어떤 동기에 의해 의사결정을 내릴 것인가? 북한 권력구조상 현재 김정은의 독주에 도전하거나 통제할

---
34 홍관희, 「문화일보」(포럼), 2017.9.5.

수 있는 장치는 전무하다. 한때 김정일의 요리사였던 후지모토 겐지(藤本健二)는 2016년 4월 북한 방문 당시 김정은이 "전쟁할 생각은 없다. 하지만 미국이 생트집을 잡는다. 울컥해 미사일을 발사하고 있다"고 말한 사실을 공개했다. 이 말은 얼결에 나온 김정은의 본심일 수도 있고, 핵개발 동기를 미국 탓으로 돌리려는 위장 전술일 수도 있다. 그러나 적어도 김정은의 핵·미사일 의사결정이 지극히 충동적일 수 있음을 보여준다. 어린 시절 형성된 반사회적 공격성이 적대적 반항 심리로 발전한 결과일 것이다.

6차 핵실험 이후 김정은은 한반도 '게임 체인저'의 위치에서 한손에 핵무기를 들고 다른 한손에 '우리민족끼리'와 '자주·반미' 슬로건으로 남한을 협박·회유하는 구도를 만들어가고 있다. 김정은과 같은 성격 장애자가 한반도 핵전쟁을 도발할 위치에 있다는 사실이 놀랍고 섬뜩하다. 엊그제 15일 미사일 발사 직후 김정은은 미국과 "끝장을 보겠다"고 말했다. '전부 아니면 무(all or nothing)'를 추구하는 김정은 방식의 통일 핵전쟁 로드맵은 우리가 21세기에 직면한 최대의 도전이다. 일시적인 긴장 고조나 위기 국면으로 그칠 일이 아니다.

이런 김정은의 전쟁 광기에 직면하여, "북핵은 자위용"이며 "핵무장이나 전술핵 재배치는 남북평화를 위협한다"는 대통령의 현실 진단은 안이하고 부적절하다. 핵 없이 재래식 무기로 북핵을 막겠다는 것은 군사 전략·기술상 불가능하며, '달걀로 바위치기'만큼이나 어리석은 일이다. 정부가 북한의 핵보유로 이미 물 건너간 '비핵화'에 집착한 나머지, 오늘의 현실에 맞는 책임 있는 안보전략을 내놓지 못할 때, 국민들은 깊은 좌절과 분노에 빠져들 것이다. 일본에선 이미 핵무장론이 확산되고 있다. 자칫 한국만이 동북아에서 비핵(非核) 외톨이가 되어 북한과 강대국의 먹잇감이 될지 모른다.

지난 2017년 9월 12일 채택된 유엔 안보리 결의는 기대했던 바의 '절반의 성공'에 그쳤다. 결정적인 북한 응징에 늘 반대하는 중·러의 '한반도 비핵화' 주장 속에 북한을 앞세워 한·미를 견제하려는 노림수가 있다. 한국을 북한의 핵인질로 만들어 평화를 구걸하는 '약체(弱體)'로 남겨두어야 미국과의 패권 경쟁에서 유리하다는 판단일 것이다.

트럼프 행정부가 2017년 9월초 전술핵 재배치를 전향적으로 검토하고 존 매케인 상원 군사위원장이 이를 적극 지지하고 나선 것은 천금(千金)의 기회였다. 위기를 기회로 반전시키는 것은 우리의 몫이다. 문재인 정부가 북핵 위기의 본질을 외면하고 끝까지 안보 재앙을 방치한다면 역사와 국민의 문책을 피할 수 없다.[35]

---

35 홍관희, 「국민일보」 〈한반도 포커스〉, 2017.9.19.

4

북한 핵·미사일 완성과 비핵화 거부

− "풀을 뜯어 먹더라도 핵포기 안 한다"

북한을 어떻게 볼 것인가?

**있는 그대로(realistically) 인식하고 보편적 관점에서
도덕적으로 판단해야**

　모든 사물을 있는 그대로 관찰하고 인식해야 올바른 관점과 처방이 도출된다. 북한도 마찬가지다. 특히 북한은 유례없는 폐쇄사회이므로 정보가 제한되어 있어 백가쟁명(百家爭鳴)식 인식과 주장이 난무한다. 북한을 실재하는 그 모습 그대로(realistically) 바라봐야 한다.

　동시에 북한을 보편적 원칙에 입각해 도덕적으로 올바른 관점에서 봐야 한다. 예컨대 한반도 안정과 세계평화를 위협하는 핵·미사일 개발이 잘못된 것이라는 점, 그리고 북한 주민의 인권을 잔혹하게 유린하는 폭정(暴政)은 징벌의 대상이라는 점 등에 동의해야 한다.

　과거 한 때 이른 바 '내재적(內在的) 접근'이라는 것이 횡행하던 때가 있었다. 김대중·노무현 정권 시절의 햇볕정책 분위기를 타고 나타난 사조(思潮)라 볼 수 있는데, 그 취지는 '북한 입장에서 북한을 바라보자'는 것이었다. 북한에서 일어나고 있는 '북한 현상들'이 북한 나름의 배경과 동기가 있을 터이니, 이들을 고려해 북한을 인식하자는 것이다.

　송두율에 의해 처음 제기된 내재적(內在的) 접근은 "북한 연구 시, 북한이 추구하는 이념에 비추어 분석할 때만 북한체제를 올바로 이해할 수 있

다"는 주장이다. 북한 연구에 있어 객관적이고 보편적인 기준을 부정(否定)하고, 아전인수격으로 '북한 옹호'를 시도하는 북한체제 중심의 연구 논리라는 비판을 면치 못해 왔다. 결국 이러한 주장은 북한 문제에 대한 보편적 입장을 거부하고 3대 세습정권의 포악성을 북한 나름의 내재적 특수성이란 명분하에 합리화시키는 우(愚)를 범하게 된다.

여기에 인질이 테러범을 변호하는 스톡홀름 증후군(Stockholm syndrome)까지 더해져 북한 인식 문제가 아주 복잡해졌다. 이는 범죄심리학 용어로서, 공포심으로 인해 극한 상황을 유발한 범죄자에게 긍정적인 감정을 가지는 현상이다. 인질이 인질범에게 동화 혹은 동조하는 비합리적인 현상을 뜻한다.[1]

핵·미사일로 우리를 위협하는 가해자인 북한 정권에게 연민을 느끼고 미국이 위기의 원인을 제공한 것처럼 왜곡 인식하며 가해자인 북한을 옹호하는 태도가 이에 해당한다. 2018년 1월초 북한이 남북 고위급 회담에 응한 호의에 감사를 느끼는 심리가 증가한다면, 이 역시 스톡홀름 증세 징후의 하나라고 보지 않을 수 없다.[2]

북한에 대한 오인식과 오판

북한을 보는데 있어 오인식(誤認識 misperception)을 경계해야 한다. '오인식'이란, 실제로 존재하는 객관적 사실에 대하여, 그것을 인식하는 사람이 주관적으로 사실과 다르게 이해하는 것을 뜻한다. 영어사전을

---

1 1973년 8월 23일부터 28일까지 6일간 스톡홀름 노르말름스토리의 크레디트반켄에서 은행 강도 사건이 발생한다. 인질범들이 4명의 직원을 인질로 잡고 경찰과 대치하는 동안 인질들은 인질범들과 애착관계를 형성했다. 자신을 해치지 않았다는 사실에 고마움을 느꼈기 때문이다. 인질들은 인질범들에 대한 불리한 증언을 거부했고, 심지어 인질범들을 옹호했다.
2 최경선, "남북대화 두려움 잊어도 좋은가" 「매일경제신문」 (매경포럼) 2018.01.09.

보면, 'misperceive'는 "to understand or perceive incorrectly," 곧 "misunderstand"라고 설명된다.[3] 사물을 보는 관찰자가 과거의 경험이나 개인적 성향이라는 필터를 통하여 정보를 선택하고 그 외의 것은 무시함으로써 발생하게 된다.

로버트 저비스(Robert Jervis)는 국제관계에서 내려지는 결정의 상당부분이 정책결정자의 오인식에 근거하고 있다고 주장했다. 저비스에 의하면 정책결정자들이 일반 개인과 마찬가지로 "불확실한 지식과 애매한 정보를 바탕으로 오인식에 의한 결정"을 내리며, 결국 오인식은 "간헐적으로 존재하는 것이 아니라 일반적인 현상"이라고 지적했다. 결국 정책결정자들이 자신의 독단이나 신념에 집착함으로써 다른 생각이나 정보에 귀를 기울이지 않으며, 또 설사 새로운 견해나 정보가 제공되더라도 이를 거부함으로써 비합리적인 결정에 이르게 된다는 것이다. 이렇게 볼 때, 오인식에 의해 발발한 전쟁이 냉혹한 현실을 거쳐 종결된다면 "오인식에서 현실로"(from misperception to reality) 유도되는 과정이라고 말할 수도 있다.[4]

전쟁의 원인에 관한 독보적인 연구로 명성을 얻은 존 스퇴싱어(Johan Stoessinger)도 오인식이 "가장 중요한, 단일(單一)의 전쟁 유발 요소"이며, 전쟁을 하지 않아도 될 상황임에도 쌍방의 오인식에 의하여 전쟁으로 발전한 경우가 적지 않음을 지적했다. 그는 제1차 세계대전의 발발 과정, 2차 대전 중 히틀러의 러시아 침공 원인, 한국전쟁에서의 미국 참전과 중국의 개입, 베트남 전쟁에서의 미국 참전과 패퇴, 인도·파키스탄 전쟁에서의 상호 불신, 이스라엘과 중동 전쟁, 걸프 전쟁 등의 사례를 상세히 분석하며 오인식으로부터 전쟁이 발발하거나 확대되는 과정을 지도자의 심

---

3 박휘락, "한국 국방정책에 있어서 오인식에 관한 분석과 함의." 「의정논총」 제9권 1호. 2014년 7월.
4 상게서.

리 분석을 통하여 명쾌하게 분석했다.[5]

희망적 사고(wishful thinking)와 집단사고(groupthink)의 위험성

'희망적 사고(wishful thinking)'란 심리학적으로 "자기가 믿고 싶은 사실만 인정하고 받아들여 잘못된 판단을 내리는 사고 경향"을 의미한다. 학문적으로 'A는 진리다. 왜냐하면 내가 A가 진리이기를 희망하기 때문이다'는 그릇된 추리에서 드러나는 오류를 의미한다. 특히 이론을 다루는 학문의 영역과 실제 세계는 괴리가 있는 경우가 많은데, 그 구분이 실패할 때 희망적 사고가 발생한다.

이론은 선험적으로 또는 규범적으로 규정되기도 하고 현실로부터 경험적으로 현실 자료를 바탕으로 추출되기도 한다. 그러나 이론은 일반화를 전제로 하므로 구체적 현실에 적용될 때 오류의 위험이 있다. 예컨대 사회주의 체제가 갖는 일반적 특성이 이론화되어, 북한이라는 특수한 현실에 수정 없이 적용될 때 오류가 일어날 수 있다. 북한이라는 실재(實在)하는 정치 체제에 대한 객관적인 관찰과 인식이 필요하다.

니이체는 개인에게 광기(狂氣)는 예외적 현상이지만, 집단에서는 지배적 현상이라고 말했다.[6] '집단사고'는 제니스(Irving L. Janis)가 창안한 개념인데 "팀 내부의 우호적 관계 유지에 대한 고려가 우선시되어 다른 방향의 분석 동기를 억누를 때" 발생한다고 한다. 집단사고에 사로잡힌 정책결정자들은 자신들의 생각과 다른 내용은 받아들이지 않게 되고, 최선의 결정에 이르지 못하게 되며, 결국 "대실패"(fiasco)를 초래하게 된다는 것이다.[7]

---

5   Stoessinger, 전게서.
6   Rod Hague·Martin Harrop 지음, 김계동·김욱·민명오·윤진표·지병근 옮김, 「비교정부와 정치」(명인문화사, 2012), p. 46.
7   박휘락, 전게서.

순진하고(naive) 이상(理想)주의적인 대북 접근

　美 CSIS 부소장 마이클 그린이 2018 평창올림픽을 전후한 문재인 정부의 대북정책을 통렬하게 비판했다. 한마디로 평창을 통해 미·북 대화를 기대하는 것은 '마술같은 돌파구(magical breakthrough)'라고 말할 수 있을 만큼 "순진한 발상"이라는 것이다.[8]

　평창 올림픽 과정에서 한·미 동맹이 결정적 엇박자를 보인 '외교 참사'가 빚어졌다. 마이크 펜스 美 부통령은 2018년 2월 9일 저녁 개막 리셉션장에 늦게 왔다가 5분 만에 퇴장했다. 북한 대표단과 같이 하지 않으려는 강한 의사 표시로 해석됐다. 미국은 애초에 북한 대표단과 동선(動線)이 겹치지 않도록 해달라고 요청하기까지 했다.

　문재인 정부는 헤드 테이블에 펜스 대통령과 북한 대표로 참석한 김영남 최고인민회의 상임위원장을 인위적으로라도 합석시켜 대화를 유도하려 했다. '남북대화를 미·북 대화의 마중물이 되게 한다'는 의도였는데, 뜻대로 되지 않음은 물론 한·미 관계에 깊은 신뢰위기의 상처를 남기는 결과가 되었다.

　미국은 확고하고도 분명한 북한의 비핵화를 원한다. 북한은 올림픽에 참가하면서 비핵화에는 일언반구도 하지 않았다. 문재인 정부는 그럼에도 북한 대표단을 환대하고 북한의 요구사항인 한·미 훈련 연기를 들어주었다. 그러나 북한은 한 발 더 나아가 한·미 훈련의 완전한 중단을 요구했다. 북한의 올림픽 참가는 비핵화와는 무관하고 오히려 핵보유를 공식화하면서 한국의 방어 태세를 무너뜨리려 시도한 것이다.

　문재인 정부의 생각은 '대화를 이어가다 보면 혹시 북한이 변하지 않을까' 하는 희망적 사고에 입각해 있다. 문재인 대통령의 다음 언급이 이를

8　김정안, 「동아일보」, 2018.2.5.

분명하게 뒷받침해준다: "우리(남북한)가 함께하고 있다는 사실 그 자체가 세계의 평화를 향해 한 걸음 더 다가갈 소중한 출발이 될 것"이다.[9] 정치와 안보 문제는 희망과 이상으로 해결되지 않는다. 선의에 입각한 희망은 종교나 철학자의 영역이다. 유능한 정치가는 냉엄한 현실의 토대 위에서 전략적 마인드를 가지고 한발 한발 다가가야 한다.

---

9 「조선일보」, 2018.2.10.

북한의 체제목표와 핵보유 선언

핵·미사일 개발 배경과 의도

북한의 핵·미사일 개발 의도에 대하여 다양한 의견이 개진되고 있으나, 이제 북한 주도의 한반도 무력통일 곧 '조국의 자주적 통일'이 핵·미사일 개발의 목적이라는 분석이 대세를 이루고 있다.[10] 지난 수십 년 동안 어떤 협상 칩에도 핵포기를 수용하지 않고 핵개발에 올인하는 북한 정권의 태도와 3대 세습 통치자들의 일관된 호전적 발언에 기초해 볼 때 그러하다.

현재 북한은 한반도에 대한 핵·미사일 공격력 확보는 물론 美 본토에 대한 핵탑재 ICBM 능력에 접근하고 있고, 더 나아가 핵EMP탄 보유는 물론 수소폭탄 개발에까지 다가서고 있다. 美 전문가들은 북한의 핵EMP탄과 수소폭탄 보유를 언제 터질지 모르는 "화약통(powder-keg)"에 비유하기도 한다.[11]

---

10 댄 코츠 미국 국가정보국(DNI) 국장은 2017년 7월 22일 미국 *NBC* 방송과의 인터뷰에서, 김정은에 대해 "그가 매우 특이한 타입이지만 미친 것은 아니다"라고 말했다. 코츠 국장은 김정은의 행동을 뒷받침하는 일부 이성적 요인들이 있다면서, 그것은 바로 "생존, 정권의 생존, 국가의 생존"이라고 말했다. 그는 김정은이 "리비아와 우크라이나의 핵 포기에서 얻은 교훈"에 따라 핵을 절대 포기하지 않으려는 확고한 의지를 갖고 있다고 말했다.
 2018년 2월 13일 상원 청문회에서 댄 고츠 국가정보국장은 북한 핵이 "한반도 지배야망 달성을 위한 장기전략적 수단"이라고 말했다. 폼페이 중앙정보국장도 김정은 정권이 핵무기로 "북한 관점의 재통일"을 추진하고 있다고 경고했다.
11 Paul Bracken, "Why a North Korean Hydrogen Bomb Could Be Asia's Next

지금의 한반도는 또한 1차 세계 대전을 촉발한 1900년대 초 발칸반도 상황에도 비유된다.[12] 특히 강대국 미·중·러 간 전략 게임의 대상이 되고 있다는 점이 주목할 부분이다. 북핵을 매개로 강대국 간 큰 거래가 이뤄질 수 있다는 의미다. 과거 열강 사이의 힘겨루기 전쟁에서 상대적으로 힘이 약한 약소국이 입은 참화를 잊어선 안 된다. 한반도 상황과 유사점이 있기 때문이다.

북한과 같이 1인 지배가 확립돼 있고 폐쇄·고립된 체제에서 문건을 통해 표명된 공식 이데올로기는 체제 목표를 이해하는데 중요한 근거가 된다. 북한의 최고 문건인 조선노동당 규약 전문은 "공화국 북반부에서 사회주의의 완전한 승리를 이룩"하는 것으로 체제의 1차적 목표를 설정하고 있으며, 더 나아가 최종 목표를 "온 사회의 주체사상화와 공산주의의 건설"에 두고 있다. 결국 궁극적으로 한반도의 공산화를 추구하고 있음이 분명하다.[13]

북한의 핵·미사일 개발 목적은 지금까지의 북한의 논조 및 주장과 구체적인 정책 실행, 그리고 탈북 고위 인사들의 발언 내용으로 볼 때, 앞서 언급한 바와 같이 단순히 협상용 또는 경제지원 획득용이 아니라 '체제 안전 및 보장'을 기하면서, 더 나아가 대남 군사우위를 확보하고 주한미군 철수를 실현함으로써, 한반도에서 무력통일을 성취하려는 것임이 분명해졌다.

김정은은 그동안 여러 차례에 걸쳐 "통일대전"을 언급했으며, 핵무장과 핵보유국 지위 달성 및 핵탑재 미사일 공격력 확보를 최우선 목표로 설정

Nightmare?" *The National Interest*, May 30, 2017.
12 상게서.
13 노동당 규약은 두 차례 수정 과정을 거쳤으며(2010년 9월 28일과 2012년 4월 11일), 2009년 개정 헌법에서는 "공산주의" 용어를 삭제하였다가 2016년 노동신문 사설에서 "하나는 전체를 위하여, 전체는 하나를 위하여, 공산주의 구호를 높이 들자" "공산주의 사상을 생명처럼 간직하자"며 공산주의 용어도 부활시켰다.

해 추진해왔다.[14] 2016년 망명한 태영호 前 주영 공사는 "1조 아닌, 10조 달러를 주어도 북한은 핵을 포기하지 않을 것"이라고 증언했다.[15] 푸틴 러시아 대통령도 "북한은 풀을 뜯어먹을지언정 (핵무기) 프로그램을 중단하진 않을 것"이라고 주장했다.[16] 북한 노동신문은 "우리의 핵무기는 조선반도의 평화와 조선 민족의 안전을 지켜내는 만능의 보검"이라고 주장했다.[17] 前 노동당 국제비서로 탈북 망명하여 수년전 별세한 황장엽은 북한 핵개발 목적에 관하여 남한 위협이 목적이며, (북한정권이) 전쟁 준비에 몰두하고 있다고 증언한 바 있다.

이제 북한의 핵무장과 미사일 공격력 확보는 체제 목표와 일치할 만큼 양보 불가의 원칙이 되고 있다. 북한 조선중앙통신은 2017년 6월 17일 "우리의 선택은 천만번 정당하다" 제목의 논평에서 "핵무력 강화 선택은 천만번 옳았다"고 주장했다.[18] 그리고 미국의 시리아 공습을 핵 개발 정당성에 활용하기도 했다. 이 신문은 "우리 군대와 인민은 날로 무모해지는 미국의 전쟁책동에 대처하여 자위적 핵억제력을 질량적으로 더욱 강화해나갈 것"이라고 주장했다. 북한은 또 2018년 1월 24일 발표한 '전체 조선민족에게 보내는 호소문'에서 핵무기를 "민족의 핵, 정의의 핵보검"이라고 자칭하며, "전민족적인 반미성전"을 선동했다.

핵·미사일 중심 군사전략 개발

---

14 홍관희, 「THAAD와 한반도」, (자유민주, 2016), pp. 76-81.
15 태영호 전 주영 북한대사관 공사는 2016년 12월 27일 정부서울청사에서 열린 통일부 출입기자단 간담회에서 "김정은이 있는 한 북한은 핵무기를 포기하지 않는다"고 밝혔다.
16 「동아일보」 2017.9.6.
17 「노동신문」과 「국민일보」(2015.9.19.).
18 조규희, "미국의 전쟁책동 대처하는 자위적 핵억제력 강화할 것," 「뉴스1」, 2017.6.17.

북한의 핵무장이 사실상 완성 단계에 진입하면서, 국내외 전문가들은 핵·미사일 공격력에 기초한 북한의 대남 군사전략 변화에 주목해왔다. 지금까지 두 개의 대비되는 북한 군사전략 논리가 존재하다. 하나는 '공세적 결전주의'이고, 다른 하나는 '수세적 제한주의'다.[19] 공세적 결전주의는 북한이 6·25 전쟁 도발과 같은 전면 무력공격의 연장선상에서 적화통일을 추구하고 있으며, 한국과의 전면전도 불사하고 있다는 판단에 근거를 두고 있다. 한편 '수세적 제한주의'는 북한이 체제 존립의 난관에 부딪쳐 '적화통일' 전략을 포기했으며, 군사전략이 '체제 생존'에 주안점을 두고 있다는 가정에서 출발한다.

북한 핵무장 이후 위의 두 논리는 각각 다음과 같은 핵사용 군사전략으로 발전되고 있다. 이를테면 전자는 핵무기를 앞세운 북한의 대담한 한반도 '전격전' 전략으로 발전하고 있으며, 후자는 북한이 핵무기를 활용하되, 철저히 계산된 '제한전' 전략을 구사한다는 내용으로 국한되고 있다.[20] 구체적으로 전자는 한반도 적화통일을 목표로 하면서, 1단계로 남한 내 유리한 환경 조성을 위해 반전(反戰) 여론을 촉발하며 한·미 동맹을 이간한 뒤, 남북 간 양자 대결을 유도하여 승리를 담보하려는 전략이다. 2단계에서 美 개입 이전에 대담한 전격전으로 한반도를 조기에 석권하고 무력통일을 기정사실화하는 전략이다.

한편 후자는 일거에 신속한 전격전을 전개하기보다는 점진적·단계적 제한전을 추구한다는 전략이다. 곧 추진 방식에 있어서, 평시에는 국지도발 또는 저(低)강도 분쟁을 통해 정치적 이익을 확보한 뒤 강압전략(coercive strategy)을 추구한다. 전시(戰時)에는 일부 지역을 점령한 후 신속한 정전 또는 종전을 달성한다는 '비대칭 제한전' 추구로 압축된다.

---

19 김태현, "북한의 공세적 군사전략: 지속과 변화," 「국방정책연구」 제33권 제1호·2017년 봄(통권 제115호) (국방연구원) 참조.
20 상게서.

그 주요 특징을 보면, 국지적 충돌 시 확전(擴戰)을 통제하여 임기응변으로 대응한다는 것이다. 그 사례로 NLL에서의 도발과 확전 통제가 대표적이다. 곧 선택과 집중으로 기습전략을 실시한 후 목표를 달성한 다음 상황을 통제하겠다는 것이다. 특히 북한은 핵·미사일 공격력을 통해 한반도에서 군사 주도권을 장악한 후 심리전을 전개해 유리한 고지를 견지해 나가겠다는 것으로 풀이된다.[21]

실제에 있어서 북한의 핵·미사일을 활용한 군사전략 의도는 상기(上記)한 양자 곧 전격전 전략과 제한전 전략이 종합된 것으로 볼 수 있다. 곧 핵·미사일 공격력을 토대로 공세적 목적과 수세적 용도를 배합하여 유연하게 활용하는 새로운 '핵 배합전략'으로 발전하고 있다.

특히 주목되는 것은 한반도 안보정세를 좌우하는 '게임 체인저(game changer)'가 되고자 하는 것이다. 곧 美 본토를 타격할 수 있는 핵·미사일 능력을 과시함으로써, 유사시 미국의 한국 지원을 차단시키고 한·미 간의 군사적 연결 고리를 끊으려는 전략적 의도이다.

이 외에도 북한은 핵·미사일 개발 이후 '핵중심'의 군사전략을 새롭게 수립해 오고 있다. 예컨대 2012년 「전시세칙 개정」, 2012년 미사일 지도국의 「전략로켓사령부」로 확대 재편, 2013년 3차 핵실험 이후 핵 중심 「전쟁수행체계」로의 재편, 2013년 「핵사용 교리」 신설, 2014년 육·해·공 외 제4군종 「전략군」 창설로 핵·미사일 지휘체계의 일원화, 2015년 공군의 「항공 및 반항공군」으로 개편 등이다.

결국 김정은이 군사전략을 핵무기 중심으로 급속히 전환하면서, 핵 능력에 맞게 군(軍) 조직을 개편하고 있다는 점이 주목할 만하다. 한반도에서 핵·미사일 공격력을 통해 군사주도권을 장악한 후, 무력통일을 달성하겠다는 야욕을 노골화하고 있는 셈이다.

---

21 상게서.

북한 핵·미사일 완성을 향한 두 개의 관문
– 핵탄두 소형화와 대기권 재진입

김정은 정권의 핵·미사일 올인 전략은 한·미 양국과 UN 그리고 국제사회의 지속적인 경고와 제재에도 불구하고 조금도 변하지 않고 있다. 헨리 쿠퍼(Henry F. Cooper) 前 미국 전략방위구상 국장은 – 물리학자 데이빗 올브라이트(Albright)의 말을 인용 – 북한이 현재 13~20개의 핵무기를 보유하고 있고, 매년 5개의 핵폭탄을 추가 제조해 나갈 수 있다고 진단했다.[22] 우리 국방부는 2017년 초 발간한 「국방백서」에서 북한이 5차 핵실험 이후 50여kg의 플루토늄을 확보해 약 8~12개의 핵무기를 보유하고 있는 것으로 파악했다.[23] 뿐만 아니라, 북한이 우라늄 농축 방법을 활용하면 앞으로 수년 내에 60개~100개까지 핵무기 제조가 가능하다는 분석도 나오고 있다.[24]

북한은 현재 대략 20~30개 정도의 핵무기를 보유한 것으로 평가되며, 2020년경에는 HEU핵폭탄을 포함해 최대 100개까지 보유할 것으로 예상된다. '핵탄두 소형화'와 미사일 '대기권 재진입(re-entry)'이 북한 핵·미사일 완성 여부를 판단하는 두 기준이다. 2017년 3월 북한은 "핵전투부(미사일 핵탄두 부분)훈련"을 했다고 주장했는데, '핵전투부'가 핵탄두를 의미한다. 이 발표 내용은 탄두소형화에 성공했다는 주장으로 평가되었다.[25]

---

22 WSJ, "North Korea Dreams of Turning Out the Lights" 2017.6.8.
23 국방부, 「2016 국방백서」, 2017.1.11.
24 미국 과학국제안보연구소(ISIS) 데이비드 올브라이트 소장은 2015년 3월 14일(현지 시간) "2020년 북한이 보유한 전체 핵무기의 60%가 고농축 우라늄(HEU)에 기반을 둔 핵폭탄이 될 것"이라고 전망했다. "북한이 2020년까지 최대 100개에 달하는 핵무기를 제조할 수 있다"고 주장했다.
25 조선중앙통신은 2017년 3월 7일 "이번 탄도로켓 발사훈련은 전략군 화성 포병들의 핵전투부 취급 질서와 신속한 작전 수행능력을 판정 검열하기 위하여 진행되였다"고 밝혔다.

북한 6차 핵실험의 군사·안보적 함의

북한이 2017년 9월 3일 낮 6차 핵실험을 감행했다. 실험 직후 북한은 「핵무기연구소」 성명을 통해 "ICBM 장착용 수소탄 시험에 완전 성공"했다고 주장했다. 그러나 수소탄 여부는 좀 더 지켜보아야 한다. 일부 전문가들은 수소폭탄 前 단계인 증폭핵분열탄일 수 있다고 분석했다. 9·3 핵실험의 지진 규모는 6.3(美 지질조사국)으로 추정되었고, 폭발력은 히로시마 핵폭탄의 8배인 120kt에 이르는 것으로 평가되었다.[26] 2016년 9월 실시된 5차 핵실험 때는 10kt이었다.

지금까지 북한 핵·미사일 개발의 완성도를 나타내는 지표로서 전문가들은 북한이 핵탄두 소형화에 성공한 것으로 평가하고 있으며, ICBM의 핵심 기술인 대기권 재진입 능력도 확보한 것으로 진단하고 있다. 다만, ICBM의 경우 정확한 목표 적중률을 향상시키는데 초점이 맞춰지고 있는 것으로 보인다. 로버트 수퍼 美 국방부 핵·미사일방어정책 부차관보는 2017년 6월 7일 상원 군사위 청문회에서 "최근 일련의 시험발사를 통해 (대기권) 재진입 능력에 있어 큰 진전을 이뤄냈다"고 경고했다.

김정은은 이미 2017년 1월 1일 신년사에서 "대륙간탄도미사일(ICBM) 시험 발사가 마감 단계"라고 주장한 바 있다. 노동신문은 "미국의 대조선 적대시정책의 총파산은 역사의 필연이다"라는 제목의 논설에서 "우리(북한)가 최근에 진행한 전략무기 시험들은 주체 조선이 대륙간탄도로켓(미사일)을 시험 발사할 시기가 결코 멀지 않았다는 것을 확증해 주었다"고 주장했다. 이어 한반도에서 뉴욕까지의 거리가 1만 400㎞ 정도임을 지적하며, "미국의 모든 곳은 우리의 타격권 내에 들어있다"고 위협했다.[27]

---

26 *CNN*, 2017.9.3.
27 2017.6.10.

북한은 러시아에서 은퇴한 미사일 분야 과학자들과 접촉해 대기권 재진입 기술을 도입한 것으로 알려졌다. 북한의 지속적인 ICBM 시험 발사는 대기권 재진입 기술을 최종 시험할 목적인 것으로 분석된다.

北 미사일 능력: 美 본토 겨냥 ICBM 완성 접근

탄도미사일은 핵탄두를 나르는 운반체이다. 핵 공격력을 확보하는데 필수 불가결한 무기 체계로 간주된다. 전문가들은 현재 북한이 남한을 겨냥하는 스커드 미사일에 핵탑재 능력을 완료한 것으로 판단하고 있다. 2017년 3월 6일 북한은 동시 다발 스커드-ER 미사일 발사에 성공했는데, 이는 북한이 지속적으로 스커드 미사일의 고도와 사거리를 확대해왔고 한반도를 목표로 한 공격력을 정교화시키고 있음을 보여주는 증거다. 북한의 스커드 미사일은 수도권을 겨냥하는 장거리포와 함께 대한민국에 매우 위협적인 무기로 평가되고 있다.

한편 중거리 미사일의 ①고각 발사 ②고체연료 ③이동발사대 능력을 북한이 확보함으로써, 한반도 동남부로 들어오는 미국 증원군을 저지하고, 동시에 주일미군 기지를 타격할 수 있게 된 것으로 평가된다. 논란의 대상이 된 바 있는 THAAD의 도입 필요성이 제기된 직접적인 계기가 바로 북한의 중거리 미사일 고각발사 성공이었다.

핵탄두 소형화에 북한이 성공한 것으로 평가된 후, 주된 관심은 북한의 ICBM 대기권 재진입(re-entry) 능력 여부에 초점이 집중되었다. 2017년 7월 4일 발사한 화성-14형 1호와 7월 28일 화성-14형 2호에 이어, 8월 29일 화성-12형과 11월 29일 화성-15형 ICBM이 성공적으로 발사됨으로써, 북한 ICBM에 "핵탄두 탑재가 가능하다"는 분석이 나오기 시작했다.[28]

---

28 이승헌, "北 화성-14형 미사일에 당장 핵탄두 탑재 가능," 「동아일보」 2017.7.8.

□ 2017년 7·4 ICBM 발사: 화성-14형 1호

2017년 7월 4일 '화성-14형 1호' 미사일은 고각발사돼 2,800km 고도를 날아 933km 정도를 비행했다. 정상 각도로 발사할 경우 알래스카에 도달 가능한 것으로 분석되어, 5,600km 이상 사거리를 가진 ICBM으로 평가됐다. 특히 대기권 재진입 시 7,000도 정도 견딜 수 있는 것으로 추정되었다. 이에 따라 美 전문가들은 북한이 사실상 대기권 재진입 능력을 확보한 것으로 진단했다.

북한의 도발 직후 백악관 고위전략회의에서는 '화성-14형 1호'가 "전에 보지 못한 신형 ICBM(5,600km 비행)" 미사일로 확인되었고, "제2의 쿠바 미사일 위기"로까지 우려하는 의견도 개진되었다. 트럼프 대통령은 "매우 나쁜 행동(very bad bahavior)"이라고 강력 비난하면서, "가혹한 보복(severe response)"을 다짐했다.[29] 美 월스트리트저널(WSJ)은 "북한 정권을 붕괴시켜야 한다"는 강경한 사설을 게재했다. 미국 정치권과 언론 모두에서 북한 핵·미사일 위협을 더 이상 인내할 수 없다는 경고의 목소리가 터져 나왔다.

□ 2017년 7·28 ICBM 발사: 화성-14형 2호

북한은 자강도(북한의 중북부 강계 일대) 무평리 일대에서 동해상으로 '화성-14형 2호' ICBM급 미사일을 재차 발사하였다. 2017년 7월 28일 저녁 11시 41분경이었다. '화성-14형 2호' 미사일은 고도 3,724km, 거리 998km를 비행하여 일본의 배타적 경제수역에 낙하하였다. 앞선 7·4 미사일에 비해 최고 고도가 90km 이상 높아지고 사거리가 대폭 증대되었다. 이에 따라, 정상 궤도로 비행했을 경우 사거리가 9천~1만km에 달해 시카고와

---
29 트럼프 대통령 폴란드 방문 기자회견, 2017.7.6.

뉴욕 등 美 동부 지역을 타격할 수 있을 것으로 평가되었다.

북한 조선중앙통신은 7·28 미사일 발사에 대해 '화성-14형 2차 시험발사'라고 공식 주장했다. 7월 4일 1차 시험발사 당시 중앙통신은 '탄소복합재료로 만든 대륙간탄도로켓 전투부 첨두의 열견딤 특성'과 '재돌입 전투부의 기술적 특성' 등을 검증하는 게 목적이라고 밝힌 바 있다. 이번에는 '최대 사거리'를 입증하는 데 초점을 맞췄을 뿐이라고 북한은 주장했다.

전문가들은 화성-14형과 같이 액체연료를 쓰는 미사일의 경우 연료량을 줄이거나 늘려 사거리를 조절할 수 있다고 지적한다. 따라서 대기권 재진입에 성공했다고 보기엔 시기상조라는 의견도 있다.[30] 7·4 시험발사에서는 약 900kg의 모의 탄두를 탑재했을 수 있지만, 이번에는 사거리를 늘리기 위해 500kg 수준으로 확 줄였을 수 있다는 것이다. 향후 ICBM에의 고체연료 적용 가능성에 관심이 모아지고 있다. 이제 북한의 핵·미사일 능력은 한반도 안보 지형을 근본적으로 변화시킬 수 있는, 명실공히 동북아의 '게임 체인저(game changer)'로 부상하고 있다고 국내외 언론이 일제히 보도했다.[31]

7·28 ICBM급 '화성-14형 2호'가 성공적으로 발사된 직후 김정은은 "전쟁억제력(핵·미사일)은 그 무엇으로도 되돌려 세울 수 없고 그 무엇과도 바꿀 수 없다"고 주장했다. 핵·미사일 개발이 불퇴전(不退轉)의 북한 체제 차원의 절대 고수 전략임을 압축한 발언이다. 조선중앙통신은 미사일 발사 목적을 "화성-14형의 최대사거리를 비롯한 무기체계의 전반적인 기술적 특성들을 최종 확증하기 위함"이라고 강조했다.[32]

주목할 것은 북한이 이보다 앞선 3월 18일, 신형 고출력 로켓 엔진의 지

---

30   장영근 한국항공대 교수. *VOA*. 2017.8.1.
31   「조선일보」 등 2017.7.31. 주요 언론 보도 참조.
32   정용수, "내 식대로 가겠다는 김정은…당분간 도발 계속할 듯," 「중앙일보」, 2017.7.31.

상 분출 시험에 성공했다고 자평하면서 이를 "3·16 혁명"이라 자칭한 점이다. 그리고 7월 4일 ICBM '화성-14형 1호' 발사를 "7·4 혁명," 7월 28일 '화성-14형 2호'를 "7·28 승리"라고 불렀다.[33] 김정은은 화성-14 2호 발사 경축연회(7.30)에 참석한 자리에서 "사회주의 조선을 축으로 새로운 세계정치 구도"를 강조했다. 북한 외무성 대변인은 "미국이 제재에 나서면 정의의 행동으로 대답하겠다"고 주장했다.

◻ 8·29 중거리 미사일(IRBM) 고각발사 성공과 THAAD 배치 문제

북한이 중거리 미사일을 고각(高角) 발사하여 사거리를 줄여 한반도를 겨냥하는데 성공한 것은 2014년이었다. 당시 한미연합군 사령관은 이에 대비하기 위한 THAAD 배치의 필요성을 제기했다.[34] 이후 북한은 지속적인 미사일 시험발사를 강행했으며, 특히 2017년 2월 12일 IRBM(중거리 탄도미사일) 시험 발사에 성공한 것이 큰 주목을 받았다. 그 특징이 고각발사, 고체연료, 이동발사대 구축이었기 때문이다.

이어 3월 18일에는 신형 고(高)출력 엔진을 사용하여 ICBM 성공에 한 발 다가서는 계기를 마련하였다.[35] 이어 5월 14일과 21일, 그리고 30일에 잇달아 다양한 종류의 미사일을 시험 발사하였는데, 14일 발사된 '화성-12(KN-17)'는 중장(中長)거리 미사일을 고각(高角)으로 발사하여 고도 2천km까지 치솟아 사거리 800km를 비행하는데 성공하였다.

북한은 2017년 8월 29일 화성-12형으로 판단되는 IRBM을 또다시 시험

---

33 「한국경제신문」, 2017.3.19. 또한 황인찬, "北, ICBM 1차발사 '7·4 혁명' 명명," 「동아일보」, 2017.8.1.
34 홍관희, "사드 소동과 安保 이상주의 위험성," 「문화일보」 (포럼), 2017.6.7.
35 김정은이 지켜보는 가운데 북한이 평북 동창리 서해위성발사장에서 대륙간탄도미사일(ICBM)에 쓰이는 신형 엔진의 연소 실험을 했다고 「조선중앙통신」 등 북한 관영 매체들이 보도함(2017.3.19.). 김정은은 이 자리에서 "엔진 의미, 세계가 곧 볼 것"이라고 주장함.

발사해 세계를 경악시켰다. 8·29 중거리 미사일은 정상 각도로 발사되어 최대 고도 550km까지 치솟아 사거리 2,700km를 비행하며 일본 상공을 통과해 홋카이도 동쪽에 낙하하였다. 특히 평양 순안 비행장 아스팔트 위에서 첫 발사에 성공함으로써 기동성을 한층 증대시켰다는 평가를 받았다.

북한이 중거리 미사일의 고각 발사에 성공하면서 새로운 문제를 야기시켰다. 곧 高폭발력을 가진 탄두를 고각발사를 통해 고속으로 낙하시킴으로써 요격고도 20~30km에 불과한 기존의 패트리엇 미사일로는 방어가 불가능하게 되었다. 이에 따라 요격고도 40~150km인 THAAD 배치의 필요성이 한미연합군 사령관에 의해 제기된 것이다. 현재는 THAAD 레이다와 발사대 2기만이 배치된 채 나머지 4기의 발사대는 국내 절차 문제로 배치가 유예되었다가 문재인 대통령의 특별 지시로 임시 배치되었다.[36]

한편 북한은 종래의 한반도 겨냥 스커드 미사일의 개량화에 나서, 발사 고도와 사거리를 대폭 확대하며 공격력을 정교화시킨 스커드-ER 미사일 시험 발사에 성공하였다.[37]

□ 11·29 ICBM 완성 접근

2017년 11월 29일 새벽 3시 17분 북한이 75일의 침묵 끝에 대륙간탄도미사일(ICBM) 도발을 강행했다. 하루 전인 28일 일본 산케이신문과 교도통신은 북한 내부에서 오가는 '텔레메트리(telemetry)' 원격 전파신호를 감지하고, 미사일 발사 실험을 예고해 정보 능력을 과시했다. 일본 軍당국이 이번 북한 ICBM 발사 탐지에 결정적 공헌을 했다는 평가가 나온다. 한·일

---

36   문재인 대통령은 2017년 7월 28일 북한의 ICBM 발사 성공 이후, 29일 새벽 국가안전보장회의를 열고 유예된 4기의 사드 발사대를 배치하도록 지시하였다.

37   2017년 3월 6일 북한이 평북 동창리 인근에서 동시다발적으로 발사한 탄도미사일 4발은 스커드-ER급(준중거리·최대사거리 1000km)로 밝혀졌다. 스커드 미사일 중심의 한반도 겨냥 탄도미사일 위협이 한층 업그레이드 되고 있음을 보여준다.

양국의 '안보 협력' 특히 군사정보교류 협정의 중요성을 상기시키는 대목이다. 일본 방위성 장관은 이번 미사일이 '다탄두'일 가능성을 제기했다.

이번 미사일은 개량형 화성-14형으로 판단되며 고체연료를 사용하고 이동발사대에서 발사되었다. 고각 발사되어 사상 최고도(最高度)인 4,500km까지 상승했고, 사거리도 960km에 이르러 일본 서해안 EEZ 內 210km 지점에 낙하했다. 고각 발사의 경우, 고도(高度)의 3배가 실제 사거리로 환산된다는 점에서, 이번 미사일이 정상 각도로 발사됐다면 13,000km 정도 비행했을 것으로 전문가들은 추정했다.

북한은 보도를 통해 미국을 타격할 수 있는 "국가 핵무력 완성"을 선포했다. 이번 미사일에 대해서도 신형인 '화성-15형'이라고 주장했다. 전문가들은 2단계 추진체에서 기술적 진보가 이뤄진 것으로 평가한다. 북한이 지난 9·15 IRBM(중거리탄도미사일) 발사 후 도발을 멈추었던 것은 엔진 기술 향상에 목적이 있었기 때문인 것으로 판단된다.

일부 전문가들은 트럼프 행정부의 테러지원국 재지정이나 JSA 귀순 사건, 또는 한·미 훈련에 대한 반발로 미사일 발사 동기를 분석하나, 이는 김정은의 전략 마인드를 피상적(皮相的)으로 본 것이다. 그보다는 '핵무력 완성'을 향한 북한정권 내부 계획에 따라, 단계별로 목표에 다가서는 시간표의 일환으로 보는 것이 정확할 것이다. 중국 매체들이 "테러지원국 재지정 뒤 북한이 도발했다"면서 미국에 책임을 돌린 것은 문제의 본말(本末)을 전도한 것이다.

□ 11·29 미사일 발사 후 美의 군사옵션 선택 가능성 높아져

11·29 화성 15형 미사일 발사로 김정은의 '핵 포기 의사'가 전혀 없음이 다시 한 번 판명되었다. 한국 정부는 29일 새벽 6시 국가안전보장회의(NSC)를 소집해 북한의 도발을 규탄하고 대응책을 논의하는 한편 韓美-

韓日 정상 간 통화를 통해 북핵에 대한 "강한 제재와 압박"을 다짐했다. 우리 軍은 북한의 미사일 발사 6분 만에 육해공에서 가상(假想) 도발원점을 겨냥한 정밀 타격훈련을 실시했다.

트럼프 대통령은 이번 북한 미사일 도발에 대해 "우리가 처리하겠다(handle, take care of)"는 의지를 밝혔다. 트럼프 대통령의 대응이 前과 달리 비교적 차분하면서도 결단의 의지가 엿보이는 점이 눈길을 끌었다. 문재인 대통령은 트럼프 대통령과의 통화 후 "미국의 선제타격을 염두에 두는 상황을 막아야 한다"고 발언해 미·북 간 군사충돌을 우려하는 태도를 보인 것으로 알려졌다.

트럼프 행정부는 그동안 북한의 핵·미사일 도발이 중단되지 않을 것임을 인지하고, 군사옵션을 포함하는 모든 대안을 강구해왔다. 제임스 매티스 국방장관은 한국에 피해가 가지 않는 군사옵션이 있다는 발언도 했다. 2017년 11월 초 아시아 순방 때는 트럼프·아베 미·일 정상회담에서 한반도 유사시 미국의 군사행동에 관한 논의를 한 것으로 알려졌다. 트럼프와 아베가 기자회견에서 구체적 언급은 피했으나, 실제로 미국의 군사행동에 대한 논의가 있었다고 한다.[38] 허버트 맥마스터 국가안보보좌관은 아시아 순방에 앞서 "군사적 노력 가능성에 대해 대화하지 않는 것은 무책임하다. 그 문제가 의제가 될 것"(11.3)이라고 언급한 바 있다.

이후 동해와 서해에서 북한을 해상봉쇄(naval blockade)하는 방안이 美 조야에서 유력하게 거론되기 시작했다. 린지 그레이엄(Lindsey Graham) 상원의원은 11·29 북한의 미사일 도발 직후 "상황이 바뀌지 않으면 우리는 북한과의 전쟁으로 간다"고 경고하고, "전쟁을 원하지 않지만, (북한의 미국 본토 타격 능력을 막기 위해) 전쟁을 해야 한다면, 전쟁을 할 것(We will

---

38 「일본경제신문」, 2017.11.7.

go to war if we have to)"라고 강조했다.³⁹ 북한 핵·미사일 시설에 대한 원점 타격을 주장하는 미국 내 목소리도 점점 커졌다.

아시아 순방 직후 중국의 우유부단한 대북전략을 목도한 트럼프 대통령은 즉각 북한에 대한 테러지원국 재지정을 결행했다. 그동안 북한에 대한 대화와 압박 양면 전략을 구사하며 북한의 의중을 떠보던 트럼프 행정부가 이번에 김정은의 가라앉지 않는 도발 의지를 재확인했기 때문에, 군사적 결단에 가까워지기 시작했다.

김정은이 75일 동안 잠잠했기에 핵·미사일 보다는 경제·민생·대화 쪽으로 선회하는 것 아닌가 하는 일말의 기대도 있었지만 국제사회의 물정을 전혀 모르는 '우물 안 개구리' 김정은의 핵·미사일 마이웨이가 그 기대를 무산시켰다. 무릇 '경직된 자는 부러진다'는 경구처럼, 김정은의 마이웨이식 핵·미사일 올인 전략이 그 자신과 북한 체제의 자멸(自滅)을 재촉하고 있다 해도 과언이 아니다.

□ 2018년 2·8 건군절 무력 시위

북한은 2018년 건군절을 원래 4월 25일에서 올림픽 전야인 2월 8일로 갑자기 옮겨 치루었다. 그리고 건군절 행사에서 미국을 겨냥하는 무력시위에 집중한 것으로 나타났다. 남한을 겨냥한 스커드와 노동미사일을 등장시키지 않는 대신, 주한미군과 주일미군, 괌, 美 본토 등 미군과 미국을 겨냥한 탄도미사일을 집중 등장시켰다.

특히 최대 사거리 280km 이상인 신형 단거리 미사일이 주목받았는데, 이는 러시아의 SS-26 '이스칸데르' 미사일과 흡사했다. 평택·오산·왜관의 미군기지까지 타격권 안에 둘 수 있고 미군의 요격 미사일을 피할 수 있을 것이란 분석이 나왔다.

---

39   *CNN*, 2017.11.28.

이 날 등장한 북극성-2형 준중거리 탄도미사일의 최대 사거리는 2000~2500km이다. 화성-12형의 최대 사거리는 5000~5500km로 괌을 타격할 수 있다. 화성-14형은 최대 사거리 1만 km로 美 서부지역을, 화성-15형은 최대 사거리가 13,000km로서 동부지역을 포함하는 美 전역을 사정권 안에 둔다.[40]

핵·미사일 개발 비용

현재 북한 경제는 국제사회의 대북제재와 지속적인 미사일 발사 실험에도 불구하고, 장마당(시장)의 활성화에 힘입은 주민 경제 향상으로 최근 호조를 보이고 있다. 북한 GDP는 2016년 3.9% 증가한 것으로 나타났다.[41] 북한 장마당 수는 2000년대 들어 급증, 2016년 436개에 달하는 것으로 조사됐으며, 골목 시장까지 합치면 800여개에 이른다고 한다.[42]

장마당 수의 증가는 주민들의 생활 안정에 긍정적인 효과를 가져오고 있다는 평가도 나온다. 전면적인 개혁·개방은 원치 않지만 북한 주민들의 민생을 확보하기 위해 제한적이고 부분적인 시장경제를 허용하면서, 세수 증대의 편익도 도모하고 있다는 것이다.

국가정보원은 "통계상으론 북한에 원유가 안 들어가는 것으로 돼 있는데 북한의 산업이 돌아가는 것은 중국이 대북제재에 동참하지 않고 있기 때문"이라고 분석하고, 미사일 관련 부품 등의 북한 유입을 막기 위한 정밀한 제재의 필요성을 제기했다.[43]

---

40 유용원, 「조선일보」, 2018.2.10.
41 *CNN*, 2017.7.31.
42 최종석, "2000년 이후 살짝 밝아진 북한의 밤…경제 좋아졌나," 「조선일보」, 2017.8.1.
43 박성훈, "국정원 '중국, 제재 비협조…북 미사일 계속 쏴도 경제 호황,'" 「중앙일보」, 2017.8.1.

한편, 김정은이 집권 이후 5년간 핵·미사일 개발에 사용된 비용은 약 3억 달러(약 3,354억 원)에 달하는 것으로 추정됐다.[44] 과학계에선 화성-14형 비용을 엔진 개발비 등 총 개발비와 미사일 자체 가격 등을 합해 대략 5,000억 원으로 추산했다. 평양 거래 옥수수 가격이 1kg에 2,080원임을 감안하면, 화성-14형 미사일 발사 비용은 옥수수 약 24만t을 살 수 있는 거액이다.[45]

---

44 국가안보전략연구원이 2016년 말 발간한 「김정은 집권 5년 실정 백서」 참조.
45 손효주, "北미사일 개발에 5000억…옥수수 24만t 살 돈 날려," 「동아일보」, 2017.8.1.

북한 핵·미사일의 새로운 위협 핵EMP탄과 수소폭탄 개발

핵EMP탄의 특징과 북한의 핵EMP탄 능력 평가 – "미국에 대한 실존하는 위협"

핵·미사일 공격력 향상을 넘어서서 북한이 '핵EMP (Electro-Magnetic Pulse)탄' 능력을 보유하고 있으며, 더 나아가 수소폭탄까지 개발하고 있다는 경고의 목소리가 잇달아 나오고 있다.

핵EMP탄은 핵폭탄을 공중에 폭발시켜 강력한 전자기장(電磁氣場)을 발산시킴으로써, 주변 수백 km에 이르기까지 전기·전자 장비에 이상(異狀)을 야기시키는 무기이다. 이에 따라 교통신호 비정상 작동, 라디오 방송 중단, 통신망 두절, 전력 회로 차단 등의 현상이 수반된다. 핵EMP탄은 지상에서보다 고도 30~수백km에서 폭발할 때 피해가 크다고 한다.

핵EMP탄의 위험성에 대한 경고는 일찍이 2000년대 초 미국에서 나왔다. 2001년 美 의회는 '미국에 대한 핵EMP탄 위협 평가 위원회(The Commission to Assess the Threat to the US from EMP)'를 발족시킨 바 있다. 이 위원회의 연구 결과, 핵EMP탄 공격 시, 지상에 대한 직접적 피해보다는 전기를 사용하는 인프라 시설을 작동 불가능하게 만드는 것이 핵심 문제로 지적되었다.

이 위원회의 그래함(William R. Graham) 위원장은 최근 '38 North'에 기고한 논평에서 과거 러시아의 '핵EMP탄(super-EMP nuclear weapon)' 계획이 북한에 전수되었다는 사실을 러시아 장성 2명으로부터 전해 들었다고 증언했다.[46]

러시아 장성들에 따르면, 당시 북한으로의 '두뇌 유출(brain drain)'로 인해 러시아 과학자가 북한의 핵·미사일 프로그램을 돕게 되었고, 그 결과 북한은 이미 당시에 핵EMP탄 보유를 불과 수년 남겨두고 있었다고 한다. 2013년 중국 군사전문가는 북한이 핵EMP탄을 보유하고 있다고 평가했다.

美의 前 CIA 국장 "북한 핵EMP탄으로 미국인 90% 사망 가능" 경고

美 중앙정보국(CIA) 제임스 울시(James Woolsey) 前 국장은 주류 언론과 몇몇 관리들이 북한의 핵·미사일에 의한 미국 타격 능력을 의심하여, 북한이 아직 '핵탄두 소형화'와 '대기권 재진입' 능력을 구비하지 못했다는 잘못된 평가를 미국 국민들에게 전하고 있다고 비판했다.[47]

울시 국장은 북한처럼 꾸준히 핵무기와 장거리 미사일을 개발해 온 나라는 비교적 쉽게 핵탄두 소형화와 대기권 재진입 기술을 확보할 수 있다고 강조했다. 설사 북한이 아직 위 두 가지 조건을 충족시키지 못했다 해도, 김정은은 가짜 성조기를 단 화물선에 핵폭탄을 감춰 공격해 올 수도 있고, 북한과 동맹 관계인 테러국가들을 이용해 9·11식 자살 핵폭탄 공격을 가할 수 있다고 울시는 우려했다.

2차 대전 말 히로시마에 투하된 원자폭탄은 10kt 규모로 20만 명의 인

---

46 William R. Graham, "North Korea Nuclear EMP Attack: An Existential Threat(북한의 핵EMP탄 공격: 실존하는 위협)," *38 North*, 2017.6.2.
47 의회 전문지 더 힐(The Hill)에 기고한 "북한이 어떻게 미국인 90%를 죽일 수 있나?(How North Korea could kill 90 percent of Americans)" 2017.3.29.

명 피해를 가져왔다. 북한은 지금까지 20~30kt 규모의 핵실험을 실시해 왔다. 美 국방부는 2016년 1월 6일 북한이 수소폭탄 요소가 포함된 핵실험을 했을 가능성을 제기한다. 수소폭탄은 핵폭탄보다 훨씬 강력하며 뉴욕과 같은 대도시에 터질 경우 수백만의 희생자가 나올 수 있다.

울시 국장은 수소폭탄 요소가 포함된 핵실험을 강행하는 북한이 핵탄두 소형화와 대기권 재진입 기술을 확보하지 못했다는 가설은 어불성설이라고 주장한다. 울시 국장은 상기 의회 EMP위원회 보고를 인용하여 북한이 한 발의 핵EMP탄을 미국 상공에 터뜨릴 경우, 미국 국민 90%가 기아(饑餓)와 사회기능의 마비로 사망할 수 있음을 상기시켰다.

울시 국장은 북한의 핵EMP탄 공격으로부터 미국 국민을 보호하기 위해 모든 방책을 강구할 것을 촉구하면서, 구체적으로 미사일방어 확대 강화와 과거 레이건 대통령의 전략적방어구상(SDI, Strategic Defense Initiative) 부활을 역설했다. 우주에서 미사일을 방어하는 전략이 북한 핵·미사일을 무용지물로 만들 수 있다는 것을 근거로 내세웠다.

2017년 봄 북한의 미사일 공중 폭발은 '핵EMP탄 예행연습'(?)

헨리 쿠퍼(Henry F. Cooper) 前 전략방위구상 국장은 김정은이 핵무기 중 하나를 서울 상공 60~70km 상공에서 터뜨릴 경우, 남한의 전력회로(electric power grid)에 치명적 손상을 입혀 상당 기간 전기를 마비시킴으로써 심각한 결과를 가져올 수 있다고 경고했다. 또 북한의 한국에 대한 핵EMP탄 공격은 향후 한반도 전쟁 시 미군의 한국 지원 역량을 결정적으로 방해할 것으로 전망했다.

한편 상기 언급한 美 의회 EMP위원회 실무 책임자인 프라이(Peter Vincent Pry)는 2017년 봄 북한이 잇달아 시험 발사한 중거리 미사일 중

일부가 발사 후 상공에서 공중 폭발한 것은 사실상 60~70km 상공에서 EMP탄 폭발 실험을 했기 때문인 것으로 분석했다. 한때 실패한 것으로 추정됐던 북한 미사일 공중 폭발이 핵EMP탄의 '예행 연습'이었다는 것이다.

북한이 상기 예행 연습(?) 때처럼 10~20kt의 핵탄두를 60~70km 상공에서 폭발시킬 경우, 지상 수백 km 넓이에 걸쳐 EMP탄 효과가 나타나 치명적 전기 마비 상태를 가져올 수 있다고 쿠퍼는 지적했다. 과거 핵EMP탄 효과를 내기 위해선 수백 kt의 핵탄두가 필요하다는 통념이 무너지기 시작했다는 것이다.

김정은, 핵탑재 미사일 공격보다 핵EMP탄 공격을 선호할 수도

쿠퍼 국장의 분석에 의하면, 아직도 북한의 핵EMP탄 공격 가능성을 낮게 보는 전문가도 있으나, 김정은의 입장에서는 직접적인 핵탑재 미사일 공격보다 EMP탄 공격이 더 효과적이라고 판단할 수 있는 근거가 몇 가지 있다고 한다. 우선 핵탑재 미사일 공격의 적중률 문제를 염려할 필요가 없다는 점이다. EMP탄을 공중에서 폭발시키면, 목표 지점 주변의 광범한 지역을 쉽게 무질서 상태로 만들 수 있기 때문이다. 아울러, 탄도 미사일의 대기권 재진입 기술이 없어도-특히 미국에 대해-공격이 가능하다는 점이다.

북한 핵·미사일 위협에 대해 종래 생각해왔던 것과는 달리, 미국에 대한 북한의 EMP탄 공격 가설이 결코 무리한 진단이 아니라는 것이 쿠퍼 국장의 분석이다. 위 언급한 그래함 위원장은 '38 노스(North)'에 기고한 글에서, "북한은 단거리 미사일을 화물선과 잠수함에서 발사하거나 풍선 기구 등을 이용하여 핵 탄두를 30km 상공에 띄워 EMP탄 공격을 감행할 수 있다… 또 지구 궤도를 돌고 있는 북한 인공위성을 이용해 EMP탄 공격을 감행할 수도 있다"고 지적했다. 현재 북한의 인공위성 2개 곧 광명성 3호와 4호가 지구를 돌고 있다.

전문가들의 분석을 종합해볼 때, 북한의 핵EMP탄 공격이 가상이 아닌, 현실적 위협으로 부상하고 있다. 한·미 양국은 효과적인 탄도 미사일 방어망을 구축하면서, 북한의 EMP탄 공격에 대비해 가능한 빨리 전력망 강화에 나서야 한다. 한·미 양국의 예상보다 더 빨리 북한의 핵EMP탄 공격의 순간이 도래할 수 있기 때문이다.

미국의 前 대통령 후보였고 하원 의장을 지낸 깅 리치(Newt Gingrich)는 북한의 핵EMP탄이 이미 무기화(weaponize)되어 미국을 공격할 수 있다고 우려했다.[48] 특히 그는 5월 30일 북한이 2017년 들어 9번째로 시험 발사한 탄도 미사일을 목격한 후, 북한의 핵EMP탄 공격이 가져올 피해를 강력히 경고했는데, 구체적으로 전기 작동 불능으로 인한 "냉장고 작동 마비, 병원 치료 중단 사태, 수도 시설 마비 등" 일상생활에서 일어날 수 있는 재앙을 적시한 것이 눈에 띤다.

깅 리치는 북한의 핵EMP탄 위협에 대해, 북한이 핵·미사일 능력만큼 어렵지 않게 공격력을 확보할 수 있으므로, 미국 연방정부와 주정부가 긴밀히 협조하여 북한의 EMP 공격으로부터 미국의 전력회로를 보호하기 위한 특단의 대책을 세워야 한다고 역설했다.

한국 국방과학기술연구소(ADD), '비핵 EMP탄' 시험개발 완료

우리 국방과학기술연구소(ADD)가 강력한 전자기파를 방출해 반경 1㎞ 내 적(敵) 전자 기기를 무력화시키는 '비핵(非核) 전자기 EMP(NNEMP,

---

48 *Fox News*, 2017.6.3.

Non-Nuclear EMP)탄' 시험 개발을 완료했다는 소식이다.[49] ADD는 2009년 초보적인 단계인 유효반경 100m 비핵 EMP탄 시험개발에 성공한 후, 이번에 유효 반경을 1km까지 넓힌 비핵 EMP탄 시험 개발에 성공한 것이다. 비핵 EMP탄은 전자기파를 기계적으로 방출하는 장치를 내장한 폭탄으로 우라늄 등 핵물질이 아닌 화약을 기반으로 하고 있다. 반면 북한이 개발 중인 EMP탄은 핵 폭발 시 방출되는 강력한 전자기파를 이용하는 핵EMP(NEMP)탄이다.

북한의 수소폭탄(H-Bomb) 개발과 군사적 함의

북한이 수소폭탄 요소를 포함하는 핵실험을 이미 단행하였다는 사실은 앞서 언급하였다. 수소폭탄 개발은 현재 북한 핵무장 과정에서의 주요 관심사인 핵탄두 소형화와 대기권 재진입 문제를 훨씬 뛰어넘는 문제다. 북한의 수소탄 개발은 북한의 핵·미사일 무장 능력을 완벽하게 만들 것이 확실시된다. 미국 안보 분석가들은 북한의 수소폭탄 개발이 아시아 안보정세에 치명적 영향을 줄 것으로 우려한다. 예일대 교수인 브래컨(Paul Bracken)은 북한의 수소폭탄 보유가 갖는 군사적 함의에 유의하고 있다.[50]

수소폭탄은 일반적으로 제조과정이 매우 복잡하며, 그만큼 중요한 기술적 성과가 먼저 확보돼야 한다. 미국의 경우, 히로시마 핵투하 이후 7년 만에 수소폭탄을 보유하게 됐고 최고 수준의 과학자들의 기여가 있었다. 중국의 경우에도 1964년 첫 핵실험 이후 3년 만에 수소폭탄 하나를 제조하는데 성공했다. 만약 북한이 수소폭탄을 보유하게 될 경우, 이는 북한

---

49 정충신, "韓 '北의 실전단계 核EMP탄'에 맞대응," 「문화일보」, 2018.1.3. 기품원은 2016년말 발간한 「4차 산업혁명과 연계한 미래국방기술」에서 관련 내용을 상세히 공개했다.
50 "북한의 수소폭탄 보유, 아시아의 악몽(Why a North Korean Hydrogen Bomb Could Be Asia's Next Nightmare)" 제하의 칼럼. *National Interests*, 2017.5.30.

이 이미 수소탄을 보유한 유엔 안보리 상임이사국 5개국과 NPT 체제하에서 핵보유를 사실상 공인받은 몇몇 국가들을 제외한, 유일한 수소탄 보유국이 됨을 의미한다.

군사적 함의 측면에서, 북한의 수소폭탄 보유가 현실화될 경우 대북제재가 매우 어려워질 것으로 예상된다. 현재 보유한 것으로 추정되는 20~30개의 핵분열탄 외 소수의 수소탄을 북한이 갖게 될 경우, 한·미 중심의 대북 제재는 자신감을 갖게 된 북한의 강경대응으로 효과를 보기 어렵고 무엇보다도 한반도 긴장은 훨씬 고조될 것이 분명하다. 미국 주도의 선제타격의 성공 가능성이 훨씬 낮아지리라는 것 역시 의문의 여지가 없다.

북한의 가공할 핵·미사일 및 수소폭탄 보유는 대남 위협뿐 아니라, 북한 내 대량살상무기에 대한 통제권 사고(事故)나 아군 의도에 대한 오인식(誤認識)으로 인한 오발 사고 및 주변국 곧 한국·일본·중국 등에 대한 극심한 환경오염 문제도 일으킬 수 있다.

생물·화학무기·방사포·핵전략군·사이버

최근 시리아 정권은 자국민에게 화학무기를 사용해 대규모 인명살상을 입혔다. 트럼프 행정부가 이에 대해 토마호크 미사일을 발사해 무력 응징을 행사한 바 있다. 북한은 시리아와는 비교가 안 될 만큼의 대규모 군대와 대량살상무기(WMD) 및 비대칭 전력을 보유하고 있다. 북한은 5천t의 생물·화학무기를 보유하여 세계 3위를 마크한다. 「생물무기금지협약(Biological Weapons Convention, BWC)」에는 가입하였으나, 실제 회의는 참가하지 않고 있다. 「화학무기금지협정(Chemical Weapons Convention, CWC)」에는 가입조차 하지 않고 있다. 이복형 김정남을 쿠알라룸푸르에서 살해할 때도 화학무기로 간주되는 '극독물(VX)'을 사용했다.

최근 북한이 탄저균(anthrax) 등 치명적인 생물 무기를 실용화했을 가능성이 제기되었다. 판문점 JSA(공동경비구역) 탈북 병사 吳청성의 신체에서 탄저균 항체(抗體)가 검출되었기 때문이다. 분석가들은 북한군(軍)이 대남 생물무기 사용 준비 차원에서 담당 병사들에게 백신을 이미 투여했을 가능성을 제기한다. 前 한미연합사령관 라포테(Leon J. Laporte) 장군은 북한의 장사포 중 3분의 1이 생화학무기 곧 세균 포탄을 발사할 수 있다고 경고한 바 있다. 또 북한 특수부대가 드론을 이용해 청와대에 세균탄을 투하할 수 있다고도 증언한 바 있다.

북한이 수도권 북쪽에 배치한 장사정포는 300여 문에 이른다는 것이 국방부의 분석이다. 북한의 장사정포란 구경 170㎜ 자주포와 240㎜ 방사포가 주력이다. '방사포'는 로켓포 6~24개를 다발로 엮어놓은 것으로 북한식 표현이다. 한국군에선 '다연장포'라고 부른다. 북한이 최근 한층 업그레이드된 300㎜ 방사포(다연장로켓)에 영상유도장치인 '감시경과 프로그램'을 장착해 정밀타격 능력을 갖추고 실전 배치한 것으로 확인되었다.[51]

300㎜ 방사포는 사정거리가 200㎞ 까지 늘어나는 미사일급 무기다. 북한 매체들은 김정은이 "명중성이 바늘귀를 꿰듯 정확한 데 대해 만족했다"고 말한 것으로 보도했다.[52] 300㎜ 방사포의 사거리는 수도권을 포함하여, 육해공군 본부가 있는 계룡대 지역까지 도달할 수 있다. 방사포는 고도가 낮게 동시에 여러 발이 날아오기 때문에 미사일과 달리 요격이 어

---

51 군 당국이 입수한 노동당 군수공업부 '극비' 문건에 이러한 내용이 포함되었다고 한다. 정용수·이철재 기자, 「중앙일보」, 2017.6.21.
52 상게서. 김정은 2017년 3월 1일 군수공업부 간부들과 회의를 하면서 "방사포탄에 감시경과 프로그램(영상유도장치)을 도입해 남조선 전역의 1만 개 주요 대상을 방사포만으로도 타격할 수 있는 준비가 완료된 것은 대단한 일이다. 조국 통일은 문제가 없다"고 말했다. 노동당 군수공업부는 북한군 무기의 개발 및 운영과 관련한 정책을 세우고 집행하는 부서다. 문건의 제목은 '경애하는 최고령도자 김정은 동지께서 주신 지시집행에서 제기되고 있는 문제들을 대책하여 줄 데 대하여'였다.

려운 것이 특징이다. 북한이 최근 개발한 300㎜ 방사포는 화력이 뛰어나지만 다행히 그 숫자가 많지 않다고 한다.[53] 그러므로 포격 개시 전에 탐지하고 선제타격해야 한다. 포대의 발사대를 제거하기 위한 '킬체인' 구축이 시급해지는 배경이다.

국방부가 발간한 「2016 국방백서」는 북한군 병력을 2년 전보다 8만명 증가한 128만명 정도로 파악했다. 주목되는 것은 1만 명 규모로 편성된 '핵전략군' 부대다. 이 부대는 중국의 '로켓군'처럼 핵·미사일 전력을 중점 운용하는 임무를 띠고 있다. 백서는 또한 북한이 핵탑재가 가능한 스커드(사거리 300~500km)와 ER 미사일(사거리 800~1,000km)을 실전배치했다고 밝혔다.

한편 북한의 사이버전(戰) 능력은 美 태평양사령부를 마비시킬 정도인 것으로 평가됐다.[54] 북한은 또한 경제력 대비 최대 군사비(GDP의 23%)를 사용하는 것으로 파악됐다.[55] 한국의 GNP 대비 군사비 비율은 2.6%다. 달러로 환산된 북한 국방비는 35억 달러로 301억 달러인 한국의 약 8분의 1에 달한다. 한편 美 국방비는 7천여억 달러로 全 세계 국방비의 43%에 해당하는 것으로 집계됐다.

远 김정남 암살 – 절정에 이른 김정은 공포정치

2011년 말 세습 집권 이후 6년 동안 김정은은 집권 초기 국내외에서 제기된 정권 불안정 전망을 불식하고, 잔혹한 공포정치를 통해 정치적 안정을 구축해왔다. 비록 과격하고 잔인무도한 폭압과 숙청이 권력 엘리트와 일반 주민의 이반(離反)을 초래하고 있어 중장기적으로 불안요소가 심화되고 있

---

53 김민석, "미국의 대북 선제타격 시 한반도 가상 시나리오." 「중앙일보」, (김민석의 Mr. 밀리터리), 2017.7.14.
54 국방기술품질원의 2016년 말 보고서 참조.
55 美 국무부 「2016 세계군사비지출 보고서」 참조.

음도 사실이나, 단기적으로 '칼날 위의 안정'을 이뤄내고 있음은 분명하다.

2017년 2월 13일 발생한 이복형 김정남 암살은 김정은 공포정치의 절정이다. 특히 해외에까지 미치는 김정은의 잔인한 숙청은 이제 국외 테러 형태로 발전하고 있다. 국내 탈북 요인(要人)뿐만 아니라, 남한 주요 인사에 대한 암살 및 위해(危害) 가능성도 배제할 수 없는 배경이다. 우리 보안 당국의 철저한 대비가 요망된다.

6차 핵실험에 이르는 북한의 핵·미사일 위협의 실체를 파악하고 이에 면밀히 대응해야 할 것이다. 국제사회와의 제재 공조로 북한을 압박하면서, 북핵 문제의 근원적 해결을 위한 '레짐 체인지(regime change)'까지 검토해야 한다. 그러나 대북 정책을 둘러싼 정치적 혼돈은 우리의 외교·안보 역량을 크게 위축시키고 있다.

문재인 정부의 남북공조 독주로 코리아 패싱이 일반화되는 가운데, 어느 때보다도 강력하고 긴밀한 미·일 동맹이 구축되고 있다. 미·일 결속이 주는 메시지는 북핵·미사일의 절대 불용과 대(對)중국 공동전선의 구축이다. 상기 분석한 바와 같이, 중국의 군사팽창과 북한의 핵·미사일 공격력 증강은 동북아 안보와 평화에 대한 최대 위협 요인이다. 미·일 양국이 이에 대한 대비를 강화하는 상황에서, 한국이 이데올로기적 내분에 휩싸여 한·미·일 3국 안보공조 체제에 적극 참여하지 못하면, 국가안보는 실로 위태로워진다.

북한의 올림픽 참가
비핵화 거부하며 민족공조 선동

'韓·美 훈련 중단' 발상(發想)이 부당하고 위험한 이유

　평창 동계올림픽을 "평화 올림픽"으로 성공시켜야겠다는 강박관념에서, 문재인 정부가 한·미 군사훈련을 연기 조치했다. 북한의 위협과 도발을 두려워한 나머지, 우리의 방위 훈련을 중단한다는 것은 그야말로 국가안보를 극한 위기에 빠트릴 수 있는 위험한 평화 놀음이다.

　한·미 훈련 중단 발상이 전적으로 부당한 이유는 다음과 같다. 첫째, 우리가 한·미 훈련을 중단한다고 해서 핵·미사일 개발을 멈출 북한 정권이 아니기 때문이다. 자칫 우리만 무장해제하고 북한의 핵개발을 방치하는 어리석고 위험한 일방적 조치로 끝날 가능성이 매우 높다.

　둘째, 평창 올림픽을 안전하고 평화롭게 치르려면, 한·미 군사훈련 등의 안보조치를 더욱 강화해야 한다. 예컨대 프랑스 같은 일부 국가들이 북한의 위협으로 안전을 확신할 수 없다며 평창올림픽 불참 가능성을 거론한 바 있는데, 미국의 첨단 전략자산이 포함된 철저한 한·미 훈련과 내부 對테러 치안 강화가 오히려 그들 나라의 참여 의지를 높인다. 반대로 북한을 자극하지 않기 위해 훈련 강도를 낮추거나 중단한다면, 오히려 이들 나라들의 불참 의사를 촉진시킬 것이다.

셋째, 미국에 또다시 한·미 훈련 중단을 요구한다면, 미국의 한·미 동맹에 대한 신뢰를 현격히 떨어뜨릴 것이 확실하다. 자국을 지키려는 확고한 방어 의지조차 없는 국가와 국민을 우방인들 도와주려는 마음이 내키지 않을 것은 너무나 분명하다.

북한의 핵·미사일 불포기 의사가 다시 한 번 뚜렷이 입증된 상황에서, 북핵 위협 당사자인 한국이 代案도 없이 "평화!"만 외친다면, 미국은 미·일 동맹을 중심으로 대북 대응에 나설 것이 확실시된다. 우리가 美 주도의 모든 옵션에 참가할 때, 북핵도 막을 수 있고 대한민국의 안전과 한반도 평화도 성취할 수 있다.

'평화'를 구실로 미국과의 동맹 균열을 방치(放置)하려는 분위기가 집권세력 내에서 감지된다. 이는 결국 심각한 '코리아 패싱'을 자초함은 물론 대한민국을 북한의 핵·미사일 위협에 노출시키게 될 것이다. 더 나아가 동북아의 외톨이가 되어 중국과 러시아의 압박에 속수무책으로 굴욕을 당하는 참담한 사태가 올 수 있다.

國家안보와 韓·美 동맹 위협하는 北의 '민족공조' 선동
– 2018·1·9 南北고위급회담 평가

2018년 1월 9일 2년여 만에 열린 남북고위급회담이 3개항의 공동보도문을 채택하고 폐회됐다. 그 주요 내용은 ①평창 올림픽에 북한 대표단과 선수단 파견 ②남북 군사당국자 회담 개최 ③(지금까지의) 남북 선언 존중 및 '민족' 중심 한반도 문제 해결 등이다.

새벽부터 눈이 내려 비교적 차가운 날씨 속에 개최된 이번 고위급 회담은 전례 없는 우호적 분위기 속에 순조롭게 진행됐고 합의도 신속하게 이뤄졌다. 그러나 회담 과정과 합의 내용을 면밀히 들여다보면 적지 않은 문제점이 발견된다. 특히 대한민국 국가안보와 한·미 동맹에 악영향을 줄 수 있는 위험 요소들이 대거 포함돼 있다.

첫째, 평창 올림픽 개·폐막식에 남북이 정체(正體)가 불분명한 한반도기(旗)를 들고 공동 입장하기로 한 점이다. 비록 여러 차례 한반도기 공동 입장 선례가 있다고는 하나, 올림픽 개최국인 우리나라의 국기(國旗)를 개·폐막식 행사에서 볼 수 없다는 것이 석연치 않다. 또 남북 공동응원이 한반도기의 물결로 뒤덮일 때, 자칫 '민족'을 앞세운 북핵 면책(免責) 축제를 우리가 만들어주는 결과가 될 수 있다.

북한의 핵·미사일 도발이 전 세계의 규탄 대상이 된 비상 상황에서 그 어느 때보다도 한·미 공조로 북한 핵·미사일을 압박·제재해 나가야 하는데, 감성(感性) 중심의 민족공조 연출이 과연 적절한 것인가?

둘째, 남북이 앞으로 군사당국자회담을 개최키로 합의했다고는 하나, 과연 북한 핵·미사일 문제가 의제(議題)로 채택되어 실질적으로 논의될 수 있을지는 지극히 불투명하다. 북한은 이미 핵보유국임을 선언했고 미국에 본토 타격을 위협하고 있는 실정이다. 북한은 오래 전부터 핵문제가 남북 현안이 아닌, 미·북 간의 문제라고 주장해왔고 이번에도 예외는 아니었다.

북한 측 회담 대표인 리선권은 회담 도중 한국 측의 비핵화 언급에 강한 불만을 표시한 것으로 알려졌다. 북한의 거부로 '비핵화'가 제외되는 군사회담은 시늉에 그칠 뿐이다. 결국 핵 논의 없는 군사회담은 북한에게 면죄부를 주는 결과가 되고, 한국은 그 과정에 협조하는 모양새가 될 것이다.

셋째, 지금까지의 남북 선언들을 존중한다는 것은 2000년 6·15공동선언 등 한국에 불리하게 합의된 모든 선언들을 일괄 승인함을 의미하고, 이는 결국 북한에 강력한 대남 선전·선동의 준거(準據)를 제공하는 결과가 된다. 이미 리선권은 모두(冒頭) 발언에서 2000년 6월생이라는 조카를 언급하며 6·15공동선언을 은근히 상기시키는 술수를 보였다. 김정은이

2018년 신년사에서 '외세 배격'과 '민족자주·민족단합·민족공조'를 주장한 것과 일맥상통하는 부분이다.

모든 한반도 문제에서 "민족 중심으로 해결한다"는 표현이 던지는 함의도 심대하다. 결국 미국을 외세로 배제하여 한·미를 이간시키고 한·미 동맹을 약화시키려는 음모가 서려 있기 때문이다. 북한 측은 이번 회담 도중에 예상대로 한·미 군사훈련 중단과 美 첨단 전략자산의 철거를 요구한 것으로 알려졌다.

리선권은 또 모두 발언에서 느닷없이 '공개 회담'을 하자고 주장해 우리 측 대표단을 당황케 했는데, 이 역시 한국 국민을 상대로 회담장을 선전 무대화 하려는 전형적 선전 전술이다.

결국 올림픽 참가와 남북회담 개최에 임하는 북한의 속셈은 미국의 강력한 제재·압박을 회피하고 선제공격 위험으로부터 벗어나기 위해, '약한 고리'인 한국을 끌어들이려는 것이었다. 곧 '민족'을 명분으로 일종의 항미(抗美) 공동전선을 구축하려는 의도이자 전형적인 통남봉미(通南封美) 책략의 일환이다. 리선권 대표가 북한의 핵·미사일은 "철두철미 미국 겨냥이지 동족 겨냥이 아니다"라고 주장한 것은 북한이 벌이는 거짓 선동의 표본이라 할 만하다.[56] 니키 헤일리 UN 주재 美 대사의 언급처럼, 北비핵화 논의가 없는 남북회담은 무의미하고 정당화될 수 없다는 점을 다시 한 번 상기해야 한다.

미국은 한국 측의 남북대화 열정을 이해하고 올림픽 기간 동안은 지켜보자는 입장이나, 핵문제 해결에 아무런 도움이 되지 않을 경우 이미 '플랜 B'를 가동할 준비에 나선 것으로 알려졌다. 이는 미국이 독자적으로 또는 일본과 6·25 참전국들을 포함하는 UN사령부 휘하의 다국적 연합

56　신나리·홍정수, "리선권 '수소탄 美겨냥…南 비핵화 제기땐 모든게 수포' 위협," 「동아일보」, 2018.1.10.

을 만들어 군사옵션을 실행하려는 전략으로 이해된다. 구체적으로 '코피전략(bloody nose)'이라고도 불리는 제한타격 옵션도 거론되는 실정이다.

우리의 안보와 생존을 핵무장한 김정은 정권의 선의(善意)와 자비(慈悲)에 맡기는 형세가 돼선 안 된다. 북한의 평창 참가 의도를 좀 더 냉철히 분석한 후, 대북 전략을 재검토해야 할 것이다.

5

북한 핵무력에 어떻게 대처할 것인가?

-공포의 균형과 동맹 강화가 답(答)이다

국제정치와 핵무기

핵군비 경쟁과 공포의 균형

핵폭탄은 가공할 파괴력을 갖고 있어 처음 제조되고 사용될 때부터 인류 생존을 위협하는 병기(兵器)로 인식돼왔다. 그 후 핵무기의 파괴력은 역설적으로 냉전 시대에 '전쟁 억제'의 역할을 해왔는데, 이는 핵무기가 갖는 보복 공격력이 상대방에 대한 억제력(deterrence)으로 작용했기 때문이었다.

이에 따라 핵무기를 먼저 선제적으로 사용할 능력을 1차 공격능력(first-strike capability)이라 할 때, 1차 공격으로부터 살아남아 보복 공격 능력 곧 2차 공격능력(second-strike capability)으로 상대방을 파괴할 능력을 확보하고 있으면 1차 공격을 억제할 수 있게 된다. 바로 이 2차 공격능력으로 인해 상대방이 선제공격을 할 수 없게 되고, 비로소 핵 억제력을 확보하게 된다.

따라서 '핵 억제력 확보'란 확실한 2차 공격능력의 보유를 의미하며, 대립하는 양측이 모두 2차 공격능력을 갖고 있을 때 비로소 '공포의 균형(balance of terror)'이 확립되게 된다. 한편 핵무기가 확산됨에 따라 핵무기의 참혹함을 묘사하는 '핵겨울(nuclear winter)'이란 말도 등장했는데, 이는 핵폭발로 인한 연기·먼지 등의 확산으로 태양 광선이 소멸하여 지구

온도가 급격히 낮아져 결국 인류가 파멸되는 상황을 뜻한다.[1]

2차 세계대전 말 미국이 일본에 핵폭탄을 투하한 이후, 미·소 중심의 핵군비 경쟁이 시작되었다. 두 초강대국은 먼저 2차 공격능력을 유지하기 위한 군비경쟁을 전개하였고, 마침내 모두 강력한 핵무기를 보유하며 상호 간 억제력을 확보하게 되었다. 양국은 서로를 완전 파괴할 능력을 확보함에 따라 어느 한 쪽도 쉽게 상대를 공격하기 어렵게 되었다. 곧 핵무기를 통한 '상호완전파괴(MAD: Mutually Assured Destruction, 보복공격으로 선제공격 국가를 완전 파괴)' 구도가 성립되게 된 것이다. 이제 핵무기에 의한 선제공격은 무의미해졌다. 양자 모두 멸망할 수 있다는 가정(假定)을 피할 수 없었기 때문이다.

미·소 간 핵군비 경쟁이 치열해지면서 드와이트 아이젠하워 미국 대통령은 '뉴룩(New Look)' 독트린 하에 '대량보복전략(Massive Retaliation)'을 선언하고, 재래식 무기를 감축하는 대신, 핵을 통한 전쟁억제 정책을 추진하였다. 이에 따라 강대국들은 상대방에 대하여 전략적·전술적 핵우위를 확보하기 위해 본격적인 핵무기 생산에 나서게 되었다.

그러나 실제로 세계에서 일어나는 각종의 군사적 갈등과 충돌이 반드시 핵을 수반하는 것은 아니고, 많은 경우에 아직도 재래식 무기가 사용되었으므로 전략핵무기보다 전술핵무기를 적절히 재래식 군사력에 배합하여 대처할 필요가 있다는 '제한 핵전쟁(limited nuclear war)'의 개념이 부상하였다.

존 케네디 대통령은 이런 의미에서 '유연대응전략(flexible response strategy)'을 제시하였다. 이 전략에 기초하여, 소련의 재래식 전력(戰力)에 의한 서유럽 침공 시나리오에 재래식 전력으로 대항하는 방안이 강조되었다. 이에 따라 '재래식 군사력의 고려(conventional pause)', '2중 능력의 군사력(dual-capability forces),' '유연억제(graduated deterrence),' 그리고

---

1 Andrew Heywood (김계동 역), 「국제관계와 세계정치」 (명인문화사, 2011), p. 277.

'전술적 또는 제한된 핵전쟁'과 같은 용어들이 등장했다.

핵·미사일에 대한 방어체계 건설 전략

핵무기 경쟁 초기에 초강대국들은 막대한 수(數)의 전술핵무기와 전략핵무기를 생산해냈다. 일반적으로 전술핵무기는 전술전투기, 대포, 단거리 탄도탄, 순항 미사일 등의 수단을 통해 발사되고, 폭발력 규모에 있어서도 20kt 이하로 핵배낭·핵지뢰·핵기뢰 등의 용도를 갖는다. 이에 비해 전략핵무기는 ICBM, SLBM, 장거리 중폭격기 등에 의해 발사되며 폭발력은 수백 kt에 이른다.

대량의 핵탄두를 보유하며 상호 대치하게 된 초강대국들은 핵·미사일 공격에 대응하기 위한 방어체계 건설 구상에 착수하였고, 곧 탄도미사일 방어 배치 문제가 쟁점으로 떠올랐다. 탄도미사일 방어 반대론자들은 미사일 방어가 실행되면 이를 압도하기 위해 상대국이 더 많은 핵탄두를 만들게 될 것이므로, 결국 핵균형을 불안정하게 할 것이라고 주장하였다. 그러나 핵탄두를 만드는 일이 엄청난 재정적·기술적 역량을 필요로 하므로, 탄도미사일 방어 배치가 반드시 "수직적 핵확산을 유도하지는 않는다"는 것이 미사일 방어 배치 찬성론자들의 주장이다.[2]

1972년 미·소 양국은 핵·미사일 요격 미사일을 개발하지 않기로 합의한 ABM(反탄도미사일, Anti-Ballistic Missile) 조약을 체결했다. 그러나 소련 핵탄두 수(數)가 1970년대 중반에 미국을 크게 압도하면서, 1983년 3월 로널드 레이건 美 대통령은 SDI(Strategic Defense Initiative, 전략방위

---

[2] John Baylis·James J. Wirtz·Colin S. Gray 지음, 김일수·김관옥·김진영·안병억·허태회 옮김, 「국제정치와 전략」(한티미디어, 2016), pp. 250-252. 여기서 "수직적 확산"이란 추가적 핵확산을 의미한다.

구상)를 선언하고, 위성을 통해 적(敵)의 핵·미사일을 파괴하는 계획을 발표했다. 이는 '공격 받은 후의 보복' 개념이 아닌, (소련의 미사일이나 핵탄두를) 비행단계에서 파괴한다는 적극적 방어의 개념이다. SDI를 위해 약 10년 동안 300억 달러의 연구비용이 투입됐으나, 1980년대 후반 소련을 비롯한 사회주의 체제가 붕괴되면서 1993년 빌 클린턴 대통령은 SDI의 연구가 불필요하다는 결론을 내렸다.

이후 미국은 '전역 미사일 방위구상(TMD: Theater Missile Defence)'을 추진하였다. 그리고 마침내 2002년 미국은 ABM 조약을 파기하고, NMD(국가미사일방어 National Missile Defense) 개발에 나서기 시작했다.[3]

핵억제와 핵확산 금지

일반적으로 억제(deterrence)란 방어(defense)와 달리, 사전(事前)에 상대방의 의도(意圖)를 포기시킴을 말한다. 심리적 차원에서 상대방의 공격의지를 좌절시킴으로써 목적을 달성한다는 사전적 성격의 개념이다. 이에 비해, '방어'는 사후적 성격이 강하다. 적이 침략을 개시한 후 이를 막아내기 때문이다.

억제는 보통 핵억제에 주로 사용되며, 재래식 군사력의 경우 '억제'라는 용어가 부적합한 측면이 있다. 재래식 전쟁의 경우 승리에 대한 기대감으로 침략을 감행하기 때문이다. 억제 개념은 핵무기의 특수한 상징적 성격인 가공(可恐)할 파괴력으로 인해 나타난 것이다.

핵억제가 발효되기 위해서는 다음 4가지의 조건이 충족되어야 한다. 첫째, 상대방의 선제공격에 대해 2차 보복공격을 할 수 있는 핵능력(capability)

---

3 탄도탄요격미사일 시스템이란 공중의 전략탄도미사일(ICBM과 SLBM)을 요격하기 위한 시스템으로 레이더·요격미사일·요격미사일 발사기(發射基)로 이루어진다.

이 확보되어야 한다. 둘째, 보복할 의지(意志)가 있다는 사실을 상대방에 전달(communication)해야 한다. 셋째, 상대방과 아(我)측 모두 합리적 판단을 할 것이라는 기대가 가능하도록 합리성(rationality)을 보유해야 한다. 넷째, 상대로 하여금 아측의 실천의지를 믿도록 해야 하며, 상대가 공격할 경우 엄청난 보복으로 대가를 치를 것이라는 점을 확신하게끔 신뢰성(credibility)을 상대방에 주어야 한다.

미국은 적성국가의 공격으로부터 동맹국의 안전을 확보하기 위해 '확장 억제(extended deterrence)' 방침을 내걸었다. 이는 제3자로부터 동맹국에 대한 공격이 있을 경우, 美 본토에 대한 공격으로 간주하고 철저한 보복 응징에 나서겠다는 약속이다. 핵공격이 있을 경우엔 '확장 핵억제(extended nuclear deterrence)'로 표현된다. 현재 미국은 NATO · 한국 · 일본 등에 이 약속을 부여하고 있다. 그러나 북한의 점증하는 핵 · 미사일 위협에 대한 미국의 확장 핵억제 약속이 확고하게 지켜지기 위해선, 동맹 간 신뢰가 견고히 유지돼야 한다. 동맹에 이상(異狀) 징후가 발생하면, 이 약속은 지켜지기 어렵다.

핵무기가 발명되고 핵군비 경쟁이 본격화 되자 핵무기 확산이 우려되기 시작했다. 이에 핵무기의 비(非)확산을 위한 노력이 일어나, 핵확산금지조약(NPT, Nuclear Non-proliferation Treaty)이 1970년 발효되게 되었다. 그 목표는 ①기존의 핵국가는 비핵국가에 핵기술 및 핵무기를 제공하지 않는다 ②핵의 평화적 사용을 위해 핵발전 기술과 정보를 제공한다 ③모든 나라에게 IAEA 가입을 요구하며 핵개발 여부를 사찰 · 감독받도록 한다 등으로 압축된다.

한편 NPT 조약은 각 나라가 안보 비상사태에 직면했다고 판단될 경우, 조약 10조에서 탈퇴할 권리를 인정하고 있다. 10조의 내용은 다음과 같다.

모든 체결국은 본 조약상의 문제에 관련되는 비상사태가 자국의 지대한 이익을 위태롭게 하고 있을 경우에는 본 조약으로부터 탈퇴할 수 있다. 탈퇴할 경우 3개월 전에 모든 조약 체결국과 UN 안전보장이사회에 통보해야 한다. 또한 본 조약의 발효일로부터 25년이 경과한 후, 본 조약이 무기한으로 효력을 지속할 것인가 또는 일정 기간 동안 연장될 것인가를 결정하기 위한 회의를 소집하며, 체결국 과반수의 찬성에 따라 결정한다.

세계적 핵증강 도미노 현상

세계적으로 대테러 전쟁이 마무리되면서, 강대국 간 핵증강 도미노 현상이 부상하고 있다. 냉전 붕괴 후 약 30년만의 일이다. 중국의 부상과 러시아의 유럽에 대한 위협 증대가 그 직접적 원인으로 보인다. 핵 후발 주자인 중국은 핵탄두 생산증가 규모가 이미 세계 최대이며, 우주에서 ICBM 요격 실험에 성공했다.[4]

러시아는 유럽에서 공격적 군사 활동을 강화시켜왔다. 발트해 연안 3국에 대한 최신형 핵탄두 탑재용 이스칸데 미사일을 배치했으며, 크림반도와 벨라루스 등에서 NATO군을 공격하는 훈련을 실시해왔다. 이에 대해 미국은 냉전 이후 유지해 오던 '평화 군축' 기조를 전면 폐기하고 핵무장을 공식화했다. 트럼프 행정부는 '향후 30년 간 핵탄두 증강과 현대화에 1조 2천억 달러 투입' 방안을 발표했다.[5] 매티스 장관을 비롯한 美 군 수뇌부가 '전면적인 핵 재무장이 필요하다'는 결론을 내렸다고 한다.[6] 프랑스 역시 핵무기 현대화 예산을 앞으로 7년간 50조원 투입할 계획이다.

---

[4] 정시행, 「조선일보」, 2018.2.6.
[5] 상게서.
[6] *Washington Post*, 2018.2.8

공포의 균형이 필수다

북한, 핵무장 이후 '게임 체인저'로 부상

앞서 살펴 본 미·소 간의 핵 군비경쟁 역사는 핵무장한 북한과 군사적으로 대치하고 있는 한국에 중요하고도 깊은 함의를 던진다. 첫째, 북한 핵위협을 억제함에 있어 2차 보복공격 능력 확보를 통한 '공포의 균형'이 필수라는 점이다. 둘째, 전술핵무기를 재래식 무기와 적절히 배합하여 대처하는 유연대응 전략이 시의적절하다는 점이다. 셋째, 핵·미사일 공격을 요격할 수 있는 미사일 방어 시스템이 절실히 필요하다는 점이다. 넷째, 동맹국인 미국의 핵우산 곧 확장 핵억제를 견고히 유지해야 한다는 점이다. 다섯째, 핵확산을 범세계적으로 금지한 NPT체제하에서 어떻게 북한 핵·미사일에 대응해 나갈 것인가에 대한 창의적이고 전략적인 발상의 전환이 시급하다는 점이다.

북한이 핵·미사일을 사실상 완성함에 따라, 한반도 정세를 주도하는 게임 체인저(game changer)가 되려 하고 있다. 여기서 게임 체인저의 의미는 북한 핵·미사일이 한반도 안보구도를 근본적으로 변화시킬 수 있는 독립변수 역할을 한다는 것이다. 구체적으로, 현재의 한반도 안보구도는 한·미 동맹에 입각한 한미연합방위 체제로 북한의 군사위협을 저지하면서 그 배후에 미·일 동맹이 자리잡고 있는 구도다. 주한미군의 후방 기지가 일본에 있다.

그런데 북한이 핵·미사일을 완성하면, ①한국의 재래식 군사력을 압도하고, ②유사시 미국의 핵확장 억제력뿐만 아니라 미군 증원군 내지 전략자산 등의 한국 투입에 차질을 빚게 할 수 있다. 이에 따라 남북한 군사관계 및 한반도 정세에 있어서의 근본적 변혁이 불가피해진다. 현재 지구상 모든 지역을 타격할 수 있는 핵 능력을 가진 나라는 미·러·중·영·프랑스 5개국뿐이다. 그 다음 자리에 북한이 들어서게 된다. 북한이 핵타격 능력에서 인도와 이스라엘보다 앞선다고 한다.[7] 결국 북한이 핵·미사일을 활용해 그들의 뜻대로 한반도 정세를 주도할 수 있고, 따라서 게임 체인저 역할이 가능하게 된다.

미국 확장 핵억제의 한계
- 확장 핵억제와 신뢰성(credibility)의 문제

'핵억제'는 냉전 시기 이래 미국 외교정책의 주요한 테마였다. 앞서 살펴본 바와 같이, 핵억제가 실현되기 위해서는 적대국의 핵 선제공격(first-strike)에 대한 제2 보복공격 능력(second-strike capability)을 확보함으로써, 적에게 확실한 보복의지(intention)와 능력(capability)의 메시지를 전달해야 한다. 미국은 실전 가능한 전략·전술 핵무기를 배치함으로써, 적대국에게 핵보복으로 인한 참혹한 재앙을 예상토록 했다. 이른 바 '상호확증파괴(MAD, Mutually Assured Destruction)' 개념이 냉전 시기에 미·소 간 핵전쟁을 방지하는 억제 역할을 해 온 것이다.[8]

---

7   *NYT*, 2018.2.7.

8   '상호확증파괴(MAD, Mutually Assured Destruction)'란 서로 가공할 만한 수준의 제2 공격능력을 보유하기 때문에 어느 한 편의 핵공격이 스스로의 파괴를 불러오게 되는 조건을 말한다. 「국제관계와 세계정치」, p. 44.

냉전 이후 미국은 동맹국이 공격받을 경우에도 미국 본토를 공격받은 경우와 동일한 수준의 보복을 다짐하는 '확장 핵억제(extended nuclear deterrence)'의 핵우산 전략을 수립했다. 다만 미국의 보복 의지를 적대국에게 확실히 입증시킬 수 있는 신뢰성(credibility)이 관건인 바, 그 가장 확실한 방법은 동맹국 영토에 미국의 핵무기를 배치하는 방안이었다.

이에 따라 유럽에 수천 기의 미국 핵무기가 배치되고, 한반도에도 1991년 '한반도비핵화 공동선언'을 계기로 철수할 때까지 전술핵무기가 배치되었다. 현재 NATO에는 핵무기가 남아 있으나, 한반도에는 핵무기가 없어 북한 핵·미사일에 대한 '확장 핵억제' 능력에 의문이 제기되고 있다. 윌리엄 페리 前 장관의 언급처럼, 핵탑재 ICBM을 추구하는 북한을 억제시키지 못할 경우 한반도 상황은 "통제 불능으로 빠져들어(spin out of control)", 6·25보다 훨씬 참혹한 "제2의 한국전쟁"이 발발할지 모른다.[9]

미국은 대신 한반도 역내에 핵항모·핵잠수함·전략폭격기 등 첨단 전략자산을 시시때때로 전개하여 부족한 억제 능력을 보완하고 있는 상황이다. 북한 지휘부에 대한 참수·격멸을 목표로 2016~2018년에 이르는 기간 동안 한·미 양군이 한반도 全 해역에서 사상 최대 규모의 합동훈련을 실시해오고 있는 것도 그 일환이다.

'핵무장 준비론' 부상

북한 핵·미사일 위협이 점증하면서, 국내에서는 한반도 문제의 당사자로서 최악의 시나리오에 대비하고 생존을 위한 지렛대를 확보해야 할 필요성이 제기되어왔다. 이에 따라 근본적인 북핵 방어 자위(自衛) 전략을 마련해야 한다는 절박감이 표면화되고 있다. 자체 핵무장론을 비롯해 핵

---

9   *Washington Post*, 2017.1.6.

무장 직전 수준까지 핵무장을 준비해야 한다는 등 다양한 견해가 개진되고 있는 배경이다.

이 중에는 NPT(핵확산금지조약)를 위반하지 않는 범위 내에서, 핵무장 준비를 완료하는 '90% 핵무장 옵션'을 검토해야 한다는 전문가들의 의견을 경청할 만하다. 동시에 미국과의 사전 협조 하에, 일종의 정치적 행위인 '핵무장 준비 선언'도 자위(自衛)를 향한 결의(決意) 표명 차원에서 검토할 만하다. 60%에 가까운 핵무장 지지 국민여론도 강력한 후원 세력이다. 물론 한·미 동맹에 부정적 영향을 주지 않도록 양국 간 긴밀한 사전 협의가 먼저 이뤄져야 한다.

이미 북한이 핵무기를 실전 배치한 상황에서 '우리도 핵무장을 할 수 있다'고 선언하는 방안은 최소한의 방위 의지의 표명이 될 수 있다. 핵무기 재료인 플루토늄을 생산하기 위한 재처리나 우라늄 농축은 하지 않더라도 사전 조치로 '의지를 표명'할 필요가 있는 것이다.[10] 이에 대해 미국이 반대할 명분은 없어 보인다. 핵개발 선언이 아니라, 북핵 위협을 감안한 핵무장 준비 용의(用意)의 천명으로서 일종의 정치적 선언으로 볼 수 있기 때문이다.

'핵무장 준비' 선언이 우리 국민과 우방국 및 북한과 중국에 미치는 심리적 영향은 적지 않을 것이다. 우리 국민과 우방국에게는 신뢰를 주면서, 중국과 북한에게는 도발 의지의 축소와 대화에의 필요 인식으로 이어질 수 있다.

한국 정부의 핵무장 준비 선언 자체는 핵확산금지조약(NPT)과 한·미 원자력협정 위반이 아니다. 물론 핵 준비 선언을 하면 국제원자력기구(IAEA)의 사찰에 따른 불편함과 국제적인 비난도 감수해야 한다.

한편 美 국방부의 총괄평가국(ONA)이 발주한 연구 프로젝트 '일본 핵

---

10 김민석, "핵무장 하려면 NPT·원자력협정 깨야…미·중과 등질 우려," 「중앙일보」 (김민석의 Mr. 밀리터리), 2016.11.10.

전쟁 연구보고서'는 10년 내 일본이 핵무장할 가능성이 높고 북·일 간 핵전쟁이 일어나 쌍방에서 100여만 명의 사상자가 각각 발생하는 시나리오를 제시했다. 美 국방부 측은 "단순히 관례를 벗어난 연구일 뿐"이라고 설명하나, 적어도 美 행정부가 다각도로 향후 동북아 정세를 면밀히 진단하고 있음을 알 수 있다. 일본뿐 아니라 한국도 가까운 장래에 핵무장할 것으로 예상하는 전문가 및 정책보고서도 적지 않다.

상기 보고서는 또한 한국의 대북 선제공격과 독자적 핵무장 가능성에 대해서도 우려했다. "북한의 심각한 위협에 대처해, 한국 정부가 재래식 전력으로 북핵·미사일 시설에 대한 선제공격을 단행할 수 있다"는 것이다. 美 랜드 보고서도 한국과 일본이 미국의 '확장 핵억제'에 실망해 독자적으로 핵무기를 개발하려 시도할 수 있을 것으로 예상한 바 있다.

우리 내부에서는 적어도 일본 수준의 핵준비 단계는 확보돼야 한다는 강력한 공감대가 형성되고 있는 듯하다. 우방인 미국도 동아시아에서 확장 핵억제가 갖는 한계점을 잘 알고 있기에, 꼭 반대하지는 않을 것이란 예상이 나온다. 이를 위해선 韓·美 원자력협정 개정 등 기술적인 문제들을 우선 해결해 나가야 한다.

전술핵 재배치

2017년 북핵 위기 와중에서 전술핵무기 도입 문제가 북핵에 대응하기 위한 한국의 주요 정책 옵션으로 떠올랐다. 美 NBC 방송은 2017년 4월 7일 백악관 국가안보회의(NSC)가 미·중 정상회담에 앞서 트럼프 대통령에게 3대 대북전략 옵션을 제시했다고 보도했다.[11] 첫째는 한국 주둔 미군에의 전술핵 재배치, 둘째는 김정은 제거 작전, 셋째는 한국군과 미군의

---
11 「문화일보」, 2017.4.8.

특수부대를 이용한 비밀작전이었다.

일반적으로 전술핵무기는 국지전 등에서 전술적 목적을 달성하기 위해 사용하는 소형 핵무기를 일컫는다. 폭발 위력의 크기는 보통 20kt 이하의 핵무기를 말하며, 야포나 단거리 미사일에 장착하는 핵탄두와 사람이 매고 다니다가 특정지역에서 폭발시키는 핵배낭·핵지뢰·핵기뢰 등이 이에 속한다. 2015년 현재 미국은 180여 발의 핵무기를 벨기에·독일·이탈리아·네덜란드·터키 등의 동맹국에 배치하고 있다. 미국은 유럽 배치 핵무기를 철수할 계획은 없고, 핵투발 수단 교체를 추진 중인 것으로 알려지고 있다.

검토 대상인 전술핵 재배치는 1991년 남북 간 이뤄진 한반도비핵화공동선언에 따라 한국에서 철수한 전술 핵무기를 주한미군에 다시 배치하는 방안이다. 이에 대해 찬반 양론이 존재한다. 먼저 반대론은 비핵화 원칙에 위배된다는 점과 전술핵을 갖고 있는 미국의 '핵 없는 세상' 정책에 모순된다는 점을 근거로 들고 있다. 한편 찬성론은 이미 북한이 핵무장을 완성해 '비핵화 선언'이 사문화된 것이나 다름없는 지금, 공포의 균형(balance of terror)을 통한 북핵 억제 차원에서의 전술핵 재배치가 절대 필요하다는 것이다.

2017년 북한이 화성 14호 1~2차와 화성 15호 ICBM 발사에 성공하면서, 전술핵 재배치 문제가 국민들의 주요 관심사로 떠올랐다.[12] 북한의 핵·미사일 위협을 근원적으로 제거하기 위해 선제타격 옵션도 검토할 수 있지만, 이는 전쟁을 의미하기 때문에 공포의 균형을 통한 핵억제 방안이 실효적이라는 판단 때문이다.

---

12   박소연, "'전술핵 재배치' 학계에서 다시 고개,"「파이낸셜뉴스」, 2017.7.20. 박휘락, "미 전술핵무기 한국 재배치에 대한 시론적 분석" (2017.7.20.). 이 글에서 박휘락은 "북한 핵 위협의 심각성 정도를 고려할 때 한국은 가용한 모든 대안을 검토하지 않을 수 없고, 여기에는 미 전술핵무기의 배치도 포함돼야 한다"고 주장했다.

자체 핵무장

　북한이 마침내 핵보유를 완성하였음에도 불구하고, 전술핵 재배치가 실현되지 못하며, THAAD 배치 불충분(한국 전체를 방어하기 위해선 1~2포대의 추가 배치 필요) 등으로 KAMD와 美 MD와의 상호 운용성이 실현되지 못할 경우, 또 미국이 보장하는 확장 핵억제력이 국내외적 요인에 의해 실효성을 상실하게 될 경우, 한국은 공포의 균형을 통한 안보 구축을 위해 자체 핵무장을 추진할 수밖에 없게 된다.

　미국은 한·미 동맹이 굳건히 유지되는 한, 한국의 자체 핵무장을 용인할 수밖에 없을 것으로 예상된다. 한국갤럽이 2016년 10월 실시한 여론조사에서 국민의 58%가 핵무장에 찬성했다.[13]

　다만 핵무장 실행에는 걸림돌이 적지 않다. 당장 1992년 발효한 '한반도비핵화공동선언'에 배치된다. 그러므로 북한의 핵보유 사실을 들어 '비핵화 선언'의 사문화를 선언해야 한다. 또 핵무장을 하려면 NPT에서 탈퇴해야 한다. 이 과정에서 국제적 비난도 감당해야 한다. 다만 NPT 예외 조항(10조)을 원용할 수 있을 것이다. NPT 10조는 "국가안보의 중대 위협이 있는 비상사태 시, 3개월 전에 통보하고 조약에서 탈퇴할 수 있다"고 규정하고 있다.[14] 현 한반도 안보상황은 한국의 국가안보가 위태로운 상황으로 충분히 객관적 평가를 받을 수 있다.

　우리가 핵무장을 시도할 경우 한미원자력협정에도 위반돼 국내 원자력 발전을 위한 핵연료 수입이 차단될 수도 있다. 미국과의 긴밀한 협조와 양해가 요구되는 부분이다. 고(故) 이승만 대통령이 미국의 거센 협박에 시달리면서도 '북진통일'을 지렛대로 삼아 한·미 동맹을 이끌어 낸 대미(對

13　황호택, "핵무장論 인기 높지만 공허하다," 「동아일보」, 2016.9.28.
14　이 책의 앞 장 참조.

美) 협상 사례를 참고할 수도 있다.[15]

'핵무장 옵션(nuclear option)' 준비

핵무장을 직접 시도할 경우 직면하게 될 난관을 고려하여, 먼저 자체 핵무장을 위한 준비 단계로서 북핵에 대응한 '핵무장 옵션' 연구가 필요하다는 주장이 제기된 바 있다.[16] 곧 자체 핵무장을 위한 전 단계로서, 특히 국내의 핵무장 요구에 대한 대응 차원에서도 "핵무장의 정치·외교적 비용과 기술적 타당성 등을 포함한 핵무장 옵션에 대한 정책 연구가 필요하다"는 것이다.[17]

아울러 한반도비핵화선언은 (핵개발을 한) 북한으로 인해 이미 폐기된 상태이므로, "핵무기를 만들 잠재력을 갖는 핵무장 선택권(nuclear option) 전략"으로 가야 한다는 것은 너무나 당연한 자위권 추구라고 할 수 있다.[18] 이 경우 NPT가 '사용 후 핵연료' 재처리를 못하게 하는 것은 아니므로, 우리 스스로 비핵화 선언을 통해 이를 묶어 놓을 필요는 없을 것이다. 곧 NPT 허용 범위 내에서 일본처럼 핵무기를 만들 수 있는 잠재력을 보유해 나가자는 것이다.

역외(域外) 미군 전술핵의 韓·美 공동운영

북한의 핵사용 임박 시, 괌 등 한반도 역외에 있는 미군 전술핵을 한·미가 공동으로 관리하는 방안이 전문가들 사이에서 제기되었다. 여기에

---

15 양상훈, "작전명 에버-레디(Ever-ready)를 아십니까," 「조선일보」, 2017.7.13.
16 전봉근, "2017년 한반도 안보정세 전망과 대응방안: 북핵문제를 중심으로," 국립외교원 외교안보연구소 (2017.1.17.).
17 전게서.
18 이상우, 김국헌의 AsiaN 인터뷰 참조. 2016.2.16.

는 유사시 반입된 美 전술핵을 한·미 공군 전투기에 장착하고, 양국이 공동으로 북한 전쟁지도부 지하벙커를 붕괴시킨다는 시나리오도 포함됐다. 한·미가 이 방식에 합의하면 북한이 핵무기를 함부로 사용하지 못하게 될 가능성이 크다. 미국은 독일과 벨기에 등 유럽의 우방국에 대해서는 이 방식을 적용하고 있다. 그러나 한국에까지 허용할지는 미지수다. 한·미 동맹 강화로 양국 간 신뢰를 굳건히 함으로써 협조를 얻어야 한다.

공포의 균형과 北 레짐 체인지가 答이다

미국 내 한반도 전문가들 사이에서 언제부터인가 북핵 문제는 "답이 없다"라는 말이 회자되어왔다. 김정은의 핵·미사일 개발 의지가 워낙 확고부동하여 대화·협상을 통한 설득은 실효가 없고, 선제공격은 북한의 보복 대응으로 인한 피해 우려로 실행이 어려우며, 제재·압박은 중국의 노련한 '밀고 당기기' 전략으로 기대만큼 효과를 볼 수 없기 때문이다.

마침내 북한의 핵탑재 ICBM 완성이 가시권에 들어오면서, 미국이 결단의 순간을 맞고 있다. 2017년 8월 중순의 괌 위기가 극적으로 가라앉은 후, 美 조야에선 놀라울 만큼 협상론이 급부상하고 있다. 전격 경질되긴 했지만, 트럼프 대통령의 핵심 참모인 스티브 배넌이 '주한미군 철수'를 매개로 북한 핵동결을 제안한 것은 충격이다. 북한에 핵보유나 동결을 인정해주더라도 美 본토 공격 능력만큼은 포기시켜야겠다는 인식이 정책 입안자들의 심중에 존재한다는 반증이다. 한·미 동맹으로 북한 위협을 억지하고 있는 우리로선 결코 강 건너 불일 수 없는 중대한 위기 국면이다.

문재인 정부는 현실성 없는 "북핵 주도권"이나 "반드시 평화적 해결… 한반도 전쟁은 안 된다"는 절대 평화주의의 희망적 사고에 집착할 것이 아니라, 한반도 안보 정세의 급격한 변동 상황을 통찰하고 실효성 있는 정책 마련에 나서야 한다. 평화를 외친다 해서 전쟁을 막을 수 있으면 좋겠지만, 현실은 종종 그 반대라는 사실을 직시했으면 한다. 군사균형의 붕괴가 전쟁 발발의 근본 원인이라는 것이 역사의 교훈이기 때문이다.

외신에서 美 군사 옵션에 대한 '거부권 행사'로 해석되는 문재인 대통령의 "무력 사용 반대" 입장이 트럼프 행정부의 대북정책 변화에 영향을 미친 것은 아닌지 또 향후 어떤 영향을 미칠지 깊이 성찰해야 한다. 전쟁 등 유사시에 한·미가 함께 행동하도록 돼 있는 연합방위 구조 하에서 한국이 반대하면 미국의 군사 옵션은 실행되기 어렵다. 문제는 그렇다고 본토에 대한 북한 위협을 방치할 미국이 아니라는 점이다.

미국이 '안보 위험'을 직감하는 날엔 한국을 '패싱'하여 일본의 도움만으로 북한을 예방타격하는 방안을 모색할지 모른다. 아니면 북한 및 중국과 '쌍(雙)중단'이나 한반도 평화협정 및 주한미군 철수를 고리로 '빅딜'에 나설 수도 있다. 어느 경우든 한국의 안보가 우선순위에서 밀려남은 분명하다. 한·미 간 안보 이익이 불일치할 경우, 미국은 주한미군 주둔 당위성에 대한 강한 의문을 품게 될 것이다.

미국과의 의견 다툼은 최악의 안보 재앙으로 연결될 수 있으므로 어떤 형태로든 동맹이 '함께 간다(go together)'는 것이 중요하다. 핵심은 '상호방위'에 대한 확고한 신뢰 구축이다. 실제로 다른 길을 가면서 현란한 정치적 수사로 국면을 호도할 수는 없다. 북한의 추가 도발 시 선제공격이 부담스럽다면 공중요격이나 해상봉쇄 같은 단발성 군사 옵션에 한·미가 동의하는 방안은 어떤가? 1976년 8월 도끼만행 사건 때 양국이 긴밀히 공조했던 사례를 참고할 수도 있다.

핵무장한 북한과의 전쟁을 예방하기 위해선, 남북 간 공포의 균형을 반드시 이뤄야 한다. 자체 핵무장이 당장 어렵다면 美 전술핵을 재배치하여, '핵에 의한 대칭적 핵억제력'을 확보한 후 강력한 '전쟁 불사' 의지를 천명해야 한다. 아울러 미국과 협의 중인 미사일 탄두 중량 확대를 시작으로 핵잠수함 건설을 공식화함으로써 남북 군사균형 유지에 국가역량을 최대한 투입해야 한다.

현재 북한정권이 공포정치를 통해 정치안정을 이루고 있으나, 내부적으론 권력 엘리트의 심리적 이반과 주민들의 불만 및 좌절이 팽배하여 反김정은 정치적 저항으로 발전할 가능성을 배제 못한다. 우리는 북한의 체제 모순과 숨겨진 약점을 공략함으로써 상황을 반전시켜야 한다. 김정은이 쿠데타나 인민봉기 불안 망상에 사로잡혀 '레짐 체인지' 위험을 체감할 때, 무력도발 행위를 멈출 것이다. 자유의 바람을 북한에 유입시키기 위한 모든 방책을 미국과 함께 실행에 옮길 때다.[19]

절반의 성공 UN 제재, 北 레짐 체인지가 최선

UN 대북제재 결의 2371호가 진통 끝에 통과됐으나 '절반의 성공'에 그쳤다.[20] 북한에 타격을 가할 수 있는 중국의 원유 금수(禁輸) 조치는 제재 대상에서 제외됐기 때문이다. 다만 북한 주력 수출품목을 적시하여 최대 10억 달러까지 '돈줄'을 차단한 강력한 제재라는 점과 국제사회의 북핵 불용 메시지를 천명한 점에서 의미를 찾아야 한다.

이번 UN 결의를 통해 중국의 북핵 전략을 분명히 알게 된 것은 중요한 소득이다. 미·중 정상회담 이후 트럼프 행정부의 북한 지렛대 사용 압박이 본격화되면서 중국은 이에 맞서는 '밀당(밀고 당기는)' 전술을 구사해왔다. 미국의 압박이 강해지면 미국의 요구에 양보하여 대북 제재를 강화하는 대신, 상황이 느슨해지면 다시 북한 지원에 나서는 전형적 '치고 빠지

---

19 홍관희, 「국민일보」 (한반도 포커스), 2017.8.21.
20 2017.8.5.

기'다. 7월초 북한의 '화성-14형 1호' ICBM 발사 때만 해도 UN 결의를 기피하다가 이번에 돌연 UN 결의안에 동의한 것도 미국이 꺼내 든 통상법 301조 때문이었다. 전례 없이 강력한 미국의 대중 무역보복을 두려워한 탓이다.

세계정세가 미·중 패권 구도로 서서히 정착돼가는 오늘날, 중국의 한반도 전략 복심(腹心)에 주목해야 한다. 중국은 장차 미국과의 세기적 패권 쟁패를 염두에 두고 러시아와 안보·경제 협력관계를 도모하는 한편, 북한을 한·미·일 견제를 위한 '앞잡이(proxy)'로 활용하려 한다. 완충 지대 개념에서 한발 더 나아간 것이다. THAAD 배치에 대한 극렬한 반대는 결국 한·미 동맹을 분열시키려는 원려(遠慮)에서 나온 것으로 이해해야 정확하다.

극심한 안보 혼돈의 한 복판에 서 있는 우리의 선택은 무엇인가? 영국 이코노미스트지가 한반도 전쟁 시나리오를 상정하면서, 30만~100만에 이르는 인명피해를 수반할 핵전쟁 참화 가능성을 상기시킨 것은 우리에게 울리는 강력한 경종(警鐘)이다. 북핵은 절대 저지해야 하나 전쟁은 막아야 하기에, 북핵의 원동력인 '자금줄'을 철저히 봉쇄하여, 시간을 벌어 역사적 필연인 북한 붕괴의 때를 기다려야 한다. 그동안 역대 정부가 추구해 온 북한 레짐 체인지 전략이 유효한 배경이다. 대북 심리전의 중요성이 새삼 부각되는 시점이다. 기대 난망인 북한의 호의를 구걸하기 위해 정부가 대북전단 중단을 고려하는 것은 장고 끝에 나온 하책(下策)이다.[21]

---

21 홍관희, 「세계일보」 (오늘의 시선), 2017.8.8.

韓·美 함께 가야 한다

'균형 외교'의 허상 – 강경화 외교부 장관의 '3不' 발언 위험성

강경화 외교부 장관의 '3不' 발언이 한·미 간 불협화음의 씨앗이 될 가능성이 높다. 설사 11·7 정상회담(2017.11.7.)에서 정치적 수사로 봉합된다 해도 미국의 대한(對韓) 의구심은 쉽게 사라지지 않을 것이다. 수도권 방어를 위한 THAAD 추가 배치, MD 상호운용성을 뜻하는 MD 편입, 北 위협에 대한 안보 토대인 한·미·일 군사협력 3가지 모두에 대한 반대 시사는 대한민국 외교·안보의 기저를 뒤흔드는 수준이기 때문이다. 외교부 장관이 공개 취소하거나 문책 퇴진해야 사태 수습이 가능하다. 미·중 빅딜을 언급했다가 경질된 스티브 배넌 백악관 수석참모 사례를 참고해야 한다.

문재인 대통령의 "균형외교" 역시 노무현 정부 시절 혹독한 비판에 직면했던 '균형자론'을 연상시키는 것으로 우리 외교·안보 노선에 대한 심각한 오해를 불러올 수 있는 부적절한 용어다. 안보 기반을 한·미 동맹에 두고 있는 우리로서 미·중을 균형과 등가(等價)로 놓을 수 없다. 미국과는 '동맹', 중국과는 1단계 낮은 '선린우호'로 규정돼야 한다. 중국은 한·중 관계를 동맹에 훨씬 못 미치는 '전략적 협력동반자'로 규정하고 있다.

트럼프 행정부는 북한 핵위협을 대외정책 최우선 순위에 놓고, 선제타격과 외교·협상 옵션 외에 최고 수준의 제재·압박으로 북한을 옥죄는 노력을 병행하고 있다. 다행히 대북제재가 최근 '중국 장벽'을 넘어서며 예상 밖 성과를 내고 있다. 중국은 미국의 무역·안보 전방위 압박에 협조하지 않을 경우 트럼프 대통령의 강공을 막아낼 수 없음을 잘 안다. 중국의 실질적 협조가 없을 경우 미국은 군사작전을 실행에 옮길 태세다.

유엔 결의 2375호(2017.9.11.)에 입각한 세계적 제재 포위망이 김정은 정권을 압박하는 가운데, 2017년 9월 북한의 대중 수출은 전년대비 38% 감소한 것으로 조사됐다. 그러나 단둥(丹東)을 중심으로 이뤄지는 밀무역은 북·중 교역 전체의 3분의 2를 차지할 만큼 활발하다. 美 재무부가 2017년 9월 2일 애국법 311조에 근거해 단둥은행을 美 금융체계에서 완전 퇴출한 이유를 알 만하다. 중국은 "미 국내법에 의한 일방적 제재"라며 반발하나, 트럼프 대통령은 이에 아랑곳하지 않고 시진핑 주석과의 정상회담에서 담판을 지을 요량이다.

맥마스터 백악관 국가안보 보좌관은 트럼프 대통령의 아시아 순방을 앞두고 가진 기자회견에서 "대북정책은 이제 시작단계의 끝"임을 선언하고, 새로운 단계의 압박이 시작될 것임을 강력히 시사했다. 특히 북핵 위기를 저지할 시간이 빠르게 소진되고 있다면서 모든 나라가 평양을 압박해 핵 포기로 유인할 수 있도록 가일층의 노력이 필요하다고 역설했다.

당초 미국 주도의 대북 제재는 1~2년 경과해야 실질 효과가 나타날 것으로 예상됐으나, 이미 제2의 '고난의 행군'을 각오해야 할 만큼 뼈아픈 고통을 북한에 주고 있다는 소식이다. 제재 여파로 유가(油價)가 폭등하면서 "코앞에 닥친 적(敵)은 미국이 아니라 LPG가스"라는 루머가 회자되고 특히 평양 간부계층이 직격탄을 맞고 있다고 한다.

우리 정부는 유엔 결의 이후 지금까지 '남북관계 개선'이라는 허상(虛像)에 얽매여 아무런 구체적 제재 조치를 취하지 못했다. 북한 핵·인권 문제의 최대 당사자로서 원칙적이고 공개적인 선도 역할을 일찍부터 담당했어야 했는데, 오히려 '분배 불투명'으로 악명이 높은 북한에 8백만 달러 인도적 지원을 결의해 제재 공조에 역행하는 인상을 남겼다. 늦게나마 정부가 독자 제재안을 발표했다. 정부가 한반도 정세에서 주도적 역할을 하려면, 대북 제재에서 먼저 '운전석'에 앉아야 한다.[22]

남북대화→美北대화 연결, 위험한 발상이다

2018년 한반도는 전쟁과 평화의 기운이 교차하는 대격동의 무대가 될 것이다. 연초 남북대화 성사로 일시 일었던 평화 기대감은 북핵 위협에의 우려로 급반전되고 있다. 북한의 핵포기 거부는 이제 공지(公知)의 사실이다. 1월 9일 남북고위급회담에서 북한측 대표 리선권은 우리측의 '비핵화' 언급에 강한 반감을 드러냈다. 놀랍게도 그는 북핵이 '동족이 아닌 미국을 겨냥한 것'이라는 고도의 기만적 심리전술을 구사했다.

남북대화를 지켜보던 미국은 김정은의 핵집착 심증을 확인한 후 군사적 옵션으로 급격히 선회하는 중이다. 이미 모든 준비를 완료하고 타이밍을 저울질하는 단계다. 올림픽 이후가 결정적 시기로 추정되는 가운데, 괌과 주일미군 기지에 3대 전략 폭격기를 포함하는 첨단 자산과 상륙 목적의 특수부대가 배치됐고 조만간 3개 항모 전단이 한반도 해역에 전개된다.

김정은의 호전성을 누구보다 정확히 파악하는 허버트 맥마스터 국가안보보좌관이 대북 전략을 총괄 지휘한다. 그는 선제공격이 결코 최선은 아니지만, 김정은이 핵·미사일로 '미국의 한국 포기'와 '한반도 무력정복'을 노리는 상황에서 이를 막아내기 위한 차악(次惡)의 선택이라고 판단한다. 외교적 카드를 버리지 않는 신중한 입장인 제임스 매티스 국방장관도 6·25 전쟁 시 중공군 개입을 예측 못한 오판을 뼈저리게 되씹으며, 이번

22　홍관희, 「문화일보」 (포럼), 2017.11.6.

에는 기필코 승리를 기약하려 한다. 특히 북한의 보복 대응을 원천 차단하여 한국에 피해를 주지 않는 완벽한 전략을 구상 중이다.

트럼프 행정부는 전술핵을 사용할 의지도 내비치고 있다. 2018년 2월 발표된 핵태세보고서(NPR)는 특별히 북한을 염두에 두고 작성됐다는 것이 통설이다. 냉전 시대 강대국 간의 상호확증파괴 전략과 달리, 대규모 피해가 없는 미니 핵무기를 중소(中小)국가에 사용하려는 취지다. 북핵 대비용 저(低)강도 핵탄두의 실전배치가 그 예다.

시간이 갈수록 '비핵화를 목표로 남북대화를 추진한다'는 문재인 정부 정책이 공허하게 들리는 것은 이처럼 미·북 간 최후 결전이 불가피한 북핵 문제의 본질적 속성 때문이다. 문 정부가 한반도 정세를 판독하지 못하고 '민족공조'의 환상에 사로잡혀 '평화 관리'라는 허구에 집착할 때, 패착과 재앙은 피할 수 없다. 북핵(CVID) 원칙으로 흔들림 없이 대처하는 미국과의 갈등이 그 시작일 것이다.

특히 위험한 것은 남북대화를 미·북 직접대화로 연결시키려는 문 정부의 무모한 발상이다. 놀랍게도 김정은이 2018년 1월초 '미국을 대화로 끌어오기 위해 남한을 이용할 것'과 '대화에서 주도권을 쥐어 한·미 균열을 일으킬 것'을 간부들에게 지시했다고 한다. 아사히신문이 2018년 1월 19일 보도한 내용이다. 정부는 '남북→미북대화' 선순환 낙관이 악순환으로 변질될 수 있음을 간과하지 말라. 북한이 패럴림픽까지 참가하겠다며 4월 1일 시작될 한·미 군사훈련의 중단을 요구하는 배짱에는 "남한 진보세력이 우리 노선에 동조해 유리하다"는 믿음이 배어있다. 또 금강산 올림픽 전야제 바로 그날 북한이 정규군 70주년 열병식을 개최한다니, 평화 올림픽과는 너무 거리가 멀지 않은가. 핵무력 완성 과시에만 열중하는 행동이다.

현송월 방남 전격 취소에서 보듯, 북한은 국제규범·외교관례는 물론 남북 합의사항 위반이 다반사다. 그럼에도 정부가 '남북 평화'만을 믿고 전시작전권 조기 전환, 병력·군복무 감축, 평화체제 구축 등 안보에 부정적 영향을 주는 정책 방안을 쏟아내 국민의 우려가 깊다. 북한을 자극할까봐 美 잠수함의 부산 입항을 거부한 행태는 분명 정상이 아니다.[23]

---

23 홍관희, 「문화일보」 (포럼), 2018.1.22.

6

미국의 대외정책과 북핵 전략

—선제공격이냐 빅딜이냐의 갈림길에서

미국의 세계전략과 대외정책

미국의 세계전략 기조
- 도덕률(morality)과 현실정치(realpolitik)의 균형

국제정치는 세력균형(balance of power) 개념에 입각한 국가들 간의 권력정치(power politics)를 전제로 한다. 이에 따라 모든 나라들은 항상 국제사회의 세력균형 변화와 세력 전이(轉移) 과정에서 자국의 국가안보와 국가이익을 극대화하기 위해 노력한다.

미국은 청교도에 의해 건국된 이민사회(immigrant society)의 나라이다. 여타 대부분의 국가들이 역사적 사회(historical society)의 성격을 갖는 것과 대비된다. 미국 대외정책의 특징은 도덕성(morality)에 기반을 두고, 현실권력(power)을 고려하여 수립·시행된다는 점이다. 역사적으로 美 대외정책의 커다란 명제는 위 상반되는 두 가치를 어떻게 조화시키느냐 하는 것이었다.

미국 국민은 스스로 도덕적 가치를 자기의식화(self-conscious)하고 자기목표로 삼았으며, 국가 정체성(identity)에 일치시켰다. 이에 따라 도덕적 목표는 美 합중국 헌법에 명시된 합법적 명분이 되었다.

"도덕적 가치와 인간 존중이라는 공약은 우리 외교정책의 부속물이 아니라

본질적인 요소였으며 우리의 외교정책을 이끌어 나가는 강력한 추진력이 되었다. 이러한 가치는 우리를 동맹국들과 함께 결속시키는 접착제이며 적과 우리를 분리시켜 놓는 이슈인 것이다."

"인권이란 대의(大義)는 미국 외교정책의 핵이다. 왜냐하면 그것이 미국 그 자체를 이해하는 핵심이기 때문이다. 이들 가치는 거의 미국의 고안물은 아니지만 외교정책을 그러한 이상 추구에 두었다는 점에서 미국은 아마 유일무이한 국가이다. 우리의 힘을 고귀한 목적을 위해서 사용해왔다는 자부심을 미국인에게 주는 지속적인 원천은 그 가치들이다."[1]

여기서 도덕적 목표란 자유세계의 보호와 유지 및 자유민주주의 확산과 인권 신장을 핵심 내용으로 한다. 역대 美 행정부가 북한인권 상황에 지대한 관심을 보여 온 것은 바로 이러한 역사적 전통에서이다. 1980년대 UN 美 대사를 지낸 커크 패트릭(Kirkpatrick)은 "민주주의와 인권을 옹호하고 확산하려는 미국의 외교정책은 애플파이(apple pie)보다 더 미국적이며, 미국의 독립선언(Declaration of Independence)만큼 미국적"이라고 갈파한 바 있다.[2] 미국의 세계 1~2차대전, 한국전쟁, 월남전에의 참전과 2차대전 후의 반공정책은 도덕적 목표가 그 배경에서 작용한 예라 해도 지나치지 않는다.

1970년대 후반 카터 행정부의 인권정책은 도덕률을 외교정책에 있어 최고의 기준으로 삼은 중요한 사례이며, 클린턴 행정부 시기의 소말리아·하이티 개입 및 코소보 전쟁 역시 도덕률에 입각한 인도주의적 개입을 실천에 옮긴 외교정책의 전형적 선례로 꼽힌다. 미국의 역대 정부가 중국과

---

[1] 조지 P. 슐츠(George P. Shultz) 국무장관, "인권과 미국 외교정책의 도덕적 차원," 1984년 2월 22일 일리노이 워싱턴의 날 연회에서 행한 연설 내용.
[2] Jeane J. Kirkpatrick, "Human Rights and Foreign Policy," USA Today, January 1984, p. 17.

북한의 인권 유린을 공개적으로 문제 삼고 이를 UN에 문제 제기해 온 것도 같은 맥락이다.

한편 세계정치의 현실권력적 측면을 고려한다는 것은 군사력에 기초한 힘의 바탕 위에 외교정책을 전개함을 말한다. 곧 세계체제의 안정 및 평화 유지를 위한 지도자 역할, 현상타파적 패권국가의 출현을 저지하기 위한 균형자(balancer) 역할, 패권안정을 위한 공공재(public goods) 역할 등을 수행하기 위해 군사력의 중요성을 항상 강조하는 미국의 대외전략을 의미한다.

美 대외정책에서 시시때때로 번갈아 나타나는 고립주의(isolationism)와 국제주의(internationalism) 현상은 국제정치 환경이 도덕적 목표를 수행하는데 얼마나 긍정적인가에 달려 있다. 국제주의는 개입주의(engagement) 또는 관여주의(enlargement)로도 불리며 개입의 정당성이 확고하고 국제환경의 여건이 순조로울 때 실행에 옮겨졌다. 6·25 한국전쟁 참전은 그 전형적 예이다. 한편 고립주의는 먼로주의에서 연원(淵源)하는 것으로 국제여건이 여의치 않을 경우 현실주의로 회귀함을 뜻한다. 닉슨 행정부 시절 베트남에서의 철수는 고립주의 및 현실주의 회귀 사례의 상징이 되었다.

패권안정이론

미국의 대외정책을 설명하는 대표적 이론은 패권안정이론(Hegemonic Stability Theory)이다. UN이 아직 세계정부 역할을 효과적으로 수행하지 못하는 상황에서 국가 간 일어나는 숱한 분쟁과 갈등을 어떻게 해결해 나갈 것인가는 세계 최강대국인 미국을 비롯한 모든 나라들의 관심사이다.

어떤 형태로든 질서를 컨트롤하는 중심이 없이 모든 나라가 각각의 무제한적인 힘과 이익 및 패권을 추구한다면, 국제사회는 본질적으로 '이리 대

이리의 영원한 투쟁'의 자연상태를 벗어나지 못할 것이다. 현실주의 국제정치학자 미어샤이머가 "무정부적(anarchic)"이라고 부르는 상황이 될 것이다.[3]

패권안정이론은 힘(power)과 선의(善意)를 보유한 패권국가가 출현하여, 착취와 지배 및 이기심에 의하지 않고 공공의 이익을 추구하는 리더쉽 국가 역할을 수행할 때 국제사회의 안정이 가능할 것이라고 보는 국제정치 이론이다.

> "개방되고(open) 자유로운(liberal) 세계경제가 유지되기 위해서는 강력한 힘을 가진 패권국가의 존재가 필요하다⋯패권국가는 또한 독점적 힘을 가진 나라들이 다른 나라들을 착취(exploit)하는 행동을 막아내야 한다."[4]

이 경우 선의의 패권국가는 경제 용어로 '공공재(public goods)'에 비유되기도 한다. 곧 패권국가가 공공재의 예가 될 수 있는 핵우산, 석유수송로, 자유시장경제체제 등을 자신의 비용으로 지탱하고 떠받침으로써 '무임승차자(free-rider)'가 이를 사용하도록 하고, 국제사회의 안정과 평화를 확보하며, 이기적인 패권국가의 출현을 저지하려는 것이다.

한 마디로, "선의의 패권국가, 곧 리더쉽을 가진 강대국이 국제사회의 안정과 평화에 기여한다"고 요약할 수 있다. 여기서 '공공재(public goods 또는 collective goods)'란 다음과 같은 의미를 갖는다.

---

[3] 미어샤이머는 그의 한국 방문 강연 초록(The Rise of China and the Fate of South Korea)에서 강대국이 주요 역할을 할 수밖에 없는 국제정치 현실을 법치가 작용하는 국내정치와 구별하는 의미에서 "무정부상태(anarchy)"라고 불렀다.

[4] 패권안정이론의 창시자는 미국의 경제학자 찰스 킨들버거(Charles Kindleberger)로 알려져 있다. 그는 패권이란 말보다는 "리더십(leadership)"과 "책임(responsibility)"이라는 용어를 선호했다. 그의 *Money and Power: The Economics of International politics and the Politics of International Economics* (New York: Basic Books, 1970). 또한 그의 *The World in Depression*, 1929~1939 (Berkeley: University of California Press, 1973). 또한 Robert Gilpin, *The Political Economy of International Relations*, (Princeton University Press, 1987), pp. 72–73.

"공공재는 (국내 차원에서) 개인이 그 재화를 사용하더라도 총량이 줄어들지 않기 때문에 다른 사람이 사용함에 있어 하등의 차이를 느끼지 않는 재화를 뜻한다. 도로(道路)가 그 대표적 예이다. 그러나 개인들이 그 재화를 사용함에 있어 어떤 대가도 지불하지 않기 때문에, 정부와 같은 기관이 존재하여 모든 소비자들로 하여금 그 사용 대가를 지불하도록 강제하지 않는 한, 공공재의 공급량이 줄어들 소지가 있다."[5]

"국제사회 내에는 그러한 성격을 가진 공공재가 반드시 존재한다. 세계의 자유시장경제체제는 패권국가에 의한 이러한 공공재의 공급 없이 자생적으로 존속할 수가 없다. 특히 자유경제체제는 공공재를 사용하면서도 그 대가를 지불하려하지 않는 '무임승차자'에 의해 위협받게 되고, 특히 다른 나라의 이익을 침해하면서 자국의 이익을 배타적으로 추구하는 독점적 위치에 있는 국가들에 의해 위협당하기 쉽다."[6]

패권안정이론에 의하면 "패권국가는 반드시 자유주의적 가치를 추구"해야 하며, 모든 국내 질서와 제도들이 "자유주의적 세계질서에 부합하는 것"이라야 한다. 그 이유는 "자유시장체제에 대한 신념이 없는 패권국가는 세계를 제국주의 체제로 이끌어 갈 가능성이 높으며 또 보다 약한 국가들에게 정치·경제적 제약을 가할 가능성이 높기 때문"이다. 그 예로선 소비에트 블록을 들 수 있다.[7]

이런 점에서 로버트 길핀(Robert Gilpin)은 "자유시장체제가 형성·발전되기 위해서는 ①패권국가의 존재 ②자유주의적 이데올로기 그리고 ③공

---

5   상게서. p. 74.
6   상게서.
7   Robert Gilpin, *The Political Economy of International Relations*, (Princeton University Press, 1987), pp. 72-73. 또한 김의곤, 「현대국제정치이론」(집문당: 2002), pp. 237-238.

통의 이해관계" 등 3가지 전제조건이 충족되어야 한다고 주장했다.[8] 길핀은 다음과 같이 썼다.

> "패권국가는 무임승차와 (이기적인 나라들의) 속임수를 막아내야 하며, 자유시장경제의 규범을 실행해야 하고, 다른 국가들이 국제질서 운영비용을 분담할 수 있도록 독려해야 한다. 그리고 경제적 민족주의(economic nationalism)로 흐를 수 있는 경향을 차단해야 한다"[9]

이러한 국제정치의 이론적 배경에 입각하여, 미국은 스스로 선의의 패권국가 역할을 자임(自任)하려 한다. 그 이유는 그러한 역할을 통해서 세계의 안전과 평화는 물론 자국의 안전과 평화를 보장할 수 있다고 믿기 때문이다. 미국에 있어서 '국가이익(national interests)'의 개념은 다른 나라들의 경우보다 훨씬 더 포괄적이다. 곧 미국은 자국의 국가이익과 세계체제의 안전 및 평화를 일치시키는 경향이 있다. 이에 따라 미국은 국가안보전략의 3대 목표를 ①외교 및 군사적 수단을 통한 안보 증진 ②미국의 경제적 번영 ③全 세계적으로의 민주주의 확산 등으로 설정하고 그 정책을 추진해왔다.

패권안정의 역사적 예로서는 19세기 후반~20세기 초까지의 영국과 1945년 이후의 미국을 들 수 있다. 패권안정에 입각한 국제질서로부터 혜택을 가장 많이 보는 국가들은 아마도 중소(中小) 국가들일 것이다.

트럼프 행정부: '패권안정·美우선주의·역외균형'의 혼합 전략

트럼프 행정부의 세계전략은 위에서 살펴 본 미국의 전통적인 패권

---

8   상게서.
9   Gilpin, 상게서. p. 75.

안정이론에 입각한 대외전략 기조를 유지하되, '미국 우선주의(America First)'를 표방하고 있는 것이 특징이다.[10] 트럼프 행정부의 출범을 전후하여, 美 조야에서는 향후 미국의 세계전략이 대외개입을 제한하는 방향으로 전개돼야 한다는 '역외균형(Off-Shore Balancing) 전략'이 제기되었다.

그 대표적 주창자인 존 미어샤이머(John Mearsheimer)와 스테판 월트(Stephen Walt)는 급변하는 국제정세 속에서 미국이 무한정 세계경찰 역할을 담당하지 말고, 동맹국들이 스스로 그들의 방위를 떠맡도록 역할을 부분적으로 인계하고, 지역문제 해결에도 동맹국들이 앞장서도록 해야 한다는 논지를 폈다.[11] 이들은 미국이 가능한 한 군비와 경제력을 절약하고 비축하여, 절실하게 필요할 때에만 개입함으로써 효과적인 개입 성과를 내도록 하며, 초(超) 강대국으로서 미국의 패권 위상을 지속적으로 견지해야 한다고 주장하였다.

'역외균형(Off-Shore Balancing) 전략' 개념은 트럼프 행정부의 대외전략 구상에 적지 않은 영향을 미친 것으로 판단된다. 트럼프 행정부가 출범 이후부터 NATO·한국·일본 등 우방국과 방위비 부담 논쟁을 벌이고, 특히 파리기후조약에서 탈퇴하며, 아시아·태평양 자유무역협정인 「환태평양 경제동반자 협정(Trans-Pacific Strategic Economic Partnership, TPP)」 탈퇴를 선언하면서 '보호무역주의로의 회귀' 비판을 받아 온 것은 이러한 배경에서일 것이다.

그럼에도, 미국이 선의(善意)와 군사력을 토대로 세계 경찰과 공공재 역할을 수행한다는 종래의 패권안정 대외전략은 트럼프 시대에 들어와서도 위축될 것 같지 않다. 2018년 1월 다보스 경제 포럼을 전후하여 트럼프 대

---

10 미국의 패권과 세계 질서에 대하여는 Andrew Heywood 지음. 김계동 역. 「국제관계와 세계정치」 (명인문화사, 2016), pp. 229-230.

11 John J. Mearsheimer and Stephen M. Walt, "The Case for Off-Shore Balancing: A Superior U.S. Grand Strategy" *Foreign Affairs*, July/August 2016 Issue.

통령이 TPP 재가입을 시사한 것도 미국의 세계적 역할을 쉽게 외면할 수 없다는 상황적 인식을 반영한 것으로 봐야 한다.

무엇보다도 트럼프 핵심 참모들이 한결같이 '힘을 통한 평화(peace through strength)'를 강조함으로써 과거 레이건 정부의 유산을 계승하려는 모습을 보이는 점 역시 이를 뒷받침한다.[12] 미국은 정파를 초월해 테러 관련국, 북한, 중국, 러시아, 이란 등을 "미국 안보에 대한 잠재적 적대세력"으로 규정하고, 이들에 대처하기 위해 동맹국들과의 안보 협력 강화가 필수적이라고 인식해왔다.[13]

트럼프 대통령은 이에 따라 오바마 정부 시절의 국방 부문 '시퀘스터(자동 예산 삭감)'를 폐기하고 아·태 지역에서의 획기적인 해군력 증강을 정책에 반영시키고 있다. 미국 국방비는 2017년에 전년 대비 10% 증액된 $6,030억로 책정되었고, 이어 2018년 10월 1일~2019년 9월 30일까지의 2019회계연도 예산안에는 6370억 달러의 국방비가 책정됐다.[14]

'중국 견제'가 대외전략 우선순위로 부상

중국의 대외팽창이 全 세계적으로 주목을 받고 있는 가운데, 트럼프 행정부는 중국을 미국의 세계 패권에 도전하는 가장 위험한 국가로 인식하고 이에 대처하는데 골몰하고 있다. 2018년 1월 美 국방부가 펴낸 「국방전략(National Defense Strategy)」 보고서는 지금까지의 對테러전이 마무

---

12   전봉근 外, "미·중 경쟁시대의 동북아 국제정치와 한국 안보," 「IFANS 주요국제문제분석」, 2017-09. pp. 11-12.
13   美 국방부가 2015년 6월말 발간한 「2015 미 군사전략 보고서(The National Military Strategy of the USA 2015)」 참조
14   美 경제전문방송 CNBC, 2018.2.12. 한반도 주변국 군사비 지출(미국 포함)에 대해서는 이 책의 7장 "가속화하는 2017 동북아 군비경쟁" 참조.

리된 것으로 판단하고, 향후 국방전략의 초점을 중·러 등 "현상타파 세력 (revisionist power)"과의 세력쟁투에 둘 것이라고 선언했다.[15]

지금은 사임했지만 트럼프 대통령의 핵심 참모이자 전략가였던 배넌(Steve Bannon)은 앞으로 5~10년 안에 남중국해에서 미·중 간 전쟁이 일어날 것으로 예상해 파문을 던진 바 있다. 트럼프 대통령의 핵심 경제참모인 피터 나바로(Peter Navaro) 캘리포니아대 교수도 "중국이 미국의 이익을 갉아먹고 있으며, 중국과의 전쟁도 불사해야 한다"고 주장했다.[16] 한편 조지 W. 부시 행정부 시절 국가안보회의(NSC) 보좌관을 지낸 마이클 그린은 미국의 아시아 정책 기조에 대해, "(타국의) 독점적인 패권 형성을 용인하지 않는다는 것"이라고 규정했다.[17]

美 중앙정보국(CIA) 폼페이오 국장 역시 미국의 가장 큰 위협으로 러시아가 아닌 중국을 지적했다.[18] 폼페이오 국장은 "중국은 (현재 위협으로 꼽히고 있는) 러시아, 이란과 달리 특정 자원에 의존하지 않는 경제성장을 이뤘고 인구도 많기 때문에 중·장기적으로 다른 어느 국가보다 미국에 가장 큰 경쟁 상대가 될 가능성"이 있다고 강조했다. 폼페이오 국장은 중국은 끊임없는 군사력 강화로 미국을 경쟁상대로 생각하고 있다면서, "중국과 미국은 다양한 분야에서 교류하고 있지만 군사적인 측면에서 볼 때는 경쟁 상대"라고 주장했다. 이에 대해 중국은 루캉 외교부 대변인의 말을 통해 "(폼페이오 국장의 발언은) 냉전적 사고를 반영한 것"이라고 비난했다.[19]

---

15 美 국방부, *2018 National Defense Strategy* (2018.1).
16 Peter Navaro, *Death By China: Confronting the Dragon – A Global Call to Action* (paperback), May 15, 2011. 나바로(Navaro) 교수는 이 책 전편에 걸쳐 이 점을 강조하고 있다.
17 이태환, "트럼프 정부 시기 미·중 관계와 한반도," 「세종정책브리핑」 No. 2017-16 (2017.7.28). pp. 1-2. 마이클 그린의 저서 *More Than Province*에서 인용됨.
18 美 정치전문 매체 워싱턴프리비컨이 2017년 7월 26일 보도한 내용 참조.
19 김효인, "CIA국장 '美 최대위협은 러 아닌 중국'…中 '냉전시대 발상,'" 「조선일보」,

대통령 선거 과정부터 트럼프 대통령 핵심 참모들이 '역(逆)닉슨 전략 (Reverse Nixon)'을 설정해, 미·러 연대로 중국의 팽창을 견제한다는 전략을 구상한 것도 사실이다. 곧, 과거 70년대 닉슨 행정부가 중국을 끌어들여 소련을 견제했던 것과 마찬가지로, 이번에는 러시아를 끌어들여 중국을 견제한다는 전략이다. 그러나 상기한 국방전략보고서에서도 강조되었듯, 푸틴의 동유럽 및 중동에 대한 영향력 증대 시도와 2016년 美 대통령선거 과정에서의 러시아 개입 스캔들의 여파로 이 전략은 빛을 잃고 있는 것으로 보인다.

트럼프 대통령 캠프 내 전략가들은 유럽의 경우 西유럽 국가들의 힘으로 러시아의 팽창을 막을 수 있다고 보는 반면, 아시아의 경우 중국의 팽창을 막기 위해선 미국이 힘의 우선순위를 아시아에 두어야 한다고 판단하고 있다. 비록 러시아의 선거 개입 파문이 커지면서 대외전략 기조에 혼돈과 차질이 일고 있으나, 큰 틀에서 이러한 중국위협론 기조는 향후 대외전략의 골간이 될 것으로 예상된다.

21세기의 국제정치 뉴노멀(new normal)이 미·중 패권경쟁으로 압축되면서, 미국의 대외전략이 중국 견제 쪽으로 가닥을 잡는 모습이다. 이는 '기존의 세계패권국에 신흥 패권국이 도전함으로써 전쟁이 일어난다'는 투키디데스 함정(trap)이 적실성(適實性) 있음을 강하게 시사해준다.

지난 2017년 4월 미·중 정상회담 직후 형성된 미·중 밀월이 3개월 만에 종식된 것은 미국이 중국의 대북 레버리지(leverage)의 한계를 인식했기 때문이다.[20] 미·중 간 잠재적 충돌 경향이 그 배경에 존재함을 부인할 수 없을 것이다. 중국은 또 북한을 항미(抗美) 목적으로 활용하고 있다.

2017.7.29. 아울러, 2017년 7월 28일 중국 관영 「글로벌 타임스」 참조.
20 미국은 "중국의 북한 제재가 일관성이 없다"며 중국을 압박함. 틸러슨 국무장관, 2017.7.8 G20회의.

이런 점을 고려하면 향후 미국의 대중 전략이 강경화될 가능성이 높다.

미국의 중국 견제 전략은 구체적으로 대북 레버리지를 사용하도록 압박하기 위한 경제 제재, 남중국해에서의 항행의 자유 실천, 대만에의 무기 판매 승인 등으로 '하나의 중국' 흔들기, 미·중 간 무역 불균형 시정 요구, 중국 내 인권 문제 제기[21] 및 중국의 일국양제(一國兩制) 슬로건하의 홍콩 내 언론 자유 침해에 대한 비난 등으로 나타나고 있다.[22] 결국 한반도 주변 정세가 韓·美·日과 北·中·러가 대립하는 신(新) 냉전 구도로 재편될 가능성이 높아지고 있다.

트럼프의 전략 참모 배넌의 중국 견제 시각
– '美의 진정한 敵은 중국, 못 막으면 나치 독일 된다'

2018년초 마이클 울프(Michael Wolff)의 신간(新刊) 「화염과 분노(fire & fury)」가 美 정가를 강타했다. 이 책에 의하면, 前 백악관 수석 전략가였던 스티브 배넌(Steve Bannon)은 중국을 미국의 진정한 적으로 보고 있었던 것으로 나타났다. 특히 배넌은 현재의 중국을 나치 독일이 1929년~1930년에 처했던 상황에 비유하면서, "중국이 1930년대의 독일처럼 극단적 민족주의 국가가 될 수 있다"고 경고했다. 그는 또 "미국이 중국의 굴기(堀起)에 도전할 수 없다면 중국의 운명은 당시의 나치 독일처럼 될 것"이라고 말하기도 했다.

그는 또 일본에서 행한 한 연설에서 "중국의 굴기와 날로 커지는 패권에 대항하기 위해서는 미국과 그 동맹국이 '결단의 계곡'에 들어가는 것이 필요하다"고 주장했다. 배넌은 20세기 서유럽이 나치 독일을 회유하려 했던

---

21 미국, 2017년에 중국을 4년만에 북한과 같은 수준의 '인신매매국가'로 재지정
22 미 국무부 "미국은 홍콩 내 민주주의 체제 발전을 지지한다" 입장 표명

사례를 상기시키며 "상승세를 탄 경쟁국인 중국과 타협하는 것 또한 똑같은 위험을 가진다"고 말하기도 했다.[23]

배넌의 주장이 극단적 측면이 있는 것도 사실이나, 미국의 대외전략을 분석하고 정책의 수립과 실행에 관여하는 많은 인사 중에 배넌과 견해를 같이 하는 사람들이 적지 않다는 점을 간과해선 안 될 것이다.

---

23 「연합뉴스」, 2018.1.6.

트럼프 행정부의 국가안보전략과 핵전략

트럼프 행정부가 2017년 12월 중순 새 국가안보전략(Nuclear Security Strategy) 보고서를 발간한 데 이어, 2018년 2월 '핵태세보고서(Nuclear Posture Review)'를 8년 만에 발표했다. 이 두 문서를 정밀 분석함으로써 향후 미국의 대외전략 및 대북 전략 기조를 점검해 볼 수 있을 것이다.

트럼프 행정부의 「국가안보전략(National Security Strategy)」

□ 기본 관점

2017 국가안보전략(NSS) 보고서는 트럼프 행정부가 출범한지 1년 만에 작성·발표되어 앞으로 상당 기간 美 대외정책의 골간이 될 전망이다. 우선 과거 정부의 안보전략보다 홉스(Hobbes)적 관점이 가미된 것으로 평가된다. 곧 인권, 자유민주주의, 법의 지배 등 도덕적 요소에 대한 고려가 약화되고, 세계를 주권국가들의 무한경쟁으로 파악하여 힘(power)의 요소를 보다 강조한 측면이 있다. 자유주의에 입각한 이상주의적 접근보다는 현실주의적 관점이 강화된 것이다. 특히 중·러와의 패권 경쟁 및 북한·이란·지하드(테러리스트 그룹)와의 대결이 불가피함을 역설하고 있다.

트럼프 대통령은 국가안보전략을 발표하면서 특유의 '미국 우선주의(America First)' 슬로건에 입각해 "미국의 리더십(American leadership)"을 강조했다. 그는 "미국을 내부적으로 안전하고 자유롭게 번영하도록 하면서, 대외적으로는 힘(strength)과 자신감(confidence)으로 지도력을 발휘할 것"이라고 선언했다.

국가안보전략의 이러한 기본 전제 하에 트럼프 행정부는 "원칙 있는 현실주의(principled realism)"를 제시하고 있다. 여기서 현실주의(realism)란 국제정치에 있어서 힘이 갖는 중심 역할을 인정하고, 세계평화를 위해 미국의 강력한 주권과 확고한 국가이익을 추구해 나간다는 의미다. 또 '원칙'의 의미는 범세계적인 자유민주·인권·평화·번영의 가치를 확산시킨다는 미국의 전통적인 도덕적 원칙에 입각하고 있다는 뜻이다.

□ 4개의 핵심 국가이익

미국의 국가안보전략은 4개의 핵심 국가이익으로 구성되어 있다.

첫째, 美 본토(homeland), 미국 국민American people), 그리고 미국의 생활양식(American way of life)을 보호하는 것이다. 안보에 대한 트럼프 대통령의 강조는 유별나다. 러시아와의 선거 공모 스캔들에도 불구하고 그의 지도력이 유지되는 것은 이와 같은 투철한 안보 의식에 기인하는 듯하다.

둘째, 미국의 번영(prosperity)을 한층 함양해 나가는 것이다. 이는 오직 강력한 경제력만이 미국의 힘과 가치를 떠받칠 수 있다는 신념에 기초해있다. 이에 따라 트럼프 행정부는 만성적인 무역 불균형을 더 이상 용인하지 않을 테세이며, "자유롭고(free) 공정하며(fair) 상호적인(reciprocal)" 경제관계를 추구하려 한다.

셋째, "힘을 통한 평화(peace through strength)"를 견지하는 것이다. 곧 강력하고, 나날이 발전하며, 활력을 되찾은 미국이야말로 평화를 확보하고 적대 세력을 물리칠 수 있다는 것이다. 이를 위해 타의 추종을 불허하는 강한 군사력을 건설하는 것이 필수임을 보고서는 강조하고 있다.

넷째, "미국의 영향력(American influence)"을 증대시켜 나간다는 것이다. 역사를 통해 "영구적인 힘(a force for good)"으로 작용해 온 미국은 보편적 가치와 국가이익의 함양을 위해 그 영향력을 증대시켜야 한다는 점이 강조되었다.

□ **중국과의 패권 경쟁에 중점**

국가안보전략 보고서의 가장 큰 중점은 중국과의 패권경쟁에 두어졌다. 보고서는 중국에 대해 "인도·태평양 지역에서의 현 세력균형 구도를 변경시키고(shift the regional balance) 미국을 축출하려(displace the US) 한다"고 맹비난하고 있다. 특히 중·러가 미국의 국가이익·가치와 정반대되는(antithetical) 세계를 만들기 위해 기술·선동·힘을 활용하는 "현상변경세력(revisioinst powers)"이라고 규정하는 경고 메시지를 담았다. 경제적 측면에서도 중국의 행동이 미국 이익을 "갈취하는(extractive)" 길로 가고 있다고 비난하면서, "불공정 무역관행(unfair trade practices)"이 시정돼야 함을 강조하고 있다.

이러한 미국의 전략 방향에 중국 매체들이 강하게 반발했다. 관영 영자(英字)지 「글로벌 타임즈(Global Times)」는 미국의 새 안보전략을 "국제규범에 대한 최대의 방해(the biggest saboteur)"이며 "자유무역에 대한 도전"이라고 주장했다.

중국은 2017년 초 "아태(亞太) 안보 협력에 대한 중국 정책"이란 백서를 처음 발간해 아시아에서 미국의 영향력을 축소시키고 최대 패권국가로 부상하려는 의도를 드러낸 바 있다. 또한 19차 공산당대회 보고서에서도 사상 처음으로 세계적 리더십에 도전하려는 야심을 공식화했다. 21세기 중반까지 국력과 국제적 영향력 측면에서 세계 패권국가가 되겠다고 명시한 것이다.

대외전략 기조 측면에서 미·중 두 강대국의 충돌이 불가피해 보인다. 다만 당장은 전면 전쟁과 같은 충돌은 피하면서 세부 분야에서 치열한 패권 경쟁을 벌여 나갈 것으로 보인다. 시간이 갈수록 두 나라가 국제질서를 두 갈래 방향으로 나누는 일종의 편 가르기를 심화하고 있어, 국제질서가 점차 양분되어가는 형세다. 미국이 자유민주·인권을 중시하는 기존 가치관에 입각해 있다면, 중국은 그러한 가치를 인정하지 않으면서 중국의 국가이익에 유리한 방향으로 새로운 규범과 가치 및 제도를 만들려 시도하는 것이 특징이다.

□ 북한 핵문제에 대한 강력 대응 천명

중국과의 패권경쟁 외에 이 보고서는 테러를 확산하고 이웃 국가들을 위협하며 대량살상무기(WMD) 보유를 추구하는 북한과 이란 및 테러 세력에 대한 강력한 응징 결의를 천명하고 있다. 보고서는 동북아에서 북한이 핵·미사일 및 사이버 능력을 무서운 속도로 향상시켜 나가고 있다고 경고했다. 북한의 도발적 행동은 범세계적 대응을 필요로 하는 심각한 위협이라는 것이 보고서의 인식이다.

특히 북한이 "미국인 수백만을 죽음에 이르게 할 수 있는 핵 능력을 갖추려 하고 있다"고 지적하면서, 압도적인 군사력만이 북한의 도발과 침략 행위에 대응할 수 있음을 강조하고 있다. 그리고 북한 비핵화를 강제적으로 실행할 수 있는 옵션들을 만들어 나갈 각오를 천명하고 있다. 아울러, 동아태(東亞太) 지역 방어 역량을 갖추기 위해 한국 및 일본과의 미사일 방어 협력 필요성을 역설했다.

트럼프 행정부의 「핵태세보고서 (Nuclear Posture Review)」

□ 적(敵)의 비핵(非核) 공격에도 핵 사용 가능

북한의 핵·미사일 데드라인이 2018년 상반기 정도로 예상되는 가운데, 미국이 새로운 '핵태세 보고서(Nuclear Posture Review)'를 2월 발표

함으로써 세계의 관심이 집중되었다. 그 핵심 내용은 핵무기 사용의 유연성으로 압축된다.[24]

곧 핵무기 사용을 지금까지의 '방어 목적'으로 제한하지 않고 공격 목적으로도 사용하겠다는 취지다. 특히 적(敵)의 비핵(非核) 공격 시에도 핵무기 사용을 허용한 것이 특징이다. 이와 관련, 미국 과학자연맹(the Federation of American Scientists)의 크리스텐센(Hans Kristensen) 핵정보 프로젝트 실장은 "약함(weakness)은 전쟁으로 가는 지름길이며, 강력한 힘이야말로 방어의 가장 확실한 수단"이라고 강조했다. 적대국의 비핵 공격 범위에는 미국 내 기간 시설에 대한 사이버 공격도 포함됐다.

미국의 핵태세 보고서는 매 8년마다 작성된다. 지난 2010년 보고서는 오바마 행정부 때 작성되었고, 그 핵심 내용은 "핵 없는 세상"이란 슬로건이 말해주듯 핵확산을 엄격히 제한하는 것이었다. 그러나 이번 보고서의 경우 북한의 핵·미사일 위협에 직면해 있는 상황에서 美 정부의 핵정책이 적극적이고 공세적인 방향으로 극적인 변화를 보여 주목된다.

□ 북핵 대비용 저(低)강도 전술핵무기 개발

2018 핵태세 보고서가 상정하는 공격용 핵무기는 전술핵으로 제한될 것이란 예상이 지배적이다. 전술핵은 대략 폭발력이 20kt 이하로서 야포나 단거리 미사일 등에 탑재되고 핵배낭·핵지뢰·핵기뢰 등의 용도를 갖고 있다. 반면 전략핵무기는 폭발력이 수백kt에 이르고 ICBM이나 SLBM 그리고 전략폭격기에 탑재된다.

---

24 당초 CIA가 트럼프 대통령에게 3월말 시한을 보고한 것으로 알려졌으나, 지난 2018년 1월 30일 폼페이오 CIA 국장은 BBC와의 인터뷰에서 "김정은이 불과 몇 달 뒤에는 핵무기를 미국으로 보낼 수 있는 능력을 갖게 될 것"이라고 말했다. 그는 또 "CIA의 임무는 위기를 비외교적 수단을 활용해 줄일 수 있는 선택에 대한 정보를 대통령에게 전달하는 것"이라고 강조했다.

구체적으로, 미국이 2019년 실전배치할 계획으로 있는 B61-12 스마트 핵폭탄은 대표적인 전술핵무기다. 폭발력이 20~100kt에 이르며 최대 2km 정도 지하까지 타격할 수 있어 북한의 지하 핵·미사일 기지나 김정은의 은거지를 파괴할 수 있다. 또 기존의 토마호크 미사일에 핵을 탑재하고 스텔스 기능을 갖춰 3,400km까지 비행해 공격할 수 있는 AGM-129 스텔스 순항 미사일도 전술핵무기로 분류된다. 러시아와 2012년 전략무기감축협정으로 폐기하려 했던 것을 이번에 재재발해 실전배치할 계획이라는 것이다. 모두 북한을 일단 염두에 둔 것으로 추정된다.

한편 영국 가디안지(紙)는 미국 정부가 북핵 대비용 '저강도(low-yield)' 핵무기 개발 정책을 발표할 것을 예상했다.[25] 여기에는 SLBM인 트라이던트 D5를 위한 저강도 핵탄두 개발 내용도 포함됐다. 군사전문가들은 이번 핵태세 보고서에 타격 범위에 따라 폭발력(출력) 조절이 가능한 가변성 출력 '미니 핵무기'가 포함된 점에 주목하고 있다.

폴 셀바 美 합동참모본부 차장은 "냉전 시대 미국이 소련을 염두에 두고 수립한 '상호확증파괴' 전략은 중소(中小) 국가들을 상대하기에 적합하지 않다"면서, "무차별적인 대규모 피해 없이 핵전쟁을 할 수 있는 무기가 필요하다"고 밝혔다. 현재 美 공군은 위력이 2만t 이하인 비(非)유도 자유낙하형 전술 핵폭탄을 보유하고 있다.

이에 따라 핵무기 현대화를 위해 앞으로 30년 동안 미국이 1조 달러 이상의 군사비를 지출할 것으로 예상된다. 또한 미사일 방어 계획에 대한 전반적인 재평가와 단 한발의 미사일로 적의 탄두를 탐지·추적·파괴할 수 있는 미사일 방어 계획도 추진되고 있다.

---

25 *The Guardian*, 2018.1.9.

미국의 한반도 전략

미국의 東아시아 전략

미국의 한반도 전략을 논하기 전에 먼저 미국의 東아시아 정책을 간략히 살펴볼 필요가 있다. 첫째, 미국은 아시아에서 자유민주주의·자유시장경제를 수호하려는 목표 하에 자유무역과 국제통상을 보호하는 것을 최우선 목표로 삼고 있다. 이에 따라 南중국해 자유항행 권리의 수호와 중국 및 북한 내부에서의 인권 증진이 외교정책의 구체적 목표로 제시되고 있다.

둘째, 현실주의적 권력정치 측면에서 미국은 東아시아 지역에서의 적대적인 패권국가 출현을 저지하며, 아·태 지역에 대한 미국의 정치·경제·군사적 접근을 확보하고 이를 굳건히 유지하려 한다. 이에 따라 西태평양에 美 군사력의 주력(主力)을 배치하여, 중국의 군사팽창을 견제하고 지역분쟁을 평화적으로 해결하려 한다.

이 외에, 東아시아에 있어서의 미국의 대외전략 목표로서는 다음 사항들이 열거될 수 있다: △북한의 대량살상무기 억제와 무력도발 위협의 제거 △러시아의 남진 저지 △한·미 동맹과 미·일 동맹의 강화 △필리핀·대만·베트남·인도 등과 연합하여 西태평양 및 인도양에 이르는 해상질서의 확보 등이다.

미국의 한반도 전략 – 자유민주체제로의 통일 희망

　미국의 한반도 정책은 위에서 언급한 세계전략 및 東아시아 전략 기조에 입각하여 다음과 같은 목표를 설정하고 있는 것으로 분석된다. 우선 한반도에서 한국의 자유민주체제를 수호하는 것이 가장 핵심적 정책목표다. 이를 위해 북한의 대남무력도발을 저지해야 하며, 특히 북한의 대량살상무기(핵·미사일·생물·화학무기)와 사이버 공격을 막아내야 한다. CVID 원칙에 입각한 북한 비핵화 정책이 일관되게 유지되는 배경이다. 아울러, 북한의 인권 증진을 위한 정책을 중단없이 추진하며, 특히 북한 급변사태 시 한·미연합군의 북한 진입을 위한 비상 작계를 세워놓고 있다.[26]

　이러한 정책 기조에 입각하여, 한반도 통일에 대한 미국의 입장과 정책은 △기본적으로 한국 주도의 자유민주통일을 지지하며 △북한 주도의 대남적화통일을 저지하고 △중국의 한반도 영향력 확대에 반대하며 △북한 급변사태 시 한국과 협력하여 자유민주체제로의 全 한반도 통일을 지원하는 것으로 요약된다. 최근 북핵 문제의 해결방안으로 북한 '레짐 체인지(regime change)' 전략을 적극 검토하는 것도 이러한 정책 목표의 일환이라고 볼 수 있다.

　미국은 통일 후에도 한·미 동맹의 유지를 희망하고 있다. 다만 통일 후 주한미군 주둔 여부는 한국 정부와의 긴밀한 협의 속에서 결정될 것이다. 미국 역대 대통령의 한반도 통일 관련 주요 언급을 보면 다음과 같다.

　　△ 1953년 아이젠하워: "미국은 모든 평화적 수단을 동원해 한국통일 노력을 단념하지 않을 것이다."
　　△ 1979년 카터: "우리는 국제질서의 변화를 이용하여…궁극적으로, 한반도에 영구적 평화와 통일을 가져오도록 해야 한다."

26　작계 5029가 2015년에 작계 5015로 통합 개편됨.

△ 1985년 레이건: "우리는 민주적 수단을 통하여 분단국가의 평화적 통일을 궁극적으로 이루어야만 한다."
△ 1992년 부시: "미국인들은 한국인들이 받아들일 수 있는 조건으로 한국의 평화적 통일목표를 공유한다."
△ 1993 클린턴: "한국인들이 받아들일 수 있는 조건으로 한국의 평화적 통일 목표를 공유한다(상동)." 여기에 덧붙여 "그리고 통일이 되었을 때 여러분이 초안을 만든 조건에 따라 이행할 수 있게 여러분 곁에 서 있을 것이다."
△ 2002년 부시: "나는 어느 날 철조망과 두려움으로 분단된 대신 통상과 협력으로 결합된 한반도를 봅니다… 그리고 그 날이 왔을 때 모든 한국인들은 미국에서 강력하고 자발적인 친구를 발견할 것입니다."
△ 2009년 오바마·이명박 한·미 정상 '공동비전(Joint Vision)' 발표: "자유민주주의와 시장경제 원칙에 입각한 평화적 통일을 건설하기 위한 미국의 목표" 천명
△ 2013.5.7. 오바마·박근혜 한·미 정상 공동선언: "양국 대통령은 동맹 60주년 공동선언에서 자유민주주의와 시장경제 원칙에 입각한 평화통일을 추진한다는 점을 명확히 할 것"이라며 "한·미 양국이 앞으로 논의할 의제에서 남북한 평화통일이 차지하는 비중이 크다"고 선언

이명박·박근혜 정부 들어서서 무엇보다도 큰 성과라면 한·미 동맹 간 '가치동맹'을 재천명하는 과정에서 통일문제까지 포함되었다는 점이다. 곧 양국 정상은 자유민주주의에 입각한 한반도 통일 과정에서 미국의 참여와 협조를 정상 간 공동선언에 명문화하였다. 5·7 공동선언은 향후 한반도 통일과정에서 미국의 협조와 개입을 담보하는 중요한 문건이 될 수 있을 것으로 판단된다.

미국은 종래 한반도 통일 과정에서 대량살상무기(WMD) 해결에 우선순위를 두었던 것이 사실이다. 그러다가 최근 한국 주도의 통일에 적극 협조할 것을 약속하였고, 미국의 행동을 끌어낼 수 있는 근거가 마련된 것이

다. 2016년 3월 러셀 국무부 차관보는 "한국을 닮은 한반도 통일을 지지"한다는 표현을 사용하였다.[27]

결국 한반도에 있어서 미국의 대외전략은 이 지역 안정에 대한 최대 위협으로 간주되는 북한의 핵·미사일 개발을 저지하면서, 한반도 전체에 자유민주주의와 인권을 증진하는 것으로 압축된다. 아울러, 대한민국 국민과 정부가 원한다면, 한반도에 자유민주주의 체제로의 통일을 지원할 용의를 갖고 있음이 분명하다.

문제는 한국 정부의 입장이다. 2017년 출범한 문재인 정부가 한국 주도의 '흡수통일'에 반대하고, 전시작전권 전환 등 한·미 동맹의 핵심을 형성하는 한·미 양군(兩軍) 간 지휘체제의 근간을 바꾸려는 정책을 추진할 경우, 위의 시나리오는 물거품이 될 가능성을 배제할 수 없다.

---

27   *VOA*, 2016.3.25.

트럼프 행정부의 북핵 전략

북한 핵·미사일 불용(不容) 원칙

트럼프 행정부의 북한 핵·미사일 불용 방침은 확고해 보인다. 트럼프 행정부의 대북정책은 미국 세계전략의 큰 틀 내에서 한반도의 안정과 평화를 유지하기 위해, 이 지역 안정에 대한 최대 위협이라 할 북핵을 억지하는 것이다. 그러나 지금까지 미국은 북한 핵·미사일 개발을 막지 못했다. 그리고 이제 그 인내의 임계점에 도달한 것이다.

미국은 美 본토를 겨냥하는 북한의 핵·미사일의 저지를 다짐하고 있으나, 방법론을 놓고 고심하고 있다. 김정은은 2017년에 ICBM 공격력을 완료하겠다고 공언해 놓은 상태이며 나날이 기술적 진보를 이룩해 나아가고 있다. 미·북 간 충돌 가능성은 점점 높아지고 있다. 중국 측이 제안하고 있는 북핵 동결이나 중단은 트럼프 행정부에서 적어도 현 시점에서는 고려되지 않고 있다.

'전략적 인내(strategic patience)는 끝났다'는 북핵 인식

지난 2016년 11월 美 대통령 선거 이후 오바마 행정부로부터 트럼프 행정부로 권력이 이양되는 과정에서 북한 핵·미사일 문제는 미국 대외전략의 최대 현안으로 부상했다. 트럼프 행정부 대외전략 참모들은 북한 핵·미사일 능력이 지속적으로 증대돼 온 데 대해 오바마 행정부의 "전략적 인내(strategic patience)"정책의 책임론을 강하게 부각시키고 그 폐기를 다짐했다. 곧 오바마 행정부가 북한의 핵·미사일 증강을 방치함으로써 "북핵 저지에 실패"했다는 진단을 내린 것이다. 더 나아가 북한 핵을 더 이상 방치하는 것은 불가하며, 미국은 어떤 방법으로든지 이를 해결할 것을 다짐해 왔다.[28]

트럼프 대통령과 백악관 및 행정부 주요 외교안보 인사들은 미국의 대북정책과 관련하여 "북한과의 전략적 인내 시대는 실패했다. 수년 동안 있었지만 실패했다. 솔직히 말하면 이제 이 인내는 끝났다"며 오바마 행정부의 '전략적 인내' 정책에 종언을 선언했다. 또 북한이 대화의 장으로 나오도록 하기 위한 국제적인 제재와 압박도 강조했다.[29]

그러나 트럼프 행정부가 오바마 때와 달리, 효율적인 북핵 해법을 제시할 수 있느냐가 큰 주목거리다. 북한이 핵탄두 소형화와 미사일 핵탑재 능력을 완비함으로써 갖게 된 '제2 보복공격 능력(second-strike capability)' 때문에 선제타격 능력이 제한되고 있기 때문이다. 그 대안으로 제시되는 외교적 방법 역시 북한의 기만전술로 기대 난망인 상황이다. 결국 "최고의 압박과 관여(maximum pressure and engagement)" 전략과 최후의 수단으로서의 군사 옵션이 다시 거론되고 있다.[30]

6자회담 실패에 대한 성찰

28 　트럼프 대통령은 북한 핵·미사일 문제가 "Big Problem.. North Korea behaves badly"라며 이를 규탄하고 어떻게든지 해결해 나갈 것을 다짐해왔다.
29 　「머니투데이」, 2017.7.1.
30 　Anna Fifield, "North Korea fires Ballistic Missile, First since Trump elected in US," *Washington Post*, February 11, 2017.

전략적 인내와 함께, 북핵 문제 해결을 위한 6자회담 역시 실패했다고 보는 것이 미국의 한국 문제 전문가들의 견해이다.[31] 트럼프 행정부는 북한 핵·미사일 저지를 위한 종래의 외교·대화 및 압박 수단이 효과를 보지 못했다는 사실에 주목하고 있다. 외교·대화를 통해 북한 핵을 포기시킬 수 있다는 낙관주의적 이상은 사실상 트럼프 행정부 참모들 사이에서 사라지고 있다.[32]

이런 상황에서 북한은 핵보유만이 미국의 "위협과 침략"으로부터 그들의 체제를 지킬 수 있는 "자위적 핵억제력"을 보장할 수 있다고 주장한다. 그리고 핵·미사일 능력을 기초로 북한이 원하는 협상 조건 및 협상 프레임으로 미국을 끌어들일 수 있다고 믿고 있다.[33]

6자회담은 당초 북한을 제외한 5개 참가국이 동북아시아의 안보를 달성하고 북한을 고립상태에서 벗어나도록 유도하여 "합법한 행동을 통해 합법적인 국가가 되도록 돕기 위한 취지"에서 시작됐다.[34] 처음에는 성공을 예견하고 기대됐던 것이지만, 북한의 집요한 핵보유 정책으로 인해 성공하지 못하고 실패한 실험으로 막을 내렸다. 6자회담의 실패는 결국 '북한이 실패한 정권'임을 입증하려는 최초의 목표에 성공하지 못한 대표적 외교실패 사례로 기록되게 되었다는 것이 트럼프 행정부의 인식이다.

---

31 예컨대, 미국 전략국제문제연구소(CSIS)의 존 햄리 소장은, "객관적으로 볼 때 (북핵 문제 해결을 위한) 6자회담은 실패하고 있다"고 주장했다. 서울 장충동 신라호텔에서 통일부와 고려대 일민국제관계연구원 주최로 열린 2011년 '코리아 글로벌 포럼'(KGF)에 참석한 햄리 소장의 기조강연 및 질의응답 참조. 「연합뉴스」, 2011.9.1.
32 Evans J.R. Revere, 전게서. p. 8.
33 David Straub, "North Korea Policy: Recommendations for the Trump Administration," Korea Economic Institute of America, *Academic Paper Series*, December 7, 2016.
34 전게서.

북한 ICBM 성공에 대한 경계

美 본토를 겨냥하는 ICBM을 북한이 확보할 시기에 대하여, 당초 국내외 전문가들은 늦어도 5년 이내 아니면 그보다 빠른 시일 내에, 아마도 트럼프 행정부 임기 내로 예상했다. 그러나 북한의 ICBM 개발 속도가 빨라지면서, 북한 핵·미사일에 대한 경계론 내지 선제타격을 포함하는 강력한 응징론이 확산돼왔다.

제임스 매티스 美 국방장관은 북핵 문제를 미국의 최우선 안보 현안이자 위협으로 다룰 뜻임을 분명히 했으며, 렉스 틸러슨 국무장관도 상원인준청문회에서 "북한의 미 본토에 대한 위협을 막기 위해 국력의 모든 부분을 동원할 준비가 돼있다"고 경고했다. 틸러슨 지명자는 상원 인준청문회에서 "이란과 북한 같은 '적(敵)'들이 국제 규범에 순응하기를 거부해 중대한 위협이 되고 있다"고 지적했다.[35]

대통령 선거 기간 중 트럼프 후보자는 김정은과 햄버거를 먹으며 협상할 태세가 되어 있다고 말한 적도 있다. 그리고 김정은을 '미치광이'라고 격하(格下)하기도 했다. 트럼프 대통령의 북한 핵·미사일에 대한 인식은 그가 2000년 "북한 원자로를 폭격할 준비가 돼 있다"라고 언급한 데서 잘 드러난다.[36]

기회가 있을 때마다 트럼프 대통령과 그의 안보 담당 핵심 참모들은 북한 핵·미사일을 용인하지 않겠다는 의지를 다짐해왔다. 트럼프 행정부 출범 이후 북한 ICBM 개발에 대한 경계는 대북정책을 결정하는데 있어 가

---

[35] 2017년 1월 11일(현지시간) 진행된 틸러슨 국무장관 내정자의 상원인준청문회, *Hearing Transcript: Senate Foreign Relations Committee Hearing on the Nomination of Rex Tillerson to be Secretary of State*, January 11, 2017.

[36] 트럼프, 「우리에게 걸맞는 미국」 (2000년 발간), 이수석의 "트럼프 정부의 대북정책," 「월간 북한」 (2017.3)에서 재인용됨. pp. 38-43.

장 핵심적 요소의 하나가 되어왔다.

북한 핵 동결(freeze) 의 딜레마

 미국은 북한 핵·미사일 문제 해결 방안으로 CVID 원칙과 함께 '先 핵포기, 後 대화협상' 프레임을 유지해오고 있으나, 사회 일각에서는 '先 핵동결, 後 대화협상' 로드맵 주장도 나오고 있다. 이러한 북한 핵 동결 방안이 비단 중국이나 한국 국내 일부에서뿐만 아니라 미국 내에서도 부상하고 있어 주목된다.

 핵 동결 주장의 배경으로서는 북한 핵 폐기 및 핵 포기가 불가능에 가까운 상황에서 완전 폐기를 주장하는 대신 앞으로 북한이 더 이상 핵개발을 못하게 막아보자는 취지인데 자칫 북한의 기만전술에 넘어갈 공산이 크다. 또 하나는 동결을 먼저 추진하여 어느 시점에서 비핵화로 유인할 수 있지 않겠나 하는 희망 섞인 측면이 있으나, 이 역시 핵보유를 고집하는 북한 정권의 속성을 고려할 때 현실성이 떨어진다.

 중국의 북핵 전략은 "쌍(雙)중단·쌍궤(雙軌)병행"이 핵심이다. 그러나 '동결' 프레임은 북한의 핵보유 의지가 확고하고 국제적 검증 절차를 북한이 수용하지 않는다는 역사적 경험 때문에 설득력이 부족하다. 과거 북한은 핵동결을 약속해놓고 검증을 거부하면서 동시에 비밀리에 핵개발을 지속한 사례가 적지 않다. 예컨대 1994년 '제네바 핵합의(Agreed Framework)' 이후 핵동결이 합의되고 경수로사업이 진행되었으나, 북한은 1990년대 말 비밀리에 우라늄농축 핵개발을 추진함으로써 제2차 한반도 핵 위기가 발발하였다.

 중국의 상기 북핵 해법에 대해 미국은 오바마 정부 때부터 반대하며 거부해왔다. 또 중국은 "쌍궤병행" 입장을 통해 북핵 문제를 해결하기 위해 한반도 비핵화와 평화협정 체결 논의를 동시에 진행해야 한다고 주장해오고

있으나, 미국은 비핵화가 우선이라는 입장을 고수하며 이를 거부하고 있다.[37]

동맹국인 한국·일본의 안보 확보

한·미 동맹과 미·일 동맹의 양대 동맹은 미국의 동북아시아 대외 안보 전략의 수립·실천을 위한 주요한 정책수단이다. 미국은 양대 동맹을 중국과 러시아 및 북한의 위협에 대처하고 미국의 세계전략을 유지해 나가는 데 필수적이라고 보고 있다. 이에 따라 미국의 역대 정부는 동아시아에서의 동맹국 곧 한국과 일본의 안보에 대한 방위조약 약속을 차질 없이 이행해 나갈 것을 다짐해왔다.

한·미 동맹과 미·일 동맹이 존속하는 한, 미국은 동맹국의 안전과 안보를 대북정책의 주요 기조로 삼게 될 것이다. 트럼프 정부도 역대 정부의 동아시아 정책을 계승해 북한의 핵·미사일 위협에 맞서 미국 본토는 물론 동맹국의 안보를 수호해 나갈 것을 지속적으로 천명하고 있다.

중국의 한반도 영향력 증대 저지

중국에 대한 견제 전략의 강화는 트럼프 행정부 출범 이후 가장 두드러지는 대외전략상의 특징이다. 중국이 1978년 개혁·개방 정책을 채택한

---

37 2016년 2월 23일(현지시간) 워싱턴 국무부 청사에서 케리 미 국무장관과 왕이 중국 외교부장이 회담한 뒤 가진 기자회견 내용 참조. 회견에서 중국 왕이 외교부장은 "중국은 비핵화 협상과 평화 협정 논의라는 '투 트랙' 접근이 합리적이라고 판단하고 있으며 비핵화 문제를 해결하면서 관련 당사국들의 우려를 해소해야 한다고 보고 있다"고 말했으나, 이에 대해 케리 미 국무장관은 "북한이 비핵화를 위한 대화 테이블에 나오고 협상에 응한다면 궁극적으로 평화협정을 체결할 수 있다"면서 비핵화가 우선돼야 한다는 기존 입장을 재확인했다. 국기연, "케리·왕이 G2 외무회담… 북핵 해법 등 싸고 이견", 「세계일보」, 2016.2.24.

이후 눈부신 경제발전과 군사력 팽창전략을 추진함에 따라 초기의 '중국 협력론'은 점차 빛을 잃고 '중국견제론'이 부상하게 된 것이다.

후진타오 시대에 들어서서 중국이 군사 대국굴기를 공식화한 이후 미국은 중국의 팽창을 억지하는 것이 미국의 제1의적 대외전략 원칙임을 천명해왔다. 앞서 언급한 바와 같이 트럼프 행정부의 '역 닉슨 전략'은 바로 이러한 대외전략 모색 과정에서 나온 대응 전략의 일환인 것으로 분석된다.

정권 출범 초기 다양한 분야에서 중국에 대한 압박전략을 고려했던 트럼프 대통령은 2017년 4월 미·중 정상회담 직후 중국의 대북 레버리지를 활용해 북한의 핵·미사일을 억제한다는 방침을 세웠다. 그리고 그동안 관심이 집중됐던 '하나의 중국' 원칙 존중을 재천명하고 중국과의 무역 갈등 문제를 유예해왔다.

그러나 중국의 북핵 억지 효과가 기대만큼 나타나지 않게 되자 미국의 대중(對中) 불신이 되살아나곤 있다. 이러한 징후는 트럼프 행정부 출범 이후 처음 개최된 2017년 4월의 미·중 정상회담 이후 3개월이 지나면서 가시화됐다. 이후 남중국해에서의 자유항행 작전 개시, 대만에 대규모 전략무기 판매 승인, 중국 기업에 대한 직접적인 제3자 제재(secondary boycott) 등의 조치가 취해졌다.

트럼프 행정부의 대북정책 주요 옵션

트럼프 행정부는 북한 핵·미사일 문제를 근본적으로 해결하기 위해 다각도의 정책 대안을 모색해왔다. 아래 옵션들은 트럼프 행정부 출범 이후 지금까지 검토되고 모색된 다양한 정책 방안들을 총 망라해 정리한 것이다. 북한의 ICBM 핵 탑재 능력이 현실화되어 美 본토에 대한 핵 공격력의

2018년 내 확보가 확실시됨에 따라, 어떤 형태로든 트럼프 행정부의 대북 결단이 임박하고 있는 상황이다.

◻ '확장 핵억제' 보완

미국은 전술핵무기의 한국 재배치나 한국의 독자 핵무장보다는 핵우산 곧 '확장 핵억제'를 통해 북핵에 대처하겠다는 입장을 재확인하고 있다. 한국 측에서 NATO식으로 한·미가 핵을 공유하거나 '공동 관리(nuclear-sharing)' 하는 방안을 제기하기도 했으나, 이 역시 미국 측의 긍정적인 반응을 얻지 못했다. NATO는 미국의 핵억제에 대한 회원국들의 광범한 참여를 허용함으로써, '핵 동맹(nuclear alliance)'이라고까지 불린다. 핵무기가 없어 실질적인 억제 메커니즘이 부족한 한반도와 대비된다.

이에 따라 한·미 양국은 2010년 핵확장억제위원회를 구성함으로써, 확장 억제의 효과를 제고하기 위한 '협력 메커니즘 역할(a cooperation mechanism)'을 수행하도록 했다. 이어 2015년 4월 워싱턴 제7차 한·미 통합국방협의체(KIDD) 회의에서 미사일대응능력위원회를 통합해 한·미 억제전력위원회(DSC)를 공식 출범시켜, 유사시 100여기에 달하는 북한의 탄도미사일 이동발사대(TEL)를 '4D 작전계획' 곧 방어·탐지·교란·파괴에 의거하여 선제타격하는 방안을 마련했다.

동시에 다양한 형태의 '맞춤형 억제전략' 방안 마련에 부심해왔다. 2016년 10월 열린 2+2 한·미 외교·국방장관 회의와 제48차 한·미 연례안보협의회(SCM)에서도 '확장 억제'를 위한 실효적 방안이 논의됐다.

◻ 한반도 비핵화 견지: 한국 핵무장과 美 전술핵 재배치 반대

북한의 핵·미사일 공격력이 눈앞에 다가오면서, 우리 국민 상당수는 미국의 전술핵무기가 재배치되기를 희망해왔다. 앞서 언급한 한반도 '확장

핵억제'의 약점을 보완하기 위해서다. 그러나 오바마 정부 시기에 미국은 "핵 없는 세상"의 명분을 들어 거부의 뜻을 분명히 했다. 성 김 美 국무부 대북정책특별대표는 2016년 9월 13일 "(한·미) 양국 정상뿐 아니라 양국의 군사전문가들은 전술핵(한반도) 재배치가 필요하지 않다는 결정을 내렸다"고 밝혔다. 대신 미국이 제공하는 '확장 핵억제력'의 중요성을 강조했다.

한국의 자체 핵무기 보유 논란에 대해서도 미국은 반대 의사를 밝혔다. 2017년 9월 울프스탈 백악관 보좌관은 한국의 핵무장은 한국과 미국의 이익 모두에 부합하지 않는다는 반대 입장을 밝혔다. 대신 그는 미국이 핵우산을 통해 한국과 일본을 외부의 위협으로부터 방어할 능력이 있다고 주장했다.

한편 美 일각에서는 한국에서 핵무장 주장이 제기될 경우 전술핵 일부를 한국에 재배치해 이를 무마하자는 의견이 나온 적이 있어 주목된다. 헨리 소콜스키 비확산교육센터 소장은 2017년 9월 23일 "한국의 안보 수요를 해소하는 것이 중요하다"고 언급했다. 美 전략국제문제연구소(CSIS)와 신안보센터(CNAS), 그리고 국립공공정책연구소(NIPP)는 2016년 8월 23일 공동 작성한 「핵 프로젝트(Project Atom): 2025~2050년 美 핵전략 및 준비태세 보고서」에서 북핵 공격에 대비해 한국에 전술핵무기를 재배치해야 한다고 권고했다.[38] 한편 윌리암 페리(William Perry) 前 국방부장관도 한국과 일본이 독자적인 핵 능력을 구축하는 방안이 더 나을 수 있다고 말했다.[39]

□ UN을 통한 대북제재

북한의 핵·미사일 도발에 직면하여 미국은 고강도 대북제재 노력의 일

---

38   김필재, 「조갑제닷컴」, 2017.7.2.
39   "미 국방부장관, 한·일 핵무장 거론" *KIMA Newsletter* 제174호.

환으로 UN 안보리 결의를 통한 국제사회의 제재 추진에 힘을 쏟아왔다. 통상 UN 결의는 국제사회의 정당화와 국제여론의 뒷받침을 보장하는 효과가 있다. UN 안보리는 2017년 제재결의 2356호(6월), 2371호(8월), 2375호(9월), 2397호(12월) 등을 채택해왔다.

미국은 북한의 7·4 '화성-14형 1호' 발사 이후 UN 안보리에서 대북 초강경 조치를 결의에 담으려 했으나, 중·러의 반대로 실현되지 못했다. 이에 따라 7·28 '화성-14형 2호' 발사 이후 UN 안보리에 대한 불만으로 헤일리 대사가 '안보리 불필요성'을 언급하기도 했다. 중·러의 반대 때문에 안보리 결의가 불가능하다고 판단하기 때문이다. 헤일리 대사는 성명에서 북한에 대한 압박을 현저히 강화하지 않는 안보리 결의는 "북한 독재자에게 '국제사회가 심각하게 문제를 제기하지 않는다'는 메시지를 보낼 뿐"이라며 "안 하느니만 못하다"고 주장했다.[40]

그러나 미국의 통상 301조 등 대중 무역압박이 거세지자 중국의 태도에 변화가 일어났다. 중국이 안보리 대북제재 방안에 미국과 타협하면서 결의안에 동의한 것이다. UN 안보리는 8월 5일 북한 수출 총액의 3분의 1인 10억 달러 규모를 봉쇄하는 대북제재 결의 2371호를 만장일치로 통과시켰다. 다만 중국과 러시아의 대북 원유 금수(禁輸) 조치는 제재 대상에서 제외됐다. 중국의 북한 지렛대 활용 정도가 미국의 대중 무역 압박과 밀접하게 연결되고 있음을 보여준다.

9월의 UN 안보리 결의 2375호는 대북 원유 수출의 30%와 섬유 등 북한의 주요 수출을 차단하여 북한의 연평균 외화 도입 13억 달러-섬유 수출 중단으로만 8억 달러-의 손실을 입힐 수 있게 했다. 그러나 중국과 러

40　니키 헤일리 유엔 주재 미국 대사의 2017.7.30 성명 참조. 안보리 불필요성과 관련하여, 안보리 무용론이 오래전부터 제기되어 왔다. 냉전시절 미·소의 극심한 의견 대립으로 합의가 어려워 안보리 무용론과 개편안이 논의되어 온 배경이다.

시아 등 일부 국가들이 지금까지의 UN 결의를 제대로 시행하지 않은 가운데, 이에 편승해 상당한 기업들(대부분 중국 기업)이 북한과 밀무역 등 거래를 계속했고 외화와 군수물자를 북한에 유입시켜왔다. 사실상 제재가 의도한 소기의 목적을 달성할 수 없었던 것이다.

그러나 2017년 12월 23일 UN 안전보장이사회가 강도 높은 2397호 대북 제재안을 만장일치로 가결했다. 이 결의에는 대북 정유제품 공급량을 90% 감축하고 해외 파견 북한 노동자들을 2년 내 귀환하도록 하는 내용이 들어 있다. 대북 제재가 심화되면서 북한이 겪는 고통도 빠르게 증대되고 있는 것으로 나타났다.

□ 대북 제3자 제재(secondary boycott) 강화

대북 제재는 군사 옵션을 제외하고 가장 실효성이 높은 압박 수단으로 간주된다. 이에 따라 미국은 일찍부터 독자적인 대북제재를 추진해왔다. 과거에는 제재를 강화하다가도 북한이 의미 있는 양보-핵개발과 관련하여-를 하지 않는데도 제재를 축소한 경우가 적지 않았다. 그러나 트럼프 행정부 들어서서 누적된 제재 효과가 점차 가시화되면서, 美 주도의 대북 제3자 제재가 북한에 대한 강력한 지렛대로 부상하고 있다. 북한도 시간이 갈수록 고통을 호소하고 있으며 이에 따라 "전쟁 행위"라면서 반발하곤 한다.

2016년 美 의회는 대통령으로 하여금 대량살상무기 확산에 관계하는 누구에게나 제재를 부과하도록 하는 최초의 '제3자 제재(secondary boycott)' 법안을 통과시킨 바 있다. 이를 토대로 트럼프 대통령은 2017년 9월 21일 초강력 새 대북제재 행정명령을 발표하여, 재무부로 하여금 북한과 거래하는 어떠한 외국기업이나 개인도 美 금융기관과의 거래를 하지 못하도록 했다.[41]

---

41 브루스 클링너 헤리티지 재단 선임 연구원은 "북한을 도둑, 중국을 은행"에 비유하고,

재무장관 므누신(Steve Mnuchin)은 "외국의 금융기관은 이제 미국과 거래할 것인지, 북한과 거래할 것인지"를 선택해야 한다고 말했다. 美 재무부의 이 조치가 제재 효과의 강도를 높이려는 목적이면서도, 특히 중국의 은행들을 겨냥한 것이라는데 의문의 여지가 없다.

이후 美 재무부는 애국법 311조에 근거해 대북 불법 금융활동의 통로 역할을 해온 중국 단둥은행을 미국의 금융체계에서 완전히 퇴출시키는 조치를 취했다.[42] 이후 단둥은행의 디폴트(채무불이행)로 지역 금융권 피해가 확산되었다. 2018년 2월 13일에는 북한과의 불법 금융거래가 문제가 되어 라트비아 은행이 퇴출되었다.

또한 비밀리에 북한에 원유 또는 정유제품을 공급하려는 中·러의 음모가 곳곳에서 적발되었다. 2017년 말 600t의 정유 제품을 공해상(公海上)에서 북한에 선적한 혐의로 여수항에 압류된 홍콩 선박이 대표적 사례이다. 트럼프 대통령은 중국을 "현행범(red-handed)"이라는 직설적 표현으로 비난했다.[43]

북한 핵을 억제하기 위한 방안으로서 대북 제재는 미국이 취할 수 있는 가장 보편적이고 가용성(可用性)이 높은 방안이다. 북한 핵개발에 전용될 수 있는 현금과 원유 등 각종 자원의 대북 유입을 차단하여 북한을 고통스럽게 만듦으로써, 핵을 포기하고 체제변화를 유도한다는 취지이다. 문제는 그 효율성이 어느 정도일 것인가이다. 우선 체제의 폐쇄적 특성이 수십 년 간 유지돼 온 탓에 외부의 압박에도 견딜 수 있는 북한체제 내구력이 상당히 형성된 점이 있고, 또 하나는 접경해 있는 중국의 대북 지원이 중단 없이 계속되고 있다는 점이다. (최근 제재의 누적 효과가 나타나면서 북한

"도둑이 은행에 맡긴 돈은 보호해 줄 필요가 없다"고 강조했다.
42 *VOA*, 2017.11.2.
43 *CNN* 뉴스, 2017.12.28.

이 점차 난관에 봉착하고 있다.)

미국이 대북 제재의 일환으로 2005년 북한과 거래하던 BDA(Bank of Delta)를 제재했을 당시, 북한 관리는 백악관 관리에게 "당신들이 드디어 우리를 아프게 할 방법을 찾았다"고 언급했으며, 어느 북한 외교관은 BDA 제재 때문에 "피가 얼어붙는 느낌"이라고 토로할 정도로 미국의 제재로 인한 고통을 호소했다고 한다.

중국은 미국의 제3자 제재(secondary boycott)에 대해 특히 반발하고 있다. 미국의 중국은행 및 기업 제재 조치에 대해 "안보리가 아닌, 특정 국가(미국)의 국내법으로 타국(중국)의 기업과 개인을 제재하는 것은 부당"하다는 논리를 폈다. 이에 대한 미국의 입장은 북핵과 인권 문제는 국내법을 초월하는 국제사회와 인류의 보편적 문제로 인식하여, '인도주의적 개입(humanitarian intervention)'이 타당하다는 논리이다.

한편 WSJ은 "북한과 거래하는 모든 나라를 경제적으로 보복"하는 이란식 경제제재를 요구했다.[44] 미국이 북한과 거래하는 러시아 기업에도 금융제재를 시행 할 계획임도 외신을 통해 보도됐다.[45] 대북제재 전략이 러시아 기업에까지 미치고 있음을 알 수 있다.

□ 중국의 북한 지렛대(leverage) 압박

부시 행정부 당시 대북 인권특사를 지낸 레프코위츠는 "트럼프 대통령은 '북한 정권을 교체하고 최소한 핵 야망을 봉쇄하는 것이 중국의 최선의 이익'이라는 점을 설득해야 한다"고 주장했다.[46]

레프코위츠의 주장을 요약하면, 북한에 대한 중국의 영향력이 절대적

---

44 *WSJ*, 2017.8.1.
45 「요미우리 신문」, 2017.7.31. 최은경 기자, 「조선일보」, 2017.8.1.
46 정효식, "'하나의 한국' 포기로 중국에 北정권교체 설득하라," 「중앙일보」, 2017.7.30.

이라는 점에서-그는 북한 교역량의 3분의 2가 중국의 영향력 아래 있음을 예시했다-중국의 협조가 북한 핵·미사일 문제 해결에 있어 필수라고 전제한다. 그러므로, 미국이 중국에 대해 대북 레버리지를 활용하도록 당근과 채찍을 사용할 것을 권고해야 한다는 것이다.

우선 당근으로서 미국의 전통적인 한반도 정책 기조인 "하나의 한국" 원칙을 포기해야 한다고 주장했다. 곧 김정은 정권이 교체되더라도 북한에 대한 한국 주도의 통일 노력을 미국이 지원하지 않을 것을 중국에 확약하라는 것이다. 그리고 그 반대급부로서 중국에 대해 김정은 정권을 지원하지 말도록 유도하라는 것이다.

만약 그래도 중국이 북한을 억제하지 않으면, 채찍의 명분을 얻을 수 있다고 그는 주장했다. 곧 한·일에 군사력을 증파하고 미사일 방어망을 확대할 수 있는 명분을 얻어낼 수 있다는 것이다.[47]

그러나 이러한 주장은 최근 미·중 대립 상황 속에서 중국의 동의를 얻어내기 어렵다는 난점이 있고, 특히 중국과의 한반도 '거래'가 과연 신뢰할 수 있을 것인가, 다시 말하면 설사 중국과의 빅딜이 성사된다 해도 중국이 그 약속을 지킬 것인가의 문제가 제기된다. 이러한 주장이 암시하는 것은 김정은 정권을 교체해 보려는 美 정책 입안자들의 필사적인 노력을 엿볼 수 있다는 점일 것이다. 아울러, 우리 어깨 너머로 '코리아 패싱'이 현실화될 수 있다는 사실에 주목해야 할 것이다.

□ **레짐 체인지(regime change)**

북핵 문제 해결을 위한 대북 제재와 선제공격 방안에 실효성 문제가 제기되면서, 북한의 체제 변혁 곧 레짐 체인지 옵션이 동시에 급부상해왔다.

---

47 제이 레프코위츠, "미국, '하나의 한국' 버려야 북핵 풀린다." *NYT* 기고문 번역, 「중앙일보」 2017.8.1.

레짐 체인지 옵션은 크게 두 가지로 분류되는 바, 첫째는 북한에 자유사회의 정보와 풍조를 유입시켜 북한 사회 자체 내에서 변화의 바람이 일어나도록 유도하는 방안이고, 둘째는 보다 적극적으로 군사작전 또는 비밀공작 등을 통해 김정은 정권을 제거하는 방안이다.

(1) 대규모 정보유입으로 북한 레짐 체인지(regime change) 유도

북한 주민들은 60여 년 동안 3대 세습독재에 의해 "주체·반미·자주" 등 오도(誤導)된 이데올로기적 내면화(indoctrination)의 희생자가 되어 왔다. 최근 북한 내 이동전화 수의 급증-470만대 추산-하는 등 통신 혁명의 여파로 새로운 정보의 북한 유입이 증가하면서, 북한 사회 내에도 변화의 바람이 일고 있다.

이러한 점에 착안하여 2016년 9월 美 국무부는 대북 정보유입 확대 계획을 수립하고, 본격 실행에 나서기 시작했다. 우선 2017년 대북 정보유입 예산으로 265만달러(약 30억원)를 책정해 놓았다. 북한 주민들에게 휴대전화와 라디오 등을 통해 외부 소식을 알리고, 외국 영화나 한류 드라마 등 외부 세계 정보를 담은 USB나 MP3, DVD 등을 배포하는 작업이 주요 활동 내역으로 포함되었다.

이미 미국은 제3자 제재(secondary boycott) 정책을 실행에 옮기고 있다. 제재 정책과 맞물려 정보 유입의 실효성이 획기적으로 확대될 가능성이 높다. 중국이 설사 협조하지 않더라도 한·미·일이 긴밀히 협력해 실행한다면 그 효과는 의외로 커질 수 있다. 북한은 내부적으로 김정은의 난폭한 공포정치와 숙청 등으로 권력 엘리트들의 이반이 증가하는 등 이미 권력의 토대가 잠식되고 있는 상황이다. 2016년 9월 이후 미국은 중국의 홍샹(鴻祥) 그룹의 핵·미사일 장비·재료 대북 수출 정보를 중국 당국에 넘

겨 조사하게 했다. 북한 및 중국 압박 정책의 일환인 셈이다.[48]

(2) 김정은 제거 작전

레짐 체인지를 위한 김정은 제거 작전은 다시 두 방안으로 대별될 수 있다. 첫째는 시리아 공습 때처럼 전격적으로 김정은 처소(處所)를 타깃으로 삼아 군사작전을 감행하는 것이다. 이는 군사작전이라는 점에서 선제공격과 유사한 효과가 있다. 둘째는 빈 라덴 기습 살해 경우와 같이 CIA의 비밀공작으로 김정은을 제거하는 것이다. 또는 두 방법을 동시에 진행하는 것이다.

첫째, 어떤 시나리오에 의해 미국 주도의 '김정은 제거작전'이 감행될 수 있을 것인가? 폼페이오 美 CIA 국장은 2017년 7·28 북한 ICBM 발사 후 북한 위협에 대처하기 위한 '센터'를 마련했으며 해외정보 수집, 비밀공작, 국방부의 무기 지원 등 모든 작전을 주시하고 있다고 강조했다.[49]

만약 미국의 전격적인 작전에도 불구하고 김정은이 즉시 제거되지 못하고 북한이 보복 대응에 나설 경우, 전면전으로 번질 가능성을 배제할 수 없다. 선제공격 옵션 시나리오와 유사한 점이다.

둘째, 김정은의 직접 제거를 전략적 옵션으로 선택할 수도 있다. 리비아의 카다피와 이라크의 후세인 및 알카에다 수장인 빈 라덴 제거 때와 같은 방법이다. 이를 위해 특수부대에 의한 김정은 사살 확인 내지 체포 작전이 전개될 수도 있다.

이러한 개념을 근거로 CIA 폼페이오 국장dms "(북한을 상대로) 비밀공

---

48 훙샹(鴻祥)그룹 계열사의 대주주가 유엔 안전보장이사회 대북(對北) 제재 대상인 북한 조선광선은행인 것으로 확인돼 충격을 주었다. 「조선일보」, 2016.9.24.
49 북한의 '화성-14형' 미사일도발 이전인 7월 26일(현지시간) 마이크 폼페오 미국 중앙정보국(CIA) 국장, 보수 성향 매체 워싱턴프리비컨과의 인터뷰. 「뉴스1」, 2017.7.30.

작을 포함한 다양한 작전을 검토하고 있다"고 밝혔다.[50] 그동안 중국의 반발 등을 이유로 북한에 대한 비밀공작 및 작전에 대해 공개적 언급을 꺼리던 태도와는 확연히 대조된다.[51]

(3) 레짐 체인지 전략의 구체화

북한의 연속적인 ICBM 도발 이후 미국 조야에서 북한 정권교체론 곧 레짐 체인지 전략이 본격 논의됐다. 폼페이오 CIA 국장이 "한반도 비핵화에 있어 가장 위험한 문제는 무기 통제권을 가진 인물"이라며 "핵 개발 능력과 의도가 있는 인물을 떼어놓아야 한다"고 김정은 정권의 교체를 시사했다. 월스트리트저널(WSJ)은 사설을 통해 "(북한 내부에서)김정은 정권을 무너뜨린다면 동북아시아 안보 상황은 개선될 수 있다"고 강조했다.[52]

영국 경제주간지 Economist지도 한반도 전쟁이 만약 발발한다면, 핵전쟁으로 귀결될 것이며 최후의 승리는 한·미 측에 돌아가겠지만 남한이 입게 될 인명 피해는 30만~100만명 정도가 될 것으로 내다봤다. 이에 따라 참혹한 전쟁을 방지하면서 북한 핵을 막기 위해선 철저한 자금줄 차단이 필요하며, 어차피 북한의 체제 붕괴가 역사적 필연으로 다가올 것이므로, 북한 레짐 체인지 전략에 몰두할 것을 정책 대안으로 제시했다.[53]

□ 군사적 옵션

(1) 선제공격

---

50 폼페이오 국장의 2017년 7월 26일 보수성향 매체 워싱턴프리비컨과의 인터뷰. 이후 2018년 1월 대북 비밀작전 준비가 완료되었다는 입장을 다시 밝힘.
51 김수연·박용·박정훈, "CIA '대북 비밀공작 검토'…김정은 축출작전 시사," 「동아일보」, 2017.7.29.
52 WSJ, "The Regime Change Solution in Korea," 2017.7.30.
53 The Economist, "How a Nuclear War in Korea Could Start, and How It Might End," 2017.8.5.

북한 ICBM의 美 본토 도달이 가시권에 들어옴에 따라 트럼프 행정부는 중국에 대해 원유 공급 중단을 통한 대북 압박을 촉구하면서, 그 효과가 없을 경우 군사적 옵션을 사용할 수 있음을 경고해왔다. 군사적 옵션으로 거론되는 선제공격은 '예방공격(preventive strike)'을 의미한다. 국제정치학의 개념상 예방공격(preventive strike)은 적 공격 징후는 없지만 미래 공격을 사전에 없애려고 적을 타격하는 것이다. 이에 비해 '선제공격(pre-emptive strike)'은 적 공격 징후가 있을 시 타격하는 것을 의미한다.[54]

현재 북한에 대한 선제공격을 어렵게 하는 몇 가지 요인이 존재한다. 우선 현재의 북한 상황은 1994년 외과수술공격(surgical strike)이 계획되었다가 취소되었던 시절과는 큰 차이가 있다. 당시는 핵시설이 영변에만 국한돼 존재했으나, 현재는 북한 전역에 걸쳐 거의 지하에 핵무기가 산재해 있어, 그 정확한 위치 파악이 쉽지 않다는 점이다.

미국의 선제공격에 대해 북한이 대응 보복함으로써 한반도 전면전이 발발할 가능성 우려 역시 미국의 선제공격을 망설이게 하는 "최대 걸림돌"이다.[55] 특히 최근 북한이 고각발사, 이동발사대, 고체연료, 공격 지점 산재 등을 통해 핵·미사일 보복 능력을 향상시킴은 물론, 장거리포, 생화학무기, 사이버전, 특수부대 기습 등 능력을 향상시킴으로써, 한반도 전쟁 발발 시 유례없는 인명과 재산 피해를 초래하는 대규모 복합 전쟁이 될 가능성이 높다고 전문가들은 진단한다. 제3차 세계대전이 한반도에서 시작될 수 있다는 우려도 적지 않다. 한국과 일본의 내부 반대 여론도 미국의 선제공격을 억제하는 요인의 하나다. 특히 한국 내에서 반전 여론의 확산은 자칫 반미 감정으로 확대될 우려가 있어 미국으로서는 조심스러운 입장이다.

---

54 John Baylis 외 지음(김일수 외 번역), 「국제정치와 전략」, 한티미디어(2016), pp. 271–272.
55 *NYT*, 2017.3.18

그러나 일반적으로 우려되는 것과는 달리, 압도적인 美 군사력이 예상보다 훨씬 짧은 시간에 북한군을 완전 궤멸시킬 수 있다는 전망도 유력하게 거론된다. 트럼프 대통령은 2017년 4월 24일 "북한이 김정은이 말하는 만큼 그리 강하지 않은 것 같다"면서, 북한의 핵·미사일 도발을 "결코 받아들일 수 없다(unacceptable)"고 힘주어 말한 적이 있다.[56]

트럼프 대통령은 그동안 매티스 국방장관, 맥마스터 백악관 안보보좌관, 던 포드 합참의장, 켈리 비서실장, 폼페이 CIA 국장 등 핵심 참모들에게 북한에 대한 전방위적 군사 옵션을 완벽하게 준비하도록 지시한 것으로 알려지고 있다. 그리고 2018년 초 그 준비는 사실상 완료된 상태다.

그러나 북한 김정은이 국제사회 실정을 모르다 보니, 미국이 얼마나 강력한 군사력을 가진 나라이며 한번 마음 먹으면 얼마나 단호한지 느끼지 못하는 듯하다. 헤커(Siegfried S. Hecker) 박사가 최근 한 말이 떠오른다: "위기가 바로 여기 오고 있음을 믿지 않을 수 없다(I happen to believe that the crisis is here now)."[57]

(2) 코피 작전(Bloody Nose Strike)의 실체

코피 작전이란 적(敵) 핵심시설 일부를 정밀 타격해 본보기 식으로 겁을 주는 군사 행동을 말한다. 곧 북한의 상징적 시설 한두 곳을 정밀 폭격한다는 계획이다. 그러므로 북한 핵·미사일을 완전 제거하는 것은 아니고, 美 군사행동 의지를 보여주어 북한이 겁을 먹게 함으로써 핵 포기 협상에 나서게 하겠다는 것이다. '코피 작전'은 북한의 고강도 도발이 임박하지 않았더라도 이뤄질 수 있다는 점에서 '예방타격(preventive strike)'의 일환으로 간주된다.

---

56 이날 백악관에서 열린 UN 안보리 대표 초청 회의에서 트럼프 대통령의 연설 참조.
57 *NYT*, 2017.4.24.

문제는 일격을 당한 북한이 보복공격을 해 올 것인가의 문제다. 일각에선 "다양한 탄도미사일과 장사정포를 보유하고 있는 북한은 반드시 보복공격에 나설 것이며, 최악의 경우 전면전으로 번질 가능성이 높다"는 우려도 적지 않다. 빅터 차의 주한 美대사 내정 철회도 이에 대한 이견(異見)이 주요 원인이었던 것으로 알려졌다. 미국은 코피 작전을 위해 B-2 스텔스 폭격기, B-1B 폭격기, F-22, F-35B 스텔스 전투기 등에서 JDAM(합동직격탄) 등을 투하해 영변 핵 시설 및 각종 미사일 생산 시설들을 정밀 타격할 능력을 보유하고 있다.[58]

(3) 대북 비밀공작

북한 핵·미사일 저지를 위해 협상 및 제재와 군사적 방안이 모두 실효를 거두지 못하는 상황에서, 미국은 북한 체제변화(regime change)를 목표로 대북 '비밀공작(covert action)'을 병행할 태세다. 일반적으로 적(敵)에 대한 비밀공작의 임무는 주로 정보기관이 담당한다. 美 중앙정보국(CIA)이나 한국의 국가정보원 같은 정보기관의 임무는 국가안보를 위해 공개적으로 수행하기 어려운 성격의 업무를 불가피하게 비공개적으로 수행하는 것이다.

이에 따라 CIA가 북한의 핵 포기를 강력히 압박하는 대북 심리전의 일환으로 적극적인 공작원 북파 업무에 나서기 시작했다. CIA는 「코리아 임무 센터(KMC)」라는 북한 전담 조직을 2017년 5월 1일 신설하여, 북한에 대한 정보 수집과 사이버 활동 등을 담당하도록 했다. 또 훈련된 간부들을 모집하고, 전직 간부를 신임 부국장(차관급)으로 발탁해 이 조직을 관장하게 했다. 북한 내부 및 핵·미사일 정보를 수집하여 대통령에게 보고함으로써, 대북정책 수립에 기여하기 위한 목적이다.

CIA의 분석관들은 북한 문제의 모든 측면을 관찰하는 상설조직을 만

58　유용원, 「조선일보」, 2018.2.2.

든 것은 이번이 처음이며, 그만큼 북핵 위협에 대한 미국 정부의 심각한 인식을 반영한다고 말했다.[59] 이 경우, 한국군과 미군의 특수부대를 이용한 비밀작전이 될 가능성이 높다. 곧 한·미 연합 특수부대를 북파(北派)해 북한의 핵심 인프라를 파괴하는 것이다. NBC는 한국군이 2016년 3월 '스파르탄 3000'이라는 3000명 규모의 연대급 신속 기동부대를 창설했다고 보도했다.[60]

트럼프 행정부는 CIA 내의 KMC 신설 외에도 대북정보 수집 능력을 향상시키기 위한 조치들을 잇달아 취하고 있다. 예컨대 주한미군 제501정보여단은 2017년 10월 대북 휴민트(HUMINT·인적 정보) 전담 부대인 「524정보대대」를 창설했다. 그 목적은 주한미군이 공작원을 북파(北派)하기 위한 것이라고 한다. 美 의회에선 행정부 내에 북한 정보만을 다루는 통합정보 조직을 만들기 위한 움직임도 시작됐다. 이에 따라 한·미 정보 당국 간 긴밀한 협력이 필요해지고 있다.

□ **해상 봉쇄**

(1) 개념과 취지

국제법적으로 '해상봉쇄'란 적의 해상(海上) 군사행동 또는 해상 경제활동을 봉쇄할 목적으로 해군력에 의하여 타국의 항만·연안에 대하여 해면에서 교통을 차단함으로써, 무력 봉쇄로 외국과의 교역 및 통항을 못하게 하는 조치이다. 북한 발사 대륙간탄도미사일(ICBM)이 美 전역에 대한 타격 능력을 확보하는 데드라인에 가까워옴에 따라, 트럼프 행정부가 해상봉쇄 카드를 꺼내 들 가능성은 진작부터 제기되어왔다.

특히 대북 선제공격이 적절성 논란이 일어나고 있는 상황에서 그 대안으

---

59   *VOA*, 2017.5.12.
60   *NBC*, 2016.3.20.

로 제시된 저강도 군사 옵션의 하나가 해상봉쇄다. 미국에서 검토하고 있는 구체적 옵션으로는 △동해에서 평양 상공을 거쳐 서해 공해상에 이르는 토마호크 미사일 발사 △북한 영공 상층부를 가로지르는 고고도 정찰비행 △북한 미사일 발사 직후 상승 단계에서의 요격 △동서 해상에서 전략물자의 북한 반출입을 차단하기 위한 북한 선박 검색 등을 들 수 있다.

해상봉쇄는 국제법상 정당한 전쟁의 적법(適法) 행위로 간주된다. 해상봉쇄의 역사적 사례로서는 나폴레옹 전쟁 당시 영국 해군이 대륙 봉쇄를 단행하여 자국 해군의 활동을 자유롭게 하면서 나폴레옹 군대로의 물자 공급을 결정적으로 차단함으로써 전쟁을 승리로 이끈 사례가 있다.

또 1차 대전 당시 영국이 독일에 대한 해상봉쇄를 단행하여 전쟁을 승리로 이끄는데 결정적 계기가 된 경우가 있다. 아울러 1962년 쿠바 미사일 위기 때 미국에 의한 소련 선박의 항행 차단 사례가 있고, 1972년 베트남전쟁 때 북베트남 항만을 미국이 기뢰(機雷)로 봉쇄한 경우도 있다.

(2) 대북 해상봉쇄 부상의 배경

북한 핵·미사일 능력이 빠른 속도로 향상되면서 미국은 선제 군사공격에 앞서 초강력 제재·압박 조치의 일환으로 북한 미사일 공중 요격이나 북한 해안에 대한 해상봉쇄 등의 사전 조치를 취해 나가려 한다.

그러나 반론(反論)도 만만치 않다. 해상봉쇄가 미·소 냉전 시대의 정책 수단이라는 비판도 있다. 상대방 행동에 비례적(proportional)으로 대응함으로써, 상황을 악화시킨다는 주장이다. 그러나 북한의 2017년 11·29 ICBM 발사가 주목할 만한 기술적 발전을 보여줌으로써 미국의 안보전략에 새로운 위협을 가져온 것은 분명하다. 이에 따라 북한이 핵·미사일 개발을 지속할 경우 어떤 대가가 따를지를 실감하도록 만들어야 도발을 멈추게 할 수 있다는 주장이 급부상하며 신중론을 압도하게 되었다.

특히 트럼프 대통령의 2017년 11월초 아시아 순방 때 미국은 한반도에 3개 항모 전단을 전개하며 전례 없이 강도 높은 한·미 합동훈련을 실시했다. 북한 핵·미사일 개발에 대한 국제적 비난과 제재도 뒤따랐다. 그러나 그 후 북한이 또 ICBM을 발사해 핵·미사일 개발 의지를 보여줬다.

현재 트럼프 행정부의 북핵 대응 옵션은 ①선제적 군사행동 ②북한을 핵보유국으로 인정하고 공존하는 방안으로 대별되는 상황이다. 양 극단을 피하기 위해 제3옵션으로 북한을 해상봉쇄하는 방안이 그만큼 설득력을 갖게 된 것이다.

해상봉쇄는 상대방을 옥죄어 항복으로 유도한다는 점에서 '제재'와 유사하나, 제재와 달리 적대국에 모든 반출입을 해상에서 감시(moniter)·차단(intercept)·통제(enforce restrictions)함으로써 강력한 심리적·외교적 압박을 가할 수 있는 것이 특징이다.

동해와 서해상에서의 북한 해상봉쇄는 북한체제 가동에 절대 필수적인 원유 도입은 물론 각종 군사부품 및 장비의 획득을 차단할 수 있다. 동시에 석탄과 철강 등 체제 운영에 필요한 물질의 완벽한 차단을 가해 결정적 타격을 가할 수 있다.

(3) 조지 케넌(George F. Kennan)의 봉쇄 이론

1950년대 소련 주재 및 유고 주재 美 대사를 역임하였고, 프린스턴大에서도 봉직한 조지 케넌은 냉전시기 미국의 대(對)공산권 '봉쇄정책'의 창안자이다. 그는 도덕적 원칙이 외교정책의 기준이 될 수 없으며, 그 대신 필요한 것은 힘이라고 역설했다. 외교는 단지 국제 갈등을 완화시키는 역할을 할 뿐이며, 세계정부·UN·국제법의 역할 등과 같은 자유주의적 관념에는 대체로 비판적 입장을 취하였다.

그는 소련 대사로서의 경험에 입각하여, 소련은 공산주의 이데올로기를 신봉하는 나라이며 공산주의의 궁극적 승리를 확신하고 있다고 지적했다. 그는 소련이 우세한 힘 앞에서만 후퇴할 뿐이라고 강조했다. 모스크바 주재 외교관 시절 케넌은 본국에 보낸 장문(長文)의 소련정세분석 전문(Long Telegram)을 통해, 소련의 역사적 팽창주의 성향을 경고하고, 그에 대한 대비의 필요성을 제시하였다.

1947년 7월 포린 어페어(Foreign Affairs)지에 가명인 'X' 이름으로 「소련 행동의 기원(The Origin of Soviet Conduct)」 제하의 기고문을 발표하였고, 이는 냉전기 美 외교정책의 이론적 기반이 되었다. 그 핵심 내용은 소련공산주의의 위협에 대처하기 위해 소련의 주변을 군사기지망(網)으로 포위·봉쇄해야 한다는 것이다. 이러한 구상은 트루만 대통령에 의해 채택되어 향후 상당 기간 동안 美 외교정책 기조로 구체화되었다.

(4) '美+동맹 4국(Five Eyes)' 주도의 대북 해상봉쇄

미국은 해상봉쇄를 효율적으로 시행하기 위해, 우선 '미국과 동맹 4국(Five Eyes: 미국·영국·호주·캐나다·뉴질랜드)'이 중심이 되어 정보를 공유하고 북한 인근 해상에서 대잠 초계기(P-3, P-6)에 의한 북한의 불법 해상활동을 감시하려 한다. 미국은 해상봉쇄의 법적 근거를 유엔 안전보장이사회 결의(2016년 3월 2270호 결의안)에서 찾고 있다. 이미 안보리에서 결의된 이상, 중·러의 동의가 필요하지 않다고 판단한다.

그러나 현 안보리에서 중·러의 이견 제기와 반대가 예상되고 있다. 이에 렉스 틸러슨 국무장관은 「유엔 참전 16개국 회의」를 소집해 일종의 '다국적 연합'을 형성해 5개국의 북한 해상봉쇄 추진의 근거로 삼으려 한다.

2017년 11월 4~8일 한·미 연합 공군이 230여대의 항공기가 동원된 역대 최대 규모의 북핵 시설 폭격 훈련 곧 '비질런트 에이스(Vigilent ACE)' 훈련을 실시한 것도 대북 군사적 압박의 일환이다. 당시 훈련에는 F-22

와 F-35A 등 첨단 전략자산이 대거 포함되어 700개에 달하는 전략목표를 정밀타격하는 연습을 실시했다.

미국은 '미+동맹 4국(Five Eyes)' 주도로 해상봉쇄를 추진하면서 더 나아가 한국·일본·싱가포르·인도·대만 그리고 심지어 NATO 국가들의 참여와 협조도 추진하려 한다. 현재 일본 해상자위대는 세계 5위의 강력한 해군력을 자랑한다. 비록 항공모함은 보유하고 있지 않으나, 구축함과 프리깃함은 현대화되어 이지스 전투 체계를 보유하고 있다. 호주의 '왕실해군(Royal Australian Navy)' 역시 걸프 만(灣)에서 미국과 긴밀한 합동작전을 전개한 경험을 갖고 있다.

해상봉쇄를 실시할 경우 미국 및 동맹국과 중·러 간 해상에서의 군사충돌을 우려하는 목소리도 있으나, 기우(杞憂)에 그칠 가능성이 크다. 중·러가 미국과의 전쟁을 각오할 만큼 북한을 염두에 두고 있지는 않기 때문이다. 현재 해상에서의 美 군사력의 비교우위는 확실하다.

(5) 북한의 반발

미국의 해상봉쇄 거론에 대해 북한은 "전쟁행위"라면서 "즉시적이고 무자비한 자위적 대응조치가 뒤따르게 될 것"이라고 위협했다. 북한은 "미국의 해상봉쇄 책동은 주권국가의 자주권과 존엄에 대한 난폭한 침해로서 절대로 용납될 수 없다"며 "일촉즉발의 전쟁 국면으로 몰아가려는 극악무도한 전범책동"이라고 주장했다.[61]

북한과 국내외 일부 반대자들은 미국의 해상봉쇄 시도에 대해 '전쟁 행위'라고 주장하나, 미국은 북한의 거침없는 핵·미사일의 위협과 도발을 감안해 현 위기를 준전시 상황으로 규정한다. 그리고 대북 해상봉쇄를 북한 선박에 대한 해상수송 차단으로부터 시작하려 한다.

---

61 「조선중앙통신」, 2017.12.15.

지난 2009년 한국은 미국 주도의 PSI(핵확산방지구상)에 참여한 바 있다. 당시 북한이 수억 달러어치의 미사일을 해외에 수출하여 외화 획득의 주요 원천으로 삼는데 대한 해상 검색 조치가 불가피했기 때문이다. 한국의 해상봉쇄 참여는 한·미 동맹 유지를 위해 불가피한 핵심 요소다. 독자적인 북핵 대응 능력을 갖추지 못한 우리로서는 국가안보를 위해 미국과의 안보 공조가 절실히 필요하고, 이는 공고한 한·미 동맹 속에서만 가능하다. 우선 해상차단과 해상봉쇄를 구분해, 첫 단계로 해상차단에 참여하는 방안이 바람직하다.[62]

□ 북한 인권 – 미국의 새로운 압박 수단으로 부상

(1) 북한 인권과 탈북민: 트럼프 행정부의 대북 '新 무기'

2018년 1월 30일 있었던 트럼프 대통령의 국정연설 직후 美 월스트리트저널은 "탈북민이 트럼프 대통령의 김정은에 대한 새로운 무기로 부상했다"고 평가했다. 트럼프 대통령은 이날 국정연설에서 팔과 다리가 절단된 채 '중국→라오스→태국'에 이르는 1만km를 걸어서 탈북한 지성호 씨를 직접 호명·소개하며 격려했다. 그리고 북한 정권의 잔혹한 인권 유린을 강도 높게 비난했다. 트럼프 대통령은 북한 관련 발언 중 대부분을 지성호 씨에게 할애하며, 그의 탈북은 "자유를 동경하는 모든 인간 영혼의 증언(a testament to the yearning of every human soul to live in freedom)"이라고 치하했다.[63]

트럼프 대통령은 탈북민을 '망명자(defector)' 대신 '탈출자(escapee)'로 표현했다. 자유를 찾아 탈출했다는 의미에서다. 그는 또 "과거 행정부들이 12년 전, 20년 전 행동을 했어야 했다. (북한 문제 해결을 위한) 길이 정

---

62 홍관희, 「월간 북한」, (북한연구소), 2018년 1월호.
63 *CNN*, 2018.1.30.

말 다 끝나간다. 우리에겐 남은 길이 없다"라고 말했다. 평창올림픽 이후의 상황에 대해 "누가 알겠느냐"고 말하기도 했다. 북한의 태도 변화 여부를 주시하겠다는 뜻으로 해석됐다.

평창 올림픽 개막식에 참석하기 위해 방한(訪韓)한 마이크 펜스(Mike Pence) 부통령도 북한에서 석방된 직후 사망한 대학생 오토 웜비어의 아버지를 올림픽 행사에 초청하고, 탈북자 4명을 만나 격려의 대화를 나누었다. 김영남과 김여정 일행의 올림픽 참가를 통한 북한의 '매력 공세(charm offensive)'에 북한인권 문제로 대응하는 모습이었다. 펜스 부통령은 북한을 "잔인한 독재 정권"이라면서 "감옥 국가(prison state)"라는 표현을 사용하며 강도 높게 비난했다.[64] 북한자유연합의 수전 솔티 대표는 이번 연설이 트럼프 대통령 연설 가운데 가장 중요한 연설이었다고 평가했다.[65]

(2) 북한의 지난 10년: 주민 생활은 급변, 체제 속성은 불변

김정은은 2011년 12월 집권한 이후 젊음과 경륜 부족으로 인해 권력 불안정이 예상됐으나, 비교적 정치적 안정을 달성했다는 평가를 받고 있다. 그러나 김정은 권력 공고화의 이면에는 공포정치와 인권 유린의 어두운 면이 존재한다.

북한인권 운동가로서 '세계기독연대(CSW, Christian Solidarity Worldwide)' 동(東)아시아 팀장으로 활동해 온 베네딕트 로저스(Benedict Rogers)는 지난 10년간 북한 사회와 주민들은 변했지만 북한체제의 속성은 결코 변하지 않았다고 강조하고, 북한 사회와 주민의 변화를 ①주민 경제생활 ②정보 흐름 ③인권 상황 등의 세 측면에서 분석했다. 100여명의 탈북민, 유엔

---

64   *The White House* (blog), 2018.2.9.
65   *VOA*, 2018.2.2.

직원, 인권 전문가들을 상대로 인터뷰한 결과라고 한다.[66]

● 북한 주민 생활의 변화

첫째, 경제의 측면에서 가장 놀랄 만한 변화는 주민들의 생활이 정부가 운영하는 공적(公的) 분배 시스템 의존에서 벗어났다는 점이다. 대신 사적(私的)인 교역에 의존하는 방식으로 바뀌어오고 있다. 여기서 사적 교역이라 함은 장마당이라 불리는 시장체제를 지칭한다. 북한 당국이 어느 정도 눈감아 주는 '준(準)허용(semi-tolerated)' 방식이라고 말할 수 있다.

100여명을 인터뷰한 결과, 북·중 접경 지역에서의 밀무역을 포함하는 광범한 불법 교역이 북한 주민들의 생활고를 해결해주는 생명선(lifeline)이 되고 있고, 일부 소수 계층에게는 부(富)를 축적하는 기회를 만들어 주고 있다. 이에 따라 빈부 격차도 심해지고 있다고 한다.

동시에 경제적 부문의 통제가 이완되면서 김정은 정권에 대한 불만도 증가하고 있다. 주민들은 특히 의료·교육·취업 등을 위해 뇌물을 바쳐야 하는 상황에 대해 불만이 높다고 한다. 빈곤과 영양실조 및 그에 따른 질병도 확산되고 있다. 아직도 북한 주민의 70%인 1,800만의 인구가 식량 부족에 시달리고 있다고 한다.

● 외부 정보의 유입 증가

둘째, 지난 10년 간 북한 주민들은 과거 경험해보지 못한 광범한 외부 정보를 접하고 있다는 소식이다. 정보 유입 통로로서는 라디오 방송, 밀수입된 USB·DVD 등이 거론된다. 북한 주민들은 이를 통해 한국의 오페라와 드라마 등을 즐겨 보며, 이를 통해 남한 주민들의 생활이 훨씬 풍족하고 자유롭다는 사실을 알고 있다는 것이다. 한 탈북자는 이렇게 말했다:

---

66 *The Diplomat*, 2018.2.6.

"우리가 남한의 드라마를 볼 때, 우리는 그 사람들을 부러워합니다. 그리고 우리도 밖으로 나갈 수 있으면 얼마나 좋을까라고 생각합니다. 그리고 '왜 우리는 여기서 태어났을까' 라며 불평합니다."

이에 따라 탈북민들의 탈북 동기(動機)도 변하고 있다. 처음에는 굶주림을 피해 음식을 구하려고 중국으로 탈북했으나, 이제는 상황이 달라지고 있다. 북한에서도 물질적으로 그럭저럭 살아갈 수 있으나, 주민들은 점점 더 자유와 기회 및 희망을 갈구하고 있으며, 바로 이 점이 탈북의 새로운 동기가 되고 있다는 것이다.

● 북한 내부 '인권' 인식의 변화

셋째, 북한 내부에서의 인권에 대한 인식이 변하고 있다는 점이다. 곧 북한 내부의 인권 상황이 세계 최악이라는 점이 주민들에게 알려지기 시작했다고 한다. 전임(前任) 유엔 특별 보고관은 최악의 북한인권 유린 상황을 북한 내부에 존재하는 '독특한 특수성'으로 표현했다. 세계인권선언(Universal Declaration of Human Rights)의 30개 조항 가운데 북한이 위반하지 않은 조항들이 하나도 없기 때문이다.

그러나 한편으로는 국제사회의 북한인권 압박으로 긍정적 효과도 발생한다. 유엔에서의 인권 문제 제기로 인해, '인권'이란 용어가 2009년에 북한 헌법에 처음 포함되게 됐다. 또 몇몇 탈북자들은 그들이 감옥에 있을 때 구타와 고문을 적게 받았고 인권유린이 덜 혹독해졌다고 증언했다. 감옥 교도관의 말에 따르면 그 이유는 국제감시단의 감시 때문이었다고 한다. 유엔에서의 인권 논의와 문제 제기로 분명히 북한인권 상황에 진전이 있었다고 탈북자들은 증언하고 있다. 만약 유엔의 조치가 없었다면 인권에 대해 전혀 알지 못했을 것이라고 그들은 증언한다.

그러나 지금까지 아무 변화도 일어나지 않은 곳은 사상·양심·종교의 자유와 같은 기본권 관련 분야이다. 곧 金家 왕조에 대한 충성심을 약화시킬 수 있는 어떤 움직임도 혹독한 처벌을 면할 수 없다는 것이다. 예컨대, 기독교인으로 판명될 경우 즉각 총살을 면할 수 없다고 한다. 종교에 관한 한 징벌이 너무 혹독하기 때문에, 북한 주민들은 몸서리를 칠 정도라는 증언이 나왔다.

(3) 「휴먼 라이츠 워치(Human Rights Watch)」의 2018년 세계인권 보고

뉴욕에 본부를 둔 국제인권단체 휴먼라이츠워치(Human Rights Watch)는 「2018 세계 보고서(World Report 2018)」에서 북한이 지구상에서 최악의 억압 체제라고 지적했다. 643 페이지에 달하는 이 보고서는 90개 이상 나라의 인권 실태를 조사해 발표했다. 보고서 서문에서 이 단체의 사무총장인 케넷 로스(Kenneth Roth)는 인권 원칙을 지지하는 정치 지도자들의 노력으로 권위주의적 인권 억압 어젠다를 제한하는 일이 가능해졌다고 강조했다.

이 단체의 아시아 부국장인 필 로버트슨(Phil Robertson)은 북한체제는 인권 유린과 주민 압박의 토대 위에 세워졌고, 김정은이 그 체제를 직접 통치하고 있다고 비난했다. 그는 북한 주민들이 인권 유린 실태에 대해 침묵을 강요당하기 때문에, 김정은 체제에 압박을 가하기가 어려울 뿐만 아니라 북한 정권을 다루는데 있어 인권 문제를 중심 어젠다에 놓기가 난감하다고 실토했다.

북한은 현재 주민들의 모든 기본권 곧 시민적·정치적 자유를 억압하고 있다. 예컨대, 표현·종교·양심·집회·결사의 자유가 여기에 포함된다. 북한은 체제에 반대하는 정치조직, 독립적인 매스컴 및 시민사회, 노조 결성의 자유를 모두 금하고 있다. 사법 체계는 조선노동당과 내각에 의해 전면 통제되고 있다.

(4) 북한 인권 증진을 위한 유엔과 미국의 노력

북한인권 상황은 세계 역사와 지역을 초월하여 최악에 해당하는 것으로 분류된다. 3대 세습독재의 구축을 위해 인권 유린을 자행해왔고, 세계 인권 관련 단체들의 각종 조사에서 가장 억압적인 체제로 비판받고 있다. 북한인권 문제는 이미 국제문제화된 지 오래지만 그 획기적인 전환점은 2014년 2월 유엔인권조사위원회(COI)가 북한인권 상황에 대한 종합보고서를 발표하면서부터다. 이 보고서는 북한인권 탄압을 '반(反)인도 범죄'에 해당한다고 판단하였다.

이후 유엔은 이 보고서 결과를 토대로 인권이사회와 총회에서 해마다 업데이트된 북한인권 결의를 채택해왔다. 2016년 총회 결의와 2017년 34차 인권이사회 결의는 해외 북한 노동자에게 가해지는 범죄와 인권 침해 문제를 다루었다. 2017년 3월 유엔인권이사회는 인권 범죄에 책임이 있는 북한 지도자들과 관리들을 궁극적으로 처벌할 수 있도록 하는 결의안을 채택하였다. 이러한 노력으로 유엔 보고서와 결의문에 김정은 개인을 지칭하는 표현들이 나타났다. 2017년 11월 유엔 안전보장이사회는 4년 연속 북한의 참혹한 인권 유린 문제를 공식 현안으로 다루었다. 여기서 북한 정권의 광범하고 조직적인 인권 위반 사례들은 '국제평화와 안전에 대한 위협'으로 규정되기에 이르렀다.

한편 북한인권 문제의 국제화를 선도해 온 나라는 미국이다. 미국은 2004년 최초로 북한인권법을 제정하였으며, 그 후 세 차례에 걸쳐 동법을 재승인하여 2022년까지 효력이 연장되었다. 미국은 상기 언급한 북한인권조사위원회의 설립을 적극 지지했고, 위원회의 COI 보고서 발표 이후에는 보고서 내용에 입각하여 국가정보국(DNI)이 북한 정치범 수용소 실태를 조사하도록 했다. 특히 인권침해 특정 가해자에 대한 맞춤형 제재 등 다각도의 북한인권 증진 정책을 수립하고 실행해왔다.

2016년 2월 대북제재강화법(H.R. 757)을 제정하여 동년 7월 '북한인권 유린 보고서'를 의회에 제출했고, 이를 바탕으로 핵·미사일 개발에 가담한 북한 지도층에 제재를 가했다. 이에 따라 동년 7월 국무부는 김정은을 비롯한 정권 내 최고 엘리트 15명 및 8곳의 기관을 제재 대상에 포함시켰다.

2017년 1월에는 김정은의 여동생인 김여정 등 7명이 제재 대상에 포함되고, 이어 10월에는 조경철 보위국장을 비롯한 7명과 인민보위국 등 세 기관이 제재에 포함되었다. 2017년 6월 웜비어의 사망 이후 9월부터는 북한여행 봉쇄령도 내려졌다.

(5) 미국의 인권정책 독트린: 기조와 배경, 개입 사례

트럼프 대통령의 2018년 1월 연두교서에서의 북한 인권에 대한 강조는 핵·미사일 규탄에 못지않은 의미를 갖는다. 김정은 정권의 부도덕함과 잔혹성에 대한 직접 공격이기 때문이다. 인권 문제는 청교도들이 건국한 미국의 국가 정체성과 일치하며 국시(國是)에 가깝다. 또한 대외전략의 핵심 기조에 해당한다. 미국의 북한인권 유린에 대한 일관된 공개적인 문제 제기는 이러한 도덕적 원칙을 강조하는 전통과 맥락을 같이 한다.

1970년대 후반 카터 행정부의 인권정책과 1990년대 초 클린턴 행정부의 소말리아·코소보 인도주의적 개입은 도덕률에 입각한 외교정책의 중요한 사례다. 1992년 소말리아의 무정부 상태로 인하여 수십만 명이 식량부족과 기근으로 생명이 위협받는 상황에 처하게 되자, 부시 대통령은 유엔에 이 문제를 제기하여 안보리 결의를 얻어내 유엔군 파병을 결정하였다. 미국은 2만 명의 병력을 파병하여 유엔군을 지휘하도록 하였다. 미국과 유엔군의 소말리아 개입은 '인도주의적 개입'의 성공적 사례로 평가받고 있다.

한편 1989년 밀로세비치가 통치하는 유고 정부가 코소보를 점령하여 회교도에 대한 '인종청소'와 학살을 자행하자 인권 침해 상황을 묵과할 수 없었던 클린턴 정부는 유엔 안보리에 이 문제를 제기하였다. 그러나 러시아와 중국의 거부권으로 부결되자 미국은 유럽 서방국들과 함께 NATO를 중심으로 다국적군을 결성하여 코소보 응징에 나섰다. 결국 72일 간의 공습 끝에 사태를 마무리하였고, 코소보 사태는 유엔 안보리의 위임이 없는 경우에도 인권침해가 분명할 경우 다국적군 또는 일부 국가들에 의한 인도주의적 개입이 가능하고 또한 정당성을 갖는다는 사실을 보여준 중요한 선례가 되었다.

북한의 경우, 인권 침해가 용인할 수 없는 지경에 이르게 되면 미국 주도의 인도주의적 개입이 제기될 수 있으며, 이 때 유엔 안보리가 중국과 러시아의 반대로 결의 채택에 실패하더라도 미국 주도로 일본 또는 영국 등 서방 국가들과의 다국적군 결성이 가능함을 시사해준다.

이번 트럼프 대통령의 국정연설을 향후 군사옵션 실행을 위한 명분 축적용으로 보는 시각도 있다. 김정은 정권을 "사악하고 잔인한 정권"으로 규정한 것이 마치 아버지 부시 대통령이 이라크 공격 전 "악의 축"으로 규정한 것과 흡사하다는 분석이다. 인권에 대한 강조가 미국 국민의 확고한 가치관을 반영하기 때문에, 인권 유린 당사자로 낙인찍히면 강력한 군사 응징을 정당화할 수 있게 된다.

북한에 억류됐다가 혼수상태로 송환된 미국 대학생 오토 웜비어의 사망도 미국의 대북정책 방향에 심대한 영향을 미친 중요한 변수 중의 하나이다. 웜비어 군이 하잘 것 없는 실수를 한 것에 대해 북한 정권이 사망에 이르게 하는 잔혹한 가해(加害) 조치를 행한 것에 대해 미국 사회 전체가 "북한 정권의 사악한 본질을 보여준 것"이라며 분노했다.

트럼프 대통령은 북한을 "잔혹한 정권"이라고 규정하고 "(미국) 정부가 법과 인권을 존중하지 않는 정권으로부터 무고한 사람들을 지켜야 한다는 결심을 더욱 깊게 만들었다"고 말했다. 미국 시민이 북한 정권에 의해 살해당했다는 인식이 커지면서, 어떤 형태로든 보복이 필요하다는 공감대가 확산됐다. 대북 선제공격론이 강화되는 계기가 된 것이다.[67]

(6) 북한의 '거짓 인권' 선동 배격해야

북한인권 문제는 북한 핵·미사일 문제 및 통일 문제와 더불어 우리의 대북정책을 형성하는 3개의 핵심 기둥이다. 인권은 인간이 태어나면서부터 보유하는 천부적 불가양도의 기본권으로서, 그 성격상 인류 보편의 문제이다. 북한이 최근 "자주성을 생명으로 하는 사회적 존재로서의 인간의 삶의 권리"라는 그들 나름의 인권 정의(定義)를 내세워 보편적 인권에 대한 저항을 계속하고 있으나, 설득력을 가질 수 없다. 헤겔이 갈파한 바와 같이 인류 역사가 자유를 향한 발전이라 할 때, 북한인권 문제는 우리가 결코 외면할 수 없는 중대한 현안이다.

국내에서도 북한인권법이 2016년 9월 제정·발효되었다. 북한 주민은 헌법상 우리 국민이기에 탈북자들은 입국과 동시에 국민적 지위를 획득한다. 북한의 왜곡된 인권 논리를 배격하고 북한 주민의 참된 인권 증진을 위해 노력해야 할 때다.

□ 韓·日 핵무장 허용

대통령 선거 운동 기간 중 트럼프 후보는 북한 핵무장에 대항하기 위

---

67 *Fox News*, 정치 분석가 에릭 볼링은 "북한 미사일이 LA를 향할 때까지 기다려서는 안 된다"며 사실상 대북 선제공격을 거론했다. 영국 파이낸셜타임스(FT)는 전문가를 인용해 "웜비어 사망은 트럼프 행정부 대북 정책의 전환점이 될 수 있다"며 "외교 협상 대신 북한을 군사적으로 압박하는 강경책을 택할 가능성이 커졌다"고 말했다. 「조선일보」, "'김정은에 살해됐다' 백악관·의회·언론 모두 들고 일어났다." 2017.06.21.

해 한국과 일본이 '자체 핵무장해야 한다'고 주장한 바 있다. 그러나 실제로 미국이 한·일 양국의 핵무장을 허용할 가능성은 낮을 것이다. 한·일 양국이 핵무장하게 되면, 미국이 지금까지 부여해 온 '확장 핵억제력(extended nuclear deterrence)'은 소멸되고, 동북아 지역에서 NPT 체제의 붕괴는 불가피하다. 이 와중에서 북한은 핵·미사일 개발을 가속화하면서 핵무장을 정당화할 수 있을 것이다. 동북아 지역에서의 핵확산으로 한반도는 자칫 핵 전장(戰場)화할 가능성도 배제할 수 없다.

한편 '한·일 공동핵무장' 주장은 상상의 영역으로 치부돼왔다 해도 과언이 아니다. 한·일 공동핵무장은 재처리시설을 가진 일본이 핵원료를 제공하고, 우리는 탄도미사일 기술과 수소폭탄 원료를 제공할 수 있다는 것으로 미국과학자연맹(FAS) 찰스 퍼거슨 회장이 주장했다.[68] 그러나 한·일 군사정보 협정 체결에도 반대 목소리가 큰 상황에서 한·일 양국의 공동 핵무장 안이 국민 여론의 지지를 얻을 수 있을지는 미지수이다.

한·일 양국의 핵무장을 미국이 용인하는 경우는 북한의 핵보유를 막을 방법이 없어 결국 북한 핵보유를 공식 인정하면서, 동북아에서 동맹국인 한·일 양국과 북한 간 '공포의 균형'을 이루어 이 지역 안정을 확보할 필요성을 절감할 때이다. 아울러 중국의 군사적 팽창이 표면화되면서 중국과 핵무장한 북한의 연대가 강화됨으로써, 한·일 양국의 안보가 심대히 위협 받게 되는 경우일 것이다. 미국은 이 경우 동맹국인 한·일 양국의 안보를 지키고 동북아에서의 중·북 내지 중·북·러 연합의 팽창을 막기 위해 한·일의 핵무장을 허용할 수 있을 것이다.

□ **북한 핵보유 인정**

북한의 핵·미사일 위협을 저지할 방법이 마땅치 않게 되면, 차라리 북

68　박소연, 전게서, 「파이낸셜뉴스」, 2017.7.20.

한의 핵보유를 공인하는 방안도 제기된다. 이 방안을 따르게 되면, 군사 행동 등으로 북한 핵무장을 해제하려는 시도는 "미친 짓"이 된다.[69] 그러나 북한의 핵보유 공식화는 한국, 일본, 주한미군 기지, 주일미군 기지, 아태 지역의 미군 및 미국 영토(괌, 하와이) 및 미국 본토를 북한 핵·미사일의 실질적 위협 아래 노출시키는 결과가 된다.

 이 방안이 추진될 경우 한·일 양국은 자체 핵무장에 나설 것이 분명하다. 결국 한국과 일본 모두 이 방안을 수용하지 않을 것이 확실시된다. 한·일 양국이 핵무장하는 경우 동북아 지역에서의 NPT 체제는 붕괴가 불가피하다.

---

69 제프리 루이스, "이제는 북한을 핵보유국으로 인정할 때," 「중앙일보」 (*NYT* 칼럼 번역 기사), 2017.8.8.

7

중국의 한반도 전략과 美·中 세계패권 쟁투

– 투키디데스의 함정, 현실화될 것인가?

시진핑의 중국몽(夢)과
대국 군사굴기

시진핑 권력의 공고화

시진핑은 아버지가 중국 공산당 창건 멤버였으며 부총리를 역임한 사람이었다. 이른 바 '황태자 그룹(princeling)'에 속한다고 볼 수 있다. 그러나 그의 부친이 1962년 문화혁명 이전 숙청되어 투옥됨으로써, 시진핑의 인생행로가 바뀌었다. 15세 때 변방으로 추방되어 재교육을 받았고 중노동에 시달렸다. 그러나 시진핑은 저항하지 않고 수차에 걸쳐 공산당 입당을 청원하였다. 매번 거부당하다가 1974년 마침내 입당이 허가되었다. 이후 후베이성 당서기를 시작으로 상해시 당서기 등 요직을 거치며 마침내 2012년 중국 권력의 정상인 당총서기 겸 국가주석에 올랐다. 그는 칭화(淸華)대 화학공학과 출신이다.

중국의 절대 권력을 장악한 시진핑은 "중국몽" 캐치프레이즈 하에 "중화민족의 대부흥"을 내걸었다. 이를 위해 중국 국민들에게 애국적 민족주의를 고양시키려 힘썼다. 또 경제의 지속적 성장을 위해 경제개혁을 단행하였고, 국영기업의 거품을 걷어내며 환경오염을 줄이고 일대일로(一帶一路)와 같은 해외팽창 전략을 구사하고 있다. 일대일로 전략은 세계무대를 향한 중국의 공세적 진출을 뜻한다. 미국을 위시한 이 지역 국가들의 강한 반발에도 불구하고 남중국해에 대한 세력 확대를 강력히 추진하고 있으며, 아시아·아프리카 국가들에 수십억 달러를 쏟아 부어, '연성(소프트) 외교'를 강화하고 있다.

국내에선 '부패 척결'의 명분하에 백만 명에 달하는 당·행정 관료들을 숙청했다. 시진핑 자신의 권력 강화를 위한 반대파 축출 목적의 정치적 의도라는 비판도 나온다. 시진핑은 마오쩌둥 이래 가장 권위주의적 지도자란 평가를 받고 있다. 반대파는 물론 인권운동가들을 탄압하고 인터넷에 대한 검열을 강화하는 등 그의 통치 기간 중 전반적으로 자유에 대한 억압이 증대되고 있는 것이 사실이다. 그러나 역설적으로 시진핑에 대한 중국 국민들의 지지도는 높은 편이다. 2017년 10월 19차 당대회에서 후계자에 대한 격대(隔代) 지명을 하지 않음으로써 3회 연임 가능성을 열어 놓았다.

중국정치의 권위주의적 성격

중국의 권력 창출은 자유민주국가의 '주권재민'과는 다른, 이른 바 '민주집중제'에 기반을 두고 있는 것이 특징이다. 곧 지방 조직 2,280명의 당대표 중에서 '차액선거' 방식으로 205명의 당(黨) 중앙위원을 선출하는데, 이 '당 중앙위원회'가 사실상의 당 권력기관이다. 여기서 차액선거 방식이란 정규 중앙위원 수보다 더 많은 후보를 제시한 뒤 일부를 탈락시키는 방식이다.

다음, 중앙위원 전체회의(中全회의)에서 정치국 위원 25명을 공개투표로 선출하고, 이어 정치국 내에서 상무위원을 선출한다. 19차 당대회에서는 시진핑을 포함하는 7인의 상무위원이 선출되었다. 당을 대표하는 총서기가 권력의 정점이며, 국가를 대표하는 국가주석과 군을 지휘하는 중앙군사위원회 주석을 겸임한다. 총서기는 한 번의 연임이 가능하므로, 10년 통치가 가능하다.

민주집중제 곧 '민주적 중앙집권주의(Democratic Centralism)'는 레닌이 창안한 소련 공산당의 핵심 조직 원리다. 마오쩌둥은 민주집중제의 원칙을 "소수가 다수에게, 개인은 집단에, 하부는 상부에, 全 당은 중앙에 복종"하는 것으로 규정했다. 이 원리가 "중국 특색"이라는 수식어가 붙여져 중국 현대정치를 특징짓고 있다. 공산당 1당 통치로 불리는 중국정치의 권위주의 속성을 말해주는 중요한 단서라 할 수 있다.

결국 중국 공산당 지도부에 잠재하는 최대 불안요소는 중국의 권력이 '국민주권'이 아닌, 소수의 '엘리트주의(meritocracy)'에 의해 행사된다는 점에 있다. 일반적으로 권력의 정통성은 권력 창출의 본질과 형식으로 구성된다. 여기서 '본질'은 권력의 통치 능력을 의미하는 효율성이며, '형식'은 권력 창출의 합법적 절차를 의미하는 도덕성이다. 이 양자가 얼마나 지속되는가에 따라 권력의 정통성이 좌우된다.

다행히 중국의 정치가 인치(人治) 단계를 벗어나 법치(法治)를 강조하고 있음은 긍정적이다. 그러나 한편으로 중국 국민들이 점점 더 투명하고 공정한 권력을 요구하는 점도 간과할 수 없다. '경제적 자유'의 확대는 '정치적 자유'를 요구하게 된다는 것이 역사의 법칙이다. 단기간 내에 고도성장을 이룩한 중국에서 국민들이 점차 정치적 민주주의를 요구할 가능성은 매우 높다고 하겠다.

대국(大國) 굴기와 중국이 당면한 난제들

등소평의 1978년 개혁·개방 이래 중국의 외교·안보 정책 기조는 커다란 변화를 거쳤다. 등소평 시기의 '도광양회(韜光養晦)'(때가 될 때까지 실력을 기른다)로부터 장쩌민 시기의 '유소작위(有所作爲)'(책임있는 대국으로서 해야 할 일은 한다) 및 후진타오 시기의 '화평굴기(和平屈起)'(패권국가와 달리 평화롭게 부상하겠다)를 거치며, 이제 시진핑 시기에 이르러 '대국(大國)굴기=군사(軍事)굴기'(군사력 강화로 강대국을 향해 부상하겠다)는 입장을 공개 천명했다. 아울러 세계를 향해 신형(新型) 국제관계론을 제시하면서, '2050년 세계 최강대국 건설' 중국몽(夢) 실현을 선포했다. 이를 '중국 특색(特色) 사회주의(Socialism with Chinese Characteristics)'라고 명명했다. 시진핑 주석은 19차 당대회를 계기로 모택동의 '건국(建國)'과 등소평의 '부국(富國)'을 이어받아 자신의 '강국(强國)' 신시대를 건설하겠다는 야망에 차 있다 해도 과언이 아니다.

그러나 중국은 괄목할 만한 경제성장과 대외 팽창 이면에 국내외적으로 많은 난제를 안고 있다. 우선 앞으로도 지속적인 경제성장이 가능할 것인지가 큰 관심이다. 30여 년 동안 고도성장을 지속하던 중국 경제는 2016년 경제성장이 6.5%로 하락했다. 시진핑 주석은 2015년 향후 5년 동안 경제성장이 6.5% 이하로 떨어지지 않도록 하겠다고 약속한 바 있다. 그러나 그 실현 여부는 아무도 보장하지 못한다. 일반적으로 경제의 한계성장률은 시간이 갈수록 하방곡선을 그린다. 시진핑이 약속한 "사회주의 현대화"를 실현하기 위해선 2020~2035년 기간 동안 1인당 GDP 2만 달러와 연간 경제성장률 5% 이상을 시현해야 한다. 중국이 이 난제를 해결할지 미지수다.

특히 주목되는 것은 중국의 현 엘리트 중심 정치제도를 과연 서구 민주주의를 대체할 수 있을 만큼 안정적이고 효율적으로 발전시킬 수 있느냐의 문제다. 19차 당대회에서는 "공산당의 냉철하고 미래지향적 지도력 하에 중국 특색 민주주의가 그 어느 때보다 건실하게 발전해왔으며, 중국은 결코 다른 나라들의 쇠락하는 정당 민주주의 제도를 도입할 필요가 없다"고 선언했다. 문제는 중국 국민이 이를 얼마나 믿고 따를 것인가이다. 국민 신뢰를 얻기 위해선 공산당 지도부가 투명성의 증대, 국가·시민사회 관계의 재구성, 권력 정통성의 쇄신 등의 조치를 신속히 취해야 한다는 지적이 나온다.

대외적으로는 미국과의 패권경쟁을 어떻게 관리해 나갈 것인가의 문제가 제기된다. 미국을 비롯한 서방사회는 중국이 아시아에서 미국의 패권 지위를 축출하려는 뿌리 깊은 야망을 품고 있다고 의심한다. 미·중 관계는 중국 지도부가 해결해 나가야 할 최대 국정현안이라 할 수 있다.

北·中 적대적 동맹의 재조명

중국과 북한은 6·25 전쟁 때 '항미원조(抗美援朝)' 슬로건 하에 이뤄진 '혈맹'이며, 북·중 동맹은 한·미 동맹과 달리 '자동 개입'이 보장되어 있다는 점에서 한·미 동맹보다 강력하다. 북한 대외무역의 90%를 중국이 점유할 만큼 북한의 중국 의존도가 높다.

중국의 대북 전략 핵심은 표면적으로는 핵개발 반대지만, 실질적으로는 북한을 한·미 세력에 대한 견제로 활용하려 하며 북한 체제 붕괴에 반대한다. 그러나 최근 중국 내부에서 전통적 대북정책을 정면 비판하는 주장이 나와 비상한 관심을 끌고 있다. 막상 북·중 관계는 우리가 상정하는 만큼 원활하지 않은 것이 사실이다. 북핵 위기의 비상 상황에서 중국 대북전략의 변화와 지속 요인을 고찰하는 것은 한국 안보의 중요한 현안 과제다.

'혈맹(血盟)' 속에 가려진 不信의 역사

북·중 관계는 협력 속에 긴장이 지속되는 '긴장된 동맹(strained alliance)' 또는 '적대적 동맹(alliance despite antagonism)'으로 불린다.[1] 그만큼 '혈맹' 이면에 깊은 불신이 쌓여 있다는 뜻이다. 북·중 간 불신의 역사를 △6·25

---

[1] 박종철, "중국의 한반도 정책,"「2014 안보연구시리즈」제6권 제2호 (국방대, 2014), pp. 1-18.

한국전쟁에 대한 북·중의 인식 차이 △문화혁명 기간 중의 갈등 △한·중 국교수립 이후의 불화와 재결속, 그리고 △중·베트남 전쟁이 남긴 상처 등으로 나누어 분석해볼 수 있다.

□ 6·25 한국전쟁에 대한 北·中의 인식 차이

북·중 관계의 썩 좋지 않은 출발은 김일성 주도의 6·25 전쟁 시기로 거슬러 올라간다. 김일성은 남침 후 한반도 전체를 적화함에 있어 중국군의 도움이 크게 필요하지 않을 것으로 판단했다. 이에 따라 김일성은 중국 대표단을 경멸하는 태도로 대했으며, 유격전 방식에 대해 연구해보자는 중국 측의 요청을 전면 거부했다고 한다. 김일성의 이러한 행동은 그 자신의 자만심과 때마침 긴밀했던 소련과의 연대에 기인한 것이다. 당시 북한은 사실상 소련군에 의해 세워진 위성국가였기 때문이다. 또한 김일성은 갓 수립(1949년 10월)된 중국 공산당 정권에 대해 적잖은 불신을 갖고 있어, 한반도에서의 중국 역할을 최소화하려 했다.

한편 마오쩌뚱(毛澤東)은 한반도를 당시 동서 냉전의 접점 중의 하나로 파악했다. 내전 기간 중 장개석 정부에 지속적인 원조를 해 준 미국에 대해 불신이 깊었던 마오는 6·25 전쟁을 미국과의 대결로 보았다. 동시에 마오는 해공군력이 열세였던 입장에서 산악지대가 많은 한반도 전쟁은 유격전 경험이 많은 중국군에게 유리할 것으로 판단했다.

마오의 입장에서, 한반도는 미국과의 큰 게임에서의 '졸(卒)'에 불과하다고 보았기 때문에 김일성 정권 자체에 대해서도 큰 관심을 두지 않았다. 역사가 할버스탐(David Halberstam)은 "중국은 한국전쟁에 개입하면서 엄청난 인적 손실을 입었으나, 미국과 UN의 북상을 막으려는 그들 나름의 목적을 위해 싸웠을 뿐이지 북한을 위한 것은 아니었다"고 지적했다.[2] 이러

2　David Halberstam이 쓴 *The Coldest Winter: America and the Korea War*는 한국전

한 중국의 입장이 김일성 정권에게도 충분히 전달되었을 것이다. 그러나 한국전쟁은 북·중 관계를 획기적으로 결속·강화시키는 계기를 마련하였다. 전쟁 이후 북·중 관계는 실질적인 군사 동맹(1961.7)으로 발전하였다.

□ 문화혁명 기간 중의 갈등

1956년 후르시쵸프의 스탈린 격하 운동이 일어나자 중·소 분쟁이 시작되었고, 북·중 양국은 소련의 수정주의에 대한 반대 연대를 구축하였다. 김일성은 중·소 분쟁을 이용해 1961년 7월 중국과는 북·중 우호조약을, 소련과는 북·소 우호조약을 각각 체결하여 체제의 안전보장을 확립하려 시도하였다.

그러나 중국의 문화혁명이 마오쩌둥의 주도하에 공산당의 조직과 정책을 정면 공격하고 북한 지도부에 대해서도 '수정주의자'로 강한 비판을 가하면서, 북한의 중국 인식이 크게 달라지기 시작했다. 황장엽에 따르면, 북한 지도부는 문화혁명에 대해 "권력투쟁적 측면에서 마오쩌둥의 좌경 노선과 내부 정치권력투쟁의 혼합된 형태"라고 판단하고, 마오가 홍위병을 앞세워 북한 내정에 간섭하려 한다고 인식했다.[3] 특히 북한 노동당은 중국의 문화혁명을 "크게 미친 짓(great madness)"이라고 혹평했으며, 마오쩌둥을 "정신이 나간 늙은 어리석은 사람"에 비유하기까지 했다.

이러한 북·중 불화는 이후 탈냉전 기간을 거쳐 오늘에 이르기까지 수십 년 동안 양국 관계를 특징짓는 패턴이 되었다. 중국 역사와 북한 문제를 연구한 들루리(John Delury) 교수는 "북한 입장에서 중국과의 동맹을 한 마디로 표현할 수 있는 단어가 있다면, 그것은 '배신(betrayal)'일 것"

쟁에 대한 광범하고 새로운 역사서로 평가받는다. 특히 1950년 11월 눈덮인 북한 산악지역에서 중국 공산당 군대에 포위돼 백병전까지 펼치며 퇴각해야 했던 미군의 생생한 전쟁 기록을 담았다.

3 박종철, 상게서.

이라고 지적했다.

□ **韓·中 국교 수립 이후의 불화와 재결속**

1980년대 말 유럽 사회주의권의 붕괴와 독일 통일, 그리고 이어지는 소(蘇)연방 해체는 중국의 한반도 인식 변화를 불가피하게 했고, 한·중 수교라는 역사적 대전환을 불러왔다. 중국은 한·중 수교에 임하여 동맹국인 북한을 위로하기 위해 수많은 배려 조치를 취하였다. 그러나 기본적으로 향후 한반도 정세는 한국 중심으로 갈 것이라는 신념이 대북전략 변화에 개재돼 있었다. 사실상 북한 포기였던 셈이다. 중국은 북·중 관계를 최고 수준인 '동맹'에서 1단계 낮추어 '전통적 우호협력' 관계로 재규정하였다. 1996년 이후 양자 간 외교관계를 ①동맹 ②전통적 우호협력 ③동반자 ④선린 우호 ⑤단순 수교 등 5단계로 분류한데 따른 것이다.

북한은 한·중 수교를 충격으로 받아들였고 중국에 대하여 "제국주의에 굴복한 변절자·배신자"라고 비난하였다. 1993년 1월에는 압록강에서 중국 측에 700발의 총기 난사를 감행하는 무력도발을 하기도 했다. 이후 3월 북한은 NPT탈퇴를 선언하고 핵무장을 공언하였다. 소련의 해체와 한·중 수교는 북한 정권이 더욱 주체 이데올로기에 매달리게 했다.

그러나 2000년대로 접어들어 한국이 대북 햇볕 화해·협력 정책을 추진하면서 중국의 한반도 정세 인식은 다시 급전환을 맞게 되고 북한에 대한 관계 개선을 시도하게 된다. 2000년 6월 베이징 북·중 정상회담에서 장쩌민 주석은 '평화공존 5원칙'과 '자주·평화·민족대단결'의 3원칙을 제시하고 일국양제(一國兩制)의 한반도 적용을 제안하였다. 이후 중국은 경제력과 군사력을 획기적으로 증강시키며 한반도에서의 영향력 확대를 도모하였고, 북한을 한·중 수교 직후의 '부담' 인식에서 벗어나 한·미에 대항하기 위한 전략적 '자산'으로 인식하기 시작하였다.

□ 中・베트남 전쟁이 남긴 상처

1979년 중국의 베트남 침공은 주변 동맹국에 대한 중국의 비대칭 관계와 자신의 국가이익을 배타적으로 추구하는 잔혹한 면모를 유감없이 발휘한 사건이다. 南 베트남 몰락 이전의 베트남 전쟁 기간 동안 중국은 북베트남에 32만 명의 군대를 파견하고 20억 달러 이상의 군사·경제 원조를 제공했으나, 1975년 베트남 통일 이후 양국 관계는 급격히 악화됐다. 베트남과 소련의 관계가 긴밀해지면서 베트남은 중국이 동남아시아에서 '제국주의의 꿈'을 실현하려 한다고 비난했고 중국은 베트남에게 '교훈을 줄 필요'가 있다고 말하기에 이르렀다.

1979년 2월 17일 중국은 "자위적 반격 조치"라는 구실로 베트남을 침공했으며, 30일간의 혈전 끝에 베트남군이 1만 명의 전사자를 기록한데 비해 자국군 2만2천~6만3천 명이 전사하는 사실상의 패배를 맛보았다. 이웃 나라에 대한 중국의 무자비한 군사 공격은 중국이 자국의 이익을 위해서라면 어느 때도 힘의 사용을 주저하지 않을 것이라는 강한 인상을 북한에 주었다.

당시 북한은 중·소 분쟁의 와중에서 주체 이데올로기를 표방하며 어느 한쪽에 치우치지 않는 비동맹 대외전략을 취하고 있었다. 그만큼 소련과의 관계도 견고히 유지되고 있었다. 김일성으로선 '동남아에서 소련과 관계를 강화하면서 독립적 외교정책을 취한 베트남이 무슨 죄인가?'라는 의문을 품을 만했다. 중국의 베트남 침공은 북한에게 중국 불신의 강한 씨앗을 남겼다.

□ 중국의 대북 전략 변화 징후

북·중 간에는 상기한 바와 같은 잠재적 불신 요소에도 불구하고, '反

美·反패권'이라는 공동의 이해에 기반을 둔 강력한 전략적 유대가 형성돼 왔다. 중국은 북한을 한·미 견제용 '순망치한→완충지대' 개념으로 인식하고, 북한 핵개발에 대한 국제 제재에는 동참하는 모양새를 취하되 북한 체제가 결코 무너지지 않도록 지원을 계속해왔다. 북핵 해법으로선 북한의 핵·미사일 도발의 중단을 대가로 한·미의 군사훈련 중단을 요구하는 "쌍중단(雙中斷)" 곧 "동결 대 동결(freeze for freeze)"과 '한반도비핵화-미북평화협정'을 동시에 진행하자는 "쌍궤병행(雙軌竝行)"을 주장해왔다.

그러나 최근 이러한 전통적 대북전략에 변화의 기운이 감지된다. 중국의 대북전략을 정면 비판하는 주장이 제기되고 있기 때문이다. 예컨대, 자칭궈(賈慶國) 베이징대 국제정치학원장은 2017년 9월 9일 쌍중단과 쌍궤병행 전략을 공개 비판했다. 그는 북한 핵개발이 "중국의 안보에도 심각한 위험을 미치는 것으로 핵개발 자체가 잘못된 것"이라고 비판하면서, "한반도 전쟁이 현실 가능성이 됐으므로 중국은 한·미와 심도 깊은 논의를 통해 위기대응 방안을 마련해야 한다"고 주장했다.

중국의 정치평론가인 덩위원(鄧聿文) 역시 9월 16일 "(북한이) 석유 금수 조치 이후에도 핵실험이나 대륙간탄도미사일(ICBM)을 발사해 중국의 체면에 먹칠을 한다면 식량을 끊을 수밖에 없다"고 주장했다.[4] 이제 세계의 관심은 중국의 변화된 움직임이 얼마나 지속될 것인가와 이것이 중국의 근본적 대북정책 변화를 의미하느냐에 집중될 것이다. 앞서 고찰한 바와 같이, 북·중 관계는 동맹과 불신이 공존하는 이율배반을 그 특징으로 한다. 변화와 지속성 두 측면을 종합적으로 고려해야 하는 배경이다.

한편 북한의 대규모 6차 핵실험 결과, 연변 일대 주민들이 지진 공포에 시달리고 북한 핵실험에 강한 항의 의사를 표출한 것도 중국의 대북관(觀)에 영향을 미쳤을 것으로 보인다. 중국이 비록 권위주의적 공산당 일

---

4 「동아일보」, 2017.9.18.

당 체제라고는 하나, 이미 경제·사회적으로 개방이 사회 전반에 확산되어 자국민들의 반발과 분노를 전적으로 무시할 수 없기 때문이다. 또 활발한 화산 활동을 벌이고 있는 백두산과 풍계리 핵 실험장 간의 거리가 115~130km에 불과해 북한의 계속되는 핵실험으로 백두산이 폭발할 경우 중국이 입게 될 피해 역시 외면할 수 없는 상황이다.

중국의 한반도 전략

중국이 역사적으로 한반도를 조공(朝貢) 관계라는 국제관계 관점에서 바라보고, 한국을 속국으로 간주하여 다른 열강에 의한 한반도 지배를 막으려 했다는 점은 잘 알려져 있다.[5] 2017년 4월 미·중 정상회담에서 시진핑 중국 국가주석이 트럼프 대통령에게 "한국은 중국의 일부였다"고 말해 논란을 불러일으킨 것도 이와 같은 역사적 배경에 그 기원을 두고 있다.[6]

현재 시진핑 정부의 대북전략은 전반적으로 다음과 같은 3가지 기조 위에서 수립·집행되고 있는 것으로 분석된다. 첫째, 미국과의 패권경쟁이라는 세계적 구도 속에서 한반도를 바라보고 있다는 점이다. 중국은 1978년 등소평의 개혁·개방 이래의 눈부신 경제성장에 힘입어, 현재 세계 2위의 패권국가로서 전례 없는 군사팽창·대국굴기를 구가하고 있는 중이다. 중국은 장기적으로 미국과의 세계패권 쟁투가 불가피하다고 판단하고 있으며, 1차적으로 동아시아와 서태평양에서 기존의 미국 영향력을 축소시키는 전략을 추진하고 있다. 중국의 한반도 전략도 이러한 거시적 세계전략의 큰 틀에서 이뤄지고 있다.

둘째, 중국은 북한 핵무장을 원칙적으로는 반대하나, 한·미 세력을 견제하기 위한 수단과 도구 차원에서 북한정권을 존속·지원하고 있다. 이 과정에서 북한 핵문제는 북한체제 생존보다 우선순위가 밀리고 있다. 중국은 미국과의 세력 경쟁에서 한반도를 중요한 접점(接點)의 하나로 파악한다. 북한과의 '적대적 동맹' 속에서도 사실상 전통적 '혈맹' 관계를 굳건

---

5 이춘근, 「미중 패권경쟁과 한국의 전략」(김앤김북스, 2016) pp. 325-328.
6 지해범, "주한미군, 5년 내 철수하게 될 것이다," 「조선일보」(전문기자 칼럼), 2018.2.14.

히 유지하는 배경이다.

셋째, 북핵 문제를 미·북 대결구도 속에서 파악함으로써, 미·중 및 미·북 직접협상을 적극 추진하고 한반도 평화체제 수립을 유도하여 궁극적으로 주한미군 철수를 시도한다. 이른 바 "쌍중단-쌍궤병행" 전략이 중국의 변치 않는 한반도 핵심 전략방향이다. 한반도 통일 문제 역시 남북한 간 '자주적 평화통일'이라는 개념 하에 외세의 개입 방지를 강력히 주장한다.

美·中 패권경쟁의 접점인 한반도에 복합적이고 다면적 대응

미국은 그동안 수차례 있었던 미·중 정상회담에서 중국이 대북 원유 금수조치를 취해 줄 것을 강력히 요구했으나, 중국은 이를 거부해왔다. 이에 대해 미국이 군사 옵션을 꺼내들자 중국은 △지금까지 북핵 문제 해결을 위해 "할 만큼 했다"면서 △미·북은 '최악의 상황에 대비하라'는 경고성 발언마저 내놓았다. 이어 중국이 "중국 방식으로 안보 이익을 지켜 나갈 것"이라고 주장했다. 여기서 "중국 방식"이란 표현에 주목하지 않을 수 없다.[7]

동시에 중국은 독자적으로 또는 러시아와 함께 한반도 인근 해상과 공중에서 강도 높은 군사훈련을 전개해오고 있다. 북·중 접경 지역인 길림성 내 민심도 북핵 공포와 전쟁위기로 동요하는 모습을 보이곤 한다. 환구시보는 한반도 전쟁이 발발하면 "북한은 한국을 먼저 공격하게 될 것"이란 기사도 내보냈다.[8] 이 기사는 한국 측으로부터의 강한 반발에 부딪쳐 곧 삭제됐는데, 미국의 대북 군사행동을 막으려는 의도에서 한국 내 반대여론을 불러일으키려 했던 것으로 보인다. 또 중국 당국은 북·중 접경에 탈북난민 수용소 건설도 추진하고 있다. 흥미롭게도 이런 와중에서 중국

---

7 「환구시보」 (社評), 2017.12.2.
8 「환구시보」 (社評), 2017.12.6.

은 미국과 고위 군사회담을 열어 북핵 처리와 북한 붕괴 후의 양국 협조 문제도 논의해왔다.

중국의 북핵 문제에 대한 대응이 주는 함의(含意)는 복합적이다. 첫째 트럼프 대통령의 강경책을 저지할 군사적 능력이 부족한 상황에서, '대미 협조'와 '정면 대응'을 병행하는 강온 전략을 취하고 있다는 점이다. 둘째 미국이 북한을 선제타격할 경우 북한의 보복 대응으로 인한 전면전 가능성을 흘려 미국의 행동을 제약하면서, 38도선 이북으로 한·미 군(軍)이 넘어오지 말라는 강력한 경고를 보내고 있다는 점이다. 이는 미국이 선제타격에 나선다면 북·중과의 전면전을 각오하라는 통첩이나 다름없다. 선제타격 후, 한·미 양군이 38선 이북으로 넘어가지 않고 상황을 끝내기는 불가능에 가깝기 때문이다. 결국 북한을 완충지대로 존치시키려는 중국의 안보 인식에 어떠한 변화도 없으며, 향후 중국의 대응에 양보가 없을 것임을 시사한 것이다.

종합해 볼 때, 중국의 향후 한반도 전략은 ①미국의 선제공격 시 북한 북부로 군사 개입해 미군과 북한 지역을 분할하고, ②탈북 난민의 대규모 중국 유입에 대한 대비책을 마련하여 혼란을 사전에 방지하는 한편, ③미국과 북한 문제 '빅딜(grand bargain)'을 추진해 나가는 다면적(多面的) 성격이 있는 것으로 분석된다.

핵보유 불원(不願)하나, 체제붕괴 불용(不容)

중국이 미국의 지속적인 압박과 UN 대북제재 결의에도 불구하고, 결정적인 원유 금수(禁輸) 조치를 취하지 않고 있다. 북한정권의 붕괴를 바라지 않고 있기 때문이다. 미국이 의도하는 중국의 북한 지렛대 역할이 실효를 거두지 못하는 가장 큰 원인이다.

북한체제를 존치시키려는 전략적 목표 하에 중국은 現 한반도 위기의 원인이 북한의 핵·미사일 도발 때문이 아니라, 미·북 간 적대적 태도와 군사적 대립에서 기인한다고 주장한다. 곧 북한 핵·미사일 도발과 한·미 군사훈련을 등가적이고 양비적인 것으로 규정한다. 그리고 북한 핵 위기를 "미·북 간 충돌을 향해 마주 달리는 기관차"에 비유하며, 위기의 원인을 미·북 양자에게 모두 책임이 있는 등가적(等價的)인 것으로 호도해오고 있다.

이런 의도 속에서 핵 위기 때마다 "관련국 자제"를 요구하고, 항상 "대화를 통한 평화적 해결"과 '평화적 대타협'을 주장하고 있다. 왕이(王毅) 외교부장이 "한반도 전쟁이 발발하면, 모두가 패자가 되고 승자는 없을 것"이라며, "대화가 유일한 해결책"이라고 주장한 것도 그러한 맥락의 연장선상에 있다.[9] 최근에는 종래의 대북 '순망치한(脣亡齒寒)·완충지대' 인식을 넘어서서, 북한을 동북아에서 한·미 내지 한·미·일 세력을 견제하기 위한 '앞잡이(proxy)' 개념으로도 파악하고 있다.

'쌍중단·쌍궤병행'이 북핵 전략의 핵심

북한 핵문제에 대한 중국의 입장은 △쌍중단(북핵 중단과 한·미 군사훈련 중단의 맞교환)과 △쌍궤병행(한반도 비핵화와 미·북 평화협정의 병행)으로 요약된다. 2017년 11월 시진핑 주석은 쑹타오 특사를 북한에 보내 '쌍중단'을 전제로 북한이 미국과의 대화에 나설 것을 종용했다. 그러나 핵보유를 고집하는 김정은은 이를 수용하지 않았다. 11월초 미·중 정상회담 이후 미국은 중국이 전부터 제안해 온 쌍중단 방안을 정면 거부했다. 북한 핵개발 중단으로는 문제를 해결할 수 없고, 한·미 훈련 중단도 고려 대상

---

9 2017.4.14.

이 아니라고 본 것이다.

쌍중단은 자칫하면 한·미 훈련을 일방적으로 중단하는 선례를 만들어 한·미 동맹에 입각한 국가안보와 국가방위 태세를 크게 뒤흔들 위험성이 있다. 우리로선 결코 수용할 수 없는 중국의 계략이라 할 것이다. 중국은 3불(不)·1한(限)(세 가지 하지 않을 것과 한 가지 제한 사항)을 획득한 후, 한 발 더 나아가 한·미 동맹을 기저로부터 동요시키려는 의도가 있는 것으로 판단된다.

'쌍궤병행' 역시 한국의 안보 입장에서 위험하기는 매한가지다. 북한 비핵화는 김정은 정권의 핵개발 올인 전략으로 인해 그 전망이 매우 어둡다. 또한 '한반도 평화협정'은 북한의 오랜 대남전략 핵심으로서 주한미군 철수 문제를 포함하고 있기 때문에 쉽게 거론할 사안이 아니다. 중국이 쌍궤병행을 선호하는 것은 범세계적으로 전개되고 있는 미국과의 패권경쟁 차원에서 동북아에서 미국의 영향력을 차단할 수 있는 유효한 전략이라고 판단하기 때문이다.

북한 최고인민회의 김영남 상임위원장이 러시아 의회 대표단을 만나 "미국이 핵보유국으로 인정할 경우, 미·북 대화에 나가겠다"고 발언한 데에 주목할 필요가 있다. 이는 곧 「북한의 핵보유 인정 → 대등한 핵보유국 입장에서 미·북 대화 → 미·북 평화협정 체결 → 주한미군 철수 → 한반도 무력통일」로 이어지는 로드맵을 실현시키려는 음모를 드러낸 것이기 때문이다. 중국이 이를 적극 뒷받침하고 있다는 점에서 중국의 한반도 전략이 한국의 안보이익에 정면 배치됨을 알 수 있다.

결국 중국의 한반도 전략은 북한의 핵·미사일 도발이 대한민국의 안보를 위협하고 동북아 평화와 안정을 해치고 있다는 근본 인식과 거리가 멀다. 중국의 한반도 전략을 구성하는 핵심인 '쌍중단-쌍궤병행' 전략, '미·북 직접대화와 미·북 평화협정 체결 및 한반도 평화체제 구축' 로드맵은 종국적으로 미국의 '북한체제 안전보장과 미군 철수' 주장으로 연결되고 있다.

가속화하는 동북아 군비경쟁

동북아 안보환경 변화와 군비 경쟁 가속화

일반적으로 국가안보를 위한 군사비 지출은 경제적 뒷받침을 필수로 하는 반면, 과도한 군사비는 그 나라의 경제력을 위축시켜 장기적으로 국가의 몰락으로까지 이어질 수 있다는 것이 역사가들의 충고다. 폴 케네디가 "강대국의 흥망"이란 책에서 내린 결론이다. 그러므로 각국은 안보를 위한 국방 예산과 경제발전을 위한 투자 배분 간 적정한 균형을 유지하려 노력한다. 소련 붕괴 원인의 하나가 경제력이 취약한 상태에서 미국과의 과도한 군비 경쟁에 몰입한 데에 있었다는 것은 역사가들 사이에서 재론의 여지가 없다.

미국은 세계 제1의 경제력으로 세계 최강의 군사력을 유지하며 21세기 들어서서도 초(超)패권국가로서의 위상을 견지하고 있다. 중국은 지난 40년 눈부신 경제성장을 바탕으로 군사력 증강에 매진하면서 미국의 패권에 도전하고 있다. 일본 역시 세계3위의 경제력을 토대로 평화헌법 재해석의 과정을 거쳐 군사력 증강을 시작했다.

영국 국제전략연구소(IISS)가 발간한 「군사균형 2017(Military Balance)」 제하의 세계 군사동향 분석(2017.2.15.)을 보면, 2016년 중국 군사비는 1,450억 달러로 아시아 전체 총액의 40%를 차지했다. 아시아 지역의 2016년 군사비 증가율은 전년 대비 5.3%인 바, 이는 0.4% 감소한 세계 평균을 훨씬 능가한 것이다.

최근 동북아 군비 경쟁은 중국의 군사 팽창과 북한의 핵·미사일 위협에 기인하는 바 크다. 특히 김정은 정권의 핵·미사일 위협이 동북아시아에 신(新)냉전과 핵군비 경쟁을 촉발시키고 있다. 트럼프 대통령은 미·일 동맹과 한·미 동맹을 양대 축으로 삼아 북한의 위협에 대처하기 위한 모든 방안을 검토하면서, 그동안의 레토릭 수준을 넘어 행동으로 대처하려는 새로운 대북 전략 전면 재조정에 착수했다. 그 범위는 선제공격, 세컨더리 보이콧, 레짐체인지, 직접협상, 전술핵 재배치 등 모든 옵션을 망라한다. 기존 방법으로는 북핵·미사일 위협을 막을 수 없다는 판단에 따른 것이다.

이런 상황에서 한반도 주변 강국과 남북한의 군비 경쟁 실상을 분석하고 한국 안보에 주는 함의를 진단할 필요성이 제기된다. 다만 러시아의 경우 안보 관심이 일차적으로 유럽과 NATO에 집중되고 있는 점을 고려하여, 본고에서는 미·중·일 및 남북한 군사비 현황과 최근의 군사동향 및 그 안보적 함의에 초점을 맞춰 분석해보려 한다.

미국, 전년 대비 10% 증액한 $6,030억 책정
– 2018년엔 $6,370억 배정

트럼프 행정부는 국가안보 주요 위협 요인으로 중국, 러시아, 북한, IS 등을 꼽는다. 특히 이라크와 아프간에서의 승리를 담보하기 위해 지상군의 전투 능력을 향상시키려 애쓰고 있으며, 최근에는 시리아에 지상군을 파견하기 시작했다.

무엇보다도 서태평양에서의 중국의 군사팽창에 대응하기 위해 해군력 증강 특히 핵 잠수함 능력 배양에 초점을 맞추고 있다. 트럼프 대통령은 남중국해상의 핵심 항로·해상로를 보호하는 것이 시급하다는 인식을 갖고 있다. 로이터통신은 영유권 분쟁 지역인 남중국해와 걸프 지역의 주요 원유 수송로인 호르무즈해협 등이 군사력 강화의 대상이 될 것으로 내다봤다.

트럼프 행정부는 2018년 회계연도(2017.10~2018.9) 국방예산을 전년 대비 10%(540억 달러) 증액된 6,030억 달러를 의회에 요청했다. 이와 관련, 트럼프 대통령은 의회 연설에서 "미국의 군사력을 재건하고, 국방 분야 시퀘스터(자동예산 삭감)를 폐기하며, 역사상 최대 증가를 적시한 국방 예산안을 의회에 요청한다"고 말했다. 그러면서 "앞으로는 싸워서 반드시 이기고, 그렇지 않으면 아예 싸우지 않을 것"이라고 강조했다. 트럼프 행정부가 표방한 "힘을 통한 평화"의 실천 계획인 셈이다. 물론 "역사상 최대"라는 표현은 과거 그 이상의 국방 예산 증가가 있었던 사례로 비추어 사실은 아니다.

한편 트럼프 행정부의 2019년 회계연도(2018.10~2019.9) 국방예산은 $6,370억이 배정되어 GNP 대비 4%를 차지하며, 전년 대비 5.6%의 증가율을 보였다. 한국의 국방비는 현재 GNP 대비 2.4% 정도이다. 트럼프 대통령은 국방예산의 증액 근거로 북한 핵·미사일 위협을 가장 많이 거론한 것으로 알려졌다.

현재 미국 군사비는 전 세계 군사비의 40%를 차지하며, 미국 다음 12개 국가들의 군사비를 합한 것보다 많다. 세계 군사력 랭킹 2, 3위인 중국과 러시아의 군사비를 합쳐도 미국 군사비의 3분의 1에 불과하다.

오바마 행정부의 대북정책을 '실패'로 규정하고 있는 트럼프 대통령은 북한 핵·미사일에 단호한 입장이다. 사드 1개 포대가 한국에 배치되고 있는 상황에서 1~2개 포대의 추가 배치도 거론한 바 있으며, 대북 정책 논의 과정에서 한국에 전술핵무기를 재배치해 북한에 '극적 경고(dramatic warning)' 효과를 거두는 방안도 거론됐다고 한다.

중국, 전년 대비 7% 증액한 $1,520억 발표

중국은 2017년 3월 입법기관인 전국인민대표대회[전인대](NPC, National People's Congress)에서 2017년 국방예산을 GDP의 1.3%로 설정한다고 공표하고, 이는 2016년 대비 7% 증가에 해당한다고 지적했다. 리커창(李克强) 총리는 정부 업무보고를 통해 "2017년 경제성장율 목표는 6.5% 안팎"이라고 밝혔다. 그동안 국방예산 총액을 발표하지 않음으로써 자국의 국방비가 "불투명"하다는 비판을 불식하려는 듯, 2017년 인민해방군 예산 규모를 1,520억 달러로 발표했다. 이는 한국 국방예산의 4배, 일본의 3배가 넘는 액수다. 중국은 최근 20여 년간 한 차례도 거르지 않고 경제성장률보다 더 높은 비율로 국방예산을 증액시켜왔다. 그럼에도 실제 중국 군사비는 공표된 규모를 훨씬 능가한다는 것이 전문가들의 평가다.

주목되는 현상은 시진핑 주석이 강조한 바와 같이, "군대와 민간의 통합 발전"의 명분하에 이뤄지는 '군부에 의한 민간경제 분야의 흡수' 현상이다.[10] 이는 민간 경제가 군사력 증강을 도울 수 있도록 동원하는 것을 목표로 하고 있다. 민간 기관의 군사화라 할 만하다. 전문가들은 중국의 경우 민간 투자로 포장된 실질 군사비를 포함하면, 중국의 실제 군사비 증가율은 10%에 육박할 것으로 판단한다.

그러므로 중국의 실제 국방비는 명목상 국방예산의 2~3배로 늘려 잡아야 한다는 것이 전문가들의 분석이다. 칸와(漢和) 디펜스리뷰의 편집장 안드레이 창은 "중국의 실제 군사비는 공식 수치의 3배에 이를 것"이라고 진단하고, 그 예로서 남중국해 인공섬 건설에 투입한 수십억 달러는 국방비가 아닌, 하이난(海南)성 예산이라고 지적했다. 이를 감안하면 중국 국방비는 미국에 근접할 수도 있다.

---
10 「인민일보」, 2017.1.

중국 군사비 증강의 초점은 해·공군력에 두어지고 있다. 항모와 신예 스텔스 전투기(젠-20) 등 첨단 전략자산 개발 및 실전배치에 총력을 기울이는 가운데, 육군 중심 30만 명 감축, 해군 병력 증강(23.5만에서 27만 명으로), 해병대 증강(2만에서 10만으로)이 이뤄지고 있다.[11] 군비 증강의 주안점은 남중국해에서 항행의 자유를 주장하는 미국과의 충돌에 대비한 것이다. 남중국해에 항공모함 등 해상장비를 상시 배치하고 인공섬 군사기지화를 가속화할 것으로 보인다. 한반도에서 주한미군의 사드 배치에 대항해, 사드보다 3~4배 강력한 3,000km 탐지반경 레이다를 설치한 것도 같은 맥락이다.

일본, 전년 대비 7% 증가한 $446억 책정

2017년 3월 6일 변형된 스커드-ER 미사일 4발을 일본의 EEZ내에 낙하시킨 후, 북한은 이번 시험발사가 "주일미군 기지를 목표로 했음"을 공언했다. 이에 일본 이나다(稻田) 방위상은 자위대가 적(敵)에 대한 미사일 공격을 감행할 권리가 있다고 선언했고, 아베 총리는 북한의 위협이 "새로운 차원의 위협"이라고 지적했다.

일본은 2015년 집단자위권을 선언하고 자위대의 해외주둔 및 참전을 허용한 바 있다. 이는 2차 대전 후 유지돼 온 평화헌법하의 전수방어 원칙을 사실상 폐기한 것으로 일본 각의의 헌법 재해석에 의해 가능해졌다. 평화헌법 9조는 군사적 침공을 불법화하고 오직 전수방어만을 허용했었다.

아베 총리는 2017년 1월 20일 의회 연설에서 GDP 1%로 설정된 국방지출 한계에 구애받지 않겠다고 말했다. 아베는 "아·태 지역에서의 급변하는 정세를 고려해, 나라를 지키고 국민의 생명을 효과적으로 보호하기

---

11 *South China Morning Post*, 2017.3.13.

위한 군사비를 확보하겠다"고 공언했다. 2017년 4월 시작되는 회계연도 하에서 일본 국방비는 지금까지의 5년 연속 증가를 시현하며, 2016년 417억 달러에서 7% 증가한 446억 달러로 증액되었다.

실제로 일본 군사비는 공표된 것보다 많아 470억 달러에 육박한다는 전문가들의 분석이 있다. 자위대는 세계에서 가장 기술집약적 군대의 하나로서, 중국의 군사팽창과 북한의 핵·미사일 위협에 대처하기 위해 MD 능력을 획기적으로 증강하고 있으며, 東중국해에서 비공개 미·일 합동군사훈련도 실시하고 있다고 한다. 일본 본토에의 사드 배치도 적극 추진하고 있다.

일본의 글로벌파이어(Global Firepower) 중심 군사력 순위는 세계 7위를 마크해, 터어키와 독일을 능가한다. 자위대는 이제 완벽한 직업군대로 성장하여, 육군은 27만 명의 병력과 678대의 전차, 2,800대의 장갑차, 2,500대의 야포를 보유하며, 해군은 43척의 전함, 3대의 헬리콥터 항모(helicopter carrier), 27대의 소해정, 그리고 17척의 잠수함을 보유하고 있다. 공군은 700대의 군용기와 119대의 헬리콥터를 보유하고 있다. 트럼프·아베 정상회담 이후 미·일 동맹은 동아시아 최강의 강고한 동맹으로 격상되어 중·북 위협에 대처하는 최전선에 서 있다 해도 과언이 아니다. 한·미 동맹과 한·미·일 안보협력이 한층 업그레이드 돼야 하는 배경이다.

북한, 남한($353억)의 1/8.5 수준인 $40억 추산

2017년 한국 국방비는 전년 대비 4% 증액된 약 353억 달러(40조 3,300억원)로 책정되었다. 이는 2017년 기준 GDP의 2.39%, 재정 대비 14.7% 수준이다.[12] 북한 군사비는 자료 미비로 정확한 통계를 내기 어려우나, 대

---

12 2016 「국방백서」 참조.

략 한국 군사비의 8.5분의 1(약 40억 달러)로 추정된다. 美 국무부에 따르면, 북한의 GDP 대비 국방비는 23.2%로 세계 1위다.[13] 북한은 인구대비 병력규모에 있어서도 4.8%로 캄보디아(25.8%)에 이어 세계 2위를 기록했다. 남한은 1.4%로 세계 15위 수준이었다. 이 보고서는 북한의 정규 병력을 117만 명으로 추산했다.

주지하는 바대로 북한 사회주의 경제는 붕괴 직전 수준이다. 그럼에도 핵군비 경쟁이 기능한 것은 김정은 수령체제하에서의 집중적인 핵개발 전략과 민간 분야에서 최근 점증하고 있는 장마당 경제 덕분이다. 단기적 안정은 이루고 있으나, 중장기적으로는 체제 불안정을 예상하지 않을 수 없는 이유다.

---

[13] 美 국무부가 공개(2016.12)한 「2016년 세계군비지출 및 무기이전보고서(*WMEAT: World Military Expenditures and Arms Transfers*)」 참조.

미국의 중국 견제 전략

트럼프의 '역(逆)닉슨(Reverse Nixon)' 전략
– 美·러 연대로 중국 견제

□ 트럼프의 美·러 연대 전략

2016 대통령 선거 과정에서 러시아가 사이버 해킹으로 선거에 개입했다는 증거가 드러나 미국이 큰 논란에 휩싸였다. 이 문제는 급기야 트럼프 대통령과 미국 정보기관(intelligence community) 간 신뢰 문제로 비화되기까지 했다. 특히 클래퍼 국가정보국장은 대통령의 건전한 '의구심(skeptism)'을 수용하면서도, 정보기관의 전문성에 대한 '비방(disparagement)'은 국가안보를 위해 위험하다고 지적했다. 오바마 대통령은 이에 대한 보복조치로 35명의 외교관을 추방하고, 러시아 정보기관이 관련된 2개의 시설을 폐쇄한 바 있다.

한편 트럼프 당선자는 러시아의 해킹 사실을 부정하지는 않으면서도 선거 결과에는 아무런 영향을 미치지 않았다고 주장했다. 그러면서 러시아와의 연대 필요성을 일관되게 강조해 주목을 받았다. 취임 직후 미·러 정상회담 개최가 거론될 만큼 러시아와의 유대에 공을 들이는 모습이었다. 공화·민주 양당의 초당적 러시아 해킹 비판에도 불구하고 트럼프 대통령 당선자의 거듭되는 러시아 옹호 이면에는 단순히 대통령 당선에 대한 적법성(適法性) 확보 차원을 넘어선, 보다 큰 대외전략 밑그림이 엿보였다.

곧 중국의 급격한 대외 팽창을 견제하기 위한 러시아와의 연대 전략이 그것이다. 역(逆)닉슨(reverse-Nixon) 전략으로도 불리는 이 대외 노선은 대표적인 현실주의 정치학자인 미어샤이머(Mearscheimer)의 지론이기도 하다. 1970년대 초 미국이 중국을 끌어들여 소련의 팽창을 억제했던 방식을 역으로 활용하는 21세기 초 이이제이(以夷制夷) 전략인 셈이다.

물론 미·러 간 충돌 요인도 상존한다. 예컨대 양국 간 핵경쟁이 가열되고 있고, 미군의 폴란드 주둔을 놓고 양국 간 긴장이 고조되고 있다. 그러나 분명한 것은 트럼프 행정부가 러시아보다 중국의 군사적 팽창을 훨씬 심각한 위협으로 보고 있다는 점이다. 남사군도 군사기지 건설 등 동아시아에서의 중국의 군사 위협은 미국의 인내의 한계를 넘어서고 있다. 어떤 형태로든 미국의 트럼프 행정부는 오바마의 아시아 균형정책을 훨씬 능가하는 강력한 '트럼프식 아시아 회귀전략'을 추진할 것으로 전망된다. 4대 강국에 둘러싸여 분단 상태에 있는 우리로서는 강대국 간 역학(力學) 구도 변화에 주목하지 않을 수 없다.

□ 미어샤이머, "미·러 연대로 중국 견제" 강조

현실주의 국제정치학의 대가(大家)로 알려진 미어샤이머 교수는 「내셔널 인터레스트(The National Interest)」에 기고한 칼럼에서 미국의 자유민주주의 확산 목적의 '개입 중심' 대외전략(liberal hegemony)이 실패했다고 규정하고, 역외균형(Off-Shore Balancing) 전략에 입각해 과도한 대외개입을 삼가는 대신, 미국의 안보에 핵심적인 유럽·중동·동아시아에서 세력균형을 유지하는데 집중해야 한다고 주장했다.[14] 미국의 주요 목표는 이들 지역에서 패권 도전국가의 흥기를 억제하는 것이라며, 다행히 유럽과 중동

---

14 *The National Interest*, 2016.11.27.

에서는 이렇다 할 패권국가의 부상이 예견되지 않고 있는 반면 중국의 흥기는 미국이 당면한 최대 안보위협이라고 그는 평가했다.

미어샤이머에 따르면, 러시아의 경우 인구 감소 현상이 나타나고 있고 경제가 지나치게 가스 및 원유 수출에 의존돼 있어 국력 증가에 한계가 있다. 설사 앞으로 러시아 경제가 현대화되고 인구가 증가해도, 동유럽을 넘어 유럽 전체로 군사력을 투사하기에는 힘이 부족하다고 그는 진단한다. 그리고 그 경우에도 유럽국가들이 모스크바의 야망을 억제할 군사적 능력을 보유하고 있으므로, 미국은 유럽국가들에게 스스로의 안보를 책임지도록 유도해야 하며 유럽 주둔 미군을 감축시켜 나갈 필요가 있다는 것이다.

'역(逆)닉슨 전략'의 요지는 러시아가 미국 안보에 심각한 위협이 아닌 이상, 가장 핵심적 위협인 중국에 대응하기 위해 러시아와의 관계를 증진시켜 나가야 한다는 것이다. 특히 미·러 양국은 대(對)테러 전쟁, 시리아 내전 종식, 이란의 핵개발 억제 등의 현안에 있어 공통의 이해를 갖고 있는 반면, 중·러 양국은 역사적으로 긴 국경을 통해 상호 경쟁관계였다는 점에서 푸틴의 호응을 기대할 수 있다고 본다. 그러므로, 미국이 지금까지의 친중(親中) 경향 대외전략을 수정한다면 충분히 러시아의 협조를 얻어낼 수 있을 것으로 미어샤이머는 진단한다.

□ **첨예해지는 동아시아 패권 각축 – 美·日과 中·러 간 갈등 고조**

동아시아에서는 최근 중국의 공격적인 군사 팽창 및 무력시위로 불길한 기운이 감지되고 있다. 항모 랴오닝(遙寧)함 전단이 서해에서 남중국해로 발진해 무력시위를 벌인 후 대만 해협을 통해 북상 귀환하기도 했다. 특히 핵 탑재 폭격기를 포함하는 수십여 대의 중국 공군기가 한국방위식별구역(KADIZ)을 침범, 이에 대응한 한국 및 일본 공군기 50여대와 동해 상공에서 함께 뒤섞이는 전례 없는 상황도 벌어졌다. 중국의 위협에 대응해 미국의 항모 전단이 동아시아 해역에 배치돼 남중국해로 진출했다. 영국도 2020~2023년 취역 예정인 최신예 항모 2척을 태평양지역에 파견해 미국과 공동보조를 맞추었다.

중국의 숱방위 무력시위는 우리에게 한·미 동맹과 한·미·일 3각 안보협력이 절실한 안보 방파제임을 인식하게 해주었다. 중국이 THAAD를 빌미로 '약한 고리'인 한국을 한·미·일 연합방위체제로부터 떼어 내려는 전략을 추구하는 것으로 전문가들은 분석한다. 중국이 앞으로도 획기적인 국력 신장을 지속한다면, 동아시아에 있어서 미국의 영향력을 밀어내고 배타적인 영향력과 지배를 구축하려 시도할 가능성이 농후하다는 것이다.

트럼프 신 행정부의 중국·북한에 대한 대응은 단호하다. 틸러슨 신임 국무장관 지명자는 의회 청문회에서 북한을 "악당(bad actor)이자 적(敵, adversary)이며, 중대한 위협"으로 규정했으며, 중국에 대해 "인공섬 건설 불허" 방침을 선언하고 북핵 관련 세컨더리 보이콧의 엄격 적용 의지를 천명했다. 국방장관 내정자 매티스는 한반도 상황에 대해 "2차대전 이후 가장 불안한"하다면서 "일촉즉발(volatile) 상황"으로 파악하고, "선제공격"도 선택지 중 하나라고 밝혔다. 폼페오 CIA국장 지명자도 "北·中·러·테러집단이 미국에 대한 4대 위협"이라고 규정했다.

미국은 또한 북한의 ICBM 발사를 감시하기 위한 고성능 X-밴드 레이더(SBX-1)를 서태평양으로 이동 배치했다. 북한 미사일에 대한 요격 준비에 나선 것이다.

트럼프 행정부의 중국 압박 강화

□ 대북제재 입장 차이로 갈등 심화

2017년 4월 위기가 지나가고 5월 들어 미국이 기대했던 중국의 대북 지렛대(leverage) 효과가 기대에 못 미치는 가운데, 북한이 지속적으로 다양한 미사일 시험발사에 나서자 미국이 다시 강력 대응에 나서기 시작했다. 매티스 국방장관은 북한을 "새로운 최고 위협" 내지 "첫번째 위협"으로 규정하고 '주적' 개념을 러시아에서 북한으로 전환했다.[15] 그는 "북한의 지속적인 핵무기 및 핵 운반수단 추구는 속도나 범위 측면에서 증대돼 왔다"면서 "북한의 핵무기 프로그램은 모두에게 명백하고 현존하는, 가장 급박하고 위험한 위협"이라고 밝혔다.

백악관은 중국을 통한 대북 압박에 효과가 없을 경우 "미국을 보호하기 위해 무엇이든 할 것"이라며 "어떤 옵션도 배제하지 않고 있다"고 강조했다.[16] 트럼프 대통령은 "중국에 매우 실망했다"면서, 중국이 "말만 할 뿐 행동하지 않는다"고 노골적인 불만을 표시했다.

2017년 4월 미·중 정상회담 직후 형성된 양국 밀월관계가 대북 제재 입장 차이로 인해 새로운 갈등 양상으로 변모하고 있다. 미국은 지금까지 취해 온 중국 기업에 대한 제3자 제재, 북한 원유차단 입법, 중국에 대한 '최악의 인신매매국' 지정, 대만에의 무기판매 등 조치를 넘어서서 새로운 대중 무역제재를 준비하고 있다. 구체적으로 통상법 301조를 적용한 무역 보복을 준비 중이다.

중국의 대북 지렛대 역할 불충분에 대한 불만은 기존의 중국 패권 도전 경계심과 결합돼 동북아에서 새로운 형태의 미·중 대립 및 갈등으로 확산될 전망이다.

---

15 2017년 6월 13일 하원 군사위원회에 서면으로 제출한 모두 발언
16 새라 허커비 샌더스 백악관 수석부대변인은 "중국이 대북 제재를 돕지 않으면 어떻게 할 것이냐"는 질문에 "트럼프 대통령은 이와 관련해 아주 분명한 입장을 취해왔다"고 언급했다. 그는 "트럼프 대통령은 중국과의 협력을 희망하고 대북 압박에 공조할 것이지만, 만일 (중국을 통한) 대북 압박이 작동하지 않을 경우 미국을 위해 무엇이든 할 것"이라고 발언했다. 2017.6.24

□ **'통상법 301조'로 무역 압박**

국가 간 무역과 각종 교류의 증가로 상호의존이 심화되고 있는 것이 현 국제질서의 특징이다. 세계화 현상에 따른 무역의 폭발적 증가는 때때로 정치적으로 분쟁으로 연결된다. 특히 저가(低價)로 과잉 생산된 제품에 국가가 보조금을 주어 더욱 싼 가격으로 상대국에 팔려 할 때, 불공정 무역 논쟁이 일어난다. 레이건 대통령은 1980년대 일본 등에 대해 '슈퍼 301조'를 적용하겠다고 위협한 적이 있었다.[17]

1988년에 미국은 '종합무역법(Omnibus Trade and Competitiveness Act)'에 '슈퍼 301조'를 신설했다. 이에 따라 美 무역대표부가 자국수출을 불공정하게 위협하는 '우선협상' 대상국 리스트를 매년 작성하게 하였다. 이 법안을 통해 우선협상 대상국에게 일반적 압력을 가해 상대국의 무역정책을 바꾸도록 하였다.

트럼프 행정부가 중국에 통상법 301조의 적용을 검토하고 있다.[18] 북한 핵·미사일에 대한 중국의 소극적 대응에 실망했기 때문이다. 일부 전문가들은 통상법 301조의 중국 적용을 무역전쟁의 서막이라고까지 해석한다. 중국이 2025년까지 집중 육성하고 있는 반도체·인공지능·로봇 등 10대 첨단분야에까지 이를 적용할지 여부를 검토하고 있는 것으로 알려지고 있다.

중국의 군사팽창에 대한 미국의 우려
- 美·中 전쟁까지 상정

---

17 David N. Balaam & Bradford Dillman 지음, 민병오 外 역, 「국제정치경제」, (명인문화사: 2016) pp. 67-68.
18 *WSJ*과 *NYT*를 인용하여 조선일보가 2017년 8월 3일 보도한 내용 참조.

신흥 패전국가가 나타나 기존의 패권국가에 도전할 때, 전쟁이 일어날 수 있다는 것이 투키디데스의 함정(Thucydides' Trap)이다. 미국의 국제정치학자 앨리슨(Graham Allison)은 지난 500년 동안 15개의 신흥-기존 패권국 간 갈등 사례를 분석한 결과, 실제 전쟁으로 비화된 경우가 11개에 이른다는 사실을 밝혀냈다.

트럼프 행정부는 이슬람 테러와 함께 중국의 군사팽창을 미국이 직면한 최대의 위협이자 적으로 규정한다. 러시아가 우크라이나를 침공하는 등 동유럽에서 공세를 취하고 있으나, 기본적으로 유럽에서는 독일과 프랑스 등 NATO 국가들이 방어를 담당할 수 있다고 보는 듯하다.

이에 비해 西태평양에서의 중국의 군사적 팽창은 미국의 안보와 국제질서 유지 차원에서 더 이상 인내할 수 없는 수준이며, 일본·베트남·호주·인도 등과 연합해 이를 저지하려 한다. 한국도 가능하면 이 反中 연대에 포함시키고자 하나, 먼저 한국의 결단과 선택이 이뤄져야 한다.

'하나의 중국 정책(One China Policy)'에 대한 트럼프 대통령의 문제 제기는 우연히 일어난 것이 아니라, 상기의 중국 불신 인식에서 비롯된 것이다. 비록 2017년 2월 9일 시진핑 주석과의 통화에서 '하나의 중국 원칙'을 인정한다고 발언하긴 했으나, 그의 진심은 전자에 있다고 보아야 한다.

중국의 무역 공세도 美·中 갈등의 주요 원인

현재 미·중 간 무역 규모는 5,500억 달러에 이른다. 지난 2001년 중국이 세계무역기구(WTO)에 가입한 이후 중국의 경제력과 군사력은 급속한 팽창을 시현해왔다. 트럼프 대통령의 핵심 경제 참모인 나바로(Peter Navaro) 캘리포니아대 교수는 「Death by China[중국에 의한 (미국의) 죽음]」이란 저서에서 "중국이 미국의 이익을 갉아먹고 있다. 이를 바로잡지 않으면 안

된다"며 중국과의 전쟁도 불사해야 한다고 주장했다.

그는 중국 당국이 자국 기업에 지불하는 불법 보조금으로 중국 상품의 대미 수출이 결정적 혜택을 보고 있고, 미국 다국적기업의 무분별한 중국 진출로 인해 미국 내 수백만 일자리가 상실되고 있음을 지적한다. 중국의 이른 바 '속임수 게임(shell game)'으로 미국의 노동자와 경제가 참담한 파괴를 입고 있으며, 현재 미국은 3조 달러(3 trillion)에 이르는 빚을 중국에 지고 있다고 분석하고 있다.

세계 최대 인구를 보유하고 머지않아 세계 최대 규모의 경제국가가 될 중국이야말로 세계에서 가장 효율적인 '암살자'라는 것이다. 그러므로 트럼프의 대외무역 정책을 "보호주의"로 비방하는 것은 적절치 않다고 나바로 교수는 주장한다.

한편 경제 성장을 기반으로 하는 중국의 급속한 군사팽창은 미국과 아시아 동맹국들을 위협하고 있으며, 특히 파키스탄과 북한에 대한 핵 부품 및 핵 개발 지원이 핵 테러 가능성을 높이고 있다고 비판하고 있다. 현재 미·중 사이에 '무역 전쟁(trade war)'이 벌어지고 있고, 미국은 이 전쟁에서 패배하고 있다는 것이 그의 지론이다.

군사·경제면에서 세계 1~2위를 다투는 미·중 간 충돌은 자칫 전쟁을 유발하여 전례 없는 대규모의 인명 피해와 재산 파괴를 가져올 수 있을 것이다. 또 미·중 충돌로 야기될 제3차 세계대전은 핵 대전이 될 것이라는 점에서 세계의 비상한 우려를 집중시키고 있다.

중국 팽창 억지와 북핵·미사일 해결의 연계

트럼프 행정부는 북한 핵·미사일 문제에 대해 오바마 행정부 때보다 훨씬 단호하고 강경한 자세를 유지하면서, 특히 중국이 북한 핵·미사일을 억지하는데 있어 중요한 역할을 해야 한다고 요구하고 있다. 그 이면에는 북핵을 빌미로 중국을 압박하려는 의도도 엿보인다. 지난 1979년 미·중 수교 이래 거의 40년 간 미·중 관계의 기반(bed rock)이 되어 온 '하나의 중국' 정책을 둘러싼 미국의 유연한 접근은 북한 핵·미사일과 對中 정책의 연계 전략일 수도 있다.

중국은 지난 수년 동안 南중국해상의 해상통행 규범 위협, 주변국들의 방공식별 구역(ADIZ) 침범, 그리고 해상 및 공중에서의 잦은 충돌 위기를 야기하며 군사적 팽창을 기도해왔다. 이에 따라 미·중 관계는 긴장과 위기가 한층 고조되는 형국이다.

트럼프 행정부의 대외정책 참모들은 오바마 정부 시절 "전략적 인내" 방침으로부터 과감히 벗어나 대북 선제공격을 포함하는 강력한 대응전략을 구상하면서 동시에 중국을 적극적으로 활용해야 한다고 건의하고 있다. 예컨대 만약 북한이 핵 포기에 순응하지 않으면, 미국은 일단 세컨더리 보이콧(secondary boycott, 제3자 제재)을 엄격히 시행하여, 북한과 거래하는 중국 내 기업에 대한 제재를 강화하면서, 한국에 첨단 전략자산을 배치해 군사적 압박을 강화할 것을 주문하고 있다.

한편 민간단체나 일부 언론에선 중국의 대북 영향력을 지렛대로 활용하되, 북한 핵·미사일의 '검증된 동결(verified freeze)'과 한반도 평화협정을 맞교환하여 미·북 간 외교관계 수립까지 검토해보자고 주장하기도 한다.[19] 이는 북핵·미사일 해결이 난관에 부딪칠 때, 중국과 북한의 입장을 적극 수용하는 입장이어서 논란이 예상된다.

미·러 관계 악화와 러시아의 북한 지원: 동북아 '新 냉전' 형성

---

19 *Washington Post* 사설, 2017.2.10.

러시아는 2014년 크림반도 점령과 우크라이나 침공, 시리아 아사드 정권 지원, 그리고 미국 2016 대선에의 개입 등으로 미국과 대치하고 있는 상황이다. 트럼프 대통령은 러시아에 대해 "불안요인 국가(destabilizing force)"로 지칭하고 "서구의 문명과 가치가 실질적 위협하에 놓여 있다(Western civilization and value are under existential threat)"고 발언하여 불신감을 표출한 바 있고,[20] 러시아의 위협에 대처하기 위해 NATO에 대한 방위공약을 확고히 실행할 것을 다짐하였다.

미국에서 러시아와 북한 및 이란에 대한 '제재 패키지법'을 발효시키면서 미·러 관계가 더욱 악화하고 있다. 러시아는 이 법의 발효 이전에 보복 대응의 하나로 러시아 주재 美 대사관 직원 755명을 추방 조치하였다. 틸러슨 국무장관은 미·러 관계가 냉전 이후 "최악"이라고 표현하고, 가까운 장래에 양국 관계가 회복될 기미가 없다고 전망했다.[21]

미국이 북한의 ICBM 저지를 위한 협조를 요청한데 대해, 러시아는 북한의 '화성-14 2호'를 ICBM이 아닌 중거리 미사일이라고 축소 주장했다. 2016년 러시아의 대북 석유 수출은 전년($74만) 대비 3배로 증가했으며,[22] 이는 국제사회의 대북 제재 방침에 역행하는 것이다. 중국 대신 러시아가 북한에 대한 석유 공급 대체국으로 부상할 가능성을 보여주고 있어 주목된다.

2017년 7월초 G20 정상회의에 문재인 대통령이 참가해 공표한 선언문에는 중·러의 반대로 북핵 규탄 내용이 포함되지 못했다.[23] 중·북 관계가 복원되고 있는데다 중·러 및 북·러 관계가 호전되면서, 동북아에 북·

20　2017년 7월 6일 트럼프 대통령의 G20 회의 참석 도중 폴란드 방문 기자회견 시 발언. *CNN*, 2017.7.6.
21　*CNN*, 2017.8.3.
22　*VOA*, 2017.7.11.
23　단 러시아가 일관되게 '한반도 비핵화'를 한반도 핵정책 기조로 삼고 있음에는 유의할 필요가 있다.

중·러 vs. 한·미·일 新 냉전 구도가 형성될 조짐을 보이고 있다. 트럼프 행정부는 한·미·일 안보협력 체제를 기반으로 대중·대북·대러 압박을 강화해 나가려 할 것으로 전망된다.

미국 주도의 중국 봉쇄
- '인도·태평양(Indo-Pacific)' 연합 구축 움직임

최근 미·일·인도·호주 등 '인도·태평양(Indo-Pacific)' 연합이 중국의 대국굴기에 대항하여 새롭게 구축되고 있다. 이는 동아시아·서태평양·동남아·인도양을 아우르는 광대한 영역에서 미국 주도로 '지역 안보(regional security)' 네트워크를 재정립하려는 움직임이다. 기존의 아시아·태평양(아·태) 개념을 대체하고 확대하는 것으로 볼 수 있다.

미국의 세계 안보 초점은 크게 유럽·중동·아태 지역으로 대별된다. 최근 서유럽을 향한 러시아의 압박, 중동에 대한 이란의 간섭 증대, 아시아에서의 미·중 패권 경쟁이 새 안보 현안으로 등장하고 있다. 여기에 북한의 핵·미사일 도발과 국제적 테러 위협이 위험을 증대시키고 있다. 헤리티지 재단 부(副)소장 카라파노(James Lay Carafano)는 '인도·태평양' 전략으로 안보 위기에 대처하려는 미국의 전략 의도를 다음과 같이 분석한다.[24]

첫째, 미국의 아시아 개입정책은 불변이라는 점이 강조되고 있다. 미국은 중국의 팽창을 아시아 지역 안정에 대한 최대 위협요인으로 보고, 앞으로도 계속 아시아에 머무르면서 패권국가로서의 역할을 다 하겠다는 입장이다.

둘째, '자유민주' 중심의 연합세력을 구축하겠다는 것이다. 일단 인도·태평양 연합은 미·일·인도·호주 4개국이 핵심이 되어 출발하고 있다. 최근 미국과 인도와의 관계가 급속히 호전되고 있어 주목된다. 양국은 자유

---

24 *National Interests*, 2017.11.10.

민주주의를 기반으로 하는 전략적 우호관계를 증진시키고 있다. 양국 간 이해(利害) 일치의 배경에 중국의 팽창에 대한 경계심이 자리 잡고 있음은 두말할 나위가 없다. 민주주의가 미국과 인도를 결속시키는 촉매가 되면서, 인권과 평화안보의 틀 내에서 이에 동참하려는 역내 국가들이 늘고 있다. 4국을 넘어선 광범한 연합세력이 구축되려는 조짐이다.

셋째, '힘을 통한 평화'의 재확인이다. 현재 미국은 세계에서 발생 가능한 2개의 전쟁 시나리오에 충분히 대처할 능력이 부족하다. 그러므로 아·태 지역 국가들이 종래 미국이 펼쳐 온 안보 우산의 효용성에 불안을 느끼며, 스스로 안보·방위 역량을 확충하려는 노력이 나타나고 있다. 이에 따라 중국의 팽창을 저지하기 위해 항행의 자유를 확보하고 특히 동북아에서 북한의 핵도발을 막아내기 위해 미국과 동맹국들의 확대된 연합 세력 구축이 필요하다는 입장이다. 앞으로 인도·태평양 전략이 새로운 아시아 안보 네트워크로 부상할 가능성이 높아졌다. 그리고 보다 많은 동맹국들이 가담함으로써 훨씬 조직적인 형태로 발전할 가능성이 엿보인다.

넷째, 현재 인도·태평양 그룹의 핵심인 4국 간 대화와 소통을 확대하면서, 타 동맹국들의 가입을 독려하고 있다. 여기엔 한국·대만·싱가포르·스리랑카·뉴질랜드·필리핀·베트남 등이 거론된다.

다섯째, 해상·해저·공중·사이버상의 안보 능력을 결합하고 제고시킨다는 전략이다. 해양 방위의 관점에서 볼 때 해상 업무가 거의 전부였던 19세기와 달리, 21세기는 해상·해저·공중·사이버상의 모든 능력을 결합해야 효율적인 안보능력을 구축할 수 있다. 따라서 동맹국과 합동으로 서태평양과 인도양을 총괄 컨트롤하는 군사·안보 능력이 제고되어야 한다는 것이다. 인도에서 추진되고 있는 F-16 제트기 생산 프로젝트는 그 적절한 예가 될 수 있다.

끝으로, 글로벌 파트너쉽의 필요성을 강조하고 있다. 미래의 안보는 해당 지역을 넘어서서 全 세계적 연대를 통해서만 가능하다. 현재 중국의 팽창은 '경제 협력'의 이름 아래 중동과 유럽으로 확대되고 있다. 이에 따라 중국의 해외 투자가 지역 안보에 미치는 영향을 분석하면서, 인도·태평양 연합이 중동 및 유럽의 동맹국들과의 연대를 확대해 나가야 한다는 것이다. 인도와 이스라엘 간의 최근 협력 증대는 그 전형적인 예이다.

美·中 빅딜 시나리오와
美·北 직접협상의 위험성

美 선제타격론의 한계

트럼프 행정부 출범 이후 2017~2018년에 이르는 기간 동안 미국은 북한의 핵·미사일 도발에 단호하게 대응해왔다. 전략폭격기, 핵잠수함, 항모전단 등 3대 첨단 전략자산을 한반도에 총집결시키며 "(군사력을 포함한) 모든 대안이 테이블에 있음"을 북한 정권에 강력히 경고했다. 만약 북한이 도발했다면, 트럼프 대통령이 군사적 결단을 내렸을 가능성이 매우 높다.

중국 역시 매우 민감하게 대응했는데, 미국의 대북 압박 요청에 대하여 UN제재 실천과 북·중 거래 축소 등으로 화답(和答)하면서도, 미국이 북한 핵시설만을 타격한다면 중국이 군사적으로 개입할 의도가 없으나 만약 "한·미 군대가 38선을 넘는다면 중국도 군사 개입에 나서겠다"는 단호한 태도를 보였다. 아울러 이 경우 "북한이 보복성 타격을 가할 위험"을 언급했다.[25]

북한 핵·미사일 위협을 저지하기 위해 지난 20여 년간 협상과 제재의 모든 방법을 동원했지만 실패를 거듭한 미국이 마침내 군사적 공격 옵션

---

25 「환구시보(環球時報)」, 2017.4.22.

을 꺼내들었으나, 이 역시 한반도에서의 치명적인 대규모 전쟁 발발 가능성으로 인해 한계에 부딪치고 있는 형국이다.

북한이 어떤 경우에도 핵을 포기하지 않는다는 것은 고위 탈북인사들의 공통된 견해다. 최근 북한이 미국에 대해 "우리에게 핵포기를 추호도 기대 말라… 우리의 핵 억제력 강화를 절대로 막지 못한다"고 주장한 것도 같은 맥락이다.[26]

이 경우 다시 군사적 옵션이 유력한 시나리오로 부상하게 된다. 주목되는 것은 군사적 옵션에 대해 한·미 양국이 어느 정도의 합의에 도달하느냐다. 모든 옵션에서 동맹국인 한·미가 같이 가는 것이 바람직하다. 그러나 문재인 정부는 한·미 동맹이 깨지는 한이 있더라도 전쟁은 반대한다는 입장을 시사해왔다.[27] 또 전시작전권의 조기 환수를 추진 중이다. 한미연합사를 대체할 미래사령부 창설 방안을 놓고 한·미가 접점을 찾지 못하고 있다. 우리가 이 시점에서 가장 주목해야 할 것은 미국의 군사 옵션에 동맹국인 한국이 반대할 경우 미국이 단독 군사옵션에 돌입할 것인가, 그렇게 할 경우 어떤 방법과 메카니즘을 거칠 것인가, 그렇다면 향후 한·미 동맹의 장래는 어떻게 될 것인가와 같은 근본적 질문들이다.

밴쿠버에서 열린 미국 주도의 UN 참전국 16+α 외교장관 회의는 한·미 연합사가 한국의 반대로 가동되지 못할 경우, 이를 대신할 제도적 장치를 마련하려는 미국의 고육지책으로 판단된다. 아직 한반도가 정전체제에 남아 있어 UN사령부의 기능과 역할이 유효하므로 이를 재가동하려는 전략으로 풀이되기 때문이다. 아울러 미국은 동북아에서 미·일 동맹을 주축으로 중국과 북한을 견제하려는 기본 전략을 재정립하고 있는 것으로 분석된다.

---

26 「노동신문」, 2017.5.13.
27 문정인 대통령 통일외교안보특보, 「KBS 뉴스」, 2017.9.28.

美·中의 북핵 공조(共助) 시나리오

향후 미·중 양대 강국의 북핵 공조는 과연 어느 시점까지 계속될 것인가? 북핵 문제를 놓고 균열될 가능성은 없는가? 양국은 현재 세계 패권을 놓고 다투는 중이다. 한반도는 그 세계 전선의 하나에 속한다. 이런 점들을 고려하여 향후 대략 두 가지 시나리오를 상정해 볼 수 있다.

첫째, 미·중 공조로 북핵 문제 해결이 가능하게 되는 경우다. 왕이(王毅) 외교부장은 이미 '쌍(雙)중단(북핵중단·한미훈련중단)→미·북 직접협상→한반도 평화협정' 로드맵을 제시한 바 있다. 주의할 것은 이미 많은 美 전문가들이 '미·북 직접협상' 시나리오를 거론해왔다는 점이다.

예를 들어 맥파커(MacFARQUHAR) 하버드대 교수는 북핵 해결을 위한 중국과의 타협 필요성을 강조하면서, 미국이 다음 3가지 조건을 제시할 수 있다고 주장했다:[28] ①선제공격이 중국의 이익을 침해하지 않을 것임을 명백히 한다. 김정은이 제거되면, 중국도 자유로워진다는 점도 강조한다. ②중국이 협조하면, 한국에 설치된 THAAD 철수 협상에 응하겠다는 용의를 보인다. ③미군이 철수하고 북핵을 폐기하는 동시에, 한반도를 영세중립국으로 통일시키는 로드맵을 제시한다.

북·중 양측이 2016년 8월부터 비밀협상을 통해, 6천억 달러(600조원)에 이르는 엄청난 규모의 지원을 북한에 제공하기로 하고 북핵 폐기에 합의했다는 주장이 회자된 바 있었다.[29] 중국 외교가에선 이를 부인했으나, 장기간 先대규모 지원을 통해 북핵을 폐기시킬 수 있다고 보는 것은 위험한 발상이다. 또한 꼭 대규모가 아닐지라도 상당한 규모의 대북 보상이 이

---

28 RODERICK MacFARQUHAR, "Getting Rid of North Korea's Dictator, With China's Help," *Foreign Policy Briefing*, 2017.4.7.
29 홍콩 「쟁명(爭鳴)」, 2017년 5월호.

뤄질 경우, 자칫하면 북한 경제를 일으켜 핵개발에 도움을 줌은 물론, 북한 정권이 시간을 벌게 하여 장기적으로 대한민국의 국가안보에 치명적 위협요인으로 변질될 수도 있다. 한국으로서는 최악의 상황인 셈이다. 한국이 배제된 채 미·중 공조에 입각한 북핵의 평화적 해결 구상이 갖는 위험성을 경계해야 할 것이다.

둘째 미국의 군사 옵션이 포기될 경우, 미국은 중국과의 공조로 북핵문제를 해결하려 할 가능성도 배제할 수 없다. 미·중 양국은 현재 근본적인 세계전략 측면에선 대립하고 있으나, 지역 현안에 대해선 외교·군사·경제 고위급 회담을 정기적으로 개최하고 핫라인을 개설하여 수시로 협의를 진행하고 있다. 적어도 우발적 충돌로 인한 뜻하지 않은 초강대국 간 세계대전만은 막아야겠다는 의지의 표현이다.

이러한 미·중 간 의사소통 채널이 한반도 문제의 극적인 타결로 연결될 가능성은 상존한다고 봐야 한다. 물론 한반도 문제의 당사자인 우리의 입장에선 결코 바람직한 일이 아니다. 그럼에도 문재인 정부가 남북공조를 우선시한 나머지 한·미 동맹이 흔들리고 있는 상황에서 우리가 강대국 사이로 발 디딜 틈은 좁아 보인다. 강대국 중심 국제정치의 냉엄한 현실 속에서 강력한 선의의 패권국가와의 동맹을 통해서만 우리의 발언권을 확보하고 국가안보와 국가이익을 구현할 수 있다는-받아들이기를 불편해 하는 사람도 있겠지만-사실을 인식하는 일이 중요하다.

김정은 정권 붕괴 후, 美·中의 '북한 분할' 시나리오

첨단 전략자산을 앞세운 트럼프 대통령의 최후통첩 압박에도 불구하고, 핵·미사일에 올인하는 김정은의 광기가 쉽게 꺾일 것 같지 않다. 김정은이 기어이 美 본토를 위협하는 ICBM을 발사한다면, 미국의 군사옵선 사용은 예정된 수순일 것이다. 핵항모 전단과 핵잠수함의 한반도 해역 집결은 '엉망진창(mess)' 북핵 유산을 임기 내 해결하겠다는 트럼프의 결단을 보여주는 증거다.

문제는 중국의 대응이다. 미국이 北 도발에 맞서 군사조치를 취할 경우, 중국은 어떻게 행동할 것인가? 최근 북·중 관계가 갈등 양상을 보이는 점이 주목된다. 중국은 북한을 '순망치한·혈맹' 개념에서 벗어나 자국 안보에의 '부담'으로 보기 시작했고, 북한은 중국이 미국의 압박에 굴복해 기회주의적 태도로 미·북 사이를 저울질하고 있다고 의심한다.

역사적으로 북·중 관계는 '적대적 동맹'이라 불릴 만큼, 애증(愛憎)이 얽힌 이율배반 성격을 지녔다. 6·25 전쟁 시 중국의 유격전술에 대한 김일성의 거부 반응, 문화혁명 기간 중의 '좌경 맹동' 대 '수정주의' 충돌, 중·베트남 전쟁을 통해 북한이 알게 된 중국의 강압적 패권 면모, 한·중 수교 시 극에 달했던 불신 등이 구체적 사례다. 북한의 중국 인식을 가장 인상적으로 표현하는 단어는 '배신'이다. 그럼에도 지난 수십 년 북·중을 결속시킨 것은 '반미·반패권'의 전략적 공감대였다. 그러나 북한의 6차 핵실험 이후 이 유대가 흔들리고 있다.

지금처럼 미국의 군사적 압박이 지속되는 한, 중국은 종래의 북한 지지 전략을 바꾸지 않을 수 없을 것이다. 우선 중국이 미국의 북한 공격을 저지할 군사적 힘이 부족하다. 중국으로선 미국의 군사옵션에 정면 대항하는 것보다 이에 편승(便乘)하는 편이 자국 이익에 부합한다고 판단할 수 있다. 아울러 북한의 계속되는 핵실험이 중국 국민의 안전을 위협하는 상황도 방치할 수 없다. 연변 일대 주민들이 6차 핵실험 여파로 인한 인공 지진에 놀라 거리로 뛰쳐나온 것은 예삿일이 아니다. 풍계리 핵실험장으로부터 불과 110여km 떨어진 백두산이 핵실험 결과 폭발 가능성이 높아진 점도 북핵을 더 이상 용인할 수 없게 하는 요인이다.

또한 미국의 북한 공격 시 중국군이 동시에 진입해 북한 북부 지역을 확보하여 새로운 완충지대를 구축한다면, 종래의 한·미 견제 전략을 유지할 수 있게 된다. 이미 2017년 4월 위기 때, 인민일보의 자매지 환구시보는 미국이 북한을 공격하더라도 한·미 연합군이 군사분계선을 넘지 않으면 개입하지 않겠다는 의사를 내비쳤다.[30] 일본 도쿄복지대(大) 엔도 호마레 교수가 '미·중이 함께 군사공격해 김정은 정권을 붕괴시킨 후, 중국이 지분을 확보하려 한다'고 추정한 것은 북한의 장래 시나리오에 깊은 함의를 던진다.[31]

이와는 정반대 시나리오로 미·중 간 전격적인 대타협 가능성도 배제 못한다. 이미 북한 붕괴 시 미·중 간 한반도 분할 통치에 관한 비밀 협상이 이뤄지고 있다는 보도도 나왔다.[32] 트럼프 대통령이 강대국 정치 빅딜의 신봉자인 헨리 키신저 前 국무장관을 만나 조언을 구한 것은 우리에겐 적신호다. '중국에 의한 북한 붕괴'와 '주한미군 철수'를 맞바꾸자는 것이 그의 복안이다.

그는 '평화'란 강대국 간 힘의 균형과 합의에 의해 얻어질 수 있다고 믿는 사람이다. 1973년 미·북 베트남 파리평화협정의 주역인 그의 등장은 동북아 국제질서의 파란을 예고한다. 북핵 옵션이 고갈된 상황에서 군사옵션 못지않게 트럼프 대통령을 유혹할 수 있기 때문이다.

한국이 과거 청산 등 내부 정쟁에 몰입돼 있는 동안, 바깥 세계는 지각변동을 일으키는 중이다. 어느 날 갑자기 한반도 정세는 우리의 통제 범위 밖으로 멀리 가있을지 모른다. 분단된 채 열강의 각축 속에 놓인 우리가 안보를 지키면서 평화와 통일을 실현하는 길은 세계 최강대국인 미국

---

30 「환구시보」, 2017.4.22.
31 「월간조선」, 2017.10.5
32 상게서.

과의 자유민주·가치동맹으로 함께 가는 것뿐이다. 트럼프 대통령의 "왜 한국 사람들은 미군의 지원을 고마워하지 않나?"라는 언급이 나온 배경을 되새겨봐야 한다.[33]

미·중 빅딜론 부상

북핵 폐기를 위한 선제공격론이 전쟁 가능성으로 인해 유예되는 가운데, 수많은 미·중 빅딜 구상이 쏟아져 나왔다. 선제타격 시 중국의 개입으로 미·중 충돌이 불가피하다면서, 북핵 문제 해결을 위해 중국의 협조가 필수적이므로 미·중 '대타협(grand bargain)'을 요구하는 목소리도 나오고 있다. 곧 중국의 협조를 얻기 위해 중국의 요구대로 미군을 한반도에서 철수하는 대신, 김정은을 중국의 협조로 제거한 후 한반도를 영세 중립국으로 통일하는 대타협을 이뤄야 한다는 주장이다.[34] 이미 멀린(Mullen) 前 합참의장이 중국의 제재 동참을 이끌어내기 위해 '미군 배치' 문제를 미·중 협상에서 논의할 수 있고, '평화협정' 문제를 북한에 인센티브로 제공하여 협상으로 유도해야 한다고 주장한 바 있다.

클린턴 행정부 시절 국방장관을 지낸 페리(William Perry)는 북핵 문제 해결을 위해 "좀 더 효과적이고 강압적인 외교(more effective and coercive diplomacy)"가 필요하다면서, 2단계 접근법을 제시했다. 첫째 단계에서 중국을 포함하는 북핵 합동 노력을 취하여 중국이 북한에 대해 채찍(stick)을 들게 하는 대신 미국은 당근(carrot)을 준비하며, 둘째 단계에서 시간을 갖고 장기적으로 북핵 폐기 방향으로 나아가야 한다는 것이다.[35]

---

33 홍관희, 「국민일보」 (한반도 포커스), 2017.10.17.
34 RODERICK MacFARQUHAR, "Getting Rid of North Korea's Dictator, With China's Help," *Foreign Policy Briefing*, 2017.4.7.
35 CNN, 2017.8.3.

앞에서 언급한 바 있는 레프코위츠 前 특사의 레짐 체인지론은 미·중 빅딜을 전제로 한다.[36] 이들 주장은 앞서 고찰한 바 있는 김정은 제거 비밀 작전과는 전혀 다른 맥락 곧 미·중 빅딜을 통한 레짐 체인지론이다. 키신저 전 국무장관이 북한의 7월 ICBM 도발 직후 틸러슨 국무장관 등 행정부 고위 당국자들에게 "북한 정권 붕괴 이후에 대해 미·중이 사전에 합의하면 북핵 해결에 좋은 기회가 될 수 있다"는 조언을 한 것으로 뉴욕타임즈(NYT)가 보도했다. 그는 중국과 합의해야 할 '북한 붕괴 이후 상황'과 관련해 "중국의 우려를 덜기 위해 (북한 붕괴 후) 주한미군 철수 공약 같은 것이 포함될 수 있다"고 발언한 것으로 알려졌다.[37]

1970년대 닉슨 행정부에서 국가안보좌관을 지낸 헨리 키신저는 당시 냉전 관계에 있던 미·중 양국의 극적 타협을 이뤄낸 인물이다. 당시 중국 지도부는 문화혁명 직후 국내외의 어려움, 그 중에서도 중·소 분쟁으로 결정적 난관에 직면해 있었다. 그만큼 미국과의 외교관계를 절실히 원했었던 것이 사실이다. 그러나 지금의 김정은은 중·러의 강력한 후원을 받고 있고 동북아에서는 북·중·러 vs. 한·미·일 간 新냉전 구도가 펼쳐지려 하고 있다. 김정은의 강공 외교를 뒷받침해 주는 요소다.

북한 핵문제 해결을 위해선 '북한 붕괴 후 시나리오에 대한 미·중 합의'가 먼저 이뤄져야 한다고 주장하는 키신저의 의견이[38] 얼마나 현실성이 있을지 의문이다. 이에 대해 한반도 전문가 클링너(Klingner)는 키신저의 위 견해에 대해 "극도로 빈약한 의견(extremely poor idea)"라고 일축하고, 그동안 중국이 북한 붕괴 문제를 거론하는 것조차 회피해왔음을 상기시키면서, 북한 붕괴를 포함한 한반도 통일 문제는 한국 정부가 주요 당사자

---

36 본서 6장 참조.
37 조의준, "키신저 '北정권 붕괴후 상황, 中 안심하도록 미군철수도 고려,'" 「조선일보」, 2017.8.1.
38 *CNN*, 2017.7.31.

가 되어야 한다고 강조했다.[39]

美 CIA 국장과 국방장관을 지낸 로버트 게이츠는 "미국이 중국에 북한 정권 교체 포기, 평화협정 체결, 한국 내 군사 구조 일부 변경 등을 제안할 수 있을 것"이라고 미·중 빅딜을 제안했다. 주한미군 축소나 기능·위상 변화로 미·북 평화협정을 유도해 중국을 움직여보자는 생각이다.

강대국 국제정치와 키신저의 '빅딜' 구상

□ 국제정치에 미치는 강대국 영향력은 절대적

국제사회는 공권력을 가진 중앙정부가 부재(不在)하다는 점에서 국내정치와 구별된다. '이리 대 이리의 투쟁'처럼 냉혹한 힘(power)에 의해 좌우되는 국제사회를 규율하기 위해 2차 대전 후 국제연합(UN)이 창설되었으나, 국력의 크기가 다양한 230여 개국으로 구성되어 효과적인 의사 결정과 집행을 기대할 수 없었다. 북핵을 둘러싼 미·북 간 설전에서 보았듯이, UN 총회는 회원국들이 모여 각자 의견을 개진하고 상호 친목·교류를 도모하는 다자간(multilateral) 외교·안보의 장(場)이라는데 의미가 있을 뿐이다.

UN 창설자는 이 점을 감안해 5개 강대국으로 구성된 안전보장이사회 상임이사국 체제를 만들었다. 그리고 안보리의 의사 결정은 상임이사국 간 다수결이 아닌, 만장일치로만 이뤄질 수 있도록 했다. 혹자는 이를 非효율적이고 非민주적이며 불평등하다고 비판할지 모르나, 다수결 체제로 했을 때 발생할 강대국 간 충돌을 감안하면 꽤 현명한 발상이었다고 평가할 수 있다.

강대국 간 견해 차이가 발생하여 합의를 이루지 못할 때 다수결로 결정하면, 전쟁 위기를 감수하지 않는 한 집행이 불가능하다. 그러기에 의견일

---
39 *CNN*, 전게서.

치가 이뤄지지 않을 경우 차라리 없던 일로 무산시키는 편이 국제평화를 위해 더 낫다는 생각을 하게 된 것이다. UN 안보리 거부권(Veto)을 퓨즈(fuse)에 비유하기도 한다. 전력 과잉으로 화재가 발생하는 것보다는 퓨즈가 끊어져(거부권 행사로) 전력이 차단되는(합의에 실패하는) 편이 낫다는 것이다.

그만큼 국제정치는 강대국의 영향력이 절대적이다. 선의(善意)와 도덕·규범 및 이상(理想)도 국제사회에서 중요한 역할을 하고 있음이 분명하나, 힘의 뒷받침 없이는 아무 일도 할 수 없다는 점이 국제관계의 특징이다.

그러기에 케넷 월츠(Waltz)나 로버트 길핀(Gilphin), 존 미어샤이머(Mearsheimer) 등 현실주의 정치학자들은 국제정치란 소수의 강대국이 골격을 이루면서 게임의 규칙을 만들어내면, 그 안에서 다양한 국가들이 상호작용하며 살아가는 구조로 파악했다. 그리고 세계 역사는 끊임없는 패권국가의 성장과 쇠퇴 과정 속에서 '힘의 재분배'가 일어나는 과정이라고 보았다. 국제정치에서 패권국 간의 쟁투는 본질적인 속성으로 인식되었다. 이런 맥락에서 세계 분쟁의 해결과 평화의 유지는 강대국 간의 합의와 협조 및 거래에 의해 이뤄진다고 파악했다.

□ 키신저의 국제정치 관점

트럼프 대통령이 북한 핵 문제를 놓고 고민하는 와중에서 '외교 멘토'로 알려진 헨리 키신저(Kissinger) 前 국무장관을 만나 조언을 구하는 일이 잦아지고 있다. 2017년 11월 한·중·일 아시아 순방을 앞두고 자문을 구한 일도 있고, 2018년 2월 8일 평창 올림픽 개막일 마이크 펜스 부통령이 한국을 방문하던 시간에도 키신저와 만났다. 키신저 前 장관은 2017년 7월 틸러슨 국무장관에게 "북한 붕괴 후 상황에 대해 미·중이 사전협의 할 것"을 권고했다.

잘 알려진 바와 같이, 키신저는 닉슨 행정부 시절 백악관 국가안보보좌관으로서 미·중 대타협이라는 큰 틀 속에서, 중국의 문호 개방과 유엔 안보리 상임이사국으로의 영입, 대만 축출, 그리고 특히 美와 北베트남 간의 파리평화협정을 이끌어 낸 인물이다.

그러나 그가 1973년 2월 파리 비밀협정 체결 후 불과 2년 뒤에 北베트남에 의한 무력침공으로 南베트남이 멸망해 인도차이나 공산화가 현실화 될 줄은 꿈에도 예상하지 못했을 것이다. 월남 패망의 책임을 그에게 물을 수는 없겠지만, 정책 착오만큼은 지적돼야 한다. 北베트남의 집요한 통일 의지와 南베트남 내부 반역 세력인 베트콩의 이적(利敵) 행위, 그리고 南베트남 정권의 내부 부패 등을 과소평가한 전략적 오판(misperception)이 그의 한계였다. 또 강대국 간의 합의를 중시하다보니, 중국을 너무 과대평가하고 지나치게 선의로 대한 측면도 부인하기 어렵다.

키신저는 근본적으로 세계질서의 변화보다는 주요 국가들과의 안정적이고 평화적인 관계 설정이 세계 평화로 이어질 수 있다고 보는 사람이다.[40] 하버드大 교수로 재직하던 중 닉슨 대통령 시절 백악관 안보담당 특별보좌관을 거쳐 포드 행정부 하에서 국무장관을 봉직한 바 있는 키신저는 유럽 외교사(특히 1812~1822년 기간)에서 국제정치 운용의 교훈을 이끌어내려 했다.

그는 국제관계에 ①안정적 체계(stable system)와 ②혁명적 체계(revolutionary system)의 두 가지 모델을 상정하고, 후자를 경계하는 대신 전자를 선호했다. 그리고 국제체계의 안정성은 "급진적인 접근에서 오는 것이 아니라, 평화에 대한 추구와 일반적으로 수락된 정통성(legitimacy)에서 유래한다"고 주장했다. 여기서 정통성이란 "국제규범과 질서에 관한 국제적 합의(international agreements)"를 의미하며, 곧 강대국들이 주도하는 국제질서 구도를 인정한다는 의미로 해석된다. 한마디로, 평화는 힘(강대국)

---

40 김의곤, p. 142.

의 균형으로부터 얻어질 수 있다는 것이다.[41] 그는 한스 모오겐스와 마찬가지로 국제체계에 이데올로기 주입은 바람직 않다고 생각했는데, 이는 전통적인 도덕률을 강조하는 미국의 외교정책 기조와는 잘 부합하지 않는다.

그는 '혁명적 체계'에서는 어떤 강대국이 불만에 차 국제질서의 변혁을 시도하므로, "협상을 통한 이견 조정"(adjustment of differences through negotiation) 과정이라 할 외교는 정통성이 존재하는 국제체계에서만 가능하다고 보았다. 핵·미사일 완성을 통해 동북아시아의 게임 체인저가 되어 일종의 혁명적 체계를 꿈꾸는 북한과의 외교가 얼마나 힘든 것인지를 설명해주는 논리적 배경이다.

앞서 언급한 중국과의 극적인 화해와 월남 철수 결정에는 강대국-설사 적성국이라 할지라도-간의 안정적 힘의 균형(equilibrium)을 통해 세계평화를 유도할 수 있다는 그의 생각이 깔려 있다. 그는 다음과 같이 말했다.

"역사가 우리에게 무언가 교훈을 줄 수 있다면, 그것은 균형이 없이는 어떤 평화도 없으며, 절제(restraint)가 없이는 어떤 정의도 있을 수 없다는 것이다."[42]

그가 1970년대 초 중국의 개방을 유도하여 미·중 화해를 이끌어 낸 배경에는 당시 소련과의 대결 국면에서 중국을 통한 대소(對蘇) 지렛대(leverage)를 만들어내려는 의도였다고 보는 것이 중론이다. 그의 의도는 그가 쓴 다음 글에서 엿볼 수 있다.

"전통적 세력균형론은 상대방에 대해 조금이라도 이점(marginal advantages)이 있으면, 이를 지속적으로 활용하는 전략을 포함했다. 그러나 핵전쟁 시대에 이는 더 이상 현실적이지 못하다. 왜냐하면 쌍방이 모두 가공

---

41 Pfaltzgraff, pp. 111–112.
42 Pfaltzgraff, p. 114.

할 핵무기를 보유하고 있으므로, 약간의 이점이 있다 해도 확실하고 구체적인 이점으로 전환될 수 없고 따라서 활용가능한 정치적 강점으로 바뀔 수 없기 때문이다. 자칫 전술적 이익을 확보하려 시도하다가는 재앙을 초래하는 대결 국면으로 갈 수 있으므로 오히려 위험하다."[43]

약소국 간에 생사를 가늠하는 중요한 문제도 강대국 간 세계전쟁을 초래할 정도의 위험이 있는 경우, 이를 너무 탐하지 말아야 한다는 의미가 된다. 사소한 전술적 이익의 탐구가 대재앙으로 발전할 수 있다는 우려의 논리다.

□ 트럼프 행정부의 선택

북한 핵·미사일 위협이 고조되면서 한반도 전쟁 위기가 높아지고 있는 지금, 강대국 정치 중심의 현실주의 정치학자인 키신저가 한반도 문제에 목소리를 내기 시작하는 것은 한반도 당사자인 우리로선 불길한 조짐이다. 그가 평소 평화란 강대국 간의 힘의 균형과 합의하에서만 가능하다고 주장해 온 만큼, 북핵 위기의 해결 및 동북아의 평화는 미·중 간 협조와 합의 곧 大타협(빅딜)에 의해서만 가능하다는 논리로 귀결될 것이 분명하다. 키신저는 트럼프 대통령과의 만남에서 '중국이 김정은 정권을 붕괴시키는 조건으로 주한미군을 철수시키자'고 제안했다는 소식이다.[44]

다만 키신저가 미·북 직접대화에 대해선 소극적인 것으로 알려져 주목된다. 그는 "비핵화의 중간 단계로 핵동결을 요구하는 것은 이란식 접근법의 실수를 반복하는 것"이란 입장이다. 그러므로 "단계적 접근법은 북한의 핵개발 능력을 약화시킬 수 있다는 전제에서만 유효하다"고 지적하고 있다.[45]

트럼프 대통령은 25년간 북핵 협상이 실패했음을 비판하며, 남은 "유

---

43 상게서.
44 도널드 트럼프 美 대통령은 2017년 10월 10일 백악관으로 93세의 헨리 키신저 前 국무장관을 초청, 외교정책에 관한 자문을 구했음.
45 *VOA*, 2017.10.10.

일한 해법"은 군사옵션임을 강하게 암시하고 있다. 역대 정부로부터 북핵 문제 곧 '엉망진창 쓰레기(mess)'를 물려받았다고 개탄하면서, 자신이 이 문제를 해결해야할 책무를 맡았음을 강조하고 있다. "내가 해결하겠다(I'll fix the mess)"란 언급에서 그의 결심이 묻어난다.

현재 트럼프 대통령의 앞에는 대략 3개의 옵션이 놓여 있는 것으로 분석된다. 첫째는 유엔 결의 2375호 및 2397호와 독자적 제3자 제재에 입각한 강력한 대북 제재·압박을 실행하는 것이다. 다만 이 방안이 효력을 발생시키는데 1~2년의 시간이 소요될 것으로 보여 2018년 중 예상되는 한반도 위기에 대처하기엔 여유가 없다는 지적도 나온다. 펜스 부통령이 평창 올림픽에 참석하여 문재인 대통령과 회담한 자리에서 '최고의 압박과 제재'를 다시 한 번 강조한 것도 같은 맥락이다.

둘째, 김정은이 태평양을 향해 ICBM 시험 발사를 강행할 경우, 미국의 군사옵션 사용이 확실시된다. 이 경우 김정은 정권은 궤멸될 것이며, 미국은 전후(戰後) 질서 재구축에 나설 것이다. 그리고 미·중이 함께 북한을 분할·점령하는 시나리오가 유력시된다.

셋째, 키신저의 제안대로 시진핑으로 하여금 원유 공급 중단 등의 지렛대를 활용하여 북한을 붕괴시키도록 종용하고, 그 반대급부로 미국이 주한미군을 철수시켜 대한민국을 포함하는 한반도 전체를 사실상 미·중 간 완충지대로 만드는 방안이다.

우리로선 결코 받아들이기 어려운 시나리오다. 트럼프가 과연 키신저의 조언을 받아들일 것인가?

미·북 직접협상의 위험성과 한반도 평화협정 시나리오

미국 내에서 미·북 직접협상 시나리오가 부상하는 배경에는 선제공격

등 힘을 사용한 북핵 저지 노력이 실행되기 어렵다는 판단 때문이다. 그러므로, 북한이 핵개발을 중단 또는 폐기하는 조건으로 북한이 원하는 당근 곧 '한반도 평화협정'이나 '주한미군 위상 변경'등을 북한에 제공하여 타결을 지으려는 포괄협상 전략이 필요하다는 구상이다.

평화협정 체결 문제가 구체적으로 논의된다면, 한국전쟁 정전 후 맺어진 정전협정을 평화협정으로 대체하는 형식이 될 것이다. 2007년 9월 노무현 前 대통령의 부탁으로 부시 美 대통령이 마지못해 북한과의 종전(終戰) 선언 용의를 밝힌 바 있었다. 종전 선언은 평화협정으로 가는 前 단계로 보면 된다.

이보다 앞선 2005년 9·19공동성명에서 "직접 관련 당사국들은 적절한 별도 포럼에서 한반도의 영구적 평화체제에 관한 협상을 가질 것"을 명문화했다. 당시 평화체제를 추구하던 노무현 정부의 입김이 들어간 것으로 판단된다. 원래 평화협정 문제는 북한의 비핵화가 이뤄진 후 논의한다는 것이 한·미의 기본 입장이었기 때문이다. 9·19 공동성명은 북한 비핵화 이전 또는 비핵화와 동시적으로 평화협정 논의가 가능하다는 해석을 낳았다.

문제는 과연 한반도 평화협정 체결이 진정한 의미에서 한반도에 평화를 가져올 수 있을 것인가이다. 평화협정을 체결할 경우, 북한은 핵·미사일을 포기할 것인가? 이에 대한 전문가들의 답은 부정적이다.[46] 평화협정 체결에도 불구하고 북한은 핵·미사일을 포기하지 않을 것이다. 더욱이 북한은 한국을 배제하고 미국과 직접 평화협정을 체결하려 한다.

미국은 자국의 안보를 확보하기 위해선 모든 옵션을 고려하는 나라이다. 대선 선거운동 과정에서 많은 정치인과 전문가들이 북한 정권과의 직접 협상 필요성을 언급해왔다. 이 경우, 북한의 핵개발을 중단시키기 위해 북한이 요구해 온 조건들을 긍정적으로 검토하면서 방법을 찾으려 할지

---

46   Evans J.R. Revere, 전게서. p. 12.

모른다. 미국이 "서울을 구하기 위해 LA의 희생을 감수하지 않을 것"이라는 비관적 전망이 현실화될 수 있다.[47] 한편 트럼프 대통령도 2017년 4월 미·중 정상회담에서 시진핑 주석에게 '북한 문제를 해결해주면 대중(對中) 무역 적자를 인정하겠다'는 빅딜을 제안한 적이 있다.

북한 핵·미사일로 한반도 긴장이 최고조로 고조되는 순간에도 미국은 북한과의 협상 가능성을 타진해왔다. 미국은 선제공격을 시사하면서도 틈틈이 대북 협상 가능성을 열어 놓았다. 美 정부가 직접 관여하지는 않았지만, 북한 당국자(최선희)와 미국 민간연구소 대표 간의 스웨덴 반관반민(半官半民) '1.5 트랙' 접촉 선례도 있다.[48]

美·中 사이 '中立 외교'의 함정

2017년 11·7 한·미 정상회담 이후, APEC(아태경제협력체) 베트남에서 열린 11·11 한·중 정상회담은 '中 주도의 일방적 회담'이었다고 해도 과언이 아니다. 그 주된 원인은 중국의 노골적인 고압적 자세에 기인한다. 그 배경에는 시진핑 정권의 변치 않는 경직된 한반도 전략과 강대국 정치에 기반해 약소국을 낮게 보는 중국 특유의 高자세가 자리하고 있다.

논란을 일으킨 10·31 한·중 합의와 굴욕적인 3不 표명 이후, 우리 정부는 이번 한·중 정상회담에서 중국 측이 THAAD 문제를 재론하지 않을 것으로 기대했다. 그러나 시진핑 주석은 한국이 듣기 꺼려하는 THAAD 문제를 거론하고 "책임 있는 자세"를 우리 측에 요구했는데, 이는 3不에서 표명된 입장을 실천에 옮길 것을 확약하라는 주문으로 해석되었다.

---

47 홍관희, 「THAAD와 한반도」, 전게서.
48 2017년 5월초 북한 당국자(최선희)와 미국 민간연구소 대표 간 있었던 스웨덴 오슬로에서의 미·북 간 반관반민(半官半民) 성격의 '트랙 1.5 대화'는 철저한 보안 속에 상대방 입장을 탐색하는 계기가 되었다.

북핵 문제에 대해 시진핑은 "대화를 통한 평화적 해결"이라는 상투적인 슬로건을 되풀이했으며, 심지어 "쌍중단(북핵 동결과 한미훈련중단의 맞교환)" 방식을 재론했던 것으로 알려지고 있다. 19차 당대회 이후 입지가 강화된 시진핑이 종래의 '북한 우위' 한반도 전략 기조를 더욱 강화하고 있음을 보여주는 단서들이다.

보다 중요한 것은 청와대가 인도·태평양 연합에 참가하지 않는다고 한 상황에서, 문재인 대통령이 "중국의 일대일로(一帶一路)를 지지하며 적극 참여하겠다"고 언급한 부분이다.[49] 현 상황에서 '인도·태평양'은 미국의 세계전략을, '일대일로'는 중국의 팽창전략을 상징한다. 미·중 패권경쟁 형세에서 중국의 손을 들어준 것으로 오해를 살 여지가 충분하다.

한편 이보다 앞서 열린 미·중 정상회담에서 북핵 이슈는 비중 있게 다뤄지지 않았다. 물론 트럼프 대통령은 시진핑 주석에게 대북 원유 공급을 중단하라고 요구했다. 그러나 시진핑의 성의 있는 대답은 나오지 않았다. 대신 양측은 'UN 제재 이행'과 같은 형식적 합의에 만족한 것으로 보인다. 중국은 19차 당대회에서 밝힌 '新시대 중국 특색 사회주의 사상'을 통해 미국과의 '신형 국제관계'를 제시한 바, 그 핵심은 기존 패권국인 미국과 신흥 강국인 중국이 서로를 존중하며 공존하자는 것으로, 특히 아시아에서 중국의 배타적 영향력을 얻어내려는 의도가 숨어 있다.

서울에서 열린 11·7 한·미 정상회담은 표면적으론 혈맹을 강화하고 그동안의 신뢰위기를 극복한 듯 보였으나, 회담 기간 중 발생한 우리 측의 韓·美·日 3국 항모(航母) 훈련 반대와 이어 나온 인도·태평양 연합 불참 언급으로 오히려 양국 간 신뢰가 다시 추락하는 결과를 가져왔다고 판단하지 않을 수 없다. 월스트리트저널(WSJ)이 문 대통령에 대해 "신뢰할 수 없는 친구(unreliable friend)"로 표현한 것에 주목해야 한다. 한·미 동맹

---

49 「조선일보」, 중국 외교부를 인용 보도, 2017.11.13.

의 신뢰 위기가 새로운 국면에 들어서고 있다.

중국의 패권 굴기에 대항하여 구축되고 있는 인도·태평양 연합에 한국이 참가하지 않고 도리어 중국의 일대일로에의 적극 참여를 선언함으로써, 제2의 애치슨 라인이 현실화되는 것 아닌가 하는 우려가 나온다. 우리는 지금 미·중 패권 경쟁이 21세기 국제사회의 뉴노멀로서 점점 우리 안보의 핵심 변수가 되고 있음을 잘 인식하지 못하고 있다. 국내 언론이 한·중 정상회담 이후 'THAAD 해빙→경제교류 복원'을 강조하나, 안보 위기가 해소되지 않는 한 언제라도 파열될 수 있는 표피적 현상임을 알아야 한다.

정부가 외교·안보 정책에서 획기적 전환을 기하지 않는 한, 또 다른 역풍이 찾아올 수 있다. 한·미 정상회담에서 미사일 개발 제한 해제, 핵잠수함 및 최첨단 정찰자산 도입 등이 확정된 것은 매우 긍정적이다. 그러나 남북한을 모두 아우르며 미국의 영향력을 한반도에서 축출하려 기도하는 중국의 한반도 전략 앞에서, 미·중을 등가(等價)로 놓는 中立 외교는 우리의 안보를 결정적으로 위태롭게 만들 것이다.

중국은 아직도 탈북민을 사지(死地)나 다름없는 북한에 무자비하게 되돌려 보내는 非인권 권위주의 국가다. 지난 2017년 10월말에도 탈북민 5명이 중국 국경수비대에 체포돼 강제 북송된 것으로 알려졌다. 그런 중국에 선의(善意)를 지나치게 기대·구걸함은 국격(國格)에 맞지 않고 나아가 동맹으로부터 신뢰 상실을 가속화시키는 '패착(敗着) 외교'임을 잊어선 안 된다. 미국은 '동맹'으로, 중국은 경제교류 중심의 '선린우호' 파트너로 각각 적절하게 대응해야 한다.

北核, 韓·美·日 3국 공조로 中을 움직여라

북한의 2017년 11·29 ICBM 도발은 김정은의 포기하지 않는 '핵무력 완성' 야망을 여실히 보여준 상징적 사건이다. 75일 간의 침묵이 혹여 민생이나 대화 쪽으로의 김정은의 발상 전환 또는 정책 선회는 아닐까 하는 일말의 기대감이 있었으나, 역시 실망과 분노만을 남겼다.

김정은의 거칠 것 없는 핵 질주는 동북아 안보에의 최대 불안 요인이며 대한민국 안보에의 치명적 위협 요소다. 기필코 북핵을 저지해야 우리가 한반도에서 생존할 수 있다. 북한 정권의 생사여탈권을 중국이 쥐고 있다. 미국이 일관되게 대북 원유공급선 차단을 중국에 요구하는 이유다. 이번 ICBM 도발 직후에도 트럼프 대통령은 미·중 정상 간 통화에서 '송유관 차단'을 강력히 요구했다. 그러나 중국 측의 반응은 냉담했다. 중국은 전과 다름없이 상투적인 "유관국 간 평화적 해결"을 반복하며 거부했다.

중국은 북한을 반미(反美) 패권 차원에서 없어선 안 될 완충지대 또는 전위(前衛)국가로 여긴다. 쑹타오 특사를 보내 '쌍중단'과 '대화 복귀'를 종용한 것은 북한을 우방으로 온존시키기 위한 안간힘이다. 그러나 김정은은 접견조차 거부해 북·중 간 '북핵' 불화가 의외로 깊음을 보여줬다. 북한은 핵포기 의사가 전혀 없기에, 쌍중단 자체를 거부함은 물론 UN 결의에 입각한 중국의 국제 제재 동참을 근본주의적 입장에서 혐오한다.

한국이 북·중 틈새를 활용해 북핵 저지에 나설 때다. 그러나 '3불(不)+1한(限)'과 같은 저자세로는 중국을 결코 움직일 수 없다. 오히려 중국이 우리를 얕잡아보게 해 역효과를 낼 수 있다. 무엇보다도 '친중(親中)' 선입관과 중국의 선의에 대한 막연한 기대를 과감히 접어야 한다. 중국은 원칙보다 힘을 숭상하는 나라다. 한·미 동맹과 한·미·일 3국 안보협력으로 구축된 힘만이 중국의 대북 지렛대를 살려낼 수 있다. 동시에 북한 붕괴의 역사적 필연성과 대한민국의 한반도 정통성을 강하게 설득하고, 상호주의에 입각한 한·중 선린우호 비전을 제시해야 한다.

북핵으로 촉발된 안보 위기 상황에서 우리는 먼저 평화보다 안보에 우선순위를 두는 사즉생(死卽生)의 정신을 견지해야 한다. 아울러 자유민주·인권 가치동맹의 상대인 미국과의 신뢰를 회복하여 모든 북핵 옵션에서 미국과 함께 간다는 입장을 확립해야 한다. 을지문덕의 살수 대첩, 김유신의 대당(對唐) 전쟁, 이순신의 왜군 격멸 등 역사적 위기를 돌파한 것은 '평화!'를 향한 절규가 아니라, 죽음을 무릅쓰고 나라를 지키는 안보 중시 정신이었다.

　현재 미국과의 신뢰 위기가 중대한 시험대에 놓여있다. 제임스 매티스 국방장관이 2017년 10월말 청와대를 예방해 "신뢰"를 3회 강조한 것은 깊은 함의를 던진다. 11월초 트럼프 대통령의 아시아 순방 때, 미·일 정상은 한반도 유사시 양국의 군사대응 문제를 심도 있게 논의했다고 한다. 미·일을 중심으로 하는 북핵 대응 전략이 백악관 내부에 마련돼 있을 가능성이 높다. 반면 북한 핵의 직접 당사자인 우리는 한·미 정상회담에서 말로만 "위대한 동맹"을 외쳤을 뿐, 실제로 의미 있는 정책 논의 기회를 갖지 못했다.

　문재인 대통령이 미국의 인도·태평양 연합 동참 제의에 거부의 뜻을 표하면서도 중국의 일대일로 대외팽창 전략에 적극 참가 의사를 밝힌 것은 신뢰위기를 가속화시키기에 충분했다. 북한의 이번 ICBM 도발 당일, 문 대통령은 트럼프 대통령과의 통화 직후 "미국의 선제타격을 우려한다"고 공개 언급했다. 문 정부의 한반도 위기 인식이 '절대 평화주의'의 희망적 사고에 기반을 두고 있음을 보여준다. 현실과 괴리된 대응에 국민들의 안보 불안감이 깊어질 수밖에 없다.

　한·미 동맹과 한·미·일 안보협력은 국가안보와 국민생존을 지탱해주는 실체이지만, 중국에 대한 기대는 현실이 결여된 허상(虛像)이다. 국가안보는 실험 대상이 아닌, 생사가 걸린 문제다. 안보·외교에 대한 문 정부의 코페르니쿠스적 발상이 시급하다. 때마침 美 태평양사령부가 한·미·일 연합 '대북 봉쇄'를 제안했다고 한다. 문 정부가 이에 적극 동참해 실력으로 중국을 움직일 때, 북핵 위기는 해결의 실마리를 찾을 수 있다.[50]

---

50 홍관희, 「세계일보」 (광화문 시평), 2017.12.2.

8

韓·美 동맹 위기 극복 방향

－對北 공조 넘어, 글로벌 동맹으로

집단안보·집단방위·동맹

집단안보(collective security)

집단안보 곧 집단안전보장(collective security)이란 어떤 집단을 구성하는 국가들이 ①상호 간 무력을 행사하지 않고, 분쟁을 평화적으로 해결할 것 ②이를 위반해 무력을 행사한 국가에 대하여는 다른 모든 구성국이 무력을 포함한 집단적 강제조치(제재)를 취할 것을 약속함으로써, 침략을 방지하고 안전을 보장하려는 제도를 말한다.

'동맹'이 공동의 적(敵)을 상정하여 외부의 위협에 대처하기 위한 시스템인 것과 달리, '집단안보'는 적대국까지 포함하여 모든 국가가 참여하여 힘을 결집함으로써, 시스템 내의 어떤 국가가 평화 파괴 행위를 강행할 때 이에 연합하여 대처하려는 시스템이다.

그 대표적인 예로선 국제연맹과 UN을 들 수 있다. 국제연맹의 역사적 실패와 현재의 UN시스템에서 볼 수 있듯이 집단안보가 실제적으로 유효하게 작동하기는 매우 힘들다. 우선 UN 안보리 결의에서 볼 수 있듯이 적대하는 국가들이 모두 함께 참여하여 의견의 일치를 보기는 지극히 어렵다는 것이 가장 큰 이유다.

다만 명분이 뚜렷하고 이해관계가 극도로 첨예하지 않을 경우, 일정 범위 내에서 의견의 일치를 볼 수는 있을 것이다. 이를테면 북한 핵·미사일 도발을 규탄하는 UN안보리 결의안이 그동안 여러 차례 성공적으로 합의에 도달할 수 있었던 것은 바로 이러한 배경에서다.

집단안보는 적성국을 포함하는 역내 모든 국가들이 참여한다는 점에서 '다자안보'로도 불린다. 유럽안보협력회의(Conference on Security and Cooperation in Europe)도 성격상 여기에 포함되는데, 헬싱키 프로세스(Helsinki Process)를 통해 헬싱키 선언(Declaration of Helsinki)을 도출해 낸 것은 다자안보의 성공 사례로 꼽힌다.

당시 소련은 2차 세계대전 후 획정된 독일·폴란드 새 국경선을 확정하기 위해 미국을 포함한 유럽국가들에게 안보협력회의 개최를 제의했고, 미국은 소련의 저의(底意)를 알면서도 소련의 제의를 수락하는 대신 인권 문제를 의제에 포함할 것을 역제의 하였다. 고심 끝에 소련은 이를 수용하였고, 숱한 회의와 우여곡절 끝에 '헬싱키 프로세스'라는 성과를 이룩하였다. 헬싱키 프로세스 과정은 궁극적으로 소련의 붕괴를 촉진하는 모멘텀이 된 것으로 평가받고 있다.

일부 전문가들이 동북아에서도 유럽안보협력회의처럼 남북한과 4대 강국 및 몽고까지 참여하는 다자안보를 주장하곤 했다. 그러나 유럽과 달리 동아시아 국가들이 상호 군사적으로 대립하고 있음은 물론 역사·문화·정체성 측면에서 이질성(異質性)이 너무 커 유럽회의와 같은 성과를 기대하기는 시기상조인 것으로 분석되었다.

집단방위(collective defense)

집단방위(collective defense)란 다수의 국가들이 공동의 적(敵)을 상대로 연합하는 시스템을 말한다. 즉 특정 국가 또는 국가군의 위협에 대처하여 공동 방위를 목적으로 결집하는 시스템이다. 구체적으로는 NATO(북대서

양조약기구)나 SEATO(동남아조약기구)와 같은 다국 간 동맹이 있고, 한·미 동맹 또는 미·일 동맹과 같이 2개의 국가가 쌍무적으로 집단방위를 결성한 경우도 있다. 이 경우는 동맹으로 불리며 동맹과 동일하다.

동맹과 집단방위의 차이는 결속의 지속성과 방위협력의 실효성 측면에서 찾아볼 수 있다. 곧 집단방위는 동맹의 제도화로서 동맹보다 행동의 자유가 축소된다는 점을 들 수 있다, 예컨대 동맹의 경우 위협이 소실되면 자율성을 찾기 위해 동맹이 해소될 수도 있으나, 집단방위의 경우 '제도화된 동맹'의 개념으로서 협력관계가 보다 더 지속될 수 있다는 점이 특징이다.

'집단방위'의 개념은 UN헌장 제51조에 근거한 지역적 집단방위체제에 그 근거를 두고 있고, 일본 내각에서 최근 평화헌법에 대한 유권해석을 내려 주목을 받았던 '집단자위' 개념과도 동의어다. 집단방위 개념은 UN과 같은 집단안보체제의 비효율성에 대한 불신감과 안전에 대한 불안감으로 인해 그 필요성이 강조되어왔다.

UN헌장 51조는 어느 주권국이건 자국의 안보를 위해 제3국과 집단자위(=동맹)를 결성할 권리를 인정하고 있다. 일본이 집단자위권 확보를 시도하는 것은 전쟁 발발 시 동맹국인 미국과 함께 싸울 법적 권리를 확보하기 위함이다. 현재 일본은 미국과 미·일 동맹 하에 있음에도 평화헌법의 전수(專守)방어 원칙 하에서 전쟁 참여가 법적으로 보장되지 않기 때문이다.

> "UN의 모든 회원국들에 대한 무력공격이 발생한 경우, 안보리가 국제평화와 안전을 유지하기 위하여 필요한 조치를 취할 때까지, 회원국들의 독자적(individual) 또는 집단적(collective) 자위(self-defense)의 고유한 권리는 침해받지 아니한다."[1]

---

1 UN 헌장 51조.

동맹(alliance)

동맹(alliance)이란 둘 이상의 주권국가 간 안보 협력을 위해 맺어지는 공식 또는 비공식 협정을 말한다.[2] 특히 군사동맹은 "외부의 위협에 대항하여 성립되는 집단방위의 방식"이며, "군사적 공동행위를 맹약(盟約)하는 제도적 장치 또는 사실적 관계"를 일컫는다. 군사동맹은 방위조약(defense pact)의 형태를 띠며, 어느 구성원 국가가 무력 침략을 받았을 때 他서명국이 공동으로 전쟁에 참여할 것을 약속하는 합의이다.

동맹이 흔들림 없이 공고해지기 위해선 공동의 적(敵) 인식 곧 대적관(對敵觀)이 일치해야 한다. 예컨대, 어느 구성국이 적으로 인식하는 특정국에 대해 다른 구성국이 우방으로 인식한다면, 동맹이 유지되기 힘들 것이다. 또 동맹이 견고하게 지속되려면 이념이나 가치관이 동질적이어야 한다. 예컨대 테러 집단에 대해 종교적 또는 지역적 이유로 어느 구성국이 우호적인 태도를 갖는데 비해, 타구성국이 적대적 입장을 갖게 된다면 동맹이 지속되기 힘들 것은 자명한 이치다. 곧 테러에 대한 비판적 가치관이 공유될 때 동맹 지속이 가능하게 된다는 의미다.

한·미 동맹의 경우, 6·25 전쟁 때 공산주의 침략에 반대하고 자유민주주의 체제를 수호하기 위해 함께 싸웠기에 혈맹 또는 가치동맹으로 불린다. 이념적 동질성이 확보된 것이다. 안타깝게도 오늘날, 우리 내부에서 북한에 대해 '우리를 위협하는 적'으로 바라보기 보다는 같은 민족이라는 차원에서 '파트너(friendship)'로 인식하는 경우가 발생하고 있다. 이에 따라 미국과 대적관의 차이가 발생하게 되고, 결국 남남갈등뿐만 아니라 동맹을 위협하는 주요 분열 요인이 되고 있다.

---

2   김열수, 「국가안보」 (법문사, 2015) p. 209.

동맹에서의 방기(abandonment)와 연루(entrapment)

동맹이란 위에서 언급한 바와 같이 적국의 국력이 월등해서 독자적으로 감당하기 어려울 때 다른 국가와 제휴하여 힘을 모으는 방법이다.[3] 강대국에 둘러싸인 우리의 경우 동맹은 안보를 위한 필수요건이 된다. 그러나 국제정치 여건이 변하여 동맹국이 방위공약을 성실히 수행할 수 없는 상황이 발생한다. 동맹의 어느 당사자가 동맹의 정신을 방기(放棄 abandonment)할 때, 다른 당사자는 위험에 처할 수 있다. 동맹을 통해 구축된 힘의 균형이 붕괴되어, 억제력이 소실될 수 있기 때문이다.

예컨대, 베트남 전쟁에서 미군이 철수함으로써 월남 패망의 비극이 일어났으며, 한반도에서도 예상치 못한 국내외 정치적 요인에 의해 주한미군이 철수하거나 미국이 한반도 방위공약을 충실히 이행할 수 없게 되면, 힘의 균형이 붕괴되면서 한국의 안보가 위험에 처해질 수 있다.

트럼프 대통령이 평창 올림픽 개막식 직후 한국에 자동차 호혜세(reciprocal tax)를 -일본에 비해 과도할 만큼 불평등하게- 부과하고, 한·미 FTA의 개정·폐기를 공언한 것은 분명히 올림픽을 전후한 남북 접촉을 둘러싸고 문재인 정부에 대한 불만이 있기 때문이라고 보는 시각이 우세하다. 올림픽 개막 불과 며칠 전 북한 인권 유린 상황을 신랄히 비판하고 지성호 씨 등 탈북민을 국정연설장에서 격려한 트럼프 대통령 입장에서 동맹국인 한국의 정부가 폭정 주체의 여동생이며 제재 명단에까지 포함돼 있는 김여정을 환대하는 모습에서 동맹의 정체성에 대한 회의를 느꼈을 가능성이 있다.

다만 안보·군사 측면에서 동맹이 갖는 중요성을 고려하여 동맹의 갑작

---

3 이동선, "21세기 국제안보와 관련한 현실주의 패러다임의 적실성," 「국제정치논총」 제49집 5호, 2009, pp. 62-63.

스러운 변동은 시기상조라고 판단해 좀 더 상황을 주시하자는 쪽으로 가닥을 잡았을 가능성이 높다. 그 대신 경제적 압박을 가하려는 의도가 아닌가 판단된다. 동맹의 의미를 상실하면 상대 동맹국으로부터 방기당할 가능성이 높다는 사실을 인식해야 한다.

한편 상대 동맹국이 부주의한 외교정책을 펼 경우 자국의 이익과 직접 관련이 없음에도 국제분쟁에 연루(連累 entrapment)될 수 있다. 또 동맹국에 국가안보를 의존할수록 자율성이 감소하게 된다. 약소국은 강대국의 대외정책 결정에 연루되지 않을까 두려워하는 경우가 많다.[4]

북한 핵·미사일 위협에 대처하는 문제를 놓고 한·미 양국이 방법상의 차이를 노정시키고 있는 상황에서 쌍방은 상대국의 정책으로 인해 불이익을 당하거나 뜻하지 않은 분쟁에 연루되지 않을까 부담스러워 할 수 있다. 어느 경우에나 국가안보와 국가이익의 관점과 보편적 가치관의 입장에서 동맹 관계를 설정해 나감으로써 방기와 연루로 인해 일어날 수 있는 뜻하지 않은 손실을 최소화시켜 나가야 할 것이다.

현재 문재인 정부는 미국의 대북 군사 옵션에 연루되는 것을 두려워하는 듯하다. "한·미 동맹이 깨지는 한이 있더라도 전쟁은 반대"한다는 입장을 강력히 시사하고 있기 때문이다. 그러나 문재인 정부가 대한민국의 국가적 관점과 국가안보 입장이 아닌, 남북관계 중심의 민족공조 관점에서 연루를 피하려 한다면 동맹의 위기가 불가피하다. 이는 적대적 위치에 있는 북한의 입장에 서서 가치 중심의 한·미 동맹 정신을 훼손하는 것이기 때문이다.

---

4 김열수, 전게서. pp. 224–226.

韓·美 동맹의 성격과 한국의 국가안보

1953년 정전(停戰) 협정과 韓·美 동맹

　북한의 남침으로 시작된 6·25 한국전쟁은 3년여 간의 소모적 공방전을 뒤로 하고 7·27 정전협정을 체결하면서 승패 없이 마무리됐다. 정전 이후에도 북한의 침략이 멈추지 않을 것을 예감한 이승만 대통령은 미국과의 치열한 줄다리기 끝에 한·미 상호방위조약을 그해 10월 체결함으로써 한·미 군사동맹을 극적으로 성립시켰다.

　미국은 한국과의 동맹을 원하지 않았기에, '북진통일'의 지렛대를 활용하며 동맹을 고집하는 李 대통령을 권력에서 제거하는 극단적 조치까지 고려했었다는 후문(後聞)이다. 이를 알면서도 만난(萬難)을 감수하고 동맹을 관철시켜 강력한 안보 장치를 후대에 남겨준 노(老) 대통령의 충정과 혜안에 경의를 표해야 한다. 비록 장기 집권으로 불명예 퇴진을 피하진 못했지만, '공칠과삼(功七過三)'과 같은 객관적 평가가 그에게 적용돼야 하는 근거이다.

　정전협정에 의거하여 한반도가 '전쟁이 중지된 상태'로서의 국제법적 교전상태로 규정된 가운데, 북한은 한편으로 무력도발의 강도를 높이면서 다른 한편으로 불완전한 정전체제를 평화체제로 전환하여 한반도에 항구적 평화를 실현하자는 그럴듯한 논리를 전개해왔다. 일반적으로 정상적인 평화협정 체결이 이뤄지기 위해선 당사자 상호 간 군사위협의 완벽한 제거와 그에 입각한 상호신뢰 구축이 선행돼야 한다.

지금처럼 북한의 핵·미사일 도발로 긴장이 최고조에 이르러 전쟁 발발 가능성마저 운위되고 있는 상황에서 평화협정 논의가 과연 적절한 것인가? 한반도 평화체제 논쟁이 최근 부쩍 가열되는 것은 평화와 평화체제에 대한 환상과 집착이 팽배한 탓으로 보아야 한다.

북한은 '평화협정이 성립되어 평화체제가 구축된 마당에 외국군이 왜 필요한가'라는 논리로 주한미군 철수와 유엔군사령부 해체를 함께 주장한다. 특히 1973~74년경 종래의 '남북 평화협정' 주장에서 미·북 간 직접 평화협정 논리로 급선회하여 오늘에 이르고 있다. 당시 월남패망을 초래한 미·북(北)베트남 간 파리평화협정 선례를 북한 지도부가 한반도에 벤치마킹하고 있다는 증거다.

문재인 대통령의 2017년 7월초 '베를린 구상'에 대해 북한은 대화와 제재 간 택일을 요구하고, △6·15공동선언에 입각한 연방제 통일 수용 △한·미 군사훈련 중지 △남북대화 의제에서 핵 문제 배제 등으로 압축되는 남북대화 전제조건을 제시했다. 면밀히 검토할 때, 국가안보 차원에서 어느 하나도 우리가 수용할 수 없는 것들이다.

한편 미국은 북한의 ICBM(대륙간탄도미사일) 본토 공격 가능 시점이 앞당겨지면서 중국 기업에 대한 제3자 제재(세컨더리 보이콧)를 한층 강화하고, 하원이 앞장서서 대북 원유도입 봉쇄 법안을 통과시켰다. 문재인 정부의 '대화와 제재 병행전략' 입지가 점차 좁아지는 형국이다. 민족공조와 남북대화에 대한 미련을 버리고, 동맹에 입각한 한·미 제재공조에 본격 나서야 할 때다.

북한은 한반도를 겨냥하는 스커드 계열 미사일에 핵탄두 탑재 능력을 완료했고, 사드 배치를 불가피하게 한 IRBM(중거리미사일)의 고각 발사에 성공하여 한반도 동남부 항구와 주일미군 기지를 겨냥하고 있다. 한·미 동맹의 군사적 연결 고리를 끊어 동북아 '게임 체인저(game changer)'로 부상하려는 음모다.

정전협정 64주년을 맞아 '세상이 비록 평안해도 전쟁을 잊으면 반드시 위기가 온다(天下雖安 忘戰必危)'는 경구가 많은 사람들에게 회자(膾炙)되고 있다. 한반도의 진정한 평화는 종이 위의 평화협정 문안(文案)이 아닌, 동맹에 입각한 '힘에 의한 억제'에 의해서만 오직 확보될 수 있음을 잊어선 안 된다.[5]

韓·美 동맹 '신뢰(信賴)의 위기', 말보다 行動으로 극복해야

문재인 정부의 전격적인 '사드(THAAD) 연기' 조치로 촉발된 한·미 간 신뢰 위기가 쉽게 회복될 기미를 보이지 않고 있다. 무엇보다도 북한 핵·미사일 도발에 대한 인식 차이가 근본 원인이다. 여기에 주변 인사들의 자질 부족과 잇단 실언이 문제를 악화시키고 있다. 때마침 정상회담을 목전에 두고 동맹의 복원을 위해 대통령이 말보다 행동으로 확고한 대북관과 안보 의지를 보여야 한다. 정치적 언변이나 수사(修辭)로 분열을 일시적으로 봉합하려 하면 역효과가 날 수 있다.

우선 사드 문제는 정부가 주장하는 바 '절차상 하자'보다 국가안보의 시급성 관점에서 접근해야 한다. 나날이 업그레이드되고 있는 북한 핵·미사일 위협을 고려하면, 설사 사드가 예정보다 앞당겨 배치됐다 하더라도 이를 권장할 일이지 불만을 가질 일은 아니다. '동맹의 결정'이었음을 확신하는 미국 입장에선 최근 '1+5 사드' 논란 등 문 정부의 잇단 문제 제기가 자칫 사드 지연·회피 전략으로 비쳐질 소지가 있다. 국가안보의 대승

---

5 홍관희, 「문화일보」 (포럼), 2017.7.27.

적 차원에서 정부의 '연내 사드 배치' 결단이 시급하다.

문 대통령이 정상회담을 앞두고 잇단 외신회견을 통해 트럼프 대통령과 대북 견해가 일치한다고 말은 하면서도, "김정은이 핵과 미사일로 '뻥' 치고 있다"고 언급한 것은 국군통수권자로서는 비(非)현실적인 북핵 인식이다. 북한의 핵·미사일 개발은 결코 허세가 아니다. 김정은 자신이 공개적으로 수차 천명했듯, 한반도에서 군사적 우위를 장악한 후 미군을 철수시키고 무력통일을 달성하려는데 그 목적이 있다.[6] 북한의 가공할 핵 의도를 재차 명확히 규탄해야 할 것이다. 북한 정권이 핵포기 의사가 전혀 없음에도 대화에 나서려는 조급증이 한·미 공조의 가장 큰 걸림돌이다.

한·미 동맹의 중요성이 자주 언급되면서도, 막상 한·미 연합방위의 토대인 전시작전권의 환수를 공론화하는 것도 동맹 간 불신을 일으키는 주요 원인이다. 전작권이 양국 대통령의 승인 하에 발동되므로 '군사주권' 주장은 근거가 없다. 그럼에도 기어이 전작권 환수 곧 한미연합사 해체를 강행한다면, 한·미 동맹은 속 빈 강정이 되고 안보 재앙은 불가피할 것이다.

민감한 시기에, 대통령 특보가 '북한 핵개발 중단'과 '한·미 군사훈련 중단'의 맞교환을 공개 거론한 것은 대한민국 안보 이익에 정면 배치될 뿐 아니라 동맹의 근간(根幹)을 흔든 것이다. 지난 20여 년 숱한 핵협상에서 보인 북한의 거짓과 위약(違約)을 감안하면, 북한의 '핵개발 중단' 약속을 믿는 것은 '화성에서 물을 찾는 것'처럼 어리석다. 김정은의 거짓 약속을 믿고 우리 안보의 핵심인 한·미 훈련을 중단한다면, 핵 무장한 북한 앞에

---

[6] 美 트럼프 행정부의 고위 안보관계자들은 일관되게 북한의 핵·미사일 개발 목적을 예리하게 지적해왔다. 댄 코츠 국가정보국(DNI) 국장과 마이크 폼페이오 중앙정보국(CIA) 국장은 2018년 2월 13일 상원 정보위원회 청문회에 출석해 "북한 핵보유는 韓·美 동맹을 끝장내고 한반도를 지배하기 위한 것"이라는 견해를 밝혔다. 코츠 국장은 "김정은은 핵 ICBM(대륙간탄도미사일)을 한·미 동맹을 끝장내고 결국 한반도를 지배하는 장기 전략적(long-term strategic) 야욕을 달성하는 수단으로 여긴다"고 말했다. CIA국장도 북한의 핵·미사일 목적이 "북한 관점에서의 재통일"에 있다고 밝혔다.

서 자진 무장해제하는 것과 다를 바 없다. 오죽하면 美 국무부가 즉각 반박에 나서 불법인 북한의 핵개발과 정당한 방어적 성격의 한·미 훈련을 등가(等價)로 놓을 순 없다고 했겠나?

'주한미군 철수'와 '한·미 동맹 폐기'를 주장하고 자본주의를 '족쇄'라며 비방한 인사를 교육부총리로 내정한 것도 납득이 안 간다. 국가 정체성 부정(否定)과 안보 자해 행위는 그 어떤 다른 흠결과 비교될 수 없기에, 부총리 내정을 즉각 철회하고 인사권자가 국민 앞에 사과하는 것이 정상 수순일 것이다.

북한·안보 문제에 대한 국정책임자의 오도된 인식은 국가와 국민들에게 참담한 재앙을 가져다 줄 뿐 아니라, 대적관의 공유가 핵심인 동맹의 기초를 위협한다. 실책(失策)에 대한 신속한 시정 조치로 상호불신을 해소하여 정상회담을 성공으로 이끌어야 국가와 국민이 안전하고 평안하다.[7]

美國의 최후통첩과 김정은의 선택

도널드 트럼프 美 대통령이 김정은에 대해 핵·미사일의 완전한 포기를 요구하는 최후통첩을 보내고 있다. 특히 美 본토를 겨냥하는 ICBM 발사 등 추가 도발을 강행할 경우, 실제로 군사적 옵션을 사용할 가능성을 강력히 시사하고 있다. 지난 9월 UN총회에서 북한 체제의 "완전 파괴"를 경고한 후, 국무장관의 '대화' 언급을 "시간 낭비"라며 공개 질책하고 군 수뇌부에 모든 군사옵션을 준비하라는 지시까지 내렸다. 북핵 문제를 역대 정부가 남긴 "나쁜 유산(mess)"으로 부르며, 자신이 해결하겠다는 확고한 의지를 천명하고 있다. 단순한 '미치광이 전략'으로만 볼 수 없는 근거들이다.

이에 대한 김정은의 대응은 하룻강아지 범 무서운 줄 모르듯 순진하

---

7   홍관희, 「문화일보」 (포럼), 2017.6.26.

고 무모하다. 국제정치 및 미국의 강대함에 대한 무지(無知)와 호전적 과대망상이 결합돼 이성을 잃은 모습이다. 외무상 리용호의 입을 빌어 "태평양 상에서의 역대급 수소탄" 7차 핵실험을 언급해 미국을 협박하고, 7일 노동당 전원회의에서는 "핵무력 대업의 완수"를 다짐했다. 과연 김정은이 미국의 최후통첩에 맞대응해 한반도를 전쟁 상황으로 몰고 갈 것인지, 자멸의 길을 피해 협상 테이블로 나올 것인지, 한반도가 운명적 기로에 서 있다. 이제 공은 김정은에게로 넘어갔고, 모든 선택은 그의 몫이다.

김정은이 자기 분수를 알고 한·미의 비핵화 요구를 수용한다면, 한반도 평화에 대한 한 가닥 희망이 있으나, 지금처럼 '경제·핵무력 병진노선' 지속을 고수하며 "이제 끝장을 내겠다"고 대응하는 한 핵포기에 대한 기대는 연목구어나 다름없다. 다만 지금까지 북한의 망동을 억제한 것이 미국의 압도적인 군사력이었다는 점에서, 북한의 대응이 말 폭탄으로 그칠 가능성은 상존한다.

북한이 노동당 창건을 기념하여 대형 도발에 나설 경우 미국은 백악관의 언급대로 예고 없이 전격적인 군사 작전에 돌입할 것으로 예상되며, 미국의 탁월한 첨단 전력은 단 시일 내에 북한 체제를 궤멸시킬 것이다. 우리는 돌연한 사태 전개에 적극 대비해야 한다. 중국이 6차 핵실험 이후 대북전략의 수정 기미를 보이는 것도 심상치 않다. 북한을 종래의 완충지대 개념에서 자국 안보에 대한 장애요소로 보려는 징후가 엿보인다. 미국의 북한 공격 시에도 군사분계선 이북으로 한·미 군이 북상하지 않으면 반대하지 않을 뿐더러 오히려 이에 편승해 후과(後果)를 챙기려는 것은 아닌지 주목된다.

때마침 일본인 대학교수가 미·중 간 북한 분할·통치에 관한 밀약이 있을 수 있다는 분석을 내놓았다. 아직은 가설에 불과하나, 격변하는 동북아 상황을 고려할 때 그 개연성을 전적으로 무시할 수 없다. 이 경우 우리는 어떻게 대응할 것인가? '평화'에만 집착하다가 돌연 세상이 바뀌고 난 후 최악의 '코리아 패싱'을 당하며 허탈해 할 것인가? 정부가 하루빨리 동북아 정세 흐름을 직시하고, 선제공격을 포함하는 모든 옵션에 한·미 간 찰떡공조로 미국과 행동을 같이 해야 한다. 2017년 9월, NLL을 넘은 미 B-1B 편대의 무력시위에 우리 공군도 동참하는 편이 나았다고 본다.

김정은의 유일한 노림수는 한·미 균열이다. 북한은 제임스 매티스 국방장관의 "서울을 위험에 빠뜨리지 않는" 독자적 군사작전 방안을 비방하면서, "전쟁이 나면 남조선 전역이 쑥대밭"이 된다고 협박했다. 남한 내의 '전쟁반대' 기운을 부추겨 반미를 선동하려는 목적이다. 당면한 북핵 위기를 자유민주 통일의 기회로 바꿀 수 있는 용기와 지혜가 그리워지는 시절이다.[8]

韓·美 동맹과 광해군 외교

2017년 11·7 한·미 정상회담이 표면적으론 양국 신뢰 위기를 봉합하고 혈맹을 복원하는 성과를 거둔 듯하다. 그러나 중국을 향한 '3불(不)' 표명과 특히 한·미·일 3국 항모 훈련 반대로 동맹의 위기가 오히려 물밑에서 심화되고 있다. 현재 한·미 동맹에의 최대 장애는 미·중에 대한 외교 노선을 둘러싼 갈등과 혼란이다. 이번에 유독 기승을 부린 반미 시위도 그 연장선상에 있다. 반미의 근저에 미국을 아직도 '제국주의'로 보는, 왜곡된 종속론적 시각이 잔재해 있음을 본다. 제도권 내에서조차 한·미 동맹 대신 미·중 균형이나 심지어 '친중·민족자주'를 선호하는 경향이 팽배해 크게 우려된다.

미국이 우리의 동맹국이며 미국의 동맹국이 일본이기에, 한·미 동맹과 한·미·일 안보협력은 불가분의 관계다. 유사시 실제 작전에서 안보협력

---

8 홍관희, 「문화일보」 (포럼), 2017.10.10.

과 군사동맹을 구분하기는 어려운 일이다. 현재와 같은 북핵 비상 시에, 한·미·일 3국 항모 훈련은 불가피하다. 한·일 안보협력 없이 한·미 동맹이 지속되리라고 보는 것은 근시안적 단견이다. 한·일 불화는 결국 미국에 한·일 중 선택을 강요하고, 궁극적으로 한·미 동맹을 위협하게 된다.

미·중 패권경쟁의 중심에 놓인 한반도 정세를 명·후금(훗날의 청) 사이에서 고민하던 광해군 시대에 비유하며, 당시의 기회주의 외교를 모델로 삼는 시각도 있다. 그러나 자유민주·인권의 보편 이념과 국제법·국제규범·국제여론이 인도하는 21세기 지구촌을 17세기의 고립된 동북아와 견줄 수 없다.

또 명·청과 미·중은 힘의 상대적 분포가 다르다. 미국 군사비는 세계 군사비의 절반인 6천억 달러 이상이며, 경제적 자유의 보장으로 끊임없이 경제호황을 시현하는 세계 최강의 패권국가다. 중국은 미국의 4분의 1인 1,500여억 달러의 군사비를 지출하며 첨단 군사기술 측면에서 미국에 역부족이다. 시진핑 주석이 '2050년 세계 최강대국 건설' 중국몽 실현을 선포했지만, 금세기 내 미·중 간 패권 전이(轉移)를 예상하는 전문가는 별로 없다.

외향적 팽창과 달리 중국 내부는 적잖은 난제를 안고 있다. 모택동의 '건국'과 등소평의 '부국'을 계승해 시진핑은 '강국' 신시대를 건설하겠다는 야망에 차 있다. 그러나 중국의 권력창출 과정이 자유민주국가의 '주권재민'과 너무 다른, 레닌의 공산당 조직원리인 민주집중제에 기반하고 있다는 사실이 놀랍다. 2천여명의 지역대표→205명의 중앙위원→25명의 정치국 멤버→7명의 상무위원→1명의 총서기로 이어지는 피라미드 권력의 선출 절차가 민주적 투명성을 결여하고 있기 때문이다. '빵의 자유는 빵을 고를 자유를 요구하게 된다'는 역사의 법칙이 중국 권위주의 정치의 아킬레스건이 될 것이다.

논란을 일으켰던 문재인 정부의 "균형외교"가 "중·아세안·EU·러시아 등으로의 다변화 외교"를 의미하는 것으로 수정된 것은 다행이다. 미·중 쟁투가 뉴노멀이 된 오늘날, 광해군식 곡예로 현 외교·안보 난제를 풀어갈 수 있다고 믿는다면 위험하고 시대에 뒤떨어진 오(誤)인식이다. 국제정치학자 존 미어샤이머는 강대국이 패권 추구의 속성을 갖고 있어 미·중 쟁패는 역사적 필연성이 있다고 지적했다. 그는 한국이 미국 주도의 연합세력에 가담하여 중국의 압박에 대항하거나, 아니면 중국의 전위국가로 전락하여 예속의 길을 가거나의 선택의 기로에 놓일 것으로 전망했다.

최근 미·일·인도·호주 등 인도·태평양 연합이 중국의 대국굴기에 대항하여 새롭게 구축되고 있다. 문 정부 임기 중에 한국이 연합국 진영에서 일탈하여 제2의 애치슨 라인을 촉발하는 계기를 제공해선 안 된다. 트럼프 대통령은 2017년 11월 18일 국회 연설에서 동맹국이 협박·공격받는 것을 허용치 않겠으며, "한국은 우리가 생명을 걸고 싸워 지킨 곳"이라고 강조했다. 우리 외교가 자유민주·인권을 존중하고 약소국에도 주권평등을 보장하는 진영을 선택할 때, 국가안보와 국민행복을 실현할 수 있다. 권위주의 세력에 가담해 노예의 길을 선택함은 곧 사망으로 가는 길이다.[9]

---

9 홍관희, 「국민일보」 (한반도 포커스), 2017.11.13.

韓·美 동맹 위기 극복 방향

韓·美 동맹 위협하는 反美 不法 시위

도널드 트럼프 美 대통령이 2017년 11월 7~8일 1박 2일 일정으로 한국을 공식 방문했다. 이에 앞서 일본에선 2박 3일 머물러 아베 총리와의 골프 회동으로 친밀도를 과시함은 물론 日국가안전보장회의(NSC)에도 참석했다. 한때 미·일 동맹보다 중시되던 한·미 동맹이 '신뢰'의 위기에 봉착한 반면, 미국의 동북아 전략이 미·일 동맹 중심으로 재편되는 징후가 나타나고 있다. '코리아 패싱' 우려가 제기되는 것도 무리가 아니다. 제임스 매티스 국방장관이 지난 주 문재인 대통령과의 면담에서 "신뢰!"를 세 번이나 반복 강조한 것만 보아도 사태의 심각성을 짐작할 수 있다.

물론 겉으로는 평온하다. 문제의 본질이 잘 드러나지 않아 국민들은 이를 충분히 감지하지 못하고 있다. 특히 미국의 첨단 전략자산이 빈번히 한반도 해역에 출동하여 북한의 핵·미사일 도발을 충분히 억지해주고 있는 탓에 한·미 간 대북 전략상의 차이를 간파하지 못할 수도 있다. 핵심 사안은 북한이 ICBM급 추가 도발에 나설 경우 미국의 군사 옵션이 예상되는 바, 이에 한국이 참여할 것인지의 문제다.

미국은 한국이 동의하지 않아도 대북 군사작전을 실행할 태세다. 우리 공군이 참여하지 않은 가운데 美 B-1B 편대의 NLL 以北 무력시위, 제

49차 SCM 직후 B2 스텔스 폭격기의 북한 내부 정찰, 매티스 국방장관의 DMZ 방문 시 수도권 아파트 단지 및 탱크 진지 공중 시찰 등의 사례에서 그 의지를 엿볼 수 있다. 특히 매티스 장관의 "한국에 위협이 되지 않는 군사옵션 가능" 발언에 주목해야 한다.

이런 상황에서 한국이 대비책도 없이 절대적 평화의 논리 속에 "전쟁은 안 된다"고 주장하고 심지어 대통령 특보 직함을 가진 사람이 "한·미 동맹이 깨져도 전쟁은 안 된다"고 강변하니, 미국 입장에선 한국정부의 대북 인식에 의구심을 갖지 않을 수 없을 것이다.

2017년 10월 28일 열린 제49차 한미안보연례협의회(SCM)는 한·미 양국의 국방장관과 합참의장 및 주요 담당자들이 참석한 가운데 ①상호신뢰와 자유민주주의·인권·법치라는 공동가치에 기반을 둔 파트너쉽 재확인 ②북한 도발에 대한 강력한 한미연합방위태세 구축 ③한·미 동맹의 미래지향적 발전 등에 합의하고 마무리됐으나, 가장 핵심적 이슈인 전작권 전환 문제에 대해 미국은 쉽게 승인하지 않았다.

그동안 주한미군사령관(유엔군사령관 겸직)이 한미연합사령관을 맡아왔음은 주지의 사실이다. 그러나 우리 측에서 '미래연합사령부'라는 새로운 이름으로 연합사 조직을 전면 개편하여 한국군 합참의장이 연합사령관을 맡고 주한미군사령관이 부사령관을 맡도록 하자고 제안한데 대해, 지난 2014년 10월 미국 측이 원칙적 합의를 한 것으로 알려졌으나, 이번에 미국은 최종 결정을 내년으로 미룬 것이다.

한미연합사를 현재의 '미군사령관-한국군 副사령관' 체제로부터 '한국군 사령관 체제'로 바꾸는 것은 자칫 한반도 유사시 미군의 적극 동참과 개입을 축소하거나 배제시키는 결과를 가져올 수 있다. 또 미국은 '퍼싱 원칙'에 따라 외국군 지휘 하에 자국 군대 배치를 쉽사리 허용하려 하지 않을 것이다.

전작권 문제가 군사주권과 전혀 무관함에도, 자주국방 명분하에 '단독지휘' 방침을 추진할 경우 자칫 동맹의 균열과 안보의 황폐화가 초래될 수 있음을 각오해야 한다. 모든 나라가 동맹을 통해 안보를 실현한다는 점과 군사작전의 효율성을 위해 전작권을 미국에 일임하는 NATO국가들의 선례를 상기해야 한다.

트럼프 대통령이 한국을 방문하는 기간 중 모든 일정을 따라다니며 '反美·反트럼프' 시위를 하겠다고 反美 단체들이 공개 선언을 했다. 가뜩이나 한국의 反美 감정과 행동에 대해 "왜 한국은 미국의 지원을 고마워하지 않나?"며 의구심을 갖는 트럼프 대통령이 방한(訪韓)하여 '反美·反트럼프' 시위를 직접 목도할 때, 그가 느끼는 당혹감은 상상하고도 남을 것이다.

더욱이 反美 시위 현장이 CNN 등을 통해 미국 국민에게 직접 전달될 때, 마치 월남전 구정(舊正) 공세 때 미국 국민이 느낀 허탈과 배신감이 재현될 가능성도 배제할 수 없을 것이다. 바로 이러한 효과를 이들 反美 단체들이 노리고 있는지도 모른다.

이들이 왜 이토록 反美에 몰두하며 한·미 동맹 폐기와 미군철수까지 주장하는지 참으로 이해하기 어려운 일이다. 한·미 동맹과 주한미군이 한국 국가안보의 핵심 요인임은 모두가 다 아는 사실임을 고려할 때, 이들의 정체(正體)와 숨은 의도에 대한 궁금증이 더욱 커진다. 결국 이들의 인식에는 국민 대다수와는 전혀 다른 안보관과 국가관이 존재하는 것 아닌가 하는 의구심을 갖지 않을 수 없다.

실정법상으로 보면, '반미-주한미군철수-한미동맹폐기' 선동은 국가보안법상 위법(違法)에 해당하는 것으로 판단된다. 국가보안법은 反국가단체(북한)의 선동과 주장에 고무·찬양·동조하는 경우, 위법으로 규정한다. 북한의 대남 선동에 동조할 경우 우리의 국가안보에 결정적 위해(危害)가 된다고 보기 때문이다.

북한 대남선동의 핵심은 '연방제통일-주한미군철수-국가보안법폐지'로 압축된다. 그러나 지금 공안(公安) 당국이 국가보안법 위법 행위를 수사할 의지와 역량이 있는지 의문이다. 이에 해당되는 직책을 맡고 있는 뜻있는 공직자가 사안의 심각성을 감안하여 권력의 눈치를 보지 말고 이들 反美 불법 시위를 엄정 차단해 줄 것을 촉구한다.

현재 한반도 안보 상황은 미국 트럼프 행정부가 북한에 비핵화를 선택하든가 체제파멸을 감수하든가 양자택일의 최후 통첩성 카드를 내밀고 있고, 이에 대해 김정은이 잠시 주춤하는 상황이다. 매티스 국방장관은 DMZ를 방문, 송영무 장관과 함께 JSA(공동경비구역)에서 "전쟁은 미국의 목표가 아니며" 미국은 '한반도 비핵화'를 추구하고 있음을 분명히 밝혔다. 그럼에도 북한이 태평양상에서 수소폭탄 실험 등 추가도발을 강행한다면, 한반도 위기는 그야말로 폭발 단계로 나아갈 것이다.

지금 북한은 유엔 제재와 미국의 독자 제재로 생필품과 전략물자 등의 공급이 제한되어 제2의 고난의 행군이 언급될 만큼 고통에 직면하고 있다는 소식이다. 그럼에도 북한 당국은 리용호 외무상의 7차 핵실험 강행 발언을 상기시키고, "우리는 빈말은 안 한다"며 추가 도발 의지를 내비치고 있다. 북한의 도발 강행 시, 김정은과 3대 세습정권은 완전한 파멸을 맞을 것이다. 김정은의 선택에 한반도의 미래와 평화가 달려 있다.

김정은이 가장 두려워하는 것은 한미연합전력이다. 그만큼 오직 힘, 곧 군사력으로만 김정은을 견제할 수 있다. 온 국민이 나서서 反美 단체의 불법 시위를 막고 한·미 간 신뢰를 회복해 동맹을 강화해 나가야 한다.

美의 선제공격 옵션과 한국의 "전쟁 반대"

美 CIA(중앙정보국)가 북한의 핵·ICBM 완료 데드라인이 임박했음을 트럼프 대통령에게 보고한 가운데, 허버트 맥마스터 백악관 국가안보보좌관은 "한반도 전쟁 위기가 매일 증대되고 있으며, 시간이 없다"고 경고했다.

미국의 선제공격 준비는 차질 없이 진행돼왔다. 2017년 상황을 보면, 해병대 상륙훈련과 美 본토 해병대의 일본 진주, '죽음의 백조' B-1B의 DMZ 以北 정찰, 11월초 트럼프 아시아 순방 전후 3개 항모전단의 한반도 전개 훈련, 12월초 260대의 사상 최대 한·미 항공기 동원 '비질런트 에이스'(Vigilant ACE) 훈련, F-22와 F-35 랩터 전폭기의 북한 핵심 타깃 폭격 훈련, 12월 15일 '둠스데이(심판의 말)'로 불리는 핵전쟁 지휘통제기 E-4B의 주일 미군기지 도착, 美 MRAP(지뢰방호 장갑차)의 부산항 입항, 美 본토 주둔 정찰기의 일본 이동 등 "조용히 분주하다"는 표현이 나올 정도로 美軍은 숨 가쁘게 움직였다.

해외 방위산업 관계자들 사이에선 북폭(北爆)이 임박했다는 루머가 퍼지기도 했다. 물론 불필요한 不安과 우려는 금물일 것이다. 그러나 우방국인 미국의 북핵 해결 의지가 확고함과 이를 위해 군사적으로 준비하는 모습과 내용은 알고 있어야 한다.

美軍의 비상한 움직임은 트럼프 대통령의 "모든 군사옵션을 준비하라"는 명령과 "fight tonight"(오늘밤 싸울 준비) 정신에 입각한 만반의 전쟁준비 태세로 보아야 한다. 실제 전쟁이 일어나려면, 트럼프 대통령의 정치적 결단이 먼저 이뤄져야 할 것이다. 북한의 핵보유가 철회될 가능성이 전무(全無)한 상황에서, 미국의 선택지는 극도로 좁아지고 있다.

이런 긴박한 상황에서 문재인 대통령은 2017년 12월 14일 한·중 정상회담에서 "한반도 전쟁 반대" 입장을 거듭 밝혔다. 한·중 정상이 합의한 4대 원칙은 △한반도 전쟁 불용 △한반도 비핵화 △대화를 통한 평화적 해결 △남북관계 개선 등이다. 아울러 문 대통령은 北京大 연설에서 "중국몽(夢)은 중국만의 꿈이 아니며, 아시아 나아가 전 인류의 꿈"이라고 찬양하고, '한국이 비록 작은 나라이지만, 중국몽(夢) 실현을 위해 높은 봉우리인 중국과 함께 하겠다'고 말했다.

현재 국제사회에서 중국몽(夢)이란 시진핑이 내건 '대국·군사굴기'에 기반을 둔 중국 팽창주의의 상징으로 인식되고 있다. 미·중은 현재 치열한 패권 쟁투를 벌이는 중이다. 미국과 동맹국인 한국의 대통령이 중국의 팽창주의 전략을 미화·지지하고 나섰으니, 그 파장이 만만치 않을 것이다.

중국에 대한 막연한 기대와 맹목적인 친중(親中) 선입관이 집권층에 팽배해 있다. 중국이 우리와 지리적으로 인접해 있다는 이유로 운명적 동반자라고 생각한다면 이는 중대한 오(誤)인식이다. 지리적 동반자는 옛날 개념이다. 21세기 세계에서는 통신·교통의 획기적 발달로 인해 지리적 위치가 국가 관계에 미치는 영향이 지극히 미미하다. '중국이 지리적으로 가까워 중국과 함께 갈 수밖에 없다'는 故 시아누크 캄보디아 총리의 1960년대 인식은 시대착오적 어리석음의 발로였다.

중요한 것은 지리적 위치와 같은 외형적인 것이 아니라, 보편적 이념과 규범에 입각한 가치관·세계관 등의 본질적 요소다. 자유민주·인권의 핵심 가치를 공유하는 한·미 동맹이 소중하고 앞으로 더욱 강화돼야 하는 이유다.

현재 중국의 정치는 아직도 공산당의 민주집중제 조직 원리에 의해 통치되는 권위주의 수준에 머물러 있다. 비록 경제 분야에서 자본주의를 과감히 도입해 세계 2강 대열에 진입했다고는 하나, 이번 한·중 정상회담에서 드러난 바와 같이 중국의 외교와 의전(儀典)은 과거 왕조시대 중화(中華) 중심의 자만과 고압적 태도를 답습하고 있다. 중국이 이번에 보인 야만적인 記者 폭행과 한국 멸시 행태를 계기로, 한국 외교는 그 기본 원칙과 방안을 재정립해 나가야 한다.

전쟁(戰爭) 위기의 한반도, '동맹(同盟) 이탈' 위험하다
– 연합사령부 대신 UN사령부 체제로 가나?

지난 2017년은 김정은에게 회심(會心)의 한 해였을 것이다. 6차 핵실험으로 탄두 소형화에 성공하고 수소탄급 폭발력을 확보했으며, 25회의 미사일 시험 발사 끝에 ICBM(대륙간탄도미사일)의 완성 단계에 이르렀다. 신년사에서 김정은은 "ICBM 완성의 마지막 단계 진입"을 호언했었고, 그 계획을 거의 관철했다. 2017년 말 UN 안전보장이사회의 강도 높은 2397호 제재 결의에도 김정은은 "전쟁 행위"라며 반발했고, 앞으로 더 과감히 "통 큰 작전"을 전개하겠다고 선언했다. 그의 핵무장→한반도지배 야망이 요지부동임을 재확인하게 된다.

김정은이 핵 보유 야망을 꺾지 않는 한, 미국과의 정면충돌은 불가피하다. 미국은 북한 ICBM 완성 데드라인을 2018년 상반기로 확정하고 군사옵션 준비를 완료한 상태다. 한국전쟁 당시의 오판(誤判)을 통감하고 외교적 해법을 마지막까지 포기하지 않는 신중한 성격의 제임스 매티스 국방장관마저 "한반도에 먹구름이 몰려오고 있다"고 경고했다.

6·25 이후 최대 전쟁위기에 봉착한 가운데, 우리는 지금 외교·안보 정책의 중대한 갈림길에 서 있다. 선제공격을 포함하는 모든 옵션에 미국과 함께 할 것인가, 아니면 "동맹이 깨지는 한이 있어도 전쟁은 반대"라며 미국의 군사행동 시 동맹 이탈의 도박을 강행할 것인가?

북한 도발 핵전쟁에 대응함에 있어 한·미가 분리되면, 기존의 한미연합사에 입각한 연합방위가 유명무실화돼 예상외의 전쟁 참화에 직면할지 모른다. 한국의 이탈에 대비, 미국은 6·25 참전국을 중심으로 일종의 다국적군 형성을 모색하는 모습이다. 캐나다에서 16+α개국의 외교·국방장관 회담을 개최하는 이유다. 이 경우 유엔군사령부의 깃발 아래 미군 주도의 새로운 연합작전 형태가 생겨날 수 있다.

전쟁 등 한반도 유사시에 중국은 어떻게 대응할까? 우선 북한 북부로의 무력개입을 준비하면서 북·중 접경에 50만 명 규모의 난민수용소를 건설하는 등 북한 붕괴 대비책도 게을리 하지 않고 있다. 동시에 미·북 또는 미·중 빅딜을 통해 미군을 철수시켜 한반도를 힘의 공백지로 만드는 시나리오에도 적극적이다. 쌍중단과 쌍궤병행을 앞세워 한·미 군사훈련 중단을 한결같이 주장하는 배경이다.

평창올림픽을 앞두고 청와대의 "훈련 연기" 방침이 불행을 점지하는 불안감을 주는 이유는 자칫 대북 협상의 제물이 될 우려 때문이다. 버웰 벨을 비롯한 前 한미연합사령관들이 훈련 축소가 협상 수단화될 경우 미군을 철수하고 한·미 동맹을 파기해야 한다는 강력한 경고를 보낸 것도 같은 맥락이다.

최근 우리 안보의 근간인 한·미 동맹에 심각한 이상(異狀) 징후가 목격된다. 한반도 유사시 북한 처리를 놓고 미·중 간 밀도 높은 협의가 진행되는 가운데, 렉스 틸러슨 국무장관은 "북핵 제거 후, 38도선 이남으로 미군이 남하할 것을 중국에 약속했다"고 공개했다. 또 매티스 국방장관은 한반도 통일과 관련, "중·러와 의견 접근을 보지 못했음"을 실토했다. 북한 급변 시 한·미 작계에 의한 통일 복안이 中·러의 반대로 물 건너가고 있음을 암시한다.

북핵을 비롯한 한반도 안보·통일 문제에 있어 한국은 완벽히 패싱되고 있다. 美 국무·국방장관의 발언 속에 한국의 존재가 미국의 시야에서 사라지고 있음을 본다. '철갑(ironclad)'으로 상징되던 한·미 동맹이 왜 이 지경에 이르렀는가? 한 마디로 신뢰를 잃고 각자 다른 방향으로 가고 있기 때문이다. THAAD 불협화음, 3불(不) 低자세, 한·미·일 훈련 반대, 인도·태평양 연합 불참, 중국의 팽창전략인 중국몽(夢) 찬양과 일대일로

(一帶一路) 지지, 그리고 최근 한·미 훈련 연기에 이르기까지 문재인 정부의 외교가 동맹 이탈과 중국 러시로 수렴되고 있다 해도 과언이 아니다.

2018년 최대 국정과제는 물샐틈없는 한·미 연합방위로 전쟁을 예방하는 것이다. 절대 평화를 호소하는 감성(感性) 정치만으로 전쟁 위기를 돌파할 수 없다. 순간의 실수로 나라가 무너지고 국민이 불행에 빠지는 상황만은 막아야 한다. 무엇보다도 중국과 북한에 대한 근거 없는 기대와 환상을 버려야 할 것이다.[10]

한미연합사 해체와 미래사령부 창설의 문제점[11]

□ 한미연합군사령부와 유엔군사령부의 임무

한미연합사는 평시 전쟁을 억제하고, 북한이 전면전을 도발해올 경우 '최단기간 내 북한군을 궤멸하고 한국 주도의 한반도 통일 달성' 임무를 수행하고 있다. 1978년 창설이후 지금까지 전쟁을 억제하고 있다. 이 임무는 한·미 대통령이 공동(50:50)으로 한국 방위를 책임지고 있다.

미국은 이 임무를 수행하기 위해 주한미군을 주둔시키고 있으며 유사시 미군 증원전력(미군 전력의 약 50%, 한국군 전력의 약 9배)을 한반도 주변(일본, 오키나와, 괌, 하와이, 알래스카, 美 본토)에 24시간 출동 대기상태를 유지하고 있다.

유엔사는 정전협정을 관리·감독하고 있다. 유엔사는 6·25전쟁 발발 이후 유엔 결의로 창설되었고 미군이 사령관을 맡도록 되어 있다. 6·25 참전국 부대가 모두 철수한 관계로 평시 한미연합사에서 전력을 지원받고 있다. 유엔사는 6·25전쟁 참전국의 재(再) 참전시 이를 지휘하는 기구다.

10　홍관희, 「서울경제신문」 (시론), 2018.1.1.
11　김성만, konas.net, 2017.10.27.

미국 등 16개국은 1953년 7월 정전협정이 체결될 때 워싱턴 DC에 모여 북한의 도발로 전쟁이 재발할 경우 참전하기로 약속했다. 미국은 이 약속을 지키기 위해 일본 유엔사 후방기지(7개소)에 병력·장비(함정, 항공기, 군수물자)를 전진 배치해두고 있다. 한반도 긴장 고조시 유엔사 후방기지에서 항모전단, 해병대(오키나와), F-22, F-35전투기가 바로 달려온다. 6·25 참전국들은 지금도 참전할 부대를 지정하고 있으며 키-리졸브와 독수리훈련 및 을지프리덤가디언(UFG) 연합 연습에 참가하고 있다.

한미연합사령관은 유엔군사령관을 겸무하고 있다. 한미연합사 미군 참모들도 겸무하고 있다. 전시에 지휘통일을 위해 한미연합사는 유엔사에 통합되어 운용된다.

□ 미래사령부(가칭 연합전구사령부)의 문제점

박근혜 정부는 조건에 기초한 전작권 전환을 이루기 위해 2015년 12월 1일로 예정돼 있던 전작권 전환 시기를 무기한 재연기했다. 그러나 문재인 정부가 다시 이를 조기(早期)에 전환한다는 방침으로 변경했다. 현재 한·미 합참의장 및 국방장관 간 군사회의(MCM, SCM)에서 미래사령부 편성안이 결정될 예정이다.

● '韓國주도-美軍지원' 체제로는 미군 증원전력을 기대하기 어렵다

미래사는 한국군 사령관과 미군 副사령관의 지휘체제로 현재 미군이 사령관, 한국군이 부사령관을 맡고 있는 한미연합사와는 정반대의 체제를 갖춘다. 임무도 크게 다르다. 한미연합사는 한미가 '연합방위(한미 공동방위)'를 하는데 반해 미래사는 '한국 주도-미군 지원(한국 단독방위)'으로 바뀐다.

쉽게 설명하면 미국은 여건이 가능할 때 파병하여 한국을 도와주는 개념이다. 2003년 이라크戰 당시의 사례를 들 수 있다. 미국은 한국이 전

투병을 파병하여 지원해주기를 원했다. 우리 정부는 △사상자 발생 우려 △국회 동의 △안전 주둔지 물색 등을 이유로 주(主) 전투가 끝나고 1년 4개월이나 지난 후 아르빌 지역에 공병부대(3천여 명)를 파병했다. 따라서 앞으로는 즉각적인 대규모 미군 증원전력을 기대하기 어렵다. 전쟁억제력 약화가 불가피해진 것이다.

● **미래사와 유엔사의 '지휘권 이원화(二元化)'로는 전쟁 승리 어렵다**

미래사 사령관은 한국군이다. 유엔사 사령관은 미군이다. 2개 사령부가 1개 사령부로 통합되어야 전쟁에서 승리할 수 있다. 이는 전사(戰史)의 교훈이고 전쟁의 원칙(지휘통일 원칙)이다. 전쟁사에서 200여 년간 유지되어 온 원칙이다. 한국군도 전쟁 원칙에 포함하고 있다. 지금 진행 중인 아프간戰과 IS 격퇴전도 연합사(단일지휘관)를 구성하여 싸우고 있다.

2차 세계대전에서 연합국(미·영·프)은 연합사(단일지휘관)를 구성하여 승리했다. 베트남戰에서는 미군·한국군·호주군·뉴질랜드군이 참전했으나 연합사를 구성하지 못해 패배했다. 그래서 미래사와 유엔사의 분리로는 전승(戰勝)이 어렵다. 따라서 6·25 참전국들은 2개 사령부 지휘구조에서는 파병도 꺼려할 가능성이 높다.

이와 같은 문제점은 한국 안보에 큰 위해(危害)가 될 수 있다. 반기문 前 유엔 사무총장은 2017년 10월 16일 한국안보문제연구소가 주최한 비공개 강연에서 문재인 정부의 전작권 임기 내 전환 입장에 대해 "(북한 핵·미사일 위기인) 현 시점에서 전작권 전환 추진은 시기적으로 우려스럽다"고 말했다. 그러면서 "미군이 (다른 국가 사령관이 지휘하는) 유엔 평화유지군 활동에 돈은 내도, 자국 병사는 단 한 명도 보내지 않는 이유가 있다"는 말도 했다.

이에 대해 군사·미국 전문가들은 "지휘권을 우리가 가질 경우 전통적으로 다른 나라의 지휘를 받지 않는 미국이 현 한미연합사 체제와 같은 수준의 대규모 병력을 그 밑에 배치하지는 않을 것"이라고 전망했다. "미군은 헌법을 근거로 자국군을 외국군의 통제하에 둘 수 없도록 돼 있다"는 비판도 나왔고(박휘락 국민대 정치대학원장), "핵심은 책임소재다. 한미연합사 체제는 미국이 유사시 한반도에 개입하는 인계철선이 되는 확실한 장치"라며 "전작권 전환은 유사시 미군이 개입한다는 안전장치를 없애는 것"이라는 지적도 있었다(이일우 자주국방네트워크 사무국장).

그러면 어떻게 해야 하는가? 애초부터 전작권 전환(한미연합사 해체)은 해서는 안 되는 일이다. 주변 강대국(중국·러시아·일본)에 둘러싸인 나라는 한국이 유일하다. 미국, 캐나다, 유럽 26개국은 나토연합사(미군 사령관)에 가입하여 집단방위로 안보를 보장받고 있다. 어느 나라도 '단독방위=자주국방'을 추구하지 않는다. 단독방위로 가는 한미연합사 해체와 미래사령부 창설은 안보 자해(自害)행위나 다름없다.

'남북대화→미북대화' 연결은 위험한 발상이다

북한의 평창 참가 이후 올림픽 성격이 변질되는 것 아니냐는 우려가 높다. 국내에선 정부의 대북 태도가 비굴하다며 '평양올림픽'이라는 반발이 거세게 일어나 '평화올림픽' 주장과 검색어 경쟁을 벌였다. 세계적 스포츠 축전이어야 할 올림픽이 적나라한 남남 갈등의 현장으로 변했다.

뿐만 아니라 올림픽이 핵으로 우리를 위협하는 적(북한)과 안보 동맹(미국) 간의 정면충돌 무대로 바뀌고 있다. 방한을 앞둔 마이크 펜스 부통령팀은 '김정은이 평창의 메시지를 납치할 수 있다'면서 '핵을 갖고 대화하자는 북한의 술책에 더 이상 속지 않겠다'고 강조했다. 남북대화를 연장해 미·북 대화로 연결하려는 문재인 정부 입장이 무색해졌다.

북한이 핵포기 불가(不可)를 공개 표명하면서도 평창 올림픽에 참가하는 목적은 무엇인가? 한 마디로 한·미 훈련 연기라는 전리품을 얻었기 때문이다. 그리고 한발 더 나아가 숙원인 '한·미 훈련의 영구 중단'을 꾀하기 때문이다. 남북대화에 목말라 하는 문재인 정부를 최대한 이용해 한·미 동맹을 파괴하려는 속셈이다.

그러나 북한의 음모를 꿰뚫어보는 미국은 'CVID(완전하고 검증가능하며 되돌릴 수 없는 핵폐기)' 원칙을 고수한다. 제임스 매티스 국방장관은 24일 '정전상태인 한반도에서 핵무기를 용인할 수 없다'고 못 박아 북핵 불용 의지를 다짐했다. 이날 美 재무부는 북한의 원유확보 책임부서인 원유공업성 등을 독자제재 명단에 추가함으로써, 북한의 원유 밀매(密買)를 정면 조준했다. 최고 수위의 압박을 실행해 나가겠다는 의지의 천명이다. 국무부는 '미·북 직접대화는 시기상조'라는 공식 입장을 밝혔다. 이런 구도를 허물고 한국정부가 미·북 대화를 미국에 권고한다면 '핵 위협의 당사자가 왜 이럴까'하며 당혹해 할 것이다.

남북대화를 미·북 대화의 마중물이 되게 하겠다는 문재인 정부의 의도는 미국의 대북 압박 전략의 높은 장벽에 부딪친 상태다. 비핵화 진전이 없음에도 '평창 이후'로까지 무리하게 남북대화 흐름을 살리려 하면 뜻밖의 역풍을 맞을 수 있다. 특히 쌍중단에의 유혹을 차단해야 한다. 통일부 장관이 북한의 반발을 우려해 훈련 중단 필요성을 언급한 것은 한반도 정세의 본질을 파악하지 못한 아마추어 발상이다.

당초 중국이 제시한 쌍중단은 대한민국의 안보와 존립 차원에서 수용할 수 없는 근본적 문제점을 안고 있다. 우선 한·미 훈련을 중단한다 해서 핵개발을 중단할 북한이 아니기 때문이다. 결국 쌍중단은 한·미 훈련만을 일방적으로 중단시키게 될 것이다. 또한 현 단계에서 핵개발 중단은 북한에게 큰 의미가 없다. 이미 20여개 이상의 핵폭탄을 보유했고, 스커드·노동 등 중단(中短)거리 미사일에 핵탑재가 가능해 한국과 일본열도에 대한 공격력을 확보했기 때문이다. 1994년 핵동결을 내용으로 미·북 제네바핵합의가 성사됐으나, 북한은 수년 후 우라늄농축 비밀 핵개발을 시도해 합의를 무산시킨 전과(前科)도 있다.

미국은 쌍중단 거부 입장을 분명히 밝혔으나, 문재인 정부의 입장은 애매하다. 2017년 12월 정권 실세라 할 이해찬 전 총리는 "문재인 대통령과 시진핑 주석 간 쌍중단에 대한 합의가 있었다"고 발언해 충격을 주었다. 만약 문재인 정부가 한·미 훈련에 제동을 걸며 쌍중단 입장으로 선회하면, 한·미 동맹은 존폐 위기에 처하게 되고 미국은 독자적인 북핵 해결의 길로 나서게 될 것이다. 이미 한·미 동맹의 이상(異狀) 전조가 곳곳에서 나타나고 있다.

문재인 정부의 미·북 대화 유인은 북한의 위장평화 전략에 말려들 수 있는 위험하고 잘못된 정책이다. 북한은 월남 패망 이후 '미·북 직접대화→미·북 평화협정체결→주한미군 철수' 전략을 한 시도 바꾼 적이 없다. 한반도 평화는 신뢰할 수 없는 북한과의 합의에 의해서가 아니라, 한·미 동맹에 입각한 안보역량에 의해서만 지켜진다. 한 순간이라도 이 기본 원칙을 망각하면 재앙이 문을 두드리게 된다.[12]

한·미 동맹, 글로벌 파트너십으로 발전해야

현재 국제사회의 최대 관심사는 지난 40년 간 경제·군사 발전의 열매를 거둔 중국이 세계체제로 편입·통합(integration)될 것인지, 또 그렇게 될 경우 그 과정이 과연 원활할 것인지에 모아지고 있다. 정치체제가 통합을 실현하기 위해선 먼저 가치관(value system)의 합치가 선결돼야 한다는 것이 통합 이론과 사례의 대(大)전제다.

---
12 홍관희, 「국민일보」 (한반도 포커스), 2018.1.29.

현재 세계적으로 확립된 보편적 가치관은 자유민주주의·자유시장경제다. 이 이념적 기초 위에 모든 나라들이 주권을 보존하면서 상호의존·협력·경쟁을 통해 상호발전을 도모하고, 이른 바 '기능적 통합(functional integration)을 실현해 나아간다. 그러나 가치관이 일치하지 않으면, 헌팅턴(Samuel Huntington)이 지적한 대로 "문명의 충돌"이 일어날 수 있다. 광신적 이슬람과 서구 민주주의의 운명적 충돌이라 할 대(對)테러 전쟁이 그 대표적 사례다.

중국이 위 가치관을 토대로 세계체제에 대한 인식을 공유하면 파트너 곧 진정한 이웃이 될 수 있으나, 반대로 중국이 자체 이데올로기를 내세워 이를 확산시키려 하면 서방세계와의 충돌 심지어 전쟁 가능성도 배제할 수 없다. 현 시점에서 개방과 무역증대, 자본주의에 중국이 적응하는 모습에서 중국의 장래에 대한 낙관론도 있다. 그러나 시간이 갈수록 중국이 세계패권을 지향하는 중국몽(夢)에 심취해 자국(自國) 이익의 배타적 증대를 도모함에 따라 비관론과 경계론 심지어 봉쇄론 마저 확산되고 있는 실정이다.

현실주의 국제정치 분석가들은 투키디데스의 경고를 인용하며, 중국이 강대해진 국력을 기반으로 패권을 추구할 것이고, 궁극적으로 미국과의 충돌이 불가피하다고 전망한다. 중국의 이웃 국가들은 중국의 흥기를 두려워하며 대비책 마련에 부심하고 있다. 한반도와 동북아가 新냉전기에 돌입할 가능성은 오래 전부터 예상되어왔다.

중국의 위협은 냉전기의 소련 위협과 차이가 있다. 과거 소련 군사력의 중심은 유럽에 있었으나, 중국 군사력의 대부분은 아·태(亞·太)지역에 위치해 있다. 한국 안보에 직접적 위협이 된다는 의미다. 중국의 해공군력은 한국(일본도 마찬가지)의 해상수송로(SLOCs: Sea Lines of Communications)를 위협할 수 있는 위치에 있다. 한국은 3면이 바다로 둘러싸여 있고 북쪽은 북한의 군사적 위협 하에 있다. 특히 한국경제는 무역에 의존한다.

한국의 외교·안보 노선이 중대한 선택의 기로에 봉착하고 있다. 미어샤이머(John Mearsheimer)는 이렇게 말했다.

"한국이 앞으로 연합국 세력(balancing coalition)에 가담하여 중국의 부당한 압박에 대항하거나, 아니면 중국의 위성국가(bandwagon)로 전락하여 주권 평등을 인정하지 않는 노예상태로 살아가느냐를 선택해야 하는 뼈아픈 순간이 올 것이다."[13]

우리 외교가 자유민주주의·인권 가치를 존중하고 약소국에도 '평등 주권'을 보장하는 세력에 가담할 때, 안보와 경제발전, 그리고 진정한 의미의 국민 행복을 실현할 수 있다. 압제와 비(非)인권이 횡행하는 권위주의 세력에 속하게 될 때 노예와 같은 고통의 길이 올 수 있음을 잊어선 안 된다.

미국과의 한·미 동맹은 우리의 국가안보를 지키는 기본 토대이다. 중국은 경제 관계가 날로 증진되어가는 중요한 파트너이다. 안보는 경제 등 제반 분야에 앞서며 이를 좌우한다. 그만큼 우선순위가 높다. 그러므로 우리는 미국과의 동맹을 기본 축으로 하면서, 중국과는 '동맹'보다 한 단계 낮은 '전략적 동반자' 또는 '선린우호' 관계를 구축해 나가야 한다. 그리고 두 강국에 대해 격(格)에 맞는 적절한 대응을 각각 추구해야 한다. 현 정세는 '글로벌 파트너쉽'과 한·미 '양자 동맹'이 분리될 수 없는 추세로 나아가고 있다. 글로벌 동맹이 확고해야 무역 국가인 우리가 경제발전을 지속할 수 있다. 장기적으로 미국이 주도하는 인도·태평양 연합에 가담하는 방안을 고려해야 하는 이유다.[14]

---

13 John J. Mearsheimer, "The Rise of China and the Fate of South Korea," 한국 방문 시 강연 내용(未발간 paper). 또한 이춘근의 「미중 패권 경쟁과 한국의 전략」(김앤김북스, 2016.5), pp. 312-315.
14 홍관희, 「월간 북한」 (안보 포커스), 2017년 12월호.

자체 방위력 향상과 한·미 연합방위태세의 지속적 발전

대한민국은 북한의 위협에 한·미 동맹에 기초한 한·미 연합방위태세로 맞서고 있다. 21세기 국제관계에서 동맹(집단방위)은 필수적이다. 미국과 같은 초강대국도 우방과의 다양한 동맹을 통해 국가안보를 실현한다. 강대국에 둘러싸여 분단된 상태에서 핵·미사일 비대칭 전력으로 무장한 북한과 대처하고 있는 우리 입장에서, 동맹의 중요성은 아무리 강조해도 지나치지 않다.

美 의회조사국(CFR)은 2017년 3월 펴낸 보고서에서 한국이 경제·군사적으로 동북아에서 영향력이 있는 '중진 국가(middle power)'임에도 아·태 영역에서는 그 영향력이 상대적으로 미미하다고 지적했다. 2011년 미국이 아시아 재균형(pivot to Asia) 정책을 구체화했을 때, 한국은 동북아 문제에만 집중했고 아·태 문제가 한국과는 별 관련이 없는 것으로 인식하는 경향이 있었다는 것이다.

한·미 동맹 역시 한반도에만 초점이 맞춰져 있고 G20 국가로서 한국의 위상에 걸맞게 아시아 전체로 연결되지 못했다는 불평 어린 비판이 나온다. 중국과의 마찰을 피하기 위한 것 아니냐는 비판도 제기됐다(위 CFR 보고서). 우리는 그동안 유엔 국제평화군(Peacekeeping)의 일원으로 중동 지역에 파병해 그 지역의 평화를 위해 기여해왔다. 이런 관점에서 남중국해 분쟁에서의 일정 역할을 주문하는 목소리가 적지 않다.

무역국가로서 우리의 생존이 남중국해의 자유항행 권리에 의존하고 있음을 인식한다면, 더 이상의 중간자적 태도는 바람직하지 않다. THAAD 배치를 계기로 중국이 全방위적 대한(對韓) 압박에 나서는 가운데, 자칫 안보는 미국에 의존하면서 경제적 이해 때문에 동맹국인 미국에 적대적인 중국의 눈치를 볼 경우, 효율적인 대북 한·미 연합방위체제에 예기치 않은 손상을 가져올 수도 있다.

동맹 균열 위기와 월남 패망 데쟈뷰

유엔 헌장 51조는 회원국이 적국의 무력 위협을 홀로 감당하기 어려울 때, 제3국과 집단자위(=동맹)를 결성하여 주권을 수호할 권리를 보장한다. 동맹은 침략을 받았을 때 공동으로 함께 싸울 것을 맹약한 제도적 장치다. 그러므로 동맹이 공고해지려면 '적(敵) 인식' 곧 대적관(對敵觀)이 일치해야 한다. 한 쪽이 적으로 인식하는 상대를 다른 한 쪽이 우방으로 인식한다면 동맹은 유지되기 힘들 것이다.

핵·미사일을 보유한 북한에 대해 미국은 본토와 동맹국인 한국을 위협하는 적대세력으로 규정하고 군사공격을 포함하는 모든 옵션을 검토하는데, 한국이 '민족단합' 차원에서 파트너로 인식하고 '한미 동맹이 깨지는 한이 있어도 전쟁은 반대한다'며 미국의 군사옵션에 불참하면, 동맹은 이미 결렬 위기에 들어섰다고 봐야 한다.

어느 한쪽이 동맹의 의무를 성실히 수행하지 않으면, 상대 동맹국으로부터 '방기(放棄)'를 당하게 된다. 그리고 방기된 동맹국은 연합방위력의 상실로 위험에 처하게 된다. 베트남 전쟁에서 월남 내부의 극심한 분열과 부패로 동맹의 의의에 의구심을 갖게 된 미국은 철수를 강행했고 이후 월남은 패망의 비운을 피할 수 없었다.

트럼프 행정부가 최근 한국에 철강수입 규제, 자동차 호혜세, FTA 개정 등 연속적인 경제 때리기에 나선 것은 문재인 정부에 대한 불신이 동맹의 위기로 발전하고 있음을 알리는 불길한 징후다. "무역에 관해선 한국은 동맹이 아니다"라는 트럼프의 실토에 더 이상 한국에 동맹국으로서의 특혜를 줄 수 없다는 강한 암시가 담겨있다.

문 대통령이 김가(金家) 폭정 주체의 여동생이며 미국의 제재 명단에 포함된 김여정을 환대하는 모습이 트럼프 대통령에게 동맹의 정체성에 대한 환멸을 갖게 했을 수 있다. 일련의 남북 고위급 접촉에서 '비핵화' 언급이 한마디도 없었던 점도 불신을 키웠을 것이다.

동맹 간 불신이 심화될 경우 북핵에 대응하는 한·미 연합작전도 차질을 빚을 것이다. 미국은 대북 군사옵션 시 이미 한국의 불참을 예상하고 유엔사 지휘 하에 군사옵션을 실행하는 플랜 B를 준비해왔다. 연합사가 가동되지 않으면, 전선이 DMZ 이남으로 확대될 때 한국이 홀로 대처해야 할지 모른다. 한편 CSIS(전략국제문제연구소) 선임 자문위원 에드워드 루트워크(Edward Luttwak)는 북한이 ICBM 능력을 완비하지 못한 지금이 적시(適時)라며 선제공격을 촉구했다. 그는 북한의 보복 공격에 대해 한국 정부가 북핵 위협을 "고의적으로 방치(deliberate inaction)"해 온 이상, 서울 방어는 한국인의 몫이라고 주장했다.

북한 핵문제를 미·북 대화를 통해 해결하려는 문재인 정부의 구상은 비현실적일 뿐 아니라 위험하다. 현재 미국은 대북 협상에서 비핵화 원칙을 확고히 견지하므로, 북한의 태도 변화 없이 협상 타결은 어렵다. 그러나 북한이 지금까지의 경직된 반미 태도에서 발상을 전환해 전격적으로 미국과 직접 담판에 나서면, 상황은 일변한다. 한국이 오히려 한반도 문제 논의에서 배제되고, 정세는 한 순간에 월남 패턴으로 전환될 수 있다. 1973년 미·北베트남 양측이 단독으로 평화협정을 작성할 때, 南베트남의 안보이익이 반영될 여지는 없었고 결과는 미군철수 후 전격적인 北베트남의 침공으로 이어졌다.

2000년 말 조명록 당시 북한군 총정치국장이 워싱턴에서 美 지도자들과 회담하고 상호적대 철회, 정전협정의 평화체제 전환, 미사일 문제 해결 등의 공동코뮈니케를 발표한 것은 실로 놀라운 사태 발전이었다. 거짓 선동과 위약(違約)에 능한 북한 정권이 미국에 핵·미사일 포기와 반중·친미 노선을 약속하는 대가로 주한미군 위상 변화를 요구할 때, 美 지도층의 마음은 흔들릴 수 있다.

 북핵 위협과 전쟁 위기 속에서 대한민국 존립을 보장하는 건 동맹의 지속성이다. 4월 한·미 군사훈련의 실행 여부는 동맹 장래에 중대 분수령이 될 전망이다. 문재인 정부가 훈련 발표를 미루는 자세는 무책임하다. 국민들은 도대체 이 나라가 어디로 가는지 우려를 감추지 못하고 있다.

9

한국의 국가안보전략

– "죽느냐 사느냐 그것이 문제다"

국가안보의 개념과 관점

국가안보의 개념

안보(security)는 안전보장의 준말로서 "위협의 상대적 부재(relative absence)"란 의미이며, '제반 위협으로부터 체제·가치를 수호'하는 것으로 정의된다. 그리고 국제관계에서의 안보란 '무장투쟁(전쟁)이 없는 상태'를 의미한다.

최근 국가 간 상호의존(interdependence)의 확대와 국제공동체(international community)의 형성으로 안보에 영향을 미칠 수 있는 요소들이 증가함에 따라, 전통적인 군사적(military) 안보의 의미를 뛰어넘는 매우 광범하고 포괄적(comprehensive)인 안보 개념이 부상하였는데, 여기에는 경제·환경 등의 이슈가 포함된다.[1] 아울러 평화를 유지하는 일도 안보의 중요한 목표 중의 하나다. 안보와 평화가 대치되는 개념이 아닌, 안보가 평화를 포괄하는 개념임을 알 수 있다.

국가안보는 일국(一國)의 중요한 국가목표로서, 국가의 정치적 독립과 경

---

1 1990년대초 일본 등지에서는 방위전략에 있어 단지 군사적 요소 뿐만 아니라, 정치, 경제, 사회, 환경 등 비군사적 요소를 포함하는 '종합적 안보체제'의 개념이 제시되어 관심을 끈 바 있다. 이는 전통적으로 군사력이 국가안보의 중심 수단이었으나, 현대의 복잡한 산업사회에서 비군사적 수단, 특히 경제력이 차지하는 비중이 증대되고 있다는 현실을 반영한 것이라 하겠다.

제발전을 확보하고, 국민의 자유·생명·재산을 보호하기 위한 근본 전제이다. 국가안보(national security)란 "군사·비군사에 걸친 대내외적 모든 위협으로부터 국가목표와 국가가 추구하는 제(諸)가치를 보전·향상시키기 위하여 제반조치를 취하는 것"으로 정의된다.[2] 이에 대해 국방(national defense)은 "외부의 군사적 위협과 침략으로부터 국가를 보위하는 것"으로 정의된다. 여기에서 안보와 국방의 차이가 구별된다. 안보가 (i)국내·국외의 위협과 (ii)군사·비군사적인 모든 위협으로부터의 방어를 의미하는데 비해, 국방은 (i)외부의 (ii)군사적 위협으로부터의 방어로 한정된다. 예컨대 국내의 비군사적 위협도 안보 대상에 포함됨을 알 수 있다.

한편 '방위(defense)'는 군사적 위협이나 침략을 막아낸다는 의미이고, '억제(deterrence)'는 상대방의 공격 의지를 사전에 차단하는 것을 뜻한다. 전자는 사후적 의미가 강하고 후자는 사전적 의미가 강하다.

대한민국의 국방목표는 (i)외부(특히 북한)의 군사적 위협과 침략으로부터 국가를 보위하고 (ii)평화통일을 뒷받침하며 (iii)지역 안정과 세계평화에 기여하는 것으로 되어 있다.[3]

국내정치와 국제정치

광의(廣義)의 '정치'는 인간관계에서 일어나는 모든 일의 '조화와 타협(compromise)'을 의미하는 총체적 개념이다. 아리스토텔레스가 "인간은 정치적(사회적) 존재"라고 말한 것은 이런 의미에서이다. 그러나 협의(狹義)의 '정치'는 우리 일상생활에서 널리 사용되는 개념으로 정부를 이끌고 국민을 올바른 방향으로 인도하는 일에 종사함을 의미한다. 이 의미의 정치는

---

2 「국방과학기술용어사전」(국방기술품질원 2011).
3 국방부, 「국방백서 2016」, p. 34.

권력을 수반하므로, ①목적가치(goal value)와 ②권력투쟁(power politics)의 두 측면을 모두 포함한다.

목적 가치(goal value) 측면에서 정치의 목표는 도덕·윤리적 지향점과 일치한다. 예컨대, 정치를 정의함에 있어 플라톤은 "正義와 善의 실현"이라고 했으며, 벤담은 "최대다수의 최대행복"이라고 의미를 부여했다. 동양의 유교에서는 정치의 의미를 정명(正名: 사물의 이름을 바르게 하는 일), 안민(安民: 국민을 편안하게 함), 친민(親民: 국민과 친함 또는 新民: 국민을 새롭게 함)으로 풀이했다. 공자는 "政者正也"(정치는 올바름 또는 올바르게 하는 것)이라고 말했다. 이에 비해 칼 마르크스는 "프롤레타리아 독재"의 실현을 정치라 칭했고, 기독교에서는 정치의 의미를 "하나님 나라로의 만민(萬民) 구속(救贖, 건져냄)"으로 규정한다.

권력투쟁(power politics) 측면에서 보면, 정치는 권력을 쟁취하기 위한 수단으로 간주된다. 정치는 힘(power)이 있어야 행할 수 있으므로, 정치가들은 힘 곧 권력을 획득하기 위해 필사적인 노력을 기울인다. 이것이 지나치다 보면, 정치의 본래 고상한 목적을 상실하고 윤리상의 고려를 떠나 권력관계로만 집중된다. 정치가(政治家)가 몰(沒)가치적일 때 '정상배(政商輩)'라는 불명예스러운 칭호를 얻게 된다. 이처럼 정치가 오직 권력 곧 물리적 힘만을 향해 추구될 때, 동양에선 '패도(覇道),' 서양에선 '마키아벨리즘'이라 불렸다. 고대 도덕정치를 표방한 왕도(王道)와 대비되는 개념이다.

국제정치(international politics)와 국제관계(international relations)는 국내정치와 성격이 판이하다. 국제정치의 특징은 중앙정부가 不在하여 때때로 홉스적 무정부 상태를 전제로 한다는 점이다. 곧 중앙정부가 건재하여 공권력이 살아있는 주권국가의 국내정치와 달리, 도덕·윤리보다 힘이 앞서며, 주권 곧 공권력이 존재하지 않다 보니 강대국이 좌우한다. 아울러, 국내정치 구성원은 수많은 개인임에 비해 국제정치는 230여 개국의 국가

(nation-states)들로 구성돼 있다는 점이 특징이다.

국제정치를 국내정치적 안목으로 인식하다간 '우물 안 개구리'란 비난을 듣기 쉽다. 특히 한반도처럼 4대 강국에 둘러싸여 분단돼 있는 특수한 지정학적 환경에서는 국제정치가 미치는 영향력이 지대하다. 여타의 국정현안보다 안보가 가장 중시되는 이유다.

국제정치의 주요 관점과 국가안보

현대의 국제사회는 독립된 주권을 가진 수많은 국가들로 구성되어있고, 이들 국가들이 끊임없이 자국의 국가이익을 추구함에 따라 국제적 분쟁은 끊이지 않고 발생하며, 전쟁 가능성은 잠재적으로 항상 존재한다. 따라서 모든 국가들은 늘 분쟁과 전쟁 가능성에 대비하는 노력을 게을리 할 수 없다. 역사적으로 전쟁은 인간사회에 만연하는 것으로 인식되어 왔다. 그리하여 국제사회에서 전쟁을 방지하고 평화를 유지하는 문제가 국제정치학의 역사적 명제가 되어 온 것이다.

이런 점에서 케넷 왈츠(Kennet Waltz)는 전쟁이 끊이지 않는 이유를 인간이나 국가, 그리고 국제사회 '자체의 성격'에 기인하는 것으로 파악하기도 하였다.[4] 왈츠의 관점은 국제관계에서의 新현실주의에 속하는 것으로 평가되는데, 新현실주의는 강대국 중심의 역학 구도를 국제사회의 근본적 구조로 파악한다.[5] 역사학자 카(E. H. Carr)가 강조한 대로, 2차 세계대전을 겪으면서 인류는 국제정치에 대한 현실주의적 접근이 보다 적실성(適實性) 있음을 목도해왔다.

---

4 Kenneth N. Waltz, *Man, the State, and War: A Theoretical Analysis* (New York: Columbia University Press, 1959).
5 新현실주의 학파로는 미어샤이머, 길핀 등이 포함된다.

한편 국제적 분쟁이나 전쟁을 인간의 도덕성이나 국제법 등에 의거하여 평화적으로 해결하려는 이상주의적 노력도 끊임없이 전개되어 왔다. 자유주의 학파는 현실주의 신봉자들의 안보 개념을 지나치게 군사 중심적이라고 비판한다.[6] 정치와 경제 등 안전보장의 비군사적 측면도 고려되어야 한다는 것이다. 또 현실주의의 안보관이 개별 국가들의 자국 안보 중심으로 추구되는데 비해, 자유주의 신봉자들은 국가 간의 상호관계와 국제체제의 안정을 도모함으로써 개별 국가들의 안보도 확보할 수 있다고 주장한다.[7] 안보에 관한 국제관계 시각을 크게 ①현실주의와 ②자유주의로 대별하여 분석해보면 다음과 같다.

□ 현실주의(realism)

현실주의자들은 국제사회를 홉스적 관점인 무정부상태(anarchy) 곧 중앙정부가 결여된 상황으로 보기 때문에, 각 국가들은 국제사회에 내재하는 분쟁 및 전쟁 가능성에 대비하여 자국의 국가이익을 방위하는데 필요한 제반 수단을-특히 군사력을 중심으로-갖출 필요를 절감하고 이에 대해 모든 노력을 경주한다.

그러므로 국가에서의 핵심적 가치는 안보(security)이며, 안보를 구성하는 가장 중요한 수단은 힘(power)이라고 판단한다. 여기서 힘을 이루는 최대 요소는 군사력이다.[8] 현대 자본주의체제 하에서 경제력도 안보를 구성하는 중요한 원천이다. 군사력에 미치는 경제의 영향력이 점점 커지고 있기 때문이다.

국제사회에서 한 나라의 힘의 증대는 상대적으로 타국의 힘의 저하를

---

6 국방대 국가안전보장연구소, 「안전보장학 입문」 pp. 4-5.
7 상게서.
8 이동선, "21세기 국제안보와 관련한 현실주의 패러다임의 적실성," 「국제정치논총」 제49집 5호, 2009.

의미하고 모든 국가들이 동시에 힘의 규모를 상승시킬 수는 없으므로, 자국과 타국 간 힘의 분포와 힘의 비교가 모든 나라의 관심사가 된다. 그리고 자국의 상대적 힘의 위상을 높이고 안보를 확보하기 위해 세력 경쟁(power struggle)에 몰입한다.

현실주의의 대표적 국제정치학자인 존 미어샤이머(John J. Mearsheimer)는 그의 '강대국 정치론'에서 강대국들의 패권경쟁이 국제사회에 내재하는 본질적 특성이라고 주장하고, i) 무정부적인 국제사회 내에서 강대국이 주요 행위자(actor)라는 점 ii) 세계 모든 국가들이 군사력을 보유하고 증강하려 노력함으로써 상호 간 잠재적 위협이 된다는 점 iii) 세계 각국은 서로 상대방의 군사적 의도(intentions)를 알지 못하기에 오직 군사적 능력(capabilities)을 함양함으로써 안전을 확보하려 하며, 특히 현상유지 국가(status-quo power)에 대해 현상타파 국가(revisionist power)들이 국제권력 구도를 자국에 유리하게 변경하려 시도함으로써 끊임없는 전쟁위기에 직면한다는 점 iv) 모든 국가들의 목표는 '생존(survival)'이며, 영토 보전과 국내정치의 자율성 곧 주권을 수호하려는 속성을 갖고 있다는 점 v) 모든 나라들은 전략적 사고를 할 수 있는 합리적 행위자(rational actor)이나 때때로 불완전한 정보로 인한 오인식과 실수를 범할 때가 있다는 점 등 5가지의 가정을 제시했다.[9]

□ **자유주의(liberalism)·이상주의(idealism)**

국제정치에서 자유주의 관점은 안보나 힘보다는 국제적인 법적 권리·의무를 강조한다. 곧 국제평화 유지를 위한 "국가이익의 자연적 조화(natural harmony of national interests)"를 신봉한다는 점이다. 비록 국제정치에서 군사력이 일정한 역할을 하고 있음은 분명하나 국내에서 개인 간의 이익

---
9   John J. Mearsheimer, 상게서.

의 조화가 가능하듯이 국제사회에서도 국가 간 이익의 조화가 가능하다는 생각이다.

이에 따라 국가 간 세력경쟁보다는 협조적 측면을 강조한다. 그것이 가능하다고 보는 것은 자유주의 신념이 인간의 '이성'과 '진보'의 개념에 기초해 있기 때문이다. "개인의 이익과 공동체의 이익은 자연적으로 불가피하게 합치한다"는 아담 스미스(A. Smith)의 "보이지 않는 손"(invisible hand)이나 자유방임주의(Laissez Faire) 정신이 여기에 포함된다.

국제적인 협조를 촉진시키는 요인으로서는 현대 국제사회에서 특히 확산되고 있는 경제적 상호의존(interdependence), 자유민주주의의 보급, 국제법과 국제제도의 발달, 국제규범과 국제여론의 영향력 확대 등을 꼽을 수 있다. 상호의존 개념은 세계화가 진행되는 과정에서 경제관계 활성화가 상호의존의 심화로 연결되는 현상에 주목하여 생겨났으며, 경제적 요소를 새로운 힘(power)의 원천(source)으로 간주한다.[10]

범(汎) 세계적 기술진보의 결과로 상호의존과 상호작용이 현대 국제관계에서 훨씬 복잡하게 증대되고 있기 때문에, 어떠한 국가도 고립하여 생존할 수 없다. 구(舊) 동구권 나라들이 모두 자본주의에 편입된 것은 주지의 사실이다. 쿠바도 개혁·개방을 선택했다. 과연 북한은 언제까지 개혁·개방을 외면할 수 있을 것인가?

국제관계에서의 상호의존 현상이 평화에 어떤 영향을 주는가의 문제, 곧 상호의존과 평화 간의 인과관계에 대해 많은 학자들이 관심을 가져왔다. 우선 선순환적 낙관론을 보면, 세계화로 인한 상호의존 증대는 국가 간 갈등요인을 완화하고 국제협력과 평화를 증진한다고 본다. 국제적 상호의존의 증대는 상호이익의 증대로 이어져 개방적 교역질서를 선호하는 경향을

10　Robert Keohane & Joseph Nye, *Power and Interdependence: World Politics in Transition* (Paperback: December, 1977).

낳는다는 것이다. 또 다양한 분쟁과 갈등을 평화적 방법 곧 협상을 통해 해결하려는 경향이 증대된다. 상호의존의 진전은 정치·군사 측면에서의 호혜적이고 안정적인 국제관계를 필요로 하게 마련이다. 적대적 관계에서 상호의존의 심화는 불가능하다. 상호의존은 국가 간 무력사용을 제한하게 만들 수 있다. 무력사용 시, 경제·무역에의 타격이 클 것이기 때문이다.

한편 비관론을 보면, 상호의존 심화와 접촉의 증대로 인한 이해관계의 증가는 갈등의 소지를 증대시킬 수 있다고 본다. 현실적으로 상호의존은 항상 불균형하게 발생한다고 비관론은 인식한다. 그것이 바로 갈등의 소지가 증대될 수 있는 이유라고 본다. 따라서 상호의존의 증대로 인한 국가 간 무역 불균형의 발생은 무력분쟁 및 외교 분쟁을 증가시킬 수 있다고 인식한다.

□ 이승만과 김구

현실주의 대 이상주의 간의 대조와 관련하여, 문득 2차 세계대전 직후 한반도의 해방·분단 정국에서 활동했던 두 애국지사의 행적이 떠오른다. 상해 임시정부에서 항일 독립운동에 매진하다 귀국한 김구(金九)는 해방 이후 미·소(美蘇) 양군의 남북한 진주로 분단이 굳어지고 북한이 군대를 만들며 전쟁을 준비하는 징후를 보이자 북한 권력을 장악한 김일성을 만나 담판을 해야겠다고 결심했다. 그는 같은 민족인 김일성과 민족의 장래와 통일 문제에 대해 허심탄회하게 논의한다면 안 풀릴 일이 어디 있겠는가라고 생각하며 38도선을 넘었다. 그러나 김일성은 김구가 상상하듯 대화가 통할 수 있는 그런 인물이 아니었다. 김일성은 자기 권력의 정당화와 공고화를 위해 철저히 김구를 기만하고 이용했다. 국제정치의 냉엄한 현실을 간과한 이상주의적 태도의 사례가 아닐까 한다.

한편 미국 등지에서 강대국을 상대로 독립 투쟁을 펼쳤던 이승만(李承

晩)은 김일성의 북한 점령이 굳어지며 북한에 공산정권 수립이 기정사실화 되자 1946년 6월 정읍(井邑) 발언을 통해 우선 가능한 남한 지역에서라도 자유민주 정부를 세워 국력을 기른 후, 북한과 통일 과업에 나서자고 역설했다. 비판자들은 이승만의 주장을 '단정론(單政論)' 심지어 통일을 반대한 '反통일론'이라고 주장하나, 이는 사실과 부합한다고 볼 수 없다. 이승만은 북한이 소련을 등에 업고 무력을 증강하는 상황에서 우선 나라를 세워 이에 대처하는 방법이 현명하다고 판단했다. 오늘날 대한민국 건국과 번영의 단초(端初)를 만든 것이다. 현실주의적이고 전략적 리더십의 대표적인 예다.

□ **新현실주의와 新자유주의**

(1) **新현실주의**

대표적 新현실주의 학자는 케넷 월츠(Kenneth Waltz), 로버트 길핀(Robert Gilphin), 그리고 앞 절에서 상세히 언급한 존 미어샤이머(John Mearsheimer) 등을 들 수 있다.

新현실주의는 고전적 현실주의의 약점을 보완하고 체계화하였다. 국제체제는 정치적 구조와 상호작용하는 개체로 구성되는 바, 여기서 '구조'란 체제 내 질서와 게임의 법칙을 부여하며, '개체들'이란 구조 속에서 규칙적인 행태를 보이는 수많은 행위자들을 말한다. 구체적으로 구조는 강대국 간의힘의 분포 곧 역학구도를 뜻한다. 그리고 개체들은 강대국의 역학구도 속에서 끊임없이 활동하는 많은 나라들을 지칭한다. 新현실주의자들에 의하면 국제체제를 좌우하는 독립적이고 본질적 요소는 구조이며 개체는 그 구조 속에서 구조를 형성하는 종속변수에 해당한다고 한다.

한편 길핀은 국제체제에 대한 구조와 개체와의 관계에 동의하면서도, 구조는 강대국 간 국력 분배가 변화할 때 재구성된다고 한다. 이 때 국력을 형성하는 요소는 군사력과 경제력이다. 그에 의하면, 세계역사는 끊임없이 이어지는 '힘의 재분배' 과정이다. 곧 세계역사는 패권국가의 성장과 쇠퇴의 연속이라는 의미다. 이어 국력의 재분배는 국제관계 곧 국가 간 위계질서를 새롭게 변화시키고 형성해 나간다고 파악한다.

일반적으로 강대국 간 힘의 재분배는 패권전쟁(general war)의 결과에 의해 이뤄진다고 그는 파악했다.[11] 여기서 패권전쟁이란 지도적인 패권국가뿐 아니라 패권국가를 둘러싼 모든 중소(中小)국들이 전쟁에 연루되는 상황을 뜻한다. 길핀이 강조한 패권전쟁의 또 하나 특성은 힘의 각축으로부터 기인하는 것일 뿐만 아니라, 국제체제의 성격을 둘러싸고 생긴 갈등의 결과라는 것이다. 예컨대 현재 미·중 간 세계체제의 성격을 놓고 벌어지는 갈등 양상과 흡사하다. 지금까지 미국과 유럽이 주도해 온 전후(戰後) 자유민주·자유시장 질서에 대해 중국이 그 나름의 새로운 가치관 및 세계질서로 맞서고 있기 때문이다.[12]

이에 따라 패권전쟁의 규모와 범위는 상상을 넘을 만큼 크며, 그 정치·경제 및 이념적 결과도 심대할 것이다. 패권전쟁은 그 수단과 목적에 있어서도 제한이 없으므로 결국 전쟁의 결과 국제체제에 본질적 변화를 가져오게 된다. 패권전쟁의 결과 새로운 세력 균형이 창조되고, 이어 새로운 국제질서의 형성(new system transformation)으로 연결된다는 것이다.

길핀은 패권전쟁의 역사적 예로서 아테네와 스파르타 간의 펠로폰네소스 전쟁, 로마와 카르타고 간의 전쟁, 30년 전쟁(1618-1648), 루이 14세의 전쟁(1667-1713), 프랑스 혁명과 나폴레옹 전쟁(1792-1814), 그리고 세계 제

11　Jack S. Levy, "Theories of General War," *World Politics*, Vol. XXXVII, No. 3, April 1985, pp. 344-374.
12　예컨대 중국은 국제체제를 형성하는 근본 가치인 민주주의와 인권 및 무역 문제에 대해 미국 및 서방과 견해를 달리하고 있다.

1,2차 대전을 들었다.[13]

(2) 新자유주의

2차 세계대전 이후 자유민주주의 체제가 확산되면서, '민주주의가 세계평화를 증진시킨다'(민주평화론)는 가정이 정당성이 있다는 확신이 생겨났다. 상호의존이 국가 주권을 초월하여 확대되면서, 상호 군비축소를 통한 안보 구축에 대한 신념과 국제기구·국제법·국제규범을 신봉하는 국제관계 관점이 확대되었다. 곧 정치적 신자유주의가 출현한 것이다.

경제 측면에서 신자유주의는 고전적 자유주의로부터 연원해 온 자유시장경제 원리의 재확인이다. 세계 대공황 이후 케인즈가 제시한 대안은 국가개입의 확대로 자본주의 결점을 보완하는 수정자본(자유)주의였다. 그러나 수정자본주의가 효율성과 노동생산성의 감소로 또다시 한계에 부딪치게 되자 경제적 자유의 확대와 감세정책 및 복지 감소로 문제를 해결하려는 신자유주의 대안이 생겨났다. 이에 따라 신자유주의는 작은 정부를 강조하면서 치안과 국방을 강조하는 것이 특징이다. 대처리즘과 레이거노믹스가 그 대표적 예로 꼽힌다.

□ 대북정책과 안보 시각

북한의 안보전략은 국제정치 관점에서 공격적 현실주의로 분류된다. 공격적 현실주의란 압도적인 군사력을 바탕으로 지역패권을 추구함으로써 국가안보를 획득하려는 입장이다. 세계 패권과 달리 지역패권은 실현가능하며, 성공할 경우 세력균형이 줄 수 있는 안보이익을 훨씬 능가할 수 있다고 판단한다.[14] 공격이 최선의 방어란 경구와 잘 부합한다고 볼 수 있다.

---

13 상게서.
14 이동선, 전게서.

이에따라 북한 정권은 한국에 대해 비대칭무기인 핵·미사일·생화학 무기를 개발·보유하여 한반도 군사 패권을 공격적으로 추구함으로써 자체 안보를 부수적으로 획득하려 시도한다.

한편 한국의 안보전략은 방어적 현실주의로 볼 수 있다. 한국의 경우 항상 북한의 군사위협과 도발에 세력균형 전략 곧 한·미 동맹을 통해 방어적으로 대응하는 안보전략을 추구해왔기 때문이다.

국가안보는 국가의 생사가 걸린 일이다. 안보를 지탱하는 군사력은 국가적 생존에 필수 요소다. 북한의 위협을 막아내기 위해 현실주의적 안보정책 수단인 '동맹(alliance)'과 '세력균형(balancing)'이 필수가 되는 이유다. 북한의 거짓 선의를 믿고 안보를 소홀히 하면 큰 위험에 처하기 쉽다. 한반도에서 이상주의적 접근은 적합하지 않다. 단 자유주의적 이상주의가 보편적 국제법·규범을 중시하고 준수한다는 점에서 김정은 3대 세습독재의 폭정과 인권유린을 규탄하고 이를 저지하는데 필요한 명분을 제공한다.

국가안보전략과 군사전략

이러한 국가안보 개념에 입각하여, 국가안보전략은 국가안보를 증진시키기 위한 '기술(技術, art) 및 과학'으로서의 의미가 부여된다. 따라서 국가안보전략은 "외부적 또는 내부적 위협으로부터 국가의 영토, 국민, 주권 그리고 국민의 생명과 재산, 자유 그리고 행복을 증진하는 기본가치를 수호하기 위하여, 군사적 수단을 중심으로 국가의 모든 역량을 통합하고 사용하는 방안과 기술이며 과학"으로 정의될 수 있다.[15]

여기에서 '전략'이란 의미는 과학이라기보다는 '기술'에 가깝다. 실제 전

---

15 최경락, 정준호, 황병무 (공저), 「국가안전보장 서론: 존립과 발전을 위한 대전략」(서울: 법문사, 1989), p. 26. 박휘락의 「한국안보전략연구」(서울: 법문사, 1993) 참조.

쟁은 수많은 오판과 행(幸)·불운(不運) 및 부정확한 정보, 그리고 의사결정자의 격정 등 정서적 측면이 복합적으로 얽혀 승패를 과학적으로 판단하기 어렵기 때문이다. 곧 전략은 확실성의 세계라기보다는 가능성의 영역이다. 군사 문제는 최선의 방책이 존재하기보다는 여러 가지 다양한 해결책이 가능한 분야다.[16] 고대 중국의 손자(孫子)는 말했다: "병법에 있어서 어떤 고정된 법칙은 존재하지 않는다."[17]

국가안보전략의 핵심부문은 군사전략이지만, 전쟁은 정치에 종속되어야 한다는 고전적 명제에 따라, 군사전략은 전반적이고 총체적인 국가안보전략에 종속된다. 저명한 군사전략가인 클라우제비츠는 말했다: "전쟁에 있어, 정치적 대상은 목적이고, 전쟁은 그것에 도달하는 수단이며, 수단은 목적과 분리되어 고려될 수 없다."[18] 그만큼 정치적 차원에서 결정되는 전쟁의 성격을 이해하는 것이 전략을 개발하는데 필수적인 선결조건이라는 의미다.

> 국가 지도자들이나 지휘관들이 판단해야 할 최우선적인 결정은 그들이 시작하려는 전쟁의 유형이 어떤 것인지를 확실하게 규정하는 것이다. 그 전쟁의 성격을 잘못 이해하거나 그 전쟁의 성격에 맞지 않는 다른 형태로 변질되지 않도록 전쟁의 성격을 명확하게 규정하는 것이다. 이것이야말로 모든 전략 문제 중에서 가장 포괄적이며 최우선적으로 중요한 것이다.[19]

한국의 국가안보전략은 무엇보다도 대한민국의 정체성과 국가목표에 토대를 두면서 한반도의 변화하는 제반 상황에 대한 정치적 판단과 고려에 의하여 수립되고 집행되어야 한다. 곧 한국의 국가안보전략은 전반적

16 John Baileys 外, 「국제정치와 전략」, pp. 72-73.
17 Sun Tzu, *The Art of War* (1963: 93).
18 클라우제비츠의 「전쟁론」 참조.
19 Clausewitz, C. von, *On War* (1989: 88-89).

인 외교·안보정책과 통일·대북정책을 포괄하며, 그 기조 하에 군사전략이 수립될 수 있을 것이다. 그럼에도 국가안보는 기본적으로 역시 군사력에 의존하며, 현대전의 총력전화와 전쟁수단의 과학화, 복잡화로 인해 군사전략의 전문성 증대를 포괄해야 한다.

국가안보와 평화 논쟁

평화 이론과 기본 개념

'평화'의 개념은 일반적으로 '전쟁'의 반대 개념으로 규정된다. 역사적으로 전쟁이 국가 간 빈번히 발생하였으므로, 평화 개념은 '전쟁이 없는 상태'로 협소하게 정의되어 왔다. 그러나 2차 세계대전 이후, 탈제국주의, 탈식민화, 산업화, 인권, 평등, 자유민주주의 등의 보편적 개념이 세계적으로 확산되면서 평화의 개념도 확대되었다.

곧 평화 개념은 국가 내의 사회관계는 물론 '국경을 넘나드는(transnational)' 사회관계에서 발생하는 사회경제적 폭력에도 반대하는 의미도 포함하게 되었다. 곧 평화 개념이 "개인·사회·국가·세계를 막론하고, 어떠한 종류의 갈등도 없는 상태"로 확대된 것이다. 이를 소극적 평화로부터 적극적 평화의 확산이라 지칭하는데, 이는 평화 이론가 갈퉁(John Galtung)의 업적이다.

갈퉁은 평화를 '소극적 평화'와 '적극적 평화'로 구분하고, 전자를 "전쟁이 없는 상태" "폭력이 행사되지 않는 상태"로 정의하였다. 그에 따르면 소극적 평화는 일종의 불완전한 평화이며 잠재적 분쟁 원인이 내포돼 전쟁 발발 가능성이 상존하는 평화이다. 한편 후자인 적극적 평화는 "직접적 전쟁을 포함하여 가시적 분쟁이 없을 뿐만 아니라, 평화를 위협하는 근본적 원인들까지 제거된 상태"라고 주장했다. 한 마디로 소극적(negative) 평화는 '물리적 폭력이 부재'한 상태이며, 적극적(positive) 평화는 물리적 폭력뿐 아니라 사회경제적 측면의 '구조적 폭력'도 부재한 상태라고 그는 주장했다.

이에 대해 볼딩(Kenneth E. Boulding)은 갈퉁의 평화 개념을 비판했는데, 그에 의하면 "평화를 물리적 폭력 또는 전쟁의 부재"라고 정의하는 것은 인식론적 자가(自家) 어법으로서 개념 규정이 무의미함을 보여준다고 한다. 예컨대, "물은 얼음이 아닌 것"이라고 말하는 것과 무엇이 다르냐는 것이다.

갈퉁의 '적극적 평화'에 대해선 존재론적 의문도 제기되었다. 갈퉁이 주장하는 평화는 너무 이상적이어서 인류의 진보에 따라 궁극적으로 달성할 수 있는 것이 아닌, 우리 시대에 결코 도달할 수 없는 목표가 아니냐는 것이다. 한 발을 양보해서 갈퉁의 적극적 평화에 보다 긍정적이고 현실적인 의미를 부여한다면, "갈등의 훌륭한 관리, 질서 있는 해결, 그리고 성숙한 관계, 신사다움, 사랑으로 연계된 조화의 조건" 등으로 규정할 수 있다는 것이다.

위에서 본 바와 같이, 평화의 개념화는 매우 힘든 작업이다. 인류 사회에 과연 '진정한 평화가 존재할 수 있는가'의 물음은 풀기 어렵고 실현이 난감한 숙제다. 인류 역사와 인간사회에선 끊임없이 전쟁을 포함하는 새로운 문제가 발생하기 때문이다. 평화의 구체적 내용은 역사와 함께 항상 발전해왔고, 특정 시점 및 특정 지역에 따라 차이가 있어왔다. 모든 이슈가 그렇듯, 평화 문제도 '끊임없이 목표를 향해 나아가는 접근'으로 이해해야 할 듯하다.

현실적으로 국제관계에 눈을 돌려 볼 때, 현대 국제관계를 특징짓는 상호의존 시대에 국가 간 평화는 어느 정도까지 가능한 것일까? 2차 세계대전 이후 西유럽에 자유민주주의가 정착하면서, 민주주의·자본주의 국가들끼리는 서로 전쟁을 하지 않는다는 '민주주의 평화론(Democratic Peace)'

이 부상한 것은 주목할 만한 발전이다.

그렇다면, 21세기 한반도 평화는 어떻게 개념 규정지어질 수 있고, 그 성격은 어떠하며, 평화를 위협하는 요인은 무엇인가? 이에 대한 답을 얻기 위해선 한반도가 갖고 있는 안보 질서의 특수성과 평화위협 요인에 대한 실체적이고 구체적인 분석이 필요하다.

6·25 한국전쟁 이후의 한반도 안보·평화 질서

□ 평화의 근간(根幹)이 되어 온 정전협정과 정전체제

1950~1953 한국전쟁이 승패를 가릴 수 없는 정전(停戰)협정으로 일시 중단되자, 한반도에서 남북이 무장 대치하는 무장 평화가 이루어졌다. 現 한반도 평화의 성격은 1953년 7월 27일 체결된 정전협정에 입각하여 구축된 정전체제의 산물이다. 7·27 정전협정에는 우리 측에서 UN군 사령관이, 그리고 상대측에선 북한군 사령관과 중공군 사령관이 서명했다. 한국은 UN사령관에 전시작전권을 위임한 상태였으므로 서명에 참가하지 않았다.

더욱이 7·27 정전협정은 완전한 평화협정이 아니다. 6·25 전쟁 결과 전쟁의 승패자가 없었기 때문이다. 북한의 38도선 남침으로 시작된 전쟁은 3년여 기간 동안의 밀고 당기는 과정을 거치면서 승패를 가리지 못하고 정전협정으로 전투가 멈추었다. 이에 따라 한반도는 국제법적으로 종전(終戰)이 아닌, '전쟁이 중지된 상태'로서의 '교전상태'에 머물러 있다. 따라서 전쟁 배상 문제나 전범 처리 등 종전과 평화협정 체결을 위해 처리되어야 할 제반 사안들이 아직도 미결상태로 남아있다.

그 후 비무장지대(DMZ) 내 군사분계선(MDL)을 사이에 두고 군사대치 상황이 지속되어 왔고, 북한의 대남적화전략에 입각한 '재래식군사력+WMD(핵·미사일·생화학)' 위협에 대해 한국은 '자체군사력+韓美군사동맹'으로 대응해왔다. 한국의 입장에서 평화 확보가 가능했던 것은 남북한 대화와 합의에 의한 것이 아니라, 안보역량을 바탕으로 평화를 지켜왔기 때문이다. 곧 북한이 한·미 양국의 강력한 대북 억지력 때문에 도발하지 못한 것이다. 여기에 한반도 평화의 특수성이 있다.

▫ 남북의 평화관(觀) 차이

평화는 한반도에 전쟁이 없는 상태를 의미하며 한민족 모두가 희구(希求)해 마지 않는 대명제다. 그러나 안타깝게도 남북한 간 평화의 개념이 상이하다.

남한의 '평화' 개념은 소극적으로는 '한반도에서 전쟁이나 무력 충돌 없는 상태'를 의미하며, 보다 적극적으로는 북한의 대남 적화통일정책의 포기를 통해 한반도에 평화가 회복되는 것을 의미한다.

한편 북한의 '평화' 개념은 소극적으로는 남한과 같이 전쟁이나 무력 충돌이 없는 상태를 뜻하지만, 보다 적극적인 의미로선 '조선반도에서 주한미군이 철수하고 군사적 행동이 중지됨으로써 평화가 회복됨'을 뜻한다.

남한이 평화 위협(또는 전쟁과 긴장) 요인으로서 북한의 무력증강과 대남 도발을 지적함에 비해, 북한은 평화 위협(또는 전쟁과 긴장) 요인으로서 '주한미군과 북침 전쟁책동'을 가리킨다. 남북한 간 평화와 전쟁 개념에서 근본적 차이가 있음을 발견할 수 있다.

그러나 객관적이고 냉정하게 분석해 볼 때, 한국의 국방은 북한의 도발에 대한 방어적 성격임이 분명함에 비추어, 한반도의 적화통일에 목표를 둔 북한의 대남 군사전략이 한반도 평화 위협요인임을 쉽게 알 수 있다. 북한이 주장하는 '평화·전쟁' 개념은 우리를 무장해제하기 위한 거짓 선동임을 금방 알 수 있다.

□ 북한의 '한반도 평화체제 구축' 제안이 주는 위험성

평화체제(peace regime)란 평화협정(peace treaty 또는 agreement)에 기초하여 구축된 광범한 의미의 '평화·안보 질서'를 의미한다. 보통 전쟁이 종결되면 승자의 요구대로 평화협정을 체결하며 이 협정에 의거한 평화체제가 구축된다. 이를테면, 1차 세계대전 후 패전국인 독일과 연합국 간 평화협정이 체결되어 '베르사이유 체제'가 만들어졌다. 1973년 베트남 파리 평화협정은 전쟁 종식 이전에 성립되어 北베트남에 의해 이용되었고, 결국 北베트남에 의한 全 베트남의 무력통일로 귀결된 바 있다. 평화협정은 평화체제 곧 평화·안보 질서의 일부라 할 수 있다. 그리고 평화체제 구축이 곧 평화를 보장하는 것은 아님에 유의할 필요가 있다.

북한은 지금까지 한반도 평화협정 체결과 그에 따른 한반도 평화체제구축을 주장하면서, 미군을 외국군이라는 구실로 철수를 요구하고 UN사령부의 해체를 주장해왔다. 한국은 이에 대해 반대해왔으나, 한반도 평화체제 문제에는 수동적일 수밖에 없었다. 북한이 외국군이라며 철수를 주장하는 주한미군과 한·미 동맹, 그리고 UN 사령부가 한국의 국가안보에 필수불가결한 요소이기 때문이다.

현재의 한반도 안보구조는 1953년의 정전체제에 기반을 둔 것으로서, 정전협정을 평화협정으로 전환하여 평화체제를 구축하는 일은 향후 실현해야 할 과제이다. 그러나 우리 현실은 그렇게 간단하지가 않다. 무엇보다도 평화체제 논의 과정에서 외국군 주둔 문제를 피할 수 없고, 따라서 주한미군 문제가 가장 큰 초점이 될 것이기 때문이다. 북한은 이미 "한반도에서 평화체제가 구축되는 마당에 주한미군이 왜 필요한가? 남북이 주체(主體)가 되어 상호 군축(軍縮)과 비핵(非核)지대화를 실현해야 한다"는 논리를 제시하고 있다.

1970년대 중반까지 북한은 남북한 간의 직접 평화협정을 주장하였는

데, 당시 조건은 '주한미군 철수'와 남북한 군대를 각각 10만 명 이하로 축소하는 것이었다. 하지만 월남 패망 이후 북한은 태도를 바꿔 미국과의 직접·단독 평화협정 체결을 주장해왔다. 한국이 정전협정에 서명하지 않았다는 이유로 협정 상대에서 배제한 것이다.

이후 북한은 평화협정 체결과 주한미군 철수를 연계시키는 강도 높은 선전공세를 펼쳐왔다. 특히 평화체제 구축 과정에서 "주한미군이 장애물"이라면서, 그 근거로 민족·자주·평화를 핵심내용으로 하는 '6·15 공동선언'을 제시하고 있다. 흥미로운 것은 6·15 공동선언과 미·북 우호를 상호보완적인 것으로 연계하며, 미국 의회와 UN에 서한을 보내는 등 다각적인 선전활동을 전개해 왔다는 점이다. 한마디로, 북한의 전략은 남북한 간 평화 무드를 활용, '평화협정 체결을 통한 주한미군 철수'를 관철시키겠다는 것으로 분석된다.

그렇다면, 우리는 이에 어떻게 대응해야 할 것인가? 먼저 평화체제 구축을 위해서는 진정한 의미에서의 한반도 긴장완화와 신뢰구축이 이루어져야 한다는 점을 분명히 해야 한다. 그리고 그 전제 위에서, 첫째 북한의 군사적 위협 특히 핵 개발 계획이 포기되어야 하고, 둘째 방어적 성격을 갖는 주한미군과 한·미 동맹은 한·미 양국간 쌍무 문제로서 어떠한 경우에도 견지될 것임을 분명히 밝혀야 한다. 이것이 한반도 평화체제 실현을 위한 우리의 양보할 수 없는 조건이 되어야 한다.

과거 노무현 정부에 이어 문재인 정부는 '민족공조' 중심의 북한의 위장평화 전략에 휘말리는 우(愚)를 범해서는 안 된다. 주한미군 문제는 한국의 국가안보와 관련된 중대 사안이다. 현 정부가 평화체제 논의에 담겨있는 북한의 책략을 간과하여 '평화' 구호 하에 이 문제를 경솔히 다룬다면, 대한민국의 장래에 암운(暗雲)을 드리우는 결과를 가져오게 될 것이다.[20]

---

20   홍관희, 「조선일보」 (시론), "한반도 평화체제의 실현조건" (2005.8.30.) 참조.

□ 한반도 평화확보와 한국의 국가안보

일반적으로 상호 대치하는 정치체제 사이에서 평화 확보와 관계 개선이 이루어지기 위해선, '신뢰구축'(Confidence Building)이 선결돼야 한다. 그러나 신뢰구축이 간단하지 않다. 특히 남북 간 신뢰구축을 실현하기란 '연목구어(緣木求魚)'나 '화성에서 물 찾기'만큼 지난(至難)한 일이다. 북한이 대남 태도에서 진실한 태도를 보이고 있지 않기 때문이다. 곧 북한은 대남협상에서 진의(眞意)협상보다는 의사(擬似)협상 전략을 추구한다.

아울러 북한은 재래식 무기와 핵·미사일 대량살상무기로 무장하고 있다. 평화 확보를 위해선 우선적으로 외부위협으로부터 스스로를 방위할 수 있는 역량을 갖추어야 한다. 현재 한국은 자체 방위력과 한·미 동맹에 의해 국가안보를 지탱하고 있다. 북한 위협에 대한 상반된 인식으로 인한 내부 분열과 대립도 안보를 저해하는 심각한 요인이다. 우리와 동맹국으로서 한국의 안보를 지탱하는 중요한 축인 미국에 대해 '반미'를 표방하는 좌경 세력도 심각한 안보 위해(危害) 요소다. 이들의 주장을 들어보면, 대한민국의 국가정체성이라 할 △한반도 유일 합법 정통성과 △자유민주주의 이념적 토대를 부정한다.

한편 한·미 동맹의 성격은 자유민주주의·자유시장경제·인권을 중심으로 한 '가치동맹'이라는 점이 특징이다. 더욱이 미국은 지리적으로 멀리 떨어져 있어 한반도에 영토적 야심이 없는 것이 장점이다. 6·25 전쟁을 통해 구축된 UN사령부 중심 방위체제는 1978년 창설된 한미연합사와 임무를 분장하며 병행돼오고 있다. 노무현 정부에 이어 문재인 정부가 다시 전시작전권 전환을 추진함에 따라 한미연합방위체제가 또 큰 동요와 격변을 치러야 할 전망이다.

한국의 국가안보전략

한국 국가안보의 성격

서론에서 언급하였듯이, 한반도는 안보적 차원에서 매우 특수한 성격을 갖고 있다. 이는 국토와 민족이 상이한 이데올로기 체제로 분단된 매우 특수한 상황 속에서 남북이 오랫동안 군사적으로 대치해왔다는 사실과 이에 비해 한반도 안보에 중대한 영향을 미치는 주변 국제정세는 지각변동을 겪어왔다는 안보의 이중구조에 따른 것이다. 이는 곧 세계적인 탈냉전의 흐름 속에서도 한반도만이 유일한 '냉전의 고도(孤島)'로 남아있다는 사실을 의미한다.

분단과 한국전쟁 이후 한반도 주변정세의 변화, 남북관계의 변화, 그리고 남북한 정세 변화에 따라 우리의 국가안보의 개념과 성격도 변천을 거듭해왔다. 다만 북한 체제가 3대 세습의 권력 교체를 겪으면서도 '폭정'이라 일컬어질 정도의 압제적 정치체제와 무력 도발 중심 대남전략에 있어 하등의 근본적 변화를 보이지 않음에 따라, 우리의 국가안보 전략도 기본적으로 대북 군사억지력을 통해 한반도 평화와 안보를 유지하는데 그 초점이 맞추어져 왔다. 불가피하고 당연한 과정이었다고 할 수 있다.

한국 국가안보의 기본목표와 추진방안

□ **자유민주주의와 자유시장경제체제의 수호**

　자유민주주의와 자유시장경제체제는 17~18세기 초 자유주의 성립 이후 역사의 진행과 더불어 발전해왔다. 오늘날 사회주의체제의 붕괴와 함께, 도덕성과 효율성의 측면 모두에서 자유주의는 그 보편적 타당성이 세계적으로 검증되고 있는 상황이다. 정치적으로 자유주의는 '보통선거권'의 확립을 통해 정치적 참정권을 초기 부르주아 중심으로부터 일반대중으로 확대하여 이른 바 '민주주의화' 과정을 거쳐 오늘날 자유민주주의체제에 도달하였다.

　경제적으로 자유주의는 초기 자본주의하 극도의 부(富)의 불평등 상태에서 사회주의의 격렬한 도전에 직면하였으나, 국가의 적절한 개입을 통해 '수정자본주의' 체제를 이룩함으로써 이를 극복하였고, 오늘날은 사회주의체제의 붕괴를 교훈으로 자유주의적 원리를 보다 강화하는 '新자유주의' 경향으로 회귀하여 그 효율성을 보다 증대시키려 노력하고 있다.

　남북관계가 경색되고 북한 핵·미사일로 한반도가 전쟁 직전의 위기로 치달으며 특히 남남갈등이 격화되고 있는 상황에서 자유민주주의와 자유시장경제체제를 수호하는 것이 한국의 국가안보 목표가 되어야 하는 이유는 단지 남북경쟁에서 남한이 승리하기 위해 남한의 것을 주장하는 동기에서라기 보다는 자유민주주의와 자유시장경제체제의 역사적 적실성(適實性)에 바탕을 둔 것이다. 곧 자유민주주의와 자유시장경제체제야말로 인간에게 진정한 행복과 번영을 가져다주고, 따라서 민족통일의 기본원리가 될 수 있다고 믿기 때문인 것이다.

　문재인 정부 출범 이후 태동되고 있는 친북·좌경 기운은 한국의 국가안보에 커다란 위협이자 도전이 되고 있다. 국가이념에의 의혹과 불확신으로 인해 국가안보상의 불안정성을 야기할 수 있는 위험이 바로 그것이다. '통일'과 '국시(國是)' 논쟁으로 표면화되곤 하는 이 문제는 바로 자유민주주의와 자유시장경제체제에 입각한 통일이 대다수 국민이 지지해 온 불변의 원칙임에도 불구하고, 일부 세력이 자유체제에 바탕을 두지 않는 통일을 추진하려는 움직임이 나타나 극도의 혼란을 야기하고 있는 것이다.[21]

이제 다시 한 번, 자유민주체제의 고귀함을 재확인해야만 하는 시점에 있으며, 자유민주체제에 바탕을 두지 않는 어떠한 통일도 우리 민족에게 진정한 행복과 번영을 가져다 줄 수 없다는 사실을 인식해야 한다. 더욱이 북한이 공산주의와 '수령제'에 입각한 유일체제 곧 '우리식 사회주의'를 고수하는 상황에서 자유민주체제에 바탕을 두지 않는 통일 논의는 바로 북한의 대남 통일전선전술과 '통일' 슬로건하의 남한사회 교란 전술에 충분히 이용당할 개연성이 매우 높다는 사실을 기억해야 한다. 국민적 논의를 통해 이러한 점들이 보다 명확해 질 때 비로소 국가안보의 근거와 목표들이 보다 확고해질 수 있을 것이다.[22]

□ 북한 군사 위협의 제거와 '남북 군사균형' 확보

북한의 핵·미사일 무장 완성이 눈앞에 다가오면서 남북한 군사균형이 무너지고 있다. 이에 따라 북한의 군사 위협을 저지하고 국가안보를 확보하기 위한 다양한 방안과 제언이 쏟아지고 있다. 북한 핵·미사일 위협에 대처하기 위해, 한·미 동맹과 독자적 방위태세를 병행 발전시켜, 국가의 안전과 국민의 자유화 생명을 수호하는데 필요한 군사태세를 갖춰나가야 한다는 것이다. 이를 위해, 대북 억지, 대북 보복, 대국민·주변국 안심 등

---

21 최근 헌법 개정 움직임이 표면화되면서, 정부에 의해 구성된 헌법개정 TF가 "자유민주적 기본질서" 조항을 변경하려는 움직임을 보이자 전국적으로 논란이 확산되었다.
22 홍관희, 「남북관계의 확대와 한국의 국가안보」 (통일연구원, 2000)

과 같은 조치가 필요하다.[23]

북한은 핵·미사일 능력 증대 외에도, 생물화학무기, 핵EMP탄 및 수소폭탄 개발, 스커드 및 중단거리 미사일 업데이트, SLBM(잠수함탄도미사일)개발, 각종 함대함 및 지대함 미사일, 장사포 등 다양한 형태의 군사력 증강에 혈안이 되어 있다.

우리는 북한 핵·미사일 위협에 대한 공포의 균형을 이뤄야 한다. 아울러 국군의 자체 국방력을 향상시키면서, 한미연합사(전작권)를 유지함으로써 한미연합방위능력을 제고하는 것이 최상의 국방·안보 전략이라는 것을 재이식해야 한다.

□ 한 · 미 동맹과 한 · 미 · 일 안보협력체제의 복원 강화

21세기 들어서서 한·미·일 vs. 북·중·러 간 新냉전 구도가 가시화되고, 동북아는 세계 최대의 분쟁 지역화-중동보다 위기 심화-하고 있다. 미국은 북핵의 직접 위협 하에 있는 한국의 방위를 공동 담당하고 있는 강력한 동맹국이며, 일본은 미국의 강력한 동맹국으로서 미군의 후방기지 역할을 담당하고 있다. 중·러는 북한의 대남 전략을 묵인·방조 내지 지지하고 있다.

동맹이란 '집단방위(collective defense)' 개념으로 유엔 헌장에 그 권리가 보장돼 있을 만큼 보편적 현상이다. 힘의 논리로 운용되는 국제질서 속에서 국방과 안보를 위해 동맹은 불가피하다. 한·미 동맹과 한·미·일 안보협력체제에 전적으로 동참함으로써, 국가안보와 국가이익을 수호해야 한다. 한·일 간 안보 협력을 위해선 과거사와 안보를 분리하는 접근법이 현명하다.

23　전성훈, "북핵 폐기와 평화통일을 위한 북한관리 전략," 「Issue/Region: 안보, 핵문제, 한반도」, 아산정책연구원. 2017.7.3.

국가안보에 입각한 대북·통일정책의 모색

핵 문제 해결 없이, 남북대화 어렵다

　최근 핵·미사일 개발의 본격화에 따른 북한의 사실상 핵보유 상황은 대한민국의 대북·통일 정책 추진을 방해하는 근본적인 도전 요인이다. 북한의 핵보유가 초래하는 국가안보에 대한 심각한 위협은 지금까지 한국 정부가 취해 온 대북 관계개선 전략과 평화통일 전략을 원천적으로 저해하고 있다.
　예컨대 북한 핵의 제거 없이 의미 있는 남북관계 개선을 추진하기 어렵고, 통일정책 또한 북한 핵문제의 해결 없이 실질적인 진전을 기대하기 어려울 것이다. 북한 핵·미사일 능력의 고도화가 우리에게 안보 문제의 선(先) 해결과 더 나아가 '안보에 기반한 대북·통일 정책'을 불가피하게 만드는 배경이라 할 수 있다.
　북한은 문재인 정부 출범 이후 한국으로부터의 잇단 대화 제의에 계속 거부 입장을 밝혀오다가 2018년 신년사를 통해 전격적인 남북개선 방침을 들고 나왔다. 그 배경으로서는 강력한 국제적 대북제재와 미국의 군사 옵션 공포로부터 벗어나기 위한 전략적 판단인 것으로 보인다. 그러나 북한의 기본 대남전략은 조금도 변하지 않았다.
　북한이 한국정부에게 요구하는 핵심 사항은 △6·15공동선언에 입각한 연방제 통일 수용 △한·미 군사훈련 중지 △남북대화 의제에서 핵 문제 배제 등으로 압축되는 남북대화 전제조건들이다.[24] 그 중에서도 "한·미 훈련 중단"은 북한이 요구하는 남북대화의 가장 핵심 전제조건이 되고 있다.

결국 북한은 문재인 정부의 선의에 입각한 대화 제의를 받아들일 의향이 없으며, 북한 중심의 대남전략 노선을 한 치도 수정함이 없이 밀고 나가겠다는 의도로 분석된다. 향후 남북관계 전망을 비관적으로 보게 하는 요인이다.

남북대화: 대화의 창은 열어놓되, 북핵 제재 중심으로 가야
– 대화 조급증, 安保 참사 부를 수 있다

그러나, 북한이 '핵 불포기'를 일관되게 선언하고 핵·미사일 공격력 증강에 몰두하여 미국을 비롯한 국제사회가 응징을 포함하는 효과적 북핵 방안 마련에 몰두하는 상황에서, 대화에 무게 중심을 두는 대북 전략은 동맹을 비롯한 우호적 우방국과 국제사회와 보조를 맞춰야 하는 문제가 제기된다.

또한 북한이 핵문제를 남북 대화 의제(議題)로 상정하는 자체를 거부하는 상황에서, 너무 이상주의적이고 비현실적이라는 비판이 있는 것이 사실이다.[25] 이에 대해 클링너 한반도 전문가(헤리티지 재단 선임연구원)는 한·미가 THAAD, 대북정책, FTA에 있어 "같은 페이지(page)에서 같은 목소리(voice)를 내야 한다"고 강조했다.[26] 한국의 입장에서 경청할 가치가 있는 고견이라고 생각된다.

한·미 정상회담과 G20 정상회담을 거치며 문재인 대통령의 외교·안보

---

24 이 책 제1장 참조.
25 *CNN*, 2017.7.8.
26 「문화일보」, 2017.8.4.

이니셔티브가 숨 가쁘게 이어졌다. 이 과정에서 "한국이 북한의 인질로 잡혀있다"는 트럼프 대통령의 발언이 나올 만큼 우려됐던 한·미 정상 간의 신뢰 위기가 상당 부분 해소되고, 대통령의 한·미 연합방위태세에 대한 확고한 믿음도 내외에 각인되는 모습이었다.

문 대통령은 "사드(THAAD)와 미군 철수 중 택일하라"는 美 하원의 강경한 요구에 대해 '사드 배치 약속을 지키겠다'고 확언해 신뢰를 얻었고, 말썽 많았던 '북핵-한미훈련 중단'의 맞교환 곧 쌍(雙)중단 주장에 대해 불가(不可) 방침을 분명히 밝혔다. 오랫동안 공백 상태에 놓여 있던 한·미·일 안보협력을 다짐한 것도 큰 안보 성과였다.

그러나 시간이 경과하면서 문 대통령의 사드 복안(腹案)에 관심이 쏠리고 있다. "절차적 정당성으로 시간을 확보한 후, 핵 동결 등 북핵 해법을 찾으면 사드 해결이 가능하다"는 한·중 정상회담 과정에서의 대통령 발언이 강한 여운을 남긴다. 유념할 것은 북한이 핵 동결 및 중단에 동의할 가능성은 제로에 가깝고, 사드는 마냥 유예할 수 없는 긴급한 군사 현안이란 사실이다. 자칫 동맹 간 말과 행동의 불일치가 심각한 안보 파국으로 연결될 수 있다.

베를린 구상도 조급증이 앞서다보니 이제껏 수많은 대북 제의가 그랬듯 해프닝으로 끝날 가능성이 높아졌다. 무엇보다도 한반도 안보의 판도라 상자라 할 '평화협정 체결'을 쉽게 언급한 것은 전문적 식견의 부족을 드러낸 것이다. 또 "올바른 여건 하에서"만 남북대화를 하도록 규정한 한·미 공동성명의 취지에 걸맞지 않게 전격 남북 군사회담을 제의한 것도 정부의 북한 문제 인식에 강한 의구심을 갖게 한다.

북한이 한사코 핵 문제를 남북대화 의제(議題)가 아닌, 오직 미·북 현안으로 주장하는 상황에서 핵이 빠진 남북 군사회담이 왜 필요한가? 정부는 사고 방지를 위한 핫라인 구축 차원이라고 설명하나, 만의 하나 북한의 호응을 얻어내기 위해 대북 확성기 방송 중단을 협상 칩으로 활용하려는 의도라면 국내외의 혹독한 비판을 피하기 어려울 것이다. 대북 방송은 '상호 비방 중상'의 범주를 넘어서서 억압의 동토(凍土)에 자유의 훈풍을 불어넣는 창구 역할을 하기 때문이다.

철학자들은 이 세상에 맹목적이고 비(非)이성적인 악의(惡意)가 존재함을 지적한다. 성(聖) 아우구스티누스는 인류 역사가 선과 악의 투쟁이라고 갈파했다. 북한의 절대 권력자 김정은이 핵·미사일을 손에 들고 21세기 국제사회의 거악(巨惡)으로 부상하는 중이다. 그는 나이가 젊고 경륜이 부족한데다 오직 폭력으로 모든 것을 해결하려는 비이성적이고 잔인한 성격의 소유자다. 선의(善意)를 베풀기엔 너무 자질이 부족하고 어떤 유화책(宥和策)이나 당근으로도 설득되지 않는 것이 문제다. 그만큼 다루기가 난감하고 영악한 상대다.

김정은의 정신세계는 김일성 이후 3대 세습독재를 거치며 축적된 북한의 편집적(偏執的) 정치이데올로기와 정치문화 곧 '자주·반미·주체' 신념체계의 총체적 반영이다. 그의 전쟁 광기가 '대를 이은 혁명 계승'과 '주체통일' 야망을 견인하는 추동력이 되고 있다. 핵·미사일은 대남 통일전쟁에 필수불가결한 무력수단이다. 김정은이 문 정부 출범을 미·북 평화협정 체결을 위한 절호의 기회로 삼으려 한다는 외신 보도는 북한의 한반도 혁명전략 실체에 대한 우리의 경각심을 일깨운다.

문 대통령과 정부는 북한 상황을 엄중히 인식해야 한다. 동맹과 대오(隊伍)를 유지하며, 힘에 의한 억제(抑制)에 주력해야 한다. 실효성 없음이 입증된 '햇볕' 기조를 복원해 아까운 시간과 자원을 김정은에게 할애할 때가 아니다. 장밋빛 대북 색안경을 과감히 벗고, 북한 핵무장 이후 급변한 한반도 전략 환경에 눈을 떠야 한다. 분노의 대상이어야 할 독재자에게 '위원장' 칭호를 붙여 호의를 기대하는 모습은 국민들의 도덕적 자존감을

손상시킬 뿐이다.[27]

북한 문제, '민족주의'보다 '보편적 가치' 입장에서 접근해야

우리 사회의 대북 접근은 크게 두 가지 경향으로 나누어질 수 있다. 하나는 민족주의·민족감정에 입각한 접근이며, 다른 하나는 보편적 가치에 입각한 접근이다. 민족주의적 입장에서의 접근은 북한이 '민족' 문제를 3대 세습독재 유지에 이용하고 있다는 점에서 희망적 사고(wishful thinking)가 될 수도 있다.[28] 북한은 궁지에 몰려 한국에 도움을 요청할 필요가 생기면 언제나 '민족'을 들고 나온다. 그렇게 민족애(愛)가 있는 집단이라면 같은 동족인 북한 주민들의 인권을 그토록 무참히 유린할 수 있는 지 의문이다.

북한 핵·미사일 도발과 인권유린 문제 및 1인 세습독재 등의 문제는 한반도 영역을 넘어서서 국제문제화된 지 이미 오래이며, 따라서 민족주의보다는 향후 보편적 가치의 입장에서 북한 문제에 접근해야 한다. UN인권결의안 및 UN 안보리 결의안 등에서 가치에 입각한 입장을 개진·반영시켜야 한다. 현재의 남북 대치는 근본적으로 자유민주주의와 인권 중심의 가치와 북한의 폐쇄적이고 반(反)인륜적인 주체 이데올로기와의 정면 대결 상황임을 인식해야 한다.

현실적인 통일 시나리오의 상정과 정책 마련 시급

역사적으로 대한민국의 대북·통일 정책 기조는 북한 체제의 변화를 전제로 한 것이었다. 이론적으로는 기능주의(functionalism)에 입각하여

---
27 홍관희, 「국민일보」 (한반도 포커스), 2017.7.23.
28 북한의 '민족' 개념은 '김일성을 숭배하는 사람들'만 민족에 포함시키는 '김일성 민족' 의미이다.

남북 상호 간 접촉의 증대에 따라, 사회·경제 분야에서의 협력과 상호의존이 증대돼 동질성을 갖춘 후, 이를 기반으로 파급효과(spill-over)를 일으켜 정치·군사 분야에서도 단일 공동체로 발전할 수 있다는 논리이다.[29] 1989년의 '한민족 공동체' 및 1994년의 '민족공동체' 통일 방안은 위 기능주의에 입각한 것으로, 점진적 남북교류 확대를 통한 민족공동체 건설을 상정한 통일전략이었다고 평가할 수 있다.

기능주의적 접근에 입각한 민족공동체 통일방안이 실효를 거두기 위해선 남북 교류확대에 대한 북한의 진정한 적응이 전제돼야 한다. 지금처럼 김정은 정권이 내부적으로 공포정치를 통해 안정을 도모하는 한편, 대외적으로 선군정치와 핵·경제 병진전략으로 핵·미사일 건설에 올인하면서 모든 형태의 남북대화를 위장 평화로 이용하는 상황에서 기능주의적 접근이 성공하기는 대단히 어렵다. 먼저 북한의 핵·미사일 위협을 저지하고 한반도 평화를 확보한 후 새로운 환경 하에서의 통일전략을 모색해야 한다.

한국이 현재 당면하고 있는 난관은 김정은의 핵·미사일 도발로 국가안보 위기가 심화되어 우리의 존립을 먼저 고민해야 하는 상황이 되고 있다는 점이다. 북한의 핵·미사일 집착으로 통일의 길은 점점 멀어지고 있다 해도 과언이 아니다. 북한이 핵무기를 보유한 채로 통일이 되는 것은 상정(想定)조차 할 수 없고 이론적으로도 현실적으로도 불가능하다. 그만큼 북한의 비핵화는 통일의 전제조건이다.[30]

그러나 동시에 북한 내부 급변사태와 그로 인한 급변통일 가능성이 높아지고 있는 점도 부인하기 어렵다. 그러므로, 한국의 대북·통일정책은

---

29   David Mitrany, "The Functional Approach to World Organization," *International Affairs*, XXIV (July 1948), p. 359. 또한 James E. Dougherty & Robert L. Pfaltzgraff, *Contending Theories of International Relations: A Comprehensive Survey* (Harper & Row, Publishers, New York, 1981) 참조.
30   배명복, "오두산 전망대에 서서," 「중앙일보」, 2017.8.1.

급변하는 한반도 안보정세를 십분 고려하여 현실에 맞게 새롭게 업데이트되고 발전되어야 한다.

安保가 무너지면, 모든 것이 사라진다

선의(善意)와 군사력을 토대로 세계경찰과 공공재 역할을 수행한다는 미국의 패권안정 대외전략이 트럼프 시대에 축소될 것 같지 않다. 트럼프 핵심 참모들은 한결같이 "힘을 통한 평화(peace through strength)"를 강조하고 자유세계를 위협하는 적(敵)들에 대한 강력한 대응을 역설하고 있다. 이에 따라 오바마 정부의 국방 부문 시퀘스터(자동예산삭감)의 폐기와 아·태 지역에서의 획기적인 해군력 증강이 이루어졌다.

오바마의 대북 '전략적 인내'도 수명을 다했다. 한·미 동맹이 "위대한 동맹"으로 자리 매김되는 가운데, 북핵 문제는 우선적 해결현안으로 부상했다. 그럼에도 한·미 동맹의 미래는 불확실성의 긴 터널 속으로 들어서고 있다. 한국이 안보 무임승차에 편승하지 말고 국력에 상응하는 안보 비용을 짊어져야 한다는 트럼프의 평소 지론(持論) 때문만은 아니다.

문제는 북한에 대한 대적관과 글로벌 파트너십 의지가 불확실한 우리 내부에 있다. 극심한 국정 혼란과 내홍에 시달리는 한국이 기대 난망으로 비쳐질 경우, 트럼프 정부의 한반도 전략이 일거에 돌변할 수 있다. 트럼프는 거래에 능통하고 현실 감각이 뛰어난 실용주의자다. 형식논리를 뛰어넘어 동맹의 실체를 피부로 느끼려 할 것이다.

현재 한·미 동맹의 시금석으로 떠오른 핵심 현안은 THAAD 배치와 한일 군사정보보호협정(GSOMIA) 체결이다. 다행히 THAAD 배치가 신속히 추진되고 한·일 정보협정이 체결됐지만, 박근혜 정부를 탄핵하는 과정에서 외교·안보·대북정책에까지 불똥이 튄다면 국가운명에 참담한 결과를 가져올 수 있다. 두 현안에 대한 야당의 반대는 안보 현실을 외면한 것으로 수권(授權) 능력을 의심케 함은 물론 우리의 미래를 어둡게 만든다. 북한 위협에 효과적으로 대처하기 위해 한·미·일 3각 안보협력은 불가결하며, 한·일 정보협정체결은 그 필수 코스이기 때문이다.

과거에 얽매여 엄중한 안보현실을 읽지 못하는 정치권 일부의 인식이 한국을 국제사회 내 '우물 안 개구리'에 머물게 한다. 이들은 핵무장한 북한의 위협보다 실체가 없는 가상(假想)의 자위대 한반도 진입을 더 두려워하며, 독립운동 시절의 '반일(反日)' 프레임 속에 아직도 갇혀 있다. 진주만을 기습 공격당한 미국이 미·일 동맹을 역사상 가장 강고한 동맹으로 발전시키는 적실성 있는 외교 태도에서 교훈을 얻어야 한다. '항일'을 권력의 정통성으로 삼아 대한민국을 위협하는 북한의 시대착오적 대남전략에 부화뇌동하지 말아야 한다. 오늘날의 시대정신은 자주·항일이 아닌, 북핵 방어와 자유통일이기 때문이다.

권력 비리와 부패는 척결하되, 외교·안보·대북정책의 지속성이 흔들려선 안 된다. 안보는 초당적으로 대처하고 위기 때는 정파를 초월해 국익 중심으로 뭉치는 선진국에서 배워야 한다. 정쟁을 하더라도 안보는 챙기면서 해야 한다. 안보가 무너지면 모든 게 사라진다.

북한은 평창 올림픽이 끝난후에도 "핵강국·핵전략 국가"임을 자임하며 우리의 비핵화 요구에 대해 "바닷물이 마르기를 기다리는 것보다 어리석다"고 일축했다. 1970년대초 닉슨 독트린은 "베트남전의 베트남화" 레토릭 하에 남베트남을 안보 당사자로 내세워 미군을 철수시켰다. 부패와 분열의 도가니인 남베트남에 미래가 없다고 판단한 것이다.

1969년 11월 대국민 연설에서 닉슨 대통령은 "자유를 지키는 일은 미국만의 임무가 아니라 모든 사람의 임무"임을 선언하고, 특히 자유를 위협받고 있는 "당사자 국민들의 책임"을 강조했다. 동맹국의 안보 당사자 역할을 주창(主唱)하는 트럼프의 대외정책과 일맥상통한다. 아무리 우방 미국이 강력한 지원을 다짐해도 당사자인 우리가 내분에 함몰돼 스스로 일어설 의지와 능력이 없으면, 백약이 무효임을 잊어선 안 된다.[31]

트럼프의 경제 강공(强攻)은 신뢰 위기의 단면이다

2018년 2월 김영남·김여정 일행이 평창 올림픽에 참가해 '매력공세'를 펴고 떠난 후과(後果)가 혼돈스럽다. 한반도가 새로운 미로(迷路)로 빨려 들어가는 형세다. 우선 대남 태도에서 발상의 전환을 유감없이 발휘한 김정은의 유연 대응이 눈에 띤다. 통일대전 과대망상증과 분노조절 장애 정신질환자로까지 비쳐졌던 그로서는 획기적 변화다.

그러나 그의 전략적 입장은 추호도 변한 것이 없다. 문재인 정부의 남북관계-한미동맹 병행을 '망상'이라며 북과 미국 중 택일을 요구하고, '민족자주·외세배격' 목소리를 높이기 시작했다. 그의 관심은 온통 남북정상회담 선물 대가로 4월 한·미 훈련 중단을 관철시키는데 집중돼 있다.

문재인 정부가 절대적 평화주의와 감상적 민족주의에 함몰돼 오직 북한의 '선의'만을 믿고 남북대화에 임하면 위험하다. 상대는 핵으로 무장한 전체주의 '감옥 체제'다. 마이크 펜스 부통령이 귀국길에 '대화 가능성'을 열어 둔 것은 동맹국 위신을 참작한 덕담 수준의 레토릭이다. 오히려 '최대의 압박'을 강조한 그의 진심을 읽어낼 전문적 안목이 필요하다. 현 상황에서 미국의 기본 입장은 'CVID에 입각한 확고한 비핵화'를 관철하기 위해, 순전히 '관여 목적의 대화'는 가능하다는 것이다. 희망적 사고 프레임과 아전인수식 오인식은 재앙을 부른다.

지난 13일 상원 청문회에서 댄 고츠 DNI(국가정보국) 국장은 (대북 옵션

---
31   홍관희, 「조선일보」 (칼럼), 2016.11.28.

을) "결정할 시간이 다가오고 있다"면서, 김정은의 도발은 미국뿐 아니라 북한 스스로에게도 "실존적(existential) 위협"이라고 강조했다. '우리를 위협하다간 너희가 망한다'는 경고와 함께 군사옵션과 레짐체인지 전략이 살아있음을 우회 강조한 것이다. 그는 북한 핵이 "한반도 지배야망 달성을 위한 장기전략적 수단"임을 환기시켰다. 폼페이 CIA국장도 김정은 정권이 핵무기로 "북한 관점의 재통일"을 추진하고 있다고 질타했다.

美 재무부는 같은 날 애국법에 따라 라트비아 은행을 금융시스템에서 퇴출시켰다. 북한과의 자금세탁이 주요 혐의다. 이날 재무차관은 "세계 각국과 기업들이 미국과 북한 중 선택해야 한다"고 말해, 2005년 북한 정권에게 "피가 얼어붙는" 고통을 주었던 BDA 제재를 연상시켰다.

수년 간 지속된 대북제재의 누적 효과가 드디어 북한 정권을 옥죄기 시작했다. 2017년 북한의 대중 수출액은 전년 대비 33%나 감소했다. 이대로 가면 김정은 정권은 존망의 기로에 서게 된다. 결정적 시기인 지금 한·미가 합심하여 제재·압박 강화에 나서야 한다. 영국 이코노미스트(Economist)지는 전쟁을 피하면서 북핵을 해결할 수 있는 방법으론 '제재강화→레짐체인지'가 최고의 전략이며 시간은 대한민국 편이라고 지적했다.

한·미 공조가 절실한 지금, 4월 훈련의 재연기는 절대 불가다. 문재인 정부가 훈련 중단을 또 추진하면 한·미 동맹은 회복불능 상태로 진입한다. 트럼프 대통령의 FTA 개정, GM자동차 미국 귀환, 호혜세 부과, 전자제품 세이프가드 발동 등 연속되는 경제 강공은 한·미 신뢰의 추락을 보여주는 단면이다. "미국이 그동안 한국을 재건하고 방어해줬는데 돌아온 것은 없다"는 한마디에 안보·경제 불가분의 한·미 동맹의 본질을 꿰뚫어보는 트럼프 대통령의 비판적 인식이 담겨있다.

트럼프는 거래의 달인이며 불가측성과 특유의 성동격서식 순발력을 가진 사람이다. 그의 말 속엔 "왜 문 대통령은 지성호씨를 만나 격려하지 않

는가? 그리고 왜 김정은 정권의 폭정을 비판하지 않는가"와 같은 도덕적 비판이 녹아 있는 듯하다.[32]

---

[32] 홍관희, 「문화일보」 (포럼), 2018.2.19.

분열에서 통합·통일을 향해
- 보편적 가치를 중심으로 통합해야

이념갈등 해소와 통합을 위한 길

통합에 관한 칼 도이치(Karl Deutsch)의 연구에 의하면, 인간은 공통의 가치(common values)를 보유할 때 통합이 가능하다고 한다. 여기서 통합(integration)은 정치적 통일(unification)과는 다른 의미다. 정치적 통일이 정치·군사적으로 하나의 주권 아래 귀속되는 것을 의미하는 반면, 통합은 문화적·이념적으로 하나의 공동체(community)를 형성함을 뜻한다.

이에 따라 비록 정치적으로 통일되었어도 문화적·이념적으로 통합되지 않으면 진정한 통일을 이루지 못하고 분열을 피할 수 없는 경우가 많다. 소련의 연방 해체나 티토 사후(死後) 유고슬라비아의 해체, 그리고 중국 내 티베트 분쟁 등이 대표적 사례이다. 반면, 정치적 통일이 이뤄지지 않았더라도 문화적·이념적으로 동질적인 경우, 함께 공존하며 사실상 공동체를 이루며 살아가는 경우도 적지 않다. 미국과 캐나다의 공존, 유럽공동체(EEC)의 형성 등이 대표적인 경우다.

이질적인 사람들이 갈등을 극복하고 통합을 이루기 위해서는 상기 언급한 대로 가치관의 합일(合一)이 전제돼야 한다는 것이 역사의 교훈이다. 그렇다면 가치관의 합치에 도달하기 위해선 어떻게 해야 하는가? 무엇보다도 커뮤니케이션(communication) 곧 소통과 거래(transaction)가 필요하다. 커뮤니케이션은 사람들로 하여금 함께 생각하고 함께 바라보며 함께 행동할 수 있는 계기를 제공한다. 커뮤니케이션을 이루기 위해선 진정한 의미에서의 만남과 대화가 필수적이다. 결국, 인간은 만남-대화-커뮤니케이션-소통-거래 등의 과정을 거쳐 가치관의 합치를 통해 이념적 통합에 도달할 수 있다.

한편 남북한처럼 상이한 문화·이념·가치관·신념체계가 대립하고 있는 경우, 어느 방향으로 통합되어야 하는가의 문제가 일어난다. 문화 이론에 의하면, 모든 문화는 하위 문화에서 상위 문화를 향한 발전을 계속해 나아간다. 마치 물 흐름처럼 인간의 역사는 보다 나은 것을 향한 전진의 무한한 과정이다. 이념과 가치관 역시 보편성을 향한 수렴과정으로 볼 수 있다.

한반도의 경우, 남북한의 정치 이념과 문화는 '보편성' 차원에서 크게 대조된다. 수령 중심 주체사상과 자유민주주의를 등가(等價)로 놓을 수 없는 배경이다. 따라서 두 이념을 적절히 배합하는 혼합 통합은 불가능할 뿐만 아니라 비현실적이다. 남북 통합의 길은 결국 대한민국의 자유민주주의 가치관을 향해 수렴되는 형식으로 가게 될 것임을 확신할 수 있다.

한편 한국 사회 내부에도 심각한 이념갈등 요소가 자리 잡고 있어, 지속적인 국가발전을 저해하고 있다. 예컨대 정치이념부터 시작돼 역사관, 세계관, 국가관, 북한관, 통일관 등에 뿌리가 다른 이념들이 상호 갈등을 일으키며 투쟁을 계속하고 있다. 그 실상을 분석하고 진정한 통합 실현의 길을 모색해 보는 것은 중요하고 매우 필요한 일이다.

한국 사회 내 주요 이념갈등 분석

□ 정치 이념

현재 한국사회 내부에는 자유민주주의(=자유주의적 민주주의), 사회주의적 민주주의(인민민주주의), 그리고 사회민주주의 등이 공존하며 갈등을 일으키고 있다. '진보적 민주주의'라는 이름으로 북한의 주체사상을 수용한 통합진보당은 대한민국 이념을 부정하고 反국가단체인 북한의 정치 이념을 추종한 탓에 헌법재판소에 의해 해산된 바 있다. 그럼에도 그 이념은 완전히 사라지지 않고 아직도 잔재해 사회 갈등의 주요 원천이 되고 있다.

학교 역사교육과정에 '자유민주주의' 용어를 사용할 것인지 '자유'를 삭제한 채 '민주주의'라고만 쓸 것인지가 논란이 되고 있을 정도다. 최근에는 2018년 예정되고 있는 헌법 개정에 대비하여 친여권 TF팀이 만든 개정 헌법 초안에 현 헌법 조항 내 "자유민주적 질서" 조항의 "자유"가 삭제될 뻔한 사실이 드러나 국민의 격렬한 비판에 직면하기도 했다.

이처럼 '민주주의' 개념이 상호 모순된 의미를 함께 포괄하고 있으므로, 수식어를 명확하게 붙여줘야 개념 구분이 가능하다. 한편 사회민주주의(social democracy)는 대한민국의 헌법 질서를 존중하며 비폭력적으로 사회주의 이상을 추구하는 정치이념이다. 상기한 사회주의적 민주주의(socialist democracy)가 폭력 투쟁을 통해 공산주의를 실현하려는 것과 대비된다. 대한민국의 정치 이념은 자유민주주의(liberal democracy)로서 헌법에 명시되었으며, 역사적으로 그 타당성이 검증된 국제사회의 보편적 이념임은 재론의 여지가 없다.

□ 역사관

대한민국은 해방 후 극도의 혼란기를 거쳐 자유민주주의를 중심 이념으로 1948년 8월 15일 가까스로 건국되었다. 그러나 현재 우리사회는 8·15를 해방절(解放節)의 의미로만 경축하고 있다. 건국절(建國節)은 외면당하고 있다. 일부에선 1919년 4월 상해 임시정부 수립을 건국으로 삼아야 한다는 주장을 펴기도 한다. 마치 출산 시점보다 잉태 시점을 출생일로 해야 한다는 주장과 흡사하다.

뿐만 아니라, 6·25 전쟁을 바라보는 관점 차이도 주요한 갈등 요소의 하나다. 6·25전쟁을 김일성의 남침전쟁으로 바라보는 전통적 시각과 6·25가 '통일을 위한 전쟁'이었으며, 이전부터 존재해 온 남북 갈등의 연장선상에 있는 '내전(內戰)'의 한 형태라고 보는 수정주의 시각이 그것이다. 6·25가 김일성이 주도한 남침전쟁이었다는 사실은 후르시쵸프 회고록을 통해 역사적 사실로 입증되었다. 한편 초등 한국사 참고서에 6·25 전쟁을 기술하면서, 국군은 '적', 유엔군은 '침략자'로 표현하는 등 왜곡이 발견돼 논란이 일었다. 심지어 어느 출판사의 논술 지도교재는 북한이 침략해 온 이유를 "민족반역자에게 고통 받는 인민을 해방시키기 위함"이라고 기술하기도 했다.[33]

이 밖에 5·16이 혁명이냐 쿠데타냐의 문제도 고위 공무원 청문회 때마다 제기될 만큼 주요한 역사 갈등의 하나다. 5·16이 당시 실정법상 위법이지만, 사회변혁을 근본적으로 일으킨 사건에 대해선 정치사적으로 통상 '혁명'이라고 부르기 때문에 법적 측면뿐만이 아닌, 심도 있는 정치적·역사적 평가가 필요하다.

□ 세계관

21세기 세계체제의 성격을 두고도 갈등이 지속되고 있다. 자유민주주의·자유시장경제 중심으로 국제사회를 바라보는 관점이 주류인 반면, 아직도 사회주의의 유산이라 할 종속이론(dependency) 입장에서 세계를 바라보고 세계자본주의 체제 자체를 '모순'으로 인식하는 시각도 공존하여 갈등의 원천이 되고 있다. 이런 세계관의 차이는 곧 우리 국가안보를 함께

---

33 「TV조선」 보도, 2018.2.13.

책임지고 있는 우방 미국에 대한 시각으로 연결된다.

곧 미국에 대해 자유세계를 이끌고 경찰 역할과 공공재(公共財) 역할을 담당함으로써 세계질서와 안정을 도모하는 리더십 국가로 보는 것이 정론(正論)인 반면, 미국을 제국(帝國)주의 국가로 보는 '반미(反美)' 인식도 저변에 퍼져 있다. 대미(對美) 인식은 미국이 한반도에 제공하는 안보 우산(핵우산)의 의미와 한·미 가치동맹의 정당성에 중요한 영향을 미친다. 국내에서 THAAD(高고도미사일방어체계) 도입 여부를 놓고 벌어진 논란은 이러한 대미 인식 갈등의 반증이기도 하다. 반미 인식은 더 나아가 최근 동아시아에서 가시화되고 있는 미·중 패권 경쟁 속에서 자칫 한·미 동맹 체제를 벗어나 중국 편향 외교노선을 주장하거나 아니면 중립화 외교노선을 추구하는 원천이 되기도 한다.

□ 국가관

대한민국 헌법 3조는 "한반도와 그 부속도서"를 영토로 선언함으로써 대한민국이 한반도 유일한 합법 정통 국가임을 명시하고 있다. 이에 따라 북한은 자동적으로 불법 권력으로 간주된다. 북한을 反국가단체로 명시해, 反국가단체를 지지하거나 정당화할 경우 위법으로 간주하는 국가보안법은 바로 이 헌법 3조에 그 근거를 두고 있다.

한편 헌법 3조를 인정하지 않고 북한을 주권국가로 인정하려는 관점도 존재해 또 하나의 갈등 요인이 되고 있다. 북한도 UN 회원국이라는 사실이 이들 주장을 정당화하는 주요 근거다. 그러나 북한을 국가로 인정하는 문제와 UN 회원국 여부와는 아무런 관련이 없다. 설사 UN회원국이라 하더라도 우리가 국가로 인정하지 않으면 된다. 또 실제로 그러한 상대도 적지 않다. 북한을 주권국가로 보는 인식은 대한민국의 정통성(legitimacy)을 부정(否定)하는 국가관이다.

해방 이후 체제경쟁에 들어갔던 남북한은 북한이 체제모순과 세습독재 및 인권유린 속에 거의 붕괴 상황에 직면한 반면, 남한은 세계 10위권의 경제발전에 성공하고 자유민주주의 복지 사회를 구현함으로써 대한민국의 한반도 정통 국가임을 현실을 통해 실증해 보이고 있다.

□ 북한관

한 때 북한을 같은 민족으로서 '파트너(=친구)'로 간주한 때가 있었다. 그러나 핵·미사일을 중심 수단으로 삼는 북한의 대남 군사패권 전략 및 무력통일 기도는 북한정권이 의문의 여지없는 대한민국의 적대세력임을 입증해주었다. 국방백서는 명시적으로 북한을 대한민국 전복을 기도하는 적(敵)으로 간주하고 있다. 북한의 대남 무력위협은 이제 절체절명의 국가안보와 존립을 위태롭게 하는 최대 문제로 부각되고 있다. 그럼에도 우리 사회에는 북한체제의 성격 논란이 계속되고 있고, 이에 따라 대북정책 갈등의 주요 원인이 되고 있다.

어떤 사람은 '그럼 남북대화는 하지 말란 말이냐'고 반문(反問)한다. 물론 북한과 협상과 대화는 가능하다. 그러나 남북대화는 대북전략의 한 방편이다. 경우에 따라 대화도 하고 대결도 할 수 있다. 다만 북한정권을 기본적으로 어떻게 바라보느냐는 중요한 국가안보상의 문제다.

논쟁에 있어 합리적 토론으로 옳고 그름을 가리는 대신, 본질을 회피한 채 억지 주장과 공세로 밀어붙이는 경우가 우리 주변에 허다하다. 우리 사회 내 친북·좌경 성향을 문제 삼으면, "색깔론을 편다"고 반박하는 경우도 그 일례다. 북한이 핵·미사일 등 무력으로 대한민국의 국가안보를 위협하기 때문에, 우리의 존립을 위해 북한을 지지하거나 정당화하는 행위를 문제 삼지 않을 수 없는 것이다. '색깔'을 통해 상대방을 곤경에 빠뜨리려는 취지가 아닌 것이다. 미국이 중국의 군사팽창을 비난할 때마다 중국 당국이 "냉전사고"라며 맞대응하는 것과 유사하다. 사실을 호도하고 관심을 다른 곳으로 돌리려는 상투적인 선전 행태로 볼 수 있다. 중국은 주한미군의 한국 주둔을 "냉전 체제의 유물"이라며 비난한 적도 있다. 주한미군의 한국 주둔이 동북아의 안정뿐 아니라 한국의 국가안보를 지키는 데 결정적 역할을 하고 있지만, 중국의 입장에선 주한미군의 존재가 중국의 한반도 영향력 확대에 장애가 된다고 판단해왔다.

한편 북한 인권 문제에 대한 갈등도 북한관과 밀접한 관계에 있다. 김정은 3대 세습 정권의 포악성과 인권유린을 규탄하는 것이 국제사회의 인식과 합치하는 보편적 관점인 반면, 북한인권 문제를 북한체제의 '내재적 특성'에 입각해 바라봐야 한다며 인권유린 상황을 외면하려는 주장도 존재해 갈등의 원인이 되고 있다. 우리 국회에는 수년째 계류되어 있던 북한인권법이 2016년 가까스로 입법화됐다.

□ 통일관

대한민국 헌법 4조는 "자유민주적 기본질서에 입각한 평화통일"을 규정하고 있다. 보편적 이념인 자유민주주의에 기초한 한반도 통일원칙을 천명한 것이다. 그럼에도 우리사회 일각에선 자유민주주의와 사회주의와의 혼합적 중도(中途) 통일, 또는 북한 주체 정권과 자유민주주의 체제 간의 연방제 통일 등을 주장해 통일원칙에 혼선을 일으키고 갈등의 원천이 되고 있다.

자유민주주의 국가이념을 일탈(逸脫)한 통일 노선은 도덕적으로 용인될 수도 없고, 현실적으로 실현 가능성도 없다. 통일관의 차이는 북한체제가 붕괴해 급변사태로 가는 경우의 우리 대응전략과도 직결돼 갈등의 또 다른 요인이 되고 있다. 북한이 스스로 무너질 경우에도 "흡수통일 반대"라는 구실로 자유민주통일을 추진하지 않는다면 헌법에 의해 대한민국 정부에 부여된 정당한 통일 실현의 사명과 임무를 유기(遺棄)하는 것과 다름없다.

이념 갈등 극복을 위한 노력

앞서 살펴본 것처럼, 이념 갈등은 보편적 가치를 중심으로 통합될 때 극복이 가능하다. 아울러 커뮤니케이션 과정이 필수적이므로 사회 전체 차원에서 커뮤니케이션 매체 역할을 담당하는 언론이 중요하다. 한국사회 내에 이미 수많은 형태의 언론이 존재한다. 매스미디어로서의 언론은 정치적 견해를 창출할 뿐만 아니라 기존의 정치적 성향을 강화 또는 약화시키기도 한다. 언론은 특히 정치 담론(談論)을 만들어내고 주도한다.

언론은 보도 내용의 인과관계를 주도적으로 설정함으로써, 사건의 원인 소재를 왜곡시킬 수도 있고 정책적 암시를 통해 정부 정책에 지대한 영향을 미친다. 보도에 있어서 언론인의 가치기준과 윤리적 의무 이행이 중요해지는 배경이다. 결국 이념 갈등의 해소를 위해서는 언론의 편향성을 극복하도록 노력하면서, 올바른 관점들이 국민 의식 속에 내재화(indoctrination)될 수 있도록 다각도의 교육 및 홍보 노력이 수반되어야 한다.

사무엘 헌팅턴의 '문명 충돌론'에서 볼 수 있듯, 세계에서 발생하는 갈등의 기저(基底)에 문화적·이념적 분열이 존재함을 부인할 수 없다. 헌팅턴은 상충(相衝)하는 세계관들이 타협을 이루기가 쉽지 않으며, 문명 충돌은 결국 보편적 가치기준을 향해 수렴한다고 강조한다. 현재 국제사회에서 급속도로 진행 중인 세계화와 상호의존 현상을 감안하면, 보편성에의 수렴 현상이 더욱 빨라질 것이 분명하다.

과연 앞으로 한국 내부의 이념갈등 극복과 남북통합은 가능할 것인가? 뭐니뭐니해도 우리 사회 기저에 합리성이 있다고 믿기에, 상당 부분 극복이 가능하다고 본다. 지난 2015년 헌법재판소는 통합진보당 해산을 압도적 다수로 판결하였고, 이석기 내란 관련 판결에 중죄(重罪)를 선고했다. 이는 향후 이념 갈등 극복 문제에 중요한 함의(含意)를 던지고 있다. 곧 '진보적 민주주의'라는 이름의 '사회주의적 민주주의'는 우리 사회에서 허용될 수 없으며, 대신 자유민주주의가 현 체제이념 및 통일 이후의 정치이념 형성에 기초가 되어야 한다는 강력한 메시지를 전달하였다는 점이다. 이로써 갈등 해소와 극복을 위한 최소한의 단초는 마련되었다고 볼 수 있다.

앞으로 결과는 우리 국민 모두의 노력에 달려있다. 곧 우리 사회 이념 갈등 극복 여부는 자유민주주의·자유시장경제의 이념적 정체성, 대한민국의 한반도 유일 합법 정통성, 자유민주 통일의 원칙, 한·미 동맹의 중요성 인식 등 보편성에 입각한 제반 관점들이 얼마나 국민의식 속에 착근(着根)할 수 있느냐에 달려 있다고 할 것이다.

자유민주주의(自由民主主義) 對 민주주의(民主主義)의 논쟁에 부쳐

2018년 들어서서 새삼 '자유민주주의'냐 '민주주의'냐 하는 이념 논쟁에 불이 붙었다. 기존의 "자유민주적 기본질서" 표현에서 "자유"를 뺀 헌법 개정 시안(더불어민주당 작성)이 제시됐기 때문이다. 물론 이 안은 즉각 취소되는 해프닝을 겪었지만, 한국교육과정평가원이 개발 중인 새 역사 교과서 집필 기준 시안(試案)에서도 '자유민주주의'가 삭제됐기 때문에, 이 문제가 대단히 의도적으로 추진되고 있다는 의혹을 버릴 수 없는 상황이다.

주지하다시피, 민주주의는 '주권재민(主權在民)'의 의미로서 '민(民)'의 주체를 어디에 놓느냐에 따라 다양한 개념과 주장이 존재해왔다. 예컨대 '자유민주주의(liberal democracy)'는 초기 자유주의와 현대 대중민주주의가 결합하면서, 모든 국민들을 대상으로 삼고 있다.

반면, 공산주의 사회에서 주장하는 '사회주의적 민주주의(socialist democracy)'는 프롤레타리아 계급만을 '민(民)'의 범주에 넣고 이들에 의

한 배타적인 전정(專政)을 추구한다. 이에 따라 '프롤레타리아 민주주의' 또는 '인민민주주의(people's democracy)'로도 불린다. 우리 사회 운동권가(街)에서 정체불명으로 떠도는 '민중민주주의'도 '인민민주주의'와 동의어로 볼 수 있다.

여기서 유의해야 할 것은 정치사상(政治思想)적으로 '사회주의적 민주주의' 또는 '인민민주주의'는 공산주의와 동의어라는 점이다. 수식어가 없는 '민주주의' 용어 사용이 얼마나 위험한지를 알려주는 사례다. 북한에서는 그들 체제를 공식적으로 '사회주의적 민주주의'로 표현한다.

또 하나 유의해야 할 것은 '사회민주주의(social democracy)'와 관련해서다. 사회민주주의는 역사적으로 베른슈타인(Eduard Bernstein)의 수정주의를 계기로 유럽에 나타난 정치이념이다. 곧 사회주의 이상을 추구하되, 의회와 선거 등 점진적이고 법적인 절차를 따르겠다는 것으로 맑스·레닌주의의 폭력혁명 노선에 반대한다.

사회민주주의는 법치를 존중한다는 점에서 자유민주주의와 공존할 수 있을지는 모르나, 목표에 있어 '사회주의'를 추구한다는 점에서 자유민주주의와 본질적으로 구분된다. 그러므로 일부 논자들이 "자유민주주의는 사회민주주의도 포괄하는 개념"이라는 표현은 정치사상적으로 맥락을 잘못 짚은 것이다.

지금 우리 현실은 북한을 노골적으로 찬양·고무하고 북한의 대남 적화혁명 노선을 공공연히 추종하는 친북세력이 활개를 치는가 하면, 북한을 비판하면서도 맑스·레닌주의 정통(?)으로 돌아가 대한민국에서 反자유민주·反자본주의에 입각한 사회주의 혁명을 이룩해야 한다는 단체들도 세(勢) 확대를 기도하고 있어 혼란이 이만저만이 아니다. 이런 복잡하고 위험한 환경에서 '사회민주주의'의 추구가 얼마나 진정성 있는지 유의해야 할 것이다.

헌법에 명시된 바, 대한민국의 국시(國是)에 해당하는 '자유민주적 기본질서'가 '자유민주주의에 입각함'을 의미한다는 것은 삼척동자도 판단할 수 있을 만큼의 상식에 속하는 일이다. 그러므로 정확을 기하기 위해 대한민국의 민주주의를 표현하려면 '민주주의'만으로는 부족하고 '자유민주주의'로 표현해야 한다. 그럼에도 굳이 '자유민주주의' 대신 '민주주의'를 고집하는 사람들의 저의(底意)는 무엇인가?

'민주주의' 개념이 상호 모순된 의미를 함께 포괄하고 있음을 모를 리 없을진대, 혹 '민주주의'라는 두리뭉실한 명칭으로 '인민민주주의'(곧 사회주의적 민주주의=공산주의) 추구 의도를 감추려는 것은 아닌지?

자유민주주의·자유시장경제 원칙이 우리 헌법의 기본이념이며 동시에 역사적으로도 그 타당성이 검증된 보편타당한 현대의 정치 이데올로기임은 재론의 여지가 없다. 세계적으로 이미 당연시되는 원칙들이 한반도에서 논쟁화되면서 시대에 뒤떨어진 과정을 되풀이해 안타깝다. 더욱이 청년학생들을 가르치는 교과서에 들어갈 내용이 일부 세력에 의해 자의적으로 결정되는 상황이 대단히 우려스럽다.

이런 상황에서 친북·反자유민주 성향을 가진 세력들은 불리(不利)하거나 궁지에 몰리면 "이념 논쟁 그만두자" "웬 색깔논쟁이냐" "반공논리 중단하라" 등 억지 적반하장(賊反荷杖) 수법으로 곤경을 피해나간다. 이들의 言語 혼란전술을 극력 경계해야 할 것이다. 이들은 사상적으로나 현실적으로나 자유민주주의를 위협하면서, 오늘날 대한민국이 겪고 있는 모든 혼란과 위기의 근원(根源)이기 때문이다.

■ 맺음말

우리 내부 분열이 위기를 자초했다

　한반도에 전쟁이 일어난다면, 그 1차적 원인은 金家 세습 3대정권의 포기하지 않는 핵·미사일 위협 때문일 것이다. 그 다음 원인은 한국 정부가 북한 핵개발에 정면 대응해 막아내지 못하고 북한이 시간을 벌도록 한 과오 때문이다. 우리는 내부 분열로 인해 북한 핵·미사일 개발 의도를 파악하는데 실패했고, 그 후 대응도 제대로 하지 못했다. 북핵 의도가 '자위용·협상용'이냐 '군사패권·무력통일용'이냐로 양분돼 끝없는 논쟁을 벌였고, 심지어 북한 핵개발을 이해할 수 있다는 논리도 지도층에서 나올 정도였다.

　북한의 핵보유가 기정사실화된 지금도 평화가 우선이라며 안보를 중시하는 견해를 냉전수구 논리라고 비난한다. 전쟁을 눈앞에 둔 누란(累卵)의 위기 속에서도 '평화'냐 '안보'냐로 국론이 갈라져 있다.

　북한은 이제 6차 핵실험까지 완료하여 20여개의 핵폭탄을 보유하고 있으며, 60여개의 핵탄두를 보유할 능력을 확보한 것으로 평가된다.[1] 핵탄두 소형화에도 성공하여 한반도를 겨냥하는 단거리 스커드 미사일에 핵탑재가 가능하다는 것이 전문가들의 일치된 평가이다. 다만 美 본토를 겨냥하는 ICBM 능력에 있어서는 대기권 재진입 기술이 미진한 상황에 있으나, 2018년 상반기 중에는 이마저 완성할 것이라는 것이 美 정보기관의 판단이다.

　북한 핵·미사일에 대한 안보 불감증과 정부 차원의 核대비 방책 不在가 국외 전문가들의 냉소와 비판을 자초하고 있다. 美 전략문제연구소

1　북한 핵무기 보유수는 전문가에 따라 차이를 보인다. 美 DIA(국방정보국)은 2017년 8월 8일 북한이 핵탄두 소형화에 성공했음과 핵무기 60여개를 제조할 고농축우라늄을 확보했다고 트럼프 대통령에 보고했다.

(CSIS) 선임 자문위원인 에드워드 루트워크(Edward Luttwak)는 한국 정부가 북핵 위협에 "고의적으로 무대응(deliberate inaction)"해 왔으므로, 북한의 보복공격 시 서울 방어는 한국의 몫이라고 주장했다.[2] 그는 또 북한이 ICBM 능력을 완비하지 못한 지금이 선제공격의 적시(適時)라며 트럼프 행정부의 결단을 촉구했다.

우방 美國의 '북핵 不容' 의지가 큰 버팀목

위기 속에서 우방인 미국이 북핵 문제를 더 이상 용인할 수 없는 위협으로 간주하고 모든 옵션을 강구해 엄정대응하고 있어 다행이다. 트럼프 행정부는 북핵 문제를 대외정책 최우선 현안으로 삼고 있을 만큼, 해결 의지가 확고하다. 북한이 즉각 CVID 원칙에 따라 비핵화를 행동으로 실천하고 주민들에 대한 인권 유린을 멈추라고 요구하고 있다. 그렇지 않으면 강력한 제재·압박을 통해서 레짐 체인지를 추진함은 물론이고, 군사력을 총동원하여 북한 정권 자체를 지구상에서 사라지게 하겠다는 것이다.

트럼프 대통령이 2018년 2월 23일 史上 최대 규모의 대북제재를 단행한 후, "이 제재가 효과가 없다면 우리는 제2단계로 갈 것"이라면서 "이는 매우 거친 제재가 될 수 있고, 전 세계가 정말 불행할 수 있다"고 경고한 것은 지금까지 누적돼 온 트럼프 행정부의 북한 응징 의지의 결정판이라 할 만하다. 이번 제재는 '대북제재 위반'을 의심받는 선박을 公海上에서 검색 차단하는 것을 목표로 하고 있다. 국내외 언론들은 이번 제재가 효

---

2 Edward Luttwak, *Foreign Policy*, 2018.1.8.

과를 보지 못하면 군사 옵션이 사용될 것으로 예상했다. 북한은 해상봉쇄는 '전쟁 행위'라며 반발하고 있다.

평창 올림픽에 참석했던 마이크 펜스 부통령은 귀국 직후인 2월 22일 북한 김여정에 대해 "지구상에서 가장 폭압적이고 억압적인 정권의 중심 기둥(pillar)"이라면서 "2,500만명의 주민들을 잔인하게 탄압하고 굶기며 감금하는 惡의 가족 패거리(evil family clique)"라고 강력히 비난했다. 그리고 미국 정부가 김여정을 제재한 이유는 "인권 유린과 反인도주의적 범죄를 교사(敎唆)한 혐의"라고 덧붙였다.

트럼프 대통령의 외교·안보 자문역을 맡고 있는 존 볼턴 前 유엔 주재 미국 대사는 2018년 2월 "북한은 핵무기로 미국을 타격할 수 있는 능력을 갖추면 주한미군 병력 철수를 요구할 것"이라고 지적하고, "북한은 핵무기 사용을 선언할 수도 있다"고 경고했다. 그는 "북핵 문제가 미국의 최고 안보 위협"이라고 강조했다. 볼턴 前 대사는 2017년 말에도 "미국이 북한에 대한 군사공격 외에 다른 선택이 없을 것"이라고 언급한 바 있다.

북한이 핵을 보유했다 해서 냉전 시대 미·소 간 이뤄졌던 '상호확증파괴→공포의 균형→전쟁 억제' 패턴을 미·북 관계에서 기대하는 것은 큰 오산이다. 물론 북한은 이를 원한다. 곧 미국과 상호 '핵보유-평화공존' 관계를 구축하기를 바라고 있다. 그러나 미국은 이를 수용하지 않을 것이다. 북한은 과거의 소련이나 현재의 중·러보다 국력이 훨씬 미약하여 미국에 필적할 수 없다. 북한과 같은 中小 핵보유국이 동북아시아의 지역 안정을 뒤흔들고 동맹국인 한국과 일본의 존립을 위협하고 더 나아가 美 본토까지 위협하는 사태를 미국은 묵과하지 않을 태세이다.

더욱이 세계 패권경쟁 차원에서 미국의 자유민주 패권안정에 도전하는 중국의 '앞잡이(proxy)'가 되어 동북아 세력균형을 흔드는 상황을 용인할 수도 없다. 아울러 북한의 잔혹한 인권 유린은 미국의 자유민주·인권 존중 대외정책 기조와 정면 충돌한다.

미국의 최후 통첩성 경고

미국은 그동안 수많은 대북 옵션을 검토해왔으며, 이제 모든 준비가 완료된 듯하다. 이에 따라 시기를 저울질하면서 북한에 최후통첩을 보내고 있다. 제2의 한반도 전쟁에 임하는 미국의 군사전략은 대규모 첨단 화력을 초반에 집중 투하하여 북한의 핵·미사일·생화학무기 시설과 휴전선 북방 장사포 부대 등 위협적인 군사기지와 병력을 일순간에 무력화시킨 후, 특수전 상륙부대를 투입하여 김정은 정권을 궤멸시키고 단기간 내에 전쟁을 승리로 끝내겠다는 것이다.

그러나 수십 년 동안 전쟁준비에 올인해 온 북한 정권이기에 북한 지역 곳곳에 구축돼 있는 軍시설 및 수백만의 북한군을 궤멸시키기란 용이한 일이 아니다. 선제공격 과정에서 인류역사상 보기 드문 참혹한(biblical) 재앙이 예상된다는 것이 전문가들의 진단이다. 제임스 리시(Jim Risch) 美 상원의원은 뮌헨안보회의(MSC)에 참석 중 다음과 같은 인터뷰를 남겼다.

"트럼프 대통령은 김정은이 핵무기를 美 본토로 실어 나를 ICBM을 완성하는 일은 없도록 하겠다고 약속했다. 코피 작전(bloody nose)이란 없다. 만약 북한이 먼저 핵을 사용하여, (무력 사용)이 시작된다면 이는 문명사상 가장 재앙적인 사건 중 하나가 될 것이다. 하지만 굉장히 짧게 끝날 것이다. 그리고 그 결과로 대규모의(biblical proportions) 사상자가 발생할 것이다. 대통령이 그렇게 하지 않을 것이라고 믿는 이들은 한 발짝 물러서 숨을 고르고 그가 하는 말을 들어 보라. 대통령은 곧바로 그렇게 할 준비가 돼 있다. 한반도에서 누구도 전쟁을 원하지 않는다. 전쟁은 단 한 사람 김정은의 손에 달려있다."[3]

이보다 더 극명하게 트럼프 행정부의 북한 응징 의지를 잘 드러낸 말도 없을 것이다. 국가정보국(DNI) 및 중앙정보국(CIA) 등 美 정보기관의 수장들과 외교·안보 핵심참모들의 발언을 종합해 볼 때, 트럼프 행정부는 2018년 상반기를 무력옵션 사용의 타이밍으로 잡고, 북한에게 최후통첩 성격의 비핵화 결단을 촉구하는 상황이다. 미국 내에서는 대북 선제폭격을 권고하는 오피니언 리더가 늘고 있고, 미국 국민들도 다수인 51%가 북한을 최대의 적(敵)으로 보고 있다. 이런 내용의 여론조사 결과가 발표되면서 美 행정부의 결단이 힘을 얻는 모습이다.[4]

김여정과 김영철의 서울 방문 後폭풍

북한 문제를 어떻게든지 해결하겠다는 트럼프 대통령의 강한 의지는 그동안 여러 경로를 통해 일관되게 표명돼왔다. 평창 올림픽 참석차 한국에 온 마이크 펜스 부통령도 이러한 미국의 의지를 명확하게 대내외에 전달했다. 그는 '先비핵화' 없는 미·북 대화를 강력히 거부했으며, 올림픽이 자칫 핵보유를 합리화하기 위한 북한의 선전장으로 변질되는 것을 강력히 경계했다.

---

3   유지혜, 「중앙일보」, 2018.2.20. 또한 Betsy Z. Russell, "Idaho Sen. Risch warns of war of 'biblical proportions' with North Korea," *The Spokesman Review*, 2018.2.21.
4   자유아시아방송(*RFA*), 2018.2.21.

올림픽 기간 중 북한의 대화 제의를 수락하고 김여정을 만나기로 했던 것은 그러한 미국의 의지를 가감 없이 북한 정권에 전달하려는 의도 때문이었다. 한국 방문 시 천안함 기념관을 방문하고 탈북민과 면담한 그의 일정이 미국의 대북 입장을 잘 나타내준다.

김여정이 펜스 부통령의 행동에서 표명된 원칙적이고 강력한 대북 입장에 불만을 품고 돌연 회담 2시간 전에 일방적으로 펜스 부통령과의 회담을 취소했다. 결국 북한이 비핵화 의지가 없으며, 오직 북한식 관점에서 미국과의 회담을 유도해보려는 의도로 회담을 요청했음을 알게 해준다. 북한은 핵보유를 견지한 채 미국과의 협상 가능성을 두드렸으나, 곧 무망(無望)함을 깨닫고 강공(强攻) 노선으로 회귀했다고 보면 된다.

올림픽 폐막식에 천안함 폭침의 主犯이며 연평도 포격도발 및 비무장지대 목함지뢰 도발의 원흉인 김영철 노동당 통일전선부장을 한국에 보낸 의도 역시 이와 크게 다르지 않다고 판단된다. 북한은 비핵화 의지가 전혀 없는 대신 남북대화에 목말라하는 문재인 정부를 '민족공조' 프레임으로 끌어들여 항미(抗美) 공동전선을 결성하고 미국이 지휘하는 강력한 제재·압박으로부터 벗어날 수 있는 길을 모색하려 한 것이다. 김영철의 방한(訪韓) 무렵에 조선중앙통신이 "핵무력이 동족을 겨냥한 것이 아니고, 철저히 미국을 겨냥한 것"이라는 논평을 내보낸 것은 한국을 反美 전선에 끌어들이려는 북한의 기만적인 심리전술을 극명하게 드러내주고 있다.[5]

올림픽 폐막식에 북한이 김영철을 대표단장으로 보낸 것은 대한민국에 대한 정면 도전이며 우리 국민을 능멸한 것이고, 대남전략이 추호도 변하

---
5 2018년 2월 24일 북한 「조선중앙통신」 논평 참조.

지 않을 것이라는 메시지를 대내외에 알리는 상징적 사건이다.

미국에 대하여는 핵보유 불퇴(不退)와 전쟁 불사 의지를 표명한 것으로도 볼 수 있다. 브루스 클링너 헤리티지 재단 선임 연구원은 "한국은 굳이 46용사 살인의 지휘자에 대한 제재 면제를 美에 요청할 생각이 드나?"라며 이 사안의 근본 문제를 제기했다.[6] 그는 이에 앞서 "문재인 정부가 유엔에 미국과 국제사회가 부과한 대북 제재 해제를 요청하며 평양의 변호사 역할을 하기 때문에 트럼프 행정부의 우려가 있다"고 말하기도 했다.[7]

美·北 대화 추진은 우리 安保를 위협하는 위험한 발상이다

문재인 정부가 북한이 비핵화 의지가 없음에도 불구하고 어떻게든지 미·북 대화를 성립시켜 보려고 시도하고 있으나, 이는 현실적이지도 않고 바람직하지도 않으며 사실은 매우 위험하기 그지없는 발상이다. 현재 미국은 북한의 先 비핵화 원칙을 고수하고 있고, 북한은 핵보유를 기정사실화하고 있어 대화 성립이 어려운 상황이다.

그러나 만의 하나 강력한 미국의 제재·압박으로 존망(存亡)의 기로에 선―이미 제2의 고난의 행군 가능성이 제기되고 있을 정도로 북한 사정이 열악하다―김정은 정권이 위장과 기만전술로 '핵동결' 또는 '미사일 발사 유예(모라토리움)' 의사를 표명하고 지금까지의 경직된 反美 태도에서 유연성을 발휘해 전격 미국과 직접 협상에 나서면, 상황은 급격히 달라질 수 있다.

월남 패망의 교훈은 전쟁에 지친 미국과 월맹(北베트남) 간의 비밀 담판과

---

6 김진명, 「조선일보」, 2018.2.23.
7 VOA, 2018.2.10.

평화협정의 산물이었으며, 이 과정에서 월남(南베트남)의 안보 이익은 전혀 반영되지 못했다. 북한은 한반도에서 이를 벤치마킹하려 한다.

김대중 정부 시절인 2000년 10월 조명록 당시 북한군 총정치국장이 김정일의 친서를 갖고 워싱턴을 방문해 매들린 올브라이트 국무장관 등과 미·북 단독 회담을 갖고 '상호적대 철회, 정전협정의 평화체제 전환, 미사일 발사 유예' 등의 공동코뮈니케를 발표한 것은 놀라운 사태 전개였다. 만약 김정은 정권이 핵·미사일 개발의 동결 또는 유예를 거짓 선언하고, 미·북 평화협정을 추진하게 되면, 대한민국의 운명은 결정적 위기를 맞을 수 있다.

문재인 정부가 북한 핵문제의 본질을 인지하지 못하고 "한·미 동맹이 깨지는 한이 있더라도 전쟁은 반대한다"며 남북대화를 미·북 대화의 마중물이 되도록 하겠다는 것은 한반도 당사자로서 핵문제에 대해 방관자의 위치에 서겠다는 것에 다름 아니다. 또 한사코 미·북 대화를 통해 북핵 문제를 해결하려는 것은 김정은 정권의 음모를 간파하지 못하는 우(愚)를 범할 수 있다.

북한이 비핵화를 거부함에도 우리 스스로 자강(自强)의 대책을 강구하지 않고, 미·북 대화의 성립에 모든 외교·안보 역량을 투입하는 것은 결과적으로 북한의 입지를 강화시키며 동맹국인 미국의 입지를 곤란하게 하면서 미국의 강한 비핵화 의지를 약화시키는 셈이 된다.

북한 핵위협에 대한 실질적인 대책을 세우는데 힘을 쏟지 않고 오직 협상을 통해서만 북한 핵을 해결하려고 하는 것은 후환을 자초할 수 있는 위험한 접근법이다. 힘에 입각한 레버리지 없이 북한을 설득하기는 불가능하며, 미국의 지원이 없다면 북한의 핵·미사일 협박에 대처하지 못할 것임은 너무나 자명하다.

전쟁 위기의 한반도, 김정은의 선택에 달렸다

본문에서도 살펴보았듯이, 전쟁에 대해 깊이 탐구해 온 현자(賢者)들은 전쟁 자체보다는 전쟁을 통해 不義의 인간이 善한 사람들을 지배하게 되는 상황을 더 두려워했다. 더 나아가 善과 正義 그리고 自由民의 삶과 안전을 수호하기 위해, 필요하다면 전쟁을 불사해야 하며 또한 전쟁에서 승리할 수 있는 용기와 힘을 가져야 한다고 역설했다. 김정은이 추진하는 不義의 한반도 적화 야망을 압도하기 위해 숲 국민적 단결과 분기(奮起)가 절실히 요구되는 시점이다.

지금 한반도 전쟁을 피할 수 있느냐 아니면 재앙적 대규모 전쟁으로 가느냐는 김정은의 선택에 달려있다. 김정은이 핵을 폐기하고 대화·평화의 길로 나오면 전쟁을 피할 수 있겠지만, 핵보유 강성대국 야망을 버리지 못하고 미국과의 정면 대결의 길을 선택하면 "인류문명사에서 전례 없는 대규모의 참상을 수반하는 파멸의 나락"으로 떨어질 것이다.

천안함 폭침 주범 김영철을 평창 올림픽 폐막식에 파견하면서 북한은 핵보유 의지를 강하게 표명하고 나섰다. 북한 노동신문은 "어떤 제재도 도발도 위협도 우리의 핵보유 지위를 절대로 허물 수 없다"면서 "우리 공화국이 핵을 포기하는 것을 바라는 것은 바닷물이 마르기를 기다리는 것보다 더 어리석은 짓"이라고 주장했다.[8] 노동신문은 "폭제의 핵을 길들이는 강력한 정의의 보검"이라는 논평 제목을 사용하며, 특히 '핵전략국가' 입

---

8 김명성, 「조선일보」, 2018.2.24.

장에서 미국과의 동등한 '평화공존'을 주장했다.

북한이 핵포기 하지 않는 한 전쟁은 피하기 어려울 것이다. 한반도 전쟁은 김정은의 비핵화 결단에 달려 있고 김정은이 비핵화를 결단하지 않으면 북한정권 스스로 파멸을 피할 수 없다. 한국은 북핵 문제를 미·북 대화를 통해 해결하려는 생각을 바꿔야 한다. 핵위협 앞에 놓인 당사자로서 미국보다 더 엄중하게 북한의 비핵화를 요구해야 한다. 그리고 북한 정권이 이를 수용하지 않을 경우, 미국과 合心하여 최고의 제재와 압박은 물론 미국의 군사 옵션에 참가하여 북한 비핵화를 실현해야 한다.

또한 전술핵을 들여오던가 아니면 자체 핵개발을 추진해 공포의 균형을 이룩해야 한다. 아울러 미국의 MD 체제와 상호운용성(inter-operability)을 발전시켜, 첨단 미사일 방어망을 구축해야 한다. 국민들에게 핵·미사일·생물화학무기 공격에 대비한 재난 대피 훈련을 실시해야 한다. 전작권 전환을 철회하고 미국과의 군사동맹을 더욱 견고히 해야 한다. 이러한 자체 방위와 연합방위 강화 조치도 취하지 않고 오직 미·북 대화를 통해 핵 문제를 해결하려는 것은 북한 주도의 한반도 통일 과정에 아무 방비 없이 몸을 내맡기는 셈이라 해도 과언이 아니다.

군사옵션 참여 없이, '戰後 지분' 기대 못 한다

만약 전쟁이 발발하여 김정은 정권이 붕괴되고 전후(戰後) 처리 과정에 들어설 경우 한국은 미국과 합심하여 북한 지역 선점에 나서야 한다. 그동안 미(未)수복 지역으로 남아있던 북한 지역을 탈환하여 대망(待望)의 자유민주 통일을 달성하는 것은 역사의 순리이며 우리 국민 모두의 사명이자 소원이다.

　미국의 군사옵션에 적극 참여한다면 그러한 권리 행사가 가능할 것이지만, 지금의 문재인 정부처럼 '남북평화-전쟁반대'만을 외치고 참여하지 못한다면 전후(戰後) 어떠한 권리 요구도 기대할 수 없을 것이다. 이 경우 미·중·러 및 심지어 일본조차 북한 분할에 참여할지 모른다. 북한 붕괴 후 안정화 작업에 관하여는 그동안 국방부 등에 비상대비책이 마련돼 있으므로 시나리오대로 하면 이상이 없을 것이다.

　다가오는 한반도 전쟁은 동북아시아 국제정세의 일대 전환을 수반하게 될 것이 확실시된다. 축복이 될지 재앙이 될지는 누구도 장담하지 못한다. 우리 국민과 정부의 판단과 선택, 그리고 우방국 미국의 결단에 따라 모든 것이 좌우될 것이다. 이 책에서도 누차에 걸쳐 언급했듯이 문재인 정부가 절대적 평화주의와 극단적 이상주의, 그리고 감상적 민족주의에서 벗어나는 것이 가장 시급한 과제이다.

　문재인 정권의 실패와 과오(過誤)는 집권 세력의 불행으로 끝나지 않는다. 정권 실패의 후폭풍은 모든 국민에게 불어 닥친다. 한반도의 복(福)과 재앙 그리고 행운과 비운은 우리 국민 누구도 비켜가지 않는다. 한반도의 앞날을 정권이 홀로 지고 가는 것으로 착각해선 안 된다. 이 땅에 살고 있는 모든 국민의 삶과 운명을 좌우하는 절체절명의 과제이다. 그만큼 원칙에 입각하고 전략적이어야 하며 결단과 용기 및 지혜를 갖추어야 한다. 우리 스스로 힘을 만들고 일어서서 우리 운명을 개척해야 한다.

■ 부록

북한 핵·미사일 개발 관련 일지 (1985.12~2018.2)

일 시	주요 내용
1985.12.12	북한, NPT 가입
1991.9.27	美 전술핵 한국에서 철수
1991.12.31	남북, '한반도 비핵화 공동선언' 발표
1993.3.12	북한, NPT 탈퇴 선언
1993.6.	북한, NPT 탈퇴 발효 직전인 6월에 탈퇴 유보
1994.10.21	미·북 제네바핵합의(Agreed Framework) 채택
1998.8.31	북한 대포동 1호(3단계 로켓, 1,500~2,000km) 발사
2002.10.4	북한, 美 켈리 일행 평양 방문 시 우라늄농축 핵개발 자인
2002.10.16	미국, 북한이 우라늄농축 핵개발 인정 사실 발표
2002.11.14	KEDO, 북한에 중유 제공 중단 발표
2003.1.10	북한, NPT 탈퇴 선언(1.11 발효)
2003.2.27	美, 북한의 영변 5메가와트 핵원자로 재가동 확인
2003.3.19	북한, "주권-평화적 이용"명분 미사일 개발 주장
2003.8.27~29	북핵 문제 '6자 회담' 1차 회의 개최
2003.11.21	KEDO, 경수로 건설 중단 선언
2005.2.10	북한, 핵폭탄 제조 공식(公式) 발표
2005.7.13	김정일, 후진타오와의 회담에서 김일성의 "한반도 비핵화" 유지(遺旨) 사실 언명
2005.9.15	美 재무부, 방코델타아시아(BDA) 제재(애국법 311조)
2005.9.19	6자회담 결과, '9·19 공동선언' 발표
2006.6.1	KEDO, 경수로사업 중단 공식 발표
2006.7.4~5	북한, 대포동 2호(장거리) 포함 7개 미사일(스커드-C와 노동미사일) 시험발사: 대포동 미사일은 실패
2006.10.9	북한, 제1차 핵실험(1kt 이하 추정)
2006.10.14	유엔안보리, 결의안 1718호 채택
2007.2.8.~13	6자회담 결과, 9·19공동선언에 입각한 액션 플랜으로서 '2·13 합의'도출
2008.8.13	북·일 회담 결과 발표(납북자 재조사 등 포함)
2008.10.11	美 국무부, 북한의 '핵시설 검증 절차 동의'를 전제로 북한 테러지원국 지정에서 해제 발표

2008.11.13	북한 외무성, '핵시설 검증 절차 동의' 사실 부인
2008.12.12	美 국무부, 북한의 검증 동의 없는 한, 중유 제공 중단 선언: 사실상 2·13 합의 붕괴
2009.4.5	북한, 대포동 2호 변형 장거리미사일(3단계, 은하2호) 시험 발사
2009.5.25	북한, 제2차 핵실험 실시(2~8kt 추정)
2009.5.26	한국, PSI(대량살상무기 확산방지구상) 참가 선언
2009.6.12	유엔 안보리, 결의안 1874호 채택
2010.2.9	김정일, 중국에 '한반도비핵화' 다짐 전달
2010.3.26	북한, 천안함 폭침
2010.5.24	정부, 대북 5·24 제재 조치 발표
2010.9.28	북한 조선노동당 대표자회의(44년만) 개최: 김정은을 중앙군사위원회 부위원장으로 추대
2010.11.12	북한, 2000개의 원심분리기 가동(우라늄 농축) 사실 공개(당시 방문 중인 헥커 박사 등에게)
2010.11.23	북한, 연평도 포격
2011.2.16	클래퍼 국가정보국장(DNI), 11월 12일 공개된 우라늄농축 시설 북한에 존재 증언
2011.12.17	김정일 사망: 김정은 권력 승계
2011.12.29	북한, 김정은을 새 지도자로 공식 선포
2012.4.13	북한, 은하3호 이용 기후위성 발사(3단계 액체연료) 실패
2012.4.15	김일성 출생 100주년 퍼레이드에서 KN-08 (6륜 트럭 차량) 공개
2012.12.12	북한 은하 3호 발사, 대기권 진입 성공
2013.1.22	유엔 안보리, 결의안 2087호 채택
2013.2.12	북한, 제3차 핵실험 실시(6~7kt 추정)
2013.3.7	유엔 안보리, 결의안 2094호 채택
2013.4	북한, 영변 중수로 재가동 발표
2014.3.21	북한, 단거리 로켓 동해에 발사
2014.3.26	북한, 2개의 중거리 노동미사일 동해에 발사
2014.3.31	남북, 서해 5도 해역에서 포격전(수백여발의 포격 교환)
2014.6.27	북한, 3개의 단거리 발사체 동해에 발사
2014.9.6	북한, 3개의 단거리 발사체 동해에 발사

2014.10	美 존스합킨스 연구소, 북한의 SLBM 발사 잠수함 존재(신포) 지적
2014.10.25	스캐패로티 연합사령관, 북한 핵탄두 소형화 성공 주장
2015.1.10	북한, 한미연합훈련 철회 조건으로 핵실험 중단 제안
2015.2.8	북한, 5개의 단거리 탄도미사일 발사(원산) : 200km 비행
2015.4.7	고트니 美 북부군사령관, KN-08 시험발사 안했음에도 작동 가능 언급
2015.5.9	북한, SLBM로 추정되는 발사체 발사(150m 비행)
2015.11.28	북한, SLBM 발사 실패
2015.12.21	북한, 다시 SLBM 발사: 성공으로 보도됨.
2016.1.6	북한, 4차 핵실험 실시(수소폭탄 요소가 포함된 것으로 추정)
2016.2.7	북한, 장거리 탄도미사일 발사("지구관찰위성" 주장)
2016.3.2	유엔 안보리, 결의안 2270호 채택
2016.3.3	북한, 동해상으로 300mm 방사포 6발 발사
2016.3.10	북한, 동해상으로 스커드 계열 단거리 미사일 2발 발사
2016.3.18	북한, 동해상으로 노동 계열 미사일 2발 발사
2016.3.21	북한, 동해상으로 300mm 방사포 5발 발사
2016.3.29	북한, 300mm 방사포 추정 발사체 1발 발사
2016.4.1	북한, 동해상으로 단거리 지대공 미사일 1발 발사
2016.4.15	북한, 중거리 탄도미사일(IRBM, 무수단) 발사 실패
2016.4.23	북한, SLBM(KN-11) 발사: 30km 비행 후 폭발
2016.4.28	북한, 2개의 중거리 탄도미사일(무수단) 발사 실패
2016.5.6.~9	북한, 노동당 7차 당대회 개최
2016.5.31	북한, 중거리 탄도미사일(무수단) 발사
2016.6.22	북한, 2개의 중거리 탄도미사일(무수단) 발사: 4월중 6회 발사 — 이중 하나는 부분 성공(400km 비행)
2016.7.8	한미, THAAD 배치 발표
2016.7.9	북한, SLBM 1발 시험 발사
2016.7.19	북한, 동해상으로 노동 2발, 스커드 계열 1발 발사
2016.8.3	북한, 중거리 노동미사일 발사: 일본 해안에서 200km 거리 EEZ 해역에 낙하
2016.8.24	북한 SLBM(KN-11) 발사, 500km 비행—성공으로 판단

2016.9.5	북한, 3개의 중거리 탄도미사일 발사, 1,000km 비행
2016.9.9	북한, 제5차 핵실험 실시(5.0 규모 지진 기록)
2016.10.15	북한, 중거리 탄도미사일(무수단) 발사 직후 폭발
2016.10.20	북한, 중거리 탄도미사일(무수단) 발사 직후 폭발 2016년 8번째 무수단 발사임: 오직 6월 발사만 성공
2017.2.12	북한, SLBM(북극성 2호) 발사 성공, 500km 비행 '콜드 런치' 기술 활용
2017.2.13	김정남, 쿠알라룸푸르 공항에서 VX로 암살
2017.3.6	북한, 4개의 탄도미사일(스커드 ER) 발사 성공: 1,000km 비행/ 일본 EEZ 내 낙하(일본 해안으로부터 300km)
2017.3.18	북한, 신형 고출력 로켓 엔진의 지상 분출 시험
2017.3.22	북한, 원산에서 무수단 미사일 1기 발사 실패
2017.4.5	북한, 탄도미사일 발사: 발사 직후 폭발
2017.4.6	미·중(트럼프-시진핑) 정상회담
2017.4.15	북한, 태양절(김일성 생일) 기념 군사퍼레이드에서 KN-08 (신형) 등 수개의 신형 ICBM 공개
2017.4.16	북한, 탄도미사일 발사 직후 폭발
2017.4.29	평남 북창 일대에서 북동 방향 미사일 1기 발사 실패
2017.5.3	성주 THAAD 가동 준비 완료
2017.5.10	문재인 대통령 취임
2017.5.14	북한, 중거리 탄도미사일 발사 성공(고도 2,110km, 500km 비행/ 4,800km 비행 가능 추정)
2017.5.21	북한, 평남 북창 일대에서 미사일 1기 발사(북극성 2형/ 500km 비행, 고도 560km)
2017.5.27	지대공 유도 미사일 시험 사격
2017.5.29	북한, 원산 일대에서 동쪽으로 지대지·지대함 복합 미사일 수발 발사
2017.6.3	유엔 안보리, 만장일치 채택한 대북제재 결의 2356호 - 개인 14명·기관 4곳 제재
2017.6.8	북한, 원산 일대에서 동해 방향 지대함미사일 수발 발사(200km비행)
2017.6.29.~30	한·미(문재인-트럼프) 정상회담
2017.7.4	북한, 화성-14형 1호 탄도미사일(ICBM) 고각 발사(고도 2,802km/ 정상 각도 발사 시, 6,700km 비행 추정)

2017.7.28	북한, 화성-14형 2호 탄도미사일(ICBM) 고각발사(고도 3,700km/정상각도 발사 시, 10,400km 비행추정/LA, 덴버, 시카고 사정권) - 러시아, "중거리 미사일" 주장
2017.8.5	유엔 안보리, 결의안 2371호 채택 - 30억 달러의 대외수출액 중 3분의 1에 달하는 수출 봉쇄 - 북한 노동인력 해외 송출 금지
2017.8.8	美 DIA(국방정보국), 북한의 핵탄두 소형화 성공과 핵무기 60여개 제조 능력 트럼프 대통령에 보고/ 트럼프: 대북 "화염과 분노" 발언
2017.8.9	북한, 트럼프 대통령 발언에 공세적 대응: 4개의 화성-12 중거리 미사일로 괌 '포위공격' 위협
2017.8.16	美 국무부 대변인, "대북 대화 3대 전제조건" 발표
2017.8.26	북한, 스커드 계열 단거리 탄도미사일 3발 발사(원산 깃대령), 고도 50km 비행거리 250km
2017.8.26	김정은, 선군절(8.25) 맞아 백령도·대연평도 점령 특수작전 훈련 현지 지도: "서울을 단숨에 타고 앉으며 남반부 평정" 발언
2017.8.29	북한, 화성-12형 IRBM 발사 / 정상각도 최대고도 550km/ 사거리 2,700km 비행/ 평양 순안비행장 아스팔트 첫 발사/기동성 증대
2017.9.3	북한, 6차핵실험 실시: "ICBM에 수소탄 장착 성공" 주장 지진규모 5.7~6.3 / 폭발력: 50~120kt, 5차 실험의 10배
2017.9.11	UN 안보리 결의 2375호 통과 - 섬유류 수출금지 및 정유 제품 수입 제한
2017.9.15	북한, 화성-12형 IRBM 발사 - 일본 열도 넘어 정상각도로 3,700km 비행
2017.9.21	트럼프 행정부, 북한과 거래하는 기관에 대한 추가 제재 행정 명령
2017.9.21	북한 리용호, 태평양상 수소폭탄 실험 위협
2017.9.23	美 전략폭격기 B1-B, 북한 해안따라 비행 / 사상 최북단 비행
2017.11.7	트럼프 대통령 한국 방문해 국회 연설 - 북한 비핵화 요구하며, 미국의 의지를 오판하지 말라고 경고
2017.11.8	한·미 정상회담: 북한 위협에 공동대처 다짐
2017.11.20	美, 북한을 테러지원국으로 재지정(2008년 해제된 바 있음).

2017.11.29	북한, 개량형 화성-14형 ICBM 발사: 고체연료, 이동발사대 사용/ 고각 발사되어 최고도 4,500km 상승/ 사거리 960km/ 고각발사의 경우 고도×3배 사거리 추정 =13,000km 비행 가능 - 미국의 군사옵션 가능성 증대
2017.12.22	UN 안보리 결의안 2397호 채택, 추가 제재 결의/ 정유 수입 90% 차단/ 원유수출 400만 배럴 제한/ 해외노동자 추방 결의
2018.1.1	김정은 신년사 발표: - 대남 화해 제스처, 평창올림픽 참가 및 대표단 파견 용의 발표 - 핵무력 완성 선언, 미국 전역이 핵타격 사정권 안에 있음을 선언
2018.1.4	한·미 정상, 한·미군사훈련 연기 합의
2018.1.9	남북고위급 회담 위해 북한 대표단 방한 - 북한 대표 리선권, '비핵화' 언급에 강한 반감 표시
2018.1.16	美·캐나다, 밴쿠버에서 6.25 참전국 회의 개최 틸러슨 국무장관, 중·러의 '쌍중단' 거부 입장 재확인
2018.1.30	트럼프 대통령 국정연설: 북한의 인권 유린 강력 규탄 - 탈북자 리성호씨 격려 - 탈북민 8명 백악관에서 면담
2018.2.8	북한 건군절 열병식 개최: 미국 겨냥 중심 무력 시위 - 사거리 280km 이상 신형 단거리미사일 주목 - 북극성 2형 준중거리 탄도미사일(2,000~2,500km) 주목
2018.2.8.~10	마이크 펜스 美 부통령 방한: - 천안함 기념관 방문/ 탈북민 면담 격려
2018.2.9.~11	김여정 노동당 부위원장과 김영남 최고인민회의 상임위원장 방한
2018.2.13	美 DNI·CIA 국장, 북핵은 미·북에 모두 '실존적 위협' 경고 - 북한 핵 목표는 한반도 공산화통일 위한 장기전략적 수단 규정
2018.2.13	美 재무부, 애국법에 따라 라트비아 은행을 금융시스템에서 퇴출
2018.2.23.~26	트럼프 행정부 백악관 보좌관 이방카 방한: 대북 제재강화 강조
2018.2.24	트럼프 대통령 북한 추가 제재 조치: 해상 차단 중점
2018.2.24	북한 조선중앙통신, 핵포기 거부 - 핵전략국가로서 미국과 동등한 평화공존 요구
2018.2.25.~27	북한 노동당 통일전선부장 김영철 방한: 미·북 대화 용의 밝혀

한반도 전쟁
The War on the Korean Peninsula

초판 1쇄 발행일 | 2018년 3월 12일

지은이 | 홍관희
펴낸이 | 도서출판 자유민주
디자인 | 끄레도

등록 | 2007년 7월 5일(제300-2007-173호)
전화 | 031) 889-7253
E-mail | freedemocracy@hanmail.net
ISBN 978-89-967002-2-7

값 15,000원
*파손된 책은 교환해 드립니다.